D1725048

Josef Winiger

Ludwig Feuerbach

LAMBERT SCHNEIDER

Am besten Lesen. *Am besten Lesen.* *Am besten Lesen.*

Josef Winiger

Ludwig Feuerbach

Denker der Menschlichkeit

Neuausgabe

Die Deutsche Nationalbibliothek verzeichnet diese Publikation in der
Deutschen Nationalbibliografie; detaillierte bibliografische Daten sind im
Internet über http://dnb.d-nb.de abrufbar.

Der Lambert Schneider Verlag ist ein Imprint
der WBG (Wissenschaftliche Buchgesellschaft), Darmstadt.
© 2011 by Lambert Schneider Verlag, Darmstadt
Überarbeitete und um ein Personenregister erweiterte Neuausgabe der Ausgabe Berlin 2004
Die Herausgabe des Werkes wurde durch die Vereinsmitglieder der WBG ermöglicht.
Einbandgestaltung: Peter Lohse, Heppenheim
Einbandabbildung: Ludwig Feuerbach. Holzschnitt von Hugo Buerkner (1818–97).
Aus: L. Bechstein, Dreihundert Bildnisse beruehmter deutscher Maenner, 5. Aufl., Leipzig
(Georg Wigand) 1890, S. 262 © picture-alliance / akg-images
Gedruckt auf säurefreiem und alterungsbeständigem Papier
Printed in Germany

Besuchen Sie uns im Internet: www.lambertschneider.de

ISBN 978-3-650-24030-9

Elektronisch sind folgende Ausgaben erhältlich:
eBook (PDF): 978-3-650-71601-9
eBook (epub): 978-3-650-71603-3

Für Maria

Inhalt

Vorwort

Unter den deutschen Philosophen der Neuzeit, so will es scheinen, ist Ludwig Feuerbach der ewig Büßende. Zu seiner Zeit traf ihn der Bann, weil er Nicht-Genehmes sagte, in der heutigen Zeit trifft ihn das Desinteresse, weil Wesentliches von dem, was er sagte, zur schieren Selbstverständlichkeit geworden ist. Seiner Philosophie ergeht es beinahe so wie den Forderungen nach Rechtsstaat und Demokratie im Paulskirchen-Parlament von 1848: Damals verdammt und verteufelt, bilden sie heute den Grundkonsens unserer politischen Werteordnung. Zusätzlich zu büßen hat Feuerbach seine Abkehr von der Fachphilosophie, die dazu geführt hat, dass sich sein Denken dem philosophischen Fachvokabular und Fachdiskurs partout nicht fügen will. Er sieht sich dem Vorwurf ausgesetzt, hinter das Reflexionsniveau seiner Vorgänger zurückzufallen; im universitären Lektürekanon fehlt er zumeist.

Wer heute Feuerbachs Schriften unvoreingenommen liest, wird jedoch bald feststellen, dass sie, was ihren Gehalt und nicht zuletzt ihre Sprache betrifft, neben denen eines Schopenhauer oder anderer Berühmtheiten seiner Zeit sehr wohl bestehen können. Sie haben den zusätzlichen Vorteil, dass man ihrem Inhalt – cum grano salis – noch beistimmen kann, für einige von ihnen kann man sich sogar noch *begeistern*. Dem geistesgeschichtlich Interessierten bieten sie außerdem das seltene Erlebnis, die Herausbildung eines Denkens sozusagen *live* verfolgen zu können. Von heute aus gesehen, ist das vielleicht das eigentlich Interessante an diesem Philosophen: Mit genialem Gespür griff er wunde Punkte in den herrschenden Geisteshaltungen seiner Zeit auf und schälte die Widersprüche heraus. Mit seiner Kritik traf er so sehr den Nerv seiner Zeit, dass er für die Dissidenten des deutschen Vormärz zum neuen Leitbild des Aufbruchs wurde, und mit seinen Gegenentwürfen gelangte er zu Ergebnissen, die zentrale humanwissenschaftliche und philosophische Themen des 20. Jahrhunderts vorwegnahmen oder zumindest präfigurierten.

Feuerbach schonte bei seiner Kritik herrschender Denkmuster auch die eigenen Anschauungen nicht, unerbittlich setzte er sich selbst dem Entwicklungsprozess seines Denkens aus. So wird die Herausbildung seiner Philosophie zum Denkabenteuer eines unbeirrbaren Wahrheitssuchers, der sich als Jugendlicher für die Theologie begeisterte, das Diesseits entdeckte und sich von der Religion lossagte, in Hegels Bann geriet und das Denken des Meisters jahrelang in beispielloser Gründlichkeit auslotete, den Kampf mit der auf Christlichkeit pochenden politisierenden Spätromantik aufnahm und dabei die Religion als Spiegel des Menschlichen entdeckte, die im Spiegel entdeckte Sinnlichkeit höher schätzte als alle Spekulation, die Philosophie des Deutschen Idealismus, zumal die Hegels, als untauglich verwarf und eine Reformation der Philosophie insgesamt verlangte: Die Wahrheit existiere nicht im Denken, nicht im Wissen für sich selbst, Wahrheit sei nur die Totalität des menschlichen Lebens und Wesens.

Diesem wahrhaftigen Lehrstück gilt das vorliegende Buch: Es ist eine Biographie des Menschen Ludwig Feuerbach, aber auch gewissermaßen eine Biographie seines Denkens. Die letzte größere Lebensbeschreibung erschien 1909, die letzte umfassende Darstellung seines Denkens 1931. Seither hat sowohl das Bild des Menschen als auch das Verständnis seines Denkens zahlreiche und wichtige Retuschen erfahren. Das Gesamtbild hat sich gewandelt, nicht zuletzt trat der *homo politicus* im Philosophen zutage, den die älteren Biographen schamhaft verschwiegen hatten. Mitte des 20. Jahrhunderts erfuhr Feuerbach eine neue Aufmerksamkeit, zunächst bei Fachphilosophen in Ost und West, die Feuerbach von den Schlacken diverser Vereinnahmungen befreiten und sein Werk neu befragten. Es fand sich eine internationale Forschergemeinschaft zusammen. Werke, Briefwechsel und Nachlass wurden vollständig und erstmals in verlässlicher Form ediert. Werner Schuffenhauer, der Herausgeber dieser neuen *Gesammelten Werke*, hat auch die Biographie von Grund auf neu recherchiert. Die Ergebnisse dieser Arbeit, sowohl die Detailstudien der Forschergemeinschaft als auch die Recherchen Schuffenhauers, finden sich, notgedrungen verstreut, in Fachpublikationen und in den editorischen Erläuterungen zur Werkausgabe.

Meine Arbeit baut auf diesen wissenschaftlichen Ergebnissen auf, sie beansprucht aber nicht, deren Quintessenz zu sein. Überhaupt versteht sie sich nicht als wissenschaftlicher Beitrag, sie will vielmehr *erzählen*: vom Menschen Ludwig Feuerbach, von seinen Schriften und von der Zeit, in der sich sein Denken herausgebildet hat. Weil im Prozess dieser Herausbildung der Schlüssel für das Verständnis der Schriften liegt und er mit dem historischen Kontext eng verknüpft ist, wird diesem breiter Raum gegeben. An das Genre der Erzählung halten sich auch die Besprechungen von Feuerbachs Schriften in diesem Buch: Statt Inhaltsangaben oder Analysen sollen sie vielmehr Berichte eines informierten Lesers sein, Rezensionen vergleichbar.

Die ganze Arbeit wäre undenkbar gewesen ohne die biographischen Forschungen von Professor Werner Schuffenhauer, dem die Ehre gebührt, *der* Feuerbach-Biograph zu sein. Vom gewaltigen Fundus seiner Recherchen konnte ich nur einen Bruchteil berücksichtigen, ich verweise jedoch im Anmerkungsapparat so gewissenhaft wie möglich auf sie. Für seine unermüdliche Unterstützung und für die gewährte Einsicht in unveröffentlichte Dokumente spreche ich ihm meinen wärmsten Dank aus.

Im Oktober 2010
Josef Winiger

1. Die Aufklärung und ihre Kinder

Bayern führt die Neuzeit ein

Am Neujahrsmorgen 1806 verkündete eine Proklamation in Bayern: *Da durch die Vorsehung Gottes es dahin gediehen ist, dass das Ansehen und die Würde des Herrschers in Baiern seinen alten Glanz und seine vorige Höhe . . . wieder erreicht, so wird der Allerdurchlauchtigste und Großmächtigste Fürst und Herr, Herr Maximilian Joseph, als König von Baiern, und allen dazu gehörigen Ländern hiermit feyerlich ausgerufen.* König von Gottes Gnaden also? Man vermisst die Formel. Maximilian I. Joseph wusste, dass er von Napoleons Gnaden war:[1] Bei der „großen Flurbereinigung" nach der Selbstauflösung des heiligen römischen Reiches wurde Bayern reichlich mit Reichsstädten und geistlichen Territorien für die an Frankreich gefallene linksrheinische Pfalz entschädigt. Nach und nach kamen umliegende Fürstbistümer, Reichsabteien, Reichsstädte hinzu – Schwaben, Franken, zeitweise sogar Vorarlberg und Tirol einschließlich Südtirol –, so dass das neue Bayern zur bedeutendsten Mittelmacht in Süddeutschland wurde. Nun war es zusätzlich zum Königreich erhoben worden. Krönen ließ sich der wenig aristokratische, zeitlebens sehr human regierende „Vater Max" nie, er gab einen Galaempfang in der Residenz, bei dem er die Menschenmenge mit den Worten begrüßte: „Es freut mich, Euch zu sehen. Ich wünsche Euch allen ein gutes neues Jahr. Und wir bleiben die alten."[2] Wie stark die Abhängigkeit von Frankreich war, illustrierte zwei Wochen später die von Napoleon verlangte Vermählung der bayerischen Prinzessin Auguste mit seinem Stiefsohn Eugène Beauharnais, zu der er persönlich angereist war. Im Rheinbund, den er noch im selben Jahr erzwang, spielte Bayern eine führende Rolle, und der Koalition, die Napoleon in der Leipziger „Völkerschlacht" endgültig vertrieb, schloss es sich erst im allerletzten Moment an.

Zumindest anfänglich wurde die napoleonische Kuratel keineswegs als Fremdherrschaft empfunden. Einige Jahre lang hatte Napoleon sehr viele

Sympathien quer durch alle Bevölkerungsschichten. Bei seinem zweiten München-Besuch gab es Jubel. Erst als die Abgaben, Truppeneinquartierungen und vor allem die Aushebungen immer drückender wurden und dann gar dreißigtausend Soldaten aus Bayern im Russlandfeldzug ihr Leben verloren, schlug die Stimmung endgültig um.

Auch das Murren in den neubayerischen Territorien und den ehemaligen Reichsstädten gegen die zwangsweise Einverleibung ins Königreich Bayern hielt sich in Grenzen, außer in Tirol, wo Andreas Hofer den berühmten Freiheitskampf anführte. Viele freie Reichsstädte verloren zwar eine aus dem Mittelalter stammende Selbständigkeit, während der man allein dem Kaiser Rechenschaft schuldete, aber man konnte auch einen Schuldenberg abwälzen, der die oft nur wenige Tausend Einwohner zählenden Kleinstgebilde regelrecht erdrückte. Und so sehr man an Traditionen hing: dass Reformen in allen Bereichen des öffentlichen Lebens überfällig waren, wollte niemand ernsthaft bestreiten.

Diese Reformen führte der allmächtige Minister Montgelas in einer wahren „Revolution von oben" durch.[3] Graf Montgelas entstammte savoyischem Adel, seine Mutter war aber Bayerin und er war auch in München geboren, allerdings dann zeitweise in Frankreich erzogen und ausgebildet worden. Schon in den siebziger Jahren des 18. Jahrhunderts war er kurbayerischer Hofrat gewesen, doch als die Illuminaten, denen er angehörte, verboten wurden, musste er ins Herrschaftsgebiet der pfälzischen Wittelsbacher ausweichen, wo er engster Vertrauter des Herzogs von Zweibrücken und dessen Bruder Max Joseph wurde. Als letzterer im Jahre 1799 als neuer Kurfürst in München einzog, kehrte auch Montgelas nach Bayern zurück.

Montgelas, neben Hardenberg der große Staatsmodernisierer der Epoche, kann als Inbegriff des aufgeklärten Staatsmannes gelten. In jungen Jahren waren für ihn „gleichmäßigere Vertretung des Volkes, Ausdehnung der wesentlichen Menschenrechte auf alle Klassen der Gesellschaft, gleiche Steuerpflicht ohne einen Unterschied" so hehre Ziele, dass er nur deshalb bedauerte, kein Grundeigentum zu besitzen, weil er dadurch keine Gelegenheit hatte, die Ernsthaftigkeit seiner Ansichten durch Taten zu beweisen.[4] Der selbst der Aufklärung verpflichtete neue Herrscher in München gab ihm nun die Gelegenheit, zur Tat zu schreiten. In rasantem Tempo wurde die Verwaltung vereinheitlicht und modernisiert, das Land nach französischem Vorbild in nach Flüssen benannte Kreise eingeteilt, mit dem Schulzwang die nur theoretisch bestehende allgemeine Schulpflicht wirklich durchgesetzt, letzte Reste der Leibeigenschaft und die Fronarbeit („Scharwerk") abgeschafft, Adel und Kirche politisch entmachtet, die Gleichheit der christlichen Konfessionen statuiert und in einem Sturm der Säkularisierung, der mancherorts in Vandalismus ausartete, die Klöster aufgelöst.

Die einzige Universität Altbayerns in Ingolstadt, die sich, wie Montgelas schon früher in einer Denkschrift moniert hatte, „in einem höchst beklagenswerten Zustand" befand, wurde 1800 nach Landshut verlegt (1826 dann nach München) und durch Berufungen mächtig aufgewertet und vergrößert; mit ihren fast eintausend Studenten wurde sie auf Anhieb zu einer der bedeutendsten Universitäten Deutschlands. Zu Beginn des Sommersemesters 1804 – wenige Wochen vor der Geburt Ludwig Feuerbachs – wurde zu Ehren eines neu berufenen achtundzwanzigjährigen Strafrechtlers ein Fest gegeben: Studenten führten eine Kantate auf, Honoratioren aus der Stadt gaben sich die Ehre, das Universitätsgebäude war illuminiert, es waren „beinahe 3000 Menschen versammelt".[5] Der so Geehrte war der Vater des Philosophen: Paul Johann Anselm Feuerbach. Er war gerufen worden, um im neuen Bayern das Strafrecht zu reformieren. Er war der erste Nicht-Bayer und der erste Protestant, der auf einer bayerischen Universität einen Lehrstuhl erhielt.[6]

Modernstes Strafrecht

Paul Johann Anselm Ritter von Feuerbach – er wurde 1808 geadelt – stammte aus einer Frankfurter Juristenfamilie. 1775 geboren, musste er als Siebzehnjähriger regelrecht aus dem Elternhaus fliehen, nachdem er die Mätresse seines Vaters geohrfeigt hatte, der herrschsüchtige Vater hätte ihn sonst nach altem Züchtigungsrecht einkerkern lassen. Der junge Mann ging zu Verwandten nach Jena und schrieb sich dort an der Universität ein, die in diesem Jahrzehnt ihre große Blüte erlebte: Hier lehrten Schiller, Reinhold, Fichte, Schelling, Schlegel. Er begann ein Rechtsstudium, begeisterte sich aber bald bei Kant-Schüler Reinhold für die Philosophie, deren Studium er, noch nicht zwanzigjährig, mit der Promotion abschloss. Sein erstes Buch war zu dieser Zeit schon erschienen, nun folgte ein zweites; beide behandelten rechtsphilosophische Themen.

Allerdings brauchte er jetzt dringend einen Brotberuf: Seine Freundin und spätere Ehefrau, Wilhelmine Tröster, war schwanger. Sie kam aus bescheidenen Verhältnissen, es gab allerdings hochadlige Vorfahren: Der Mann, der als ihr Großvater galt, hatte, um die Stelle eines Verwalters von Schloss Dornburg zu bekommen, in die Ehe mit einem Mädchen eingewilligt, welches von Ernst August I., Herzog von Sachsen-Weimar, ein Kind erwartete – Ludwig Feuerbachs Mutter war demnach eine Cousine zweiten Grades von Großherzog Karl August, dem Freund und Förderer Goethes.[7]

Der junge Philosophus nahm also das Jura-Studium wieder auf, und er brauchte nur vier Semester bis zur Promotion, die gleichzeitig Lehrerlaubnis war. Von der Brotwissenschaft war die Juristerei freilich zur Leidenschaft geworden, und er hatte inzwischen neben mehreren Aufsätzen und Rezensionen auch noch ein drittes Buch veröffentlicht: *Anti-Hobbes oder über die Grenzen der höchsten Gewalt und das Zwangsrecht der Bürger gegen den Oberherrn*. Ab dem Sommersemester 1799 las er in Jena als Privatdozent und war dabei so erfolgreich, dass er den bisherigen Strafrechtsdozenten regelrecht ausstach. Er musste sich nicht lange an fremde Kompendien halten, denn in den kommenden beiden Jahren brachte er zwei Werke heraus, durch die er sich „den Rang eines der größten Juristen seiner und aller Zeiten eroberte" (Gustav Radbruch[8]): die zweibändige *Revision der Grundsätze und Grundbegriffe des positiven peinlichen Rechts* und das *Lehrbuch des gemeinen in Deutschland geltenden peinlichen Rechts*; letzteres wurde für ein halbes Jahrhundert zum Standard-Unterrichtswerk und erlebte vierzehn Auflagen.

1801 erhielt Feuerbach eine – unbesoldete – ordentliche Professur, doch jetzt erreichten ihn Rufe von gleich vier Universitäten. Er entschied sich für Kiel, wo er nach all den Jahren des Darbens erstmals eine halbwegs komfortable und gesellschaftlich anerkannte Position genießen konnte. Lange hielt es ihn dort nicht, zumal im Herbst 1803 wieder Rufe von vier oder fünf verschiedenen Seiten kamen, unter anderem aus Bayern für die Universität Landshut. Was ihn dazu bewegte, dieses Angebot anzunehmen, waren nicht nur „das liebliche Klima des südlichen Bayerns, die schöne Gegend von Landshut, die Wohlfeilheit der dortigen Lebensmittel, die große Frequenz dieser Universität", sondern auch „die hohe Liberalität der Regierung", und wohl nicht zuletzt die großzügige Besoldung. Er hatte nicht unter 1500 Gulden zusagen wollen, doch schon das Angebot lautete auf 1800 Gulden jährlich, und er konnte es sogar noch um 200 Gulden heraufhandeln. „Ich werde jetzt also ein sehr wohlhabender, nach meiner Ansicht reicher Mann", schrieb er stolz an den Vater, den er mit seinen Erfolgen wieder versöhnlich stimmen konnte.[9]

Richtig reich wurde er zwar nie, doch er machte, wie wir heute sagen würden, eine außerordentlich steile Karriere: Nach einem ersten Semester intensiver und immens erfolgreicher Vorlesungstätigkeit erhält er von der Regierung den Auftrag, ein neues Strafgesetzbuch zu schreiben. Er ist zudem häufig als Deputierter der Landshuter Universität in München, dadurch ergeben sich rasch enge Beziehungen zu Regierungskreisen. Es gelingt ihm, mehrere Berufungen von Gesinnungsgenossen nach Landshut durchzusetzen.[10] Allerdings bestehen scharfe Rivalitäten im Landshuter Lehrkörper, in dem sich „Illuminaten" und „Obskuranten" unversöhnlich gegenüberstehen und die protestantischen „Ausländer" auf mitunter fanatische Ablehnung stoßen. Bei der Disputation eines Doktoranden wird Paul Johann Anselm Feuerbach in einem abgekarteten Spiel regelrecht verhöhnt.[11] Der noch nicht dreißigjährige Dozent ist gegen einen solchen Affront nicht gewappnet, er nimmt Reißaus, schlägt sich – es ist mitten in der französischen Offensive von 1805, die eine österreichische Besetzung Bayerns beendet und zum Bündnis mit Frankreich führt –, zu der nach Würzburg geflohenen Regierung durch, um ihr seine Bestallung zurückzugeben. Dann geht er nach Frankfurt zum Vater. Doch obwohl er sich durch seine unerlaubte Entfernung von seinem Lehrstuhl eines Dienstvergehens schuldig gemacht hat, bietet ihm die Regierung die Leitung der Gesetzgebungs- und Gnadenabteilung im Justizministerium an, zunächst mit dem Titel eines „Geheimen Referendärs".[12]

Im Januar 1806, wenige Tage nach der Erhebung Bayerns zum Königreich, zog der Strafrechtler also mit seiner Familie für achteinhalb Jahre nach München „in die Rosengasse nächst dem großen Markt" (heute Rosenstraße, in unmittelbarer Nähe des Marienplatzes). Söhnchen Ludwig, am 28. Juli 1804 in Landshut geboren und dort, „da kein protestantischer Geistlicher zu haben war, nach katholischem Ritus getauft"[13], war zu diesem Zeitpunkt eineinhalb Jahre alt. Paul Johann Anselm Feuerbach stürzte sich in die Arbeit. Er war heilfroh, der Universität entronnen zu sein, wo er schon fürchtete, auszutrocknen durch so viele „geistige Notzüchtigungen, die dem akademischen Lehrer Pflicht sind".[14] Es drängte ihn, praktisch tätig zu werden: „meine Ideen in das Reich der Wirklichkeit einführen"[15] (mit frappierend ähnlichen Worten wird sich Ludwig Feuerbach nach den zwei Jahren Studium bei Hegel von seinem Meister verabschieden).

Als Mitglied des Geheimen Rats, des institutionalisierten Beraterkreises um König Max Joseph, befand er sich ab 1808 im Zentrum des innenpolitischen Geschehens.[16] Sein Aufgabenbereich waren das Kriminalwesen, insbesondere Begnadigungssachen, und die Strafrechtsgesetzgebung. Er referierte oft und ausgiebig, und seine Vorträge hatten auch sprachliche Qualität, einen von ihnen nahm Hugo von Hoffmansthal sogar als Musterstück deutscher Prosa in sein deutsches Lesebuch auf. Schon im ersten Jahr seiner Tätigkeit bei der Regierung erreichte Feuerbach, dass die praktisch in ganz Europa der Vergangenheit angehörende Folter − „dieses furchtbare und blinde Ungeheuer" − endlich auch in Bayern abgeschafft wurde. Bei der Bearbeitung der Gnadengesuche, die angesichts der barbarischen Strenge des noch geltenden Kreitmayrschen Strafgesetzbuches sehr häufig waren, hatte er den Eindruck gewonnen, dass die Tortur immer noch „das gewöhnliche gangbare Mittel" der Geständniserpressung war, und dass die Richter sie aus „Bequemlichkeit" anwandten, um sich die Mühen einer ordentlichen richterlichen Untersuchung zu ersparen.[17] Am Ende des zweiten Jahres hatte er sein Strafrechtsbuch im wesentlichen fertiggestellt. Gleich erhielt er einen neuen Auftrag: Napoleon hatte „gewünscht", dass auch Bayern den nach ihm benannten Code einführt. Der Strafrechtler sollte ihn an bayerische Gegebenheiten anpassen. Paul Johann Anselm Feuerbach machte sich „mit unerhörter Tatkraft" (Radbruch) ans Werk, obwohl ihm klar war, dass das Unternehmen scheitern musste, weil das napoleonische Gesetzeswerk gravierende Auswirkungen auf die bestehende Gesellschaftsverfassung haben würde, nämlich die Abschaffung des Privilegienstaats und konstitutionelle Bindung der Monarchie: „Wohin Napoleons Gesetzbuch kommt, da entsteht eine neue Zeit, eine neue Welt, ein neuer Staat." Er rechnete dies der Regierung auch vor. Mit seiner Betonung des Grundsätzlichen weckte er zwar den Widerstand des Adels, andererseits erreichte er damit, dass diese Grundsätze in die erste Verfassung, die „Charte" von 1808 eingingen, an deren Ausarbeitung er beteiligt war.[18]

Nach wenigen Monaten konnte Paul Johann Anselm Feuerbach seinen Entwurf zur Beratung vorlegen. Doch es gab so viele Widerstände, dass das Vorhaben scheiterte, und Feuerbach selbst bat den König, ihn vom Auftrag zu entbinden. Ersatzweise sollte nun der alte Codex Maximilianeus zum neuen Bürgerlichen Gesetzbuch umgestaltet werden. Zu zwei Dritteln fiel die Arbeit wieder dem Strafrechtler zu, der dafür nicht einmal die vorgesehenen sechs Monate brauchte – wonach auch dieses Unternehmen in kleinlichem Gezänk stecken blieb. Inzwischen durchlief das Strafgesetzbuch die Beratungen, bei denen ihn seine Hauptrivalen beinahe um die Autorschaft geprellt hätten. 1813 schließlich trat es in Kraft. Es wies weit über die Zeit hinaus: „bahnbrechend und vorbildlich" (Radbruch), so vom Gedanken der Rechtsstaatlichkeit als Garantie der bürgerlichen Freiheit durchdrungen, dass es noch im 20. Jahrhundert den Nationalsozialisten suspekt war.[19] Sein Grundsatz „nulla poena sine lege" – keine Strafe ohne Gesetz – hat einen Standard geschaffen, hinter den es kein Zurück mehr gibt. Das Strafgesetzbuch wird „nicht nur zur Quelle, sondern auch zur Schranke der Strafe", es verwirklicht „nicht nur den Schutz des Bürgers vor dem Rechtsbrecher, sondern auch den Schutz des Bürgers vor der Staatsgewalt, [...] nicht nur den Schutz des Staates vor dem Rechtsbrecher, sondern auch den Schutz des Rechtsbrechers vor dem Staate, kurz den Rechtsstaat im Gebiete des Strafrechts".[20]

Das Werk, das Feuerbach europaweit zu Berühmtheit verhalf, wurde zwar in Bayern so zerzaust, dass er selbst es kaum noch als sein Werk gelten lassen wollte, doch jenseits der blauweißen Grenzen hatte es gewaltigen Erfolg: In Oldenburg wurde es ein Jahr später fast unverändert übernommen, und die Strafgesetze fast aller anderen deutschen Staaten, auch einiger Kantone der Schweiz, sind von ihm beeinflusst. Noch 1886 wurde es in Argentinien eingeführt. Außerhalb Deutschlands trat es in Konkurrenz zum napoleonischen Code pénal von 1810.[21]

Ungeliebte Nordlichter

Die Widerstände wuchsen, und der inzwischen zum Geheimrat aufgestiegene Paul Johann Anselm Feuerbach hatte es längst nicht nur mit sachlicher Kritik zu tun. Was am Palmsonntag 1810 geschah, kann noch als Scha-

bernack der derben bayerischen Art gewertet werden: Ab halb sieben Uhr
früh klopfen angeblich bestellte Lieferanten, Palmenbringerinnen, Pudel-
scherer, sogar Einsargerinnen pausenlos bei Feuerbachs an die Tür. Der
Strafrechtler reagiert ebenso derb: Er bestellt ein Polizeiaufgebot ins Haus,
das die Protagonisten der Komödie hereinlässt, sie drinnen aber in ein
Zimmer einsperrt und verhaftet. Am Nachmittag geht Feuerbach zum König, der schon im Bilde ist: Er will sich in die Provinz versetzen lassen, doch
Max Joseph tröstet seinen Geheimrat in rührender Weise, dann drückt er
ihm eine „sehr große Anweisung auf seine Privatdispositionskasse" in die
Hand und sagt ihm, er solle sich eine Reise gönnen, um Abstand von der
Sache zu gewinnen.[22]

Schon ein oder zwei Jahre zuvor hatte es angefangen: Anonyme Verdächtigungen, bis hin zum Hochverrat, zirkulierten im Wirtshaus und in
Flugschriften; an Hauswänden oder in Zeitungen waren Schmähschriften
zu lesen, Briefwechsel wurden fingiert und nie geschriebene Bücher in hä-
mischen Rezensionen verrissen. Paul Johann Anselm Feuerbach war eines
der prominentesten, aber bei weitem nicht das einzige Opfer einer insze-
nierten Hetze gegen alles, was in der von Montgelas gerufenen intellektuellen Elite protestantisch und „norddeutsch" war. Die Hetze wurde zum
blutigen Ernst, als in den Faschingstagen des Jahres 1811 auf Friedrich
Thiersch, der zum engsten Freundeskreis der Familie Feuerbach gehörte,
ein Mordanschlag verübt wurde, den dieser nur mit knapper Not überlebte.

Thiersch war neben dem Philosophen Friedrich Heinrich Jacobi[23], dem
Archäologen Schlichtegroll und dem Pädagogen Niethammer einer der
brillantesten Köpfen unter den „Nordlichtern". 1784 in Sachsen geboren,
in ärmlichen Verhältnissen aufgewachsen, war er 1809 als Gymnasiallehrer
nach München gekommen, wo er nebenbei als Hauslehrer nicht nur die
beiden ältesten Söhne des Strafrechtlers Feuerbach unterrichtete, sondern
auch die vier ältesten Töchter des Königs, die er so für das Griechische zu
begeistern verstand, dass sie den Nymphenburger Park in Hexametern be-
schrieben. Thiersch wurde Mitglied der Akademie der Wissenschaften,
später ihr Präsident, und machte sich insbesondere um die Ausbildung
der Gymnasiallehrer verdient. Seine bis heute unvergessene fünfzigjährige
Tätigkeit als Lehrer der Lehrer trug ihm den Titel des *praeceptor Bavariae*
ein. Er war ein ungemein begeisterungsfähiger, hoch gebildeter Mann, der
mit Gelehrten wie Wilhelm von Humboldt, Künstlern wie Thorvaldsen,

Dichtern wie Platen und Heine im Austausch stand. Außerdem ein Phil-hellene der ersten Stunde, der, noch bevor Prinz Otto (möglicherweise auf seine Vermittlung hin) von den Schutzmächten zum König des befrei-ten Griechenland gekürt wurde, ausgiebig und auf eigene Kosten Grie-chenland bereist hatte; er sprach fließend Neugriechisch, kannte viele geistliche und politische Führer im Lande und vermittelte mehrfach bei Konflikten unter ihnen.[24] Im Leben der beiden älteren Brüder Ludwigs, Anselm und Karl, spielte er eine wichtige Rolle: Er war es, der Anselm, dem ältesten, die Liebe zur Antike einpflanzte, die dieser an seinen Sohn, den Maler Anselm Feuerbach, weitergab (dessen Pate wiederum Thiersch war[25]). Und für Karl, den zweitältesten, war Thiersch der Freund, der ihn in schwierigster Lage wieder aufrichtete.

Nach dem Attentat auf Thiersch ergriff die Regierung zwar Maßnah-men. Unter anderem wurde der Hauptdrahtzieher Johann Christoph von Aretin in die Provinz versetzt. Doch Feuerbach hatte sich weiterhin mit Verdächtigungen auseinanderzusetzen: Die einen warfen ihm Franzosen-freundlichkeit vor, weil er den Code Napoléon lobte und das Schwur-gericht grundsätzlich positiv bewertete; andere, bis hin zu Montgelas, argwöhnten bei ihm Sympathien für das gegnerische Österreich. Nachdem er den Entwurf zum neuen Bürgerlichen Gesetzbuch abgeliefert hatte, wurde er praktisch kaltgestellt, indem man ihm einfach keine Arbeit mehr gab. Feuerbach nutzte die „Muße" und schrieb ein Buch über die Schwurgerichtsfrage sowie mehrere Flugschriften zur aktuellen politischen Lage.

Es war 1812, die Zeit von Napoleons Russland-Desaster und der Aufrufe in ganz Deutschland zum großen Befreiungskampf. Paul Johann Anselm Feuerbach nahm – wie Thiersch, der seine Studenten mitbrachte – an Exer-zierübungen teil, um als „Gemeiner" in der Nationalgarde zu dienen, und im November 1813 fragte er brieflich bei General Raglowich an, ob nicht in der Armee Verwendung für ihn wäre („nur nicht zum Rechnungswesen und zu denjenigen Geschäften, welche Mathematik erfordern"[26]). Eine sei-ner Flugschriften fand auch in der Bevölkerung starken Widerhall: „Über die Unterdrückung und Wiederbefreiung Europens".[27] In diesem glänzend geschriebenen, im Vergleich zu vielen patriotischen Schriften der Epoche wohltuend unpathetischen Text hält Feuerbach den deutschen Staaten vor, sie hätten es sich selbst zuzuschreiben gehabt, wenn Napoleon sie so leicht überrennen konnte: „Erschlaffung, träge Gemächlichkeit, eigenliebige Selbstgenügsamkeit, List statt offenen Vertrauens herrschten im Volk, wie in den Kabinetten." Die Landesverteidigung habe man „Lohnknechten" überlassen, befehligt durch „ausgediente Heerführer oder unerfahrene Offiziere, die nichts hatten als eine Geburt, welche ihnen das Verdienst entbehrlich machte". Fürsten und Adel hätten bloß noch ihren beengten Interessenhorizont gesehen und sich auf dem Besitzstand ausgeruht. Die Französische Revolution indessen habe ungeheure Energien freigesetzt, die Napoleon geschickt zu kanalisieren und instrumentalisieren verstanden habe: „Große Ideen über Menschheit und Menschenwürde (welche trotz den Greueln, zu welchen sie als Vorwand dienen mussten, ewig wahr und herrlich bleiben und, einmal gewonnen, niemals wieder verloren gehen können) hatten sich der Geister bemächtigt." Und diese Energien hätten Frankreichs Heere so unüberwindlich gemacht. Um sie zu besiegen, müsse sich nicht in den Köpfen, sondern in den Herzen etwas bewegen: „Was insbesondere gesunkene Völker aufrichten, entzweite Nationen vereinigen und für Einen Zweck zu großen Opfern und großen Thaten ermannen soll, kann nur irgend ein Gemeinschaftliches sein, was nicht den Kopf, sondern die Brust erfüllt, nicht kalt zum Verstande, sondern eindringend zum Gemüthe spricht."[28]

Die Schrift erschien in der Woche nach der Völkerschlacht von Leipzig, war also vorher geschrieben und gedruckt worden. Wäre die Schlacht zugunsten Napoleons ausgegangen, hätte der Verfasser Schlimmes zu gewärtigen gehabt. Aber auch so reichte es zu einer amtlichen Rüge, in der es hieß, es werde „die dem feindlichen Souverän ... gebührende Achtung gänzlich vermisst".[29] Dahinter stand Montgelas, den allerdings wohl etwas anderes noch mehr störte, nämlich der liberale und nationale Tenor der Schrift. Er wollte nichts wissen von patriotischem Volkskrieg, und für die „wieder aufkommende fatale Deutschheit" hatte er nur Hohnlachen übrig.[30] Als Paul Johann Anselm Feuerbach einige Monate später in einer zweiten Flugschrift die napoleonischen Weltherrschaftsansprüche als „Grab der Menschheit" bezeichnete und unmittelbar vor dem Wiener Kongreß in einer dritten Schrift – „Über teutsche Freiheit und Vertretung teutscher Völker durch Landstände" – für Verfassung und konstitutionelle Monarchie plädierte, betrieb Montgelas seine Entfernung. Feuerbach notierte: „Seitdem wird die politische Luft schwül, und ich merke, dass sich Gewitter zusammenziehen."[31]

Im Juni 1814 wurde er als zweiter Präsident ans Appellationsgericht in Bamberg versetzt, auf ausdrückliche Anweisung des Königs blieben ihm aber Rang und Besoldung. Feuerbach war es nur recht, er war „des Hoflebens und seiner Schikanen längst bis zur Verzweiflung überdrüssig".[32] Bamberg ließ sich zunächst gut an, er wohnte in der Dompropstei[33] und genoss das Leben. Auf Dauer konnte es freilich nicht gut gehen: Als Wirklicher Geheimer Rat stand Feuerbach im Rang über dem ersten Präsidenten, der ostentativ darauf bestand, sein Vorgesetzter zu sein. Faktisch hatte der Strafrechtler also wieder keine Arbeit. Zur Verbitterung hierüber kamen die Enttäuschung über den Verlauf des Wiener Kongresses und der Zorn über Reaktion und Gesinnungsschnüffelei in Bayern. Im Sommer 1815 gönnte sich Feuerbach einen Kuraufenthalt in Karlsbad. Er bewegte sich dort in erlauchten Kreisen und „genoss nach den Demütigungen in Bamberg mit vollen Zügen die Wonnen der Zelebrität".[34] Mit der damals hochberühmten Elisa von der Recke und derem Lebensgefährten Christoph August Tiedge schloss er die einzige ihn auch geistig-musisch anregende Freundschaft seines Lebens. Eine andere Karlsbader Bekanntschaft war der preußische Innenminister von Schuckmann, der ihm eine gesetzgeberische Tätigkeit und einen Lehrstuhl in Berlin in Aussicht stellte. Eine Weile setzte Feuerbach seine ganze Hoffnung auf Preußen, das ihm aber, als sich die Anzeichen für die einsetzende Reaktion mehrten, immer weniger verlockend vorkam: So sah er in der Schmalzschen Denunziationsschrift die „Ankündigung der Plane einer aristokratischen Partei, welche des Despotismus bedarf, um den Geist des Rechts und rechtlicher Freiheit wieder in die alten Ketten zu legen".[35]

Dennoch fuhr Feuerbach Anfang 1816 – wieder einmal ohne Erlaubnis der Regierung – für Monate nach München, angeblich ärztlicher Konsultationen wegen, in Wirklichkeit um seinen Wegzug von Bayern zu organisieren. Mit einer Mischung aus Komödie – er spielte den Kranken und empfing Besucher im Bett, neben sich „ein Tisch mit großen Arzneigläsern, Büchsen und Pflastern"[36] – und waghalsigem Trotz gegen königliche Reskripte verteidigte er sich hier gegen den gefährlichsten Angriff auf seine Karriere: Es war bereits ausgehandelt, dass Salzburg, Tirol und Innviertel wieder an Österreich zurückfallen sollten. Montgelas nutzte die Gelegenheit, um schnell noch alle „weniger befähigten Subjekte" nach Salzburg zu versetzen und damit nach Österreich abzuschieben[37] – und Paul Johann Anselm Feuerbach zählte dazu: Drei Wochen vor der Unterzeichnung des Abtretungsvertrags wurde er zum „Generalkommissär des Salzachkreises" ernannt. Feuerbachs Rettung war schließlich die Weigerung Österreichs, neue Beamte zu übernehmen. Dem widerspenstigen Geheimen Rat wurde Urlaub auf unbestimmte Zeit gewährt, den dieser für Reisen, Begegnungen – „vor allem mit Männern des kommenden Bundestages"[38] – und die Abfassung einer Denkschrift nutzte, in der er die Schaffung eines schon von Goethe ins Gespräch gebrachten Bundes der deutschen Klein- und Mittelstaaten vorschlug.[39]

Herr Präsident

Ein unerwarteter Ausweg bot sich an: Großherzog Karl August von Weimar, der von Feuerbachs Schicksal erfahren hatte, machte von sich aus ein großzügiges Angebot: Die Position des Kanzlers der Universität Jena, dazu Wirklicher Geheimer Rat mit dem Rang eines Staatsministers (er wäre Goethes „Kollege" gewesen), als Dreingabe das Großkreuz des Falkenordens. Doch Feuerbach lehnte schließlich ab, diese „Aussicht auf einen sehr ehrenvollen Ruhestand"[40] konnte ihn noch nicht verlocken, trotz allem hing er inzwischen an Bayern. Er blieb einstweilen in München und widmete sich hauptsächlich seinen Studien zur vergleichenden Rechtsgeschichte. Erst Montgelas' Sturz im Februar 1817 beendete die verfahrene Situation: Paul Johann Anselm Feuerbach wurde zum ersten Präsidenten des Appellationsgerichts Ansbach ernannt. Der Ort war zwar provinziell und verschlafen, doch der „Rezatkreis", wie die Gegend in der Montgelas-Ära hieß, war protestantisch und hatte vor noch nicht langer Zeit unter reformfreudiger preußischer Verwaltung gestanden (Hardenberg hatte als „preußischer Vizekönig" viel modernisiert). Feuerbach war offenbar schon bald entschlossen, hier zu bleiben, denn schon nach einem Jahr kaufte er ein sehr stattliches Haus.[41] Seine Amtsgeschäfte führte er, zumindest in der ersten Zeit, vorbildlich, und der Justizminister, vordem sein Gegner, erstattete dem König nach einer Visitation einen so lobenden Bericht, dass dieser sich persönlich mit Handbillet bedankte – und obendrein einen Schuldschein über „ein nicht unbedeutendes Kapital" für ihn tilgte.[42]

Schon in seiner meisterlichen Ansbacher Antrittsrede[43] hatte Feuerbach dezent eine Beschleunigung der Gerichtsverfahren angemahnt. Im Vorfeld der Ständeversammlung, die nach Inkrafttreten der Verfassung von 1818 – durch sie wurde Bayern als erstes deutsches Land zur konstitutionellen Monarchie – zusammentrat, ließ er „höchsten und hohen Personen" eine witzig-satirische Parabel zukommen, in der die Gerechtigkeit in einem Verlies als zerlumpte Gefangene und unter elenden Bedingungen unablässig Schriftstücke liefern muss. In einem nächtens verfassten Brief wendet sie sich an die Ständevertreter mit der Bitte, sie von ihrem „auf himmelhohen Felsen erbauten baufälligen Schlosse der unerreichbaren Appellationsburg herabzuholen" und „wieder unter meinen lieben Menschen auf der gesegneten Erde in den Städten, Flecken und Dörfern wohnen zu lassen, so dass jeder mich finden könne, der mich sucht und braucht".[44]

Von Ansbach aus wurde Paul Johann Anselm Feuerbach auch mehrfach politisch aktiv. Als Ende 1817 bekannt wurde, dass Bayern mit dem Vatikan ein Konkordat geschlossen hatte, sah er nicht nur die 1803 zugestandene Freiheit der Religionsausübung in Gefahr, er sah auch schon finsterste Zeiten wiederkehren. Ein Brief an Tiedge, den dieser auf Feuerbachs Wunsch zirkulieren ließ und unter anderen dem preußischen Staatskanzler Hardenberg zuspielte, beginnt mit einem wahren Pamphlet: „Am hellen Mittag der Geisterwelt hat die Hölle ihren Rachen geöffnet, und auf einmal sieben volle Jahrhunderte verschlungen, so dass das heutige Jahr nicht mehr 1818 sondern 1073 ist, wo Papst Gregor VII. wieder als Statthalter Christi uns regiert." Feuerbach organisierte einen „Adressensturm" der evangelischen Kirchenstellen und Städte in ganz Bayern und veröffentlichte möglicherweise auch mehrere Artikel im „Neuen Rheinischen Mercur".[45] Einen neuen Adressensturm – zweihundert Unterschriften in fünf Tagen allein in Ansbach – entfesselte er einige Jahre später gegen Bestrebungen, den protestantischen Presbyterien eine Sittenrichterfunktion, oder wie er es nannte, „eine geistliche Seelenherrschaft" zu übertragen.[46]

Eine vergleichsweise nebengeordnete, doch bis heute publikumswirksame Beschäftigung war in den letzten Lebensjahren der Fall Kaspar Hauser. Feuerbach hatte sich schon bald nach dem Auftauchen des Findlings in-

tensiv mit ihm beschäftigt, ihn zeitweise auch bei sich wohnen lassen. Eine
Weile lang sorgte er persönlich für Erziehung und Lebensunterhalt. In seiner 1832 erschienenen Broschüre *Kaspar Hauser. Beispiel eines Verbrechens
am Seelenleben des Menschen* zeichnet er von Kaspar das Rousseausche Bild
des unverdorbenen jungen Menschen, dessen „stilles Gemüt einem spie-
gelglatten See in der Ruhe einer Mondscheinnacht"[47] gleicht. In einem geheimen, erst 1852 von seinem Sohn Ludwig veröffentlichten Memoire an
Königin Karoline, der Witwe des inzwischen gestorbenen Max Joseph, de-
duzierte er die berühmt gewordene These, Kaspar Hauser müsse der bei-
seitegeschaffte Sohn des Großherzogs Karl von Baden und dessen Frau Ste-
phanie Beauharnais sein.[48]

Die Hauptarbeit – neben seinem Amt als Präsident des Appellationsgerichts – waren indessen wieder Bücher, vor allem die großartige *Aktenmä-
ßige Darstellung merkwürdiger Verbrechen. Beiträge zur Rechts- und Men-
schenkunde.* Zur Abfassung der vergleichenden universellen Rechtskunde,
für die er sein Leben lang Material gesammelt hatte, kam er nicht mehr.[49]
Am 11. April 1833 erlag er während eines Aufenthaltes in Frankfurt einem
Schlaganfall. Dass bald das Gerücht aufkam, er sei vergiftet worden, ist
wohl der Affäre Kaspar Hauser zuzuschreiben.[50]

Die öffentliche, „politische" Biographie dieses außerordentlichen Mannes
ist in mancherlei Hinsicht kennzeichnend für die ersten zwei Jahrzehnte
des 19. Jahrhunderts, namentlich in Süddeutschland. Der „große Umbruch" (Nipperdey) war nicht nur die Folge der gewaltigen „Arrondierung"
der zu Mittelmächten aufgestiegenen neuen Herzogtümer und Klein-Kö-
nigreiche; er war auch wesentlich das Werk der späten Aufklärung, deren
Anhänger in Bayern wie anderswo in Deutschland an den Schalthebeln der
Macht saßen und nun in reformerischen Kraftakten ihre Werte und Ziele
verwirklichen wollten. Ihre extremste Ausprägung hatte die deutsche Aufklärung im Geheimbund der Illuminaten gefunden, der die menschliche
Gesellschaft zu „einem Meisterstück der Vernunft" gestalten wollte. Bis zu
seinem Verbot 1784/85 hatte dieser Bund zwar nur knapp zehn Jahre bestanden, es gehörten ihm jedoch Fürsten und Geistesgrößen aus ganz
Deutschland an: Karl August von Weimar ebenso wie Herder, Schiller, Goethe oder Pestalozzi. Die Grundidee war, eine Elite von rein durch die Vernunft geleiteten Mitgliedern heranzubilden und diese durch Unterwande-

rung der politischen Institutionen die Geschicke der Gesellschaft bestimmen zu lassen.

Mit Montgelas wurde die Utopie für eine Zeit zur Wirklichkeit, dabei erwies sich auch ihre Zwiespältigkeit: Es fehlte dieser aufgeklärten Elite nicht nur jedes Gespür für geschichtlich Gewachsenes – volkstümliche Religiosität, Barockkultur oder, wie in Tirol, uralte politische Institutionen –, sie war auch unfähig, neue gesellschaftliche und politische Impulse aufzunehmen, die „von unten" kamen, wie insbesondere die nach den Befreiungskriegen erwachende Vaterlandsbegeisterung oder der immer lauter werdende Ruf nach Verfassung und Volksvertretung. Auch wenn in Intellektuellenzirkeln über Rousseaus Gesellschaftsvertrag und Montesquieus Gewaltenteilung debattiert wurde, so fehlte der Aufklärung in Deutschland jene gesellschaftskritische und politische Brisanz, die sie in Frankreich entwickelt hatte, wo sie wesentlich zum Zusammenbruch des Ancien Régime beitrug.

Aufgeklärtheit war in Deutschland sozusagen Privatsache, sie bedeutete persönliche „Vernünftigkeit", oder, wie Kant es in seinem berühmten Aufsatz formulierte, den „Ausgang des Menschen aus selbstverschuldeter Unmündigkeit". Kant setzte, wie die meisten deutschen Vertreter der Aufklärung, auf die erzieherische Wirkung und verlangte denn auch von den Herrschenden als Freiheit „bloß die unschädlichste", „nämlich die: von seiner Vernunft in allen Stücken öffentlich Gebrauch zu machen". Dass die Vernunft sich auch in veränderten gesellschaftlichen und politischen Verhältnissen niederschlagen sollte, diese Konsequenz zog die deutsche Aufklärung des 18. Jahrhunderts nicht. Sie forderte auch nicht die Freiheit, es zu tun. Paul Johann Anselm Feuerbach nahm sich diese Freiheit zum Teil schon heraus. In seinem Bereich, dem Strafrecht, konnte sein Genie rechtsstaatliche, der Menschenwürde entsprechende Zustände verwirklichen, zumindest für eine Zeit. Mit seinen Forderungen nach konstitutioneller Bindung der Monarchie ging er ein hohes Risiko ein und nahm Sanktionen in Kauf. Er war von den Aufklärern Montgelas und Max I. Joseph geholt worden, durch sein Werk gehörte er aber schon zur ersten Generation der großen Liberalen des 19. Jahrhunderts.

Vesuvius

Die private Seite dieser Biographie zeigt Paul Johann Anselm Feuerbach als äußerst impulsiven, reizbaren, oft jähzornigen Menschen – „wunderlich rabbiat", wie ihn ein junger Praktikant in Bamberg erlebte, ein „Vesuvius", wie ihn Elisa von der Recke und August Tiedge scherzhaft nannten (er selbst gab sich gelegentlich diesen Beinamen), eine „dramatische Persönlichkeit, mit allen Tugenden, aber auch Fehlern einer solchen behaftet", wie sein Sohn Ludwig sich zurückhaltend ausdrückte.[51] Über das, was ihn persönlich bewegte, unterrichten uns ein in jungen Jahren geführtes Tagebuch und zahlreiche Briefe, vor allem an den Vater und an Elisa von der Recke. Über sein Familienleben erhalten wir dabei seltsam wenig Auskunft. In den Briefen an den Vater aus der Zeit in Kiel und Landshut werden die Söhne (die Töchter sind noch nicht geboren) noch gelegentlich erwähnt, und Ehefrau Wilhelmine ist noch „meine liebe Frau", doch ab der Münchner Zeit tauchen die Kinder in seinen Korrespondenzen fast nur noch im Zusammenhang mit Gehaltsfragen und Gratifikationsforderungen auf: Mit dem Argument, er habe eine große Familie zu versorgen, begründet er seine Ansprüche. In der Tat war seine Familie auf stattliche Größe angewachsen: fünf Söhne und drei Töchter. Die beiden ältesten, Anselm (1798–1851) und Karl (1800–1834) waren noch in der Jenaer Zeit geboren; in Kiel kam Eduard (1803–1843) zur Welt, in Landshut Ludwig (1804–1872), in München schließlich Friedrich (1806–1880) sowie die drei Töchter: Helene (1808–1891), Leonore (1809–1885) und Elise (1813–1883).[52] Am empfänglichsten für dieses „Argument" zeigte sich König Max Joseph, der selbst eine große Familie hatte: Als Feuerbach 1815 nach Bamberg abgeschoben wurde, sicherte ihm der König nach der Abschiedsaudienz für jeden seiner Söhne ein Stipendium von 800 Gulden jährlich zu, sobald sie die Universität bezögen.[53]

Wie die Söhne und Töchter in ihrer Kindheit den Vater erlebten, wissen wir nicht. Wahrscheinlich sahen sie ihn wenig. Nur am Anfang der Münchner Zeit, im Sommer 1807, durften die Gattin und die beiden ältesten Söhne mit zum Kuraufenthalt nach Bad Gastein.[54] Die Jahre danach, in denen Feuerbach mit dem Strafgesetzbuch und den beiden Entwürfen zu einem Zivilgesetzbuch beschäftigt war, saß er nach seinen eigenen Worten von sechs Uhr morgens bis zehn Uhr abends am Schreibtisch,[55] und als man ihn kaltstellte und ihm keine Arbeit mehr gab, ging er auf Reisen und betrieb Forschungen. Friedrich Thiersch, der 1809 als Fünfundzwanzigjähriger in die Familie kam, mag mit seiner Begeisterungsfähigkeit und Sportlichkeit – er bestieg den fast 3800 Meter hohen Großglockner – den Vater ein Stück weit ersetzt haben.

Paul Johann Anselm Feuerbach verliebte sich obendrein 1813 in die Frau eines Freundes und kannte offenbar nur noch seine Verliebtheit: In Bamberg nahm er seine Nanette Brunner sogar in den eigenen Haushalt auf, im naiv anmutenden Glauben, seine Frau lebe mit ihr „wie mit ihrer besten Freundin". Einige Monate später notierte er freilich: „Im Juni [1816] auf meiner Durchreise durch Bamberg nach Frankfurt entlief mir heimlich mein böses Weib und gab Veranlassung zu einer außergerichtlichen Trennung."[56] Die Familie wurde fünfeinhalb Jahre lang auseinandergerissen: Die Mutter blieb mit den Töchtern in Bamberg, der Vater zog mit den Söhnen nach München,[57] um dort seine Berufung nach Preußen zu betreiben, und als er im Frühjahr 1817 als Präsident des Appellationsgerichts nach Ansbach ging, nahm er Eduard, Ludwig und Friedrich mit (die beiden Ältesten begannen im selben Frühjahr ihr Studium in Erlangen). In Ansbach lebten die drei Jungen unter der Obhut einer älteren Dienerin in einem eigenen Hausstand; der Vater lebte mit der Geliebten und deren beiden Söhnen zusammen.[58]

Nach Nanettes Tod – Ludwig war siebzehn und schloss eben das Gymnasium ab – fanden die Eltern Anfang 1822 wieder zusammen; mit der Mutter kamen auch die Töchter nach Ansbach. Zumindest eine Zeitlang stellte sich so etwas wie familiäre Harmonie ein: „Keine einzige ähnliche Szene", schrieb Sohn Anselm am 17. März 1822, „wie wir sonst wohl fast von Tag zu Tag zu erwarten und zu befürchten hatten. Eine versalzene Suppenschüssel ist nicht mehr mit einem Himmeldonnerwetter begleitet." Ein Element der Zwietracht blieben Nanettes Söhne, die „ungezognen Schlingel" (Ludwig an die Mutter), die weiterhin im Feuerbachschen Hause wohnten.[59]

Die Dynastie der Feuerbäche

Alle acht Feuerbach-Kinder waren hochbegabt, drei von ihnen – Anselm, Karl und Ludwig – in außerordentlichem Maße. Anselm, der Älteste, war die Künstlernatur schlechthin der Familie: Dichter, Musiker (er spielte so gut Klavier, dass er die Beethoven-Symphonien „donnern lassen" konnte) und Zeichner, mit August von Platen befreundet. Nach zwei Semestern in Erlangen ging er nach Heidelberg, wo er bei Georg Friedrich Creuzer und dem Homer-Übersetzer Johann Heinrich Voß Philologie studierte und sich mehr oder weniger im Selbststudium mit Archäologie befasste. Nach glänzendem Abschlussexamen wirkte er ein Jahrzehnt lang als Gymnasiallehrer in Speyer. Die Schrift *Der Vaticanische Apollo*, die mit Lessings *Laokoon* verglichen wurde, brachte ihm 1836 eine Professur in Freiburg ein. Eine sehr glückliche Ehe, der eine Tochter und ein Sohn (der Maler Anselm Feuerbach) entstammten, fand mit dem Tod der Frau ein frühes Ende. Der sechsunddreißigjährige Witwer heiratete einige Jahre später die Schriftstellerin Henriette Heydenreich (Schwester eines engen Freundes von Ludwig Feuerbach), die ihm mit ihrer Fürsorge für die Kinder und ihrer künstlerischen und intellektuellen Regsamkeit ein Zuhause sicherte, das seinen Neigungen entsprach. Der Maler-Sohn Anselm erinnert sich an die „bildsame Luft" im Elternhaus: „Es gingen viele bedeutende Menschen in unserm Hause aus und ein; alles Schöne in Natur, Kunst und Leben wurde mit Interesse aufgenommen, und wir Kinder hatten unseren Anteil an dem, was vorging, da wir nie in einer Kinderstube abgesperrt waren. Es wurde auch viel gute Musik im Hause gemacht; Haydn, Mozart, Beethoven waren mir immer in den Ohren."[60]

Seine hohe künstlerische Sensibilität hatte jedoch auch ihre selbstzerstörerische Seite: Schon im ersten Studienjahr in Erlangen fiel er unter dem Einfluss eines mystischen Schwärmers in eine schwere Depression. Vater Feuerbach, der sich jetzt mehr um seine Kinder kümmerte als in der Münchner Zeit, nahm ihn zu einem Aufenthalt im illustren Kreis auf Schloss Löbichau mit[61] und übergab ihn anschließend für ein Jahr der Obhut seiner Freundin Elisa von der Recke, die ihn auch nach Karlsbad mitnahm, wo Anselm eine Unterhaltung mit Goethe hatte. Nach dem frühen Tod seiner ersten Frau wurde er der veranlagten selbstquälerischen Schwermut nicht mehr Herr, weder die zweite Ehe mit Henriette noch eine spät angetretene Italienreise vermochten ihn daraus zu befreien. Als sein Bruder Ludwig ihn drei Jahre vor dem Tod besuchte, war ein Gespräch mit ihm kaum noch möglich.[62]

Karl, der Zweitälteste, ein genialer Mathematiker, hat ein kleines Stück Wissenschaftsgeschichte geschrieben: Von ihm stammt die Beschreibung des als „Feuerbach-Kreis" bekannten Neunpunktekreises. Er schien für Depressionen weniger anfällig zu sein als der hypersensible Anselm. Er war ein eher extrovertierter Typ, der seine Sensibilität hinter Ironie und Verwegenheit verbarg, nach den Worten Ludwigs „ein höchst origineller Mensch, der wilden Tatendrang mit mathematischem Tiefsinn auf seltsame Weise in sich vereinigte".[63] So soll Karl einmal, wie sein Jugendfreund Ignaz Schwörer dem Maler Anselm Feuerbach erzählte, auf einem Spaziergang plötzlich in einen Bach gesprungen sein und mit dem Mühlrad eine Runde gedreht haben; ein andermal habe er auf der Vogeljagd seinem Freund, der ihn wegen eines Fehlschusses neckte, aus kurzer Distanz beide Ladungen einer Doppelflinte durch den linken Rockschoß gejagt.[64] Als junger Student in Erlangen, wo er dem Vater zuliebe ein Jura-Studium begonnen hatte, dann aber zur Mathematik wechselte,[65] war er mit Anselm zusammen Gründungsmitglied der neuen Burschenschaft „Bubenreuther". Die beiden scheinen ein flottes Leben geführt zu haben, jedenfalls häuften sie in eineinhalb Jahren eintausend Gulden Schulden auf, obwohl sie den Professoren das Vorlesungsgeld schuldig blieben (der Vater war so erzürnt, dass er sie „unter die Soldaten tun" wollte – was er mit den beiden Söhnen Nanettes später wirklich tat).[66]

Karl beendete sein Studium mit Promotion in Freiburg mit der Arbeit über den Neunpunktekreis. In Freiburg engagierte er sich im konspirativen Jünglingsbund, von dem noch die Rede sein wird. Nachdem dieser 1824 verraten worden war, wurde Karl, der inzwischen Gymnasialprofessor in Erlangen war, auf offener Straße verhaftet und mit neunzehn Bundesgenossen in München ohne Anklage inhaftiert. Eine Zeitlang schien er mit Standhaftigkeit und dem ihm eigenen Sarkasmus die Situation ausgehalten zu haben, doch die Isolation (Briefe von und an die Eltern waren nicht erlaubt, nur Anselm durfte ihn gelegentlich besuchen, mit den Mithäftlingen kommunizierte er per Kassiber) und die Angst, Kameraden verraten zu haben, führte zu der Zwangsvorstellung, durch Selbstopferung könne er die Befreiung der Mitgefangenen erwirken. Nach acht Monaten unternahm er zwei Selbstmordversuche. Beide überlebte er, doch nach dem zweiten erwachte er im Wahnsinn. Freund Thiersch nahm ihn in Pflege. Nach der Aufhebung des Haftbefehls im Mai 1825 kehrte er, leidlich wiederhergestellt, doch seelisch ein Wrack, nach Ansbach ins Elternhaus zurück.[67] Hier beschäftigte er sich mit weiteren mathematischen Forschungen, und ein Jahr später erhielt er wieder eine Anstellung am Gymnasium in Hof, doch er wurde mehr und mehr zum einzelgängerischen Sonderling und starb mit 34 Jahren.

Eduard, ein Jahr älter als Ludwig, folgte im Gegensatz zu seinen älteren Brüdern nicht seiner Neigung, die den Naturwissenschaften galt, sondern studierte dem Vater zuliebe Jura, erst in Göttingen, dann in Erlangen. Hochbegabt war er offensichtlich auch, denn schon mit 23 Jahren erhielt er als Doktor der Rechte die Lehrerlaubnis. Einige Jahre lang war er Privatdozent an der inzwischen von Landshut nach München verlegten Ludwig-Maximilians-Universität, mit dreißig Jahren war er bereits ordentlicher Professor in Erlangen, bald auch Dekan seiner Fakultät und Prokanzler der Universität. Ludwig mochte ihn sehr, und sicher nicht nur der Hilfsbereitschaft wegen, mit der er ihm Bücher aus der Erlanger Universitätsbibliothek besorgte. Sympathisch war ihm wohl vor allem Eduards Naturliebe. Bewundernd schreibt er über ihn: „Er hatte wirklich alle Anlagen zu einem Naturforscher: einen vorurteilslosen Verstand, scharfen Blick, treffliche Beobachtungsgabe und ein Gedächtnis, dem nichts mehr entfiel, auch nicht das Speziellste von dem, was er einmal gesehen hatte."

Eduard war häufig zu Besuch in Bruckberg, wo Ludwig von 1836 an wohnte, er verbrachte dort meist seine Ferien und heiratete schließlich die Tochter des Betriebsleiters der Porzellanmanufaktur, an der Ludwig durch seine Frau beteiligt war. Dieser Verwalter war Ludwigs enger Freund und überdies der Schwager seiner Frau, wodurch Eduard endgültig zu Ludwigs eigenem Lebenskreis gehörte. Durch seine zwei Kinder ist er der einzige aus der Feuerbach-Dynastie, von dem heute noch Nachkommen leben. Erst vierzigjährig, starb er ganz unvermittelt in Bruckberg. Ludwig widmete ihm einen schönen Nachruf.[68]

Von Friedrich (oder „Fritz", wie er in der Familie genannt wurde), dem jüngsten der Feuerbach-Brüder, wissen wir am wenigsten, obwohl Ludwig, vor allem nach Eduards Tod, zu ihm ein besonders enges und herzliches Verhältnis hatte. Friedrich begann relativ spät ein Theologiestudium, fand dann aber durch Friedrich Rückert, der damals in Erlangen lehrte, in der Orientalistik sein Fach. In Bonn setzte er bei Christian Lassen und August Wilhelm Schlegel sein Studium fort. Anfang der dreißiger Jahre ging er nach Paris, wo er zweimal an der Cholera erkrankte, die ihm noch jahrelang zu schaffen machte. Um 1837 promovierte er, übte aber nie einen Beruf aus, sondern begnügte sich mit der minimalen Rente, die Bayern den Kindern von Staatsräten lebenslang gewährte. Auch er verliebte sich in Bruckberg in eine Tochter des Manufakturverwalters, doch seine Abneigung gegen einen Brotberuf war so stark, dass er lieber allein blieb. Über vierzig Jahre lang „privatisierte" er in Nürnberg in einem Gartenhaus, bescheiden, zurückgezogen, ja menschenscheu, ganz seinen Sprachstudien hingegeben: Zum Sanskrit waren das Französische, das Italienische und das Spanische hinzugekommen. Er übersetzte auch, bekannt wurde seine Übertragung von *Manon Lescaut* von Prévost. Nebenbei veröffentlichte er aphoristische Schriften, in denen er nach eigenen Worten „predigte, was sein Bruder Ludwig lehrte" – was dieser nicht gelten lassen wollte: Friedrich habe durchaus „auf eigenen Beinen" gestanden.[69]

Als 1822, nach dem Tod Nanettes, die Familie Feuerbach endlich wieder vereinigt war, müssen die drei Schwestern, die bisher mit der Mutter in Bamberg gelebt hatten, den Brüdern beinahe fremd vorgekommen sein. Helene, die älteste, auch hübscheste, koketteste, vor allem begabteste der drei, war Ludwigs Lieblingsschwester, und Karl scheint geradezu vernarrt in sie gewesen zu sein. Ihre Begabungen und Vorzüge wurden ihr freilich zum Verhängnis. Im Alter zwischen achtzehn und zweiundzwanzig Jahren, in dem ihre Brüder an der Universität die Grundlagen für ihre Karriere legen und ihr jugendliches Ungestüm im studentischen Treiben ausleben konnten, wurde sie – anscheinend vom Vater – in die Ehe mit einem wesentlich älteren Gerichtsrat von Dobeneck gesteckt, der ihr menschlich und intellektuell nichts zu bieten hatte – ein „Tölpel", wie der Maler-Neffe Anselm bissig bemerkte. Nach vier Jahren wurde die Ehe zwar einvernehmlich getrennt, und Helene ging erst einmal nach Speyer, um ihrem

Bruder Anselm nach dem Tod der ersten Frau den Haushalt zu führen. Doch sie verfiel in eine schwere Depression. Nach leidlicher Genesung führte sie ein unstetes Leben: Erzieherin in Irland, Gesangsausbildung und Gesellschaftsdame in Paris, Reisen durch England, Deutschland, die Schweiz, Italien. Sie dichtete, zeichnete, komponierte, vertonte auch Gedichte von Béranger. Sie entbrannte für Paganini und reiste ihm von Stadt zu Stadt nach, um ihn dann, als er auf ihr Werben eingehen wollte, entsetzt zurückzuweisen und in ekstatische religiöse Schwärmereien zu verfallen. Mit dreißig erlitt sie einen neuen Depressionsschub, der die Einweisung in eine Heilanstalt erforderte. Zum Katholizismus konvertiert, suchte sie die Nähe von Klöstern, war möglicherweise auch eine Zeitlang Nonne. Als ihr Maler-Neffe Anselm sie 1865 in Rom besuchte, lebte sie in einem kleinen Stübchen, dessen Wände von Heiligenbildern und Rosenkränzen über und über behangen waren. Völlig verarmt starb sie, zweiundachtzigjährig, 1891 in Treviso.[70]

Auch die beiden jüngeren Schwestern, Leonore und Elise, waren hoch musikalisch. Ihre Stimmen, die sie oft bei kleinen Hauskonzerten im Bruckberger Schloss hören ließen, wurden gerühmt. Sonst wissen wir herzlich wenig von den beiden Frauen. Von Elise können wir ahnen, dass sie eine ebenso kluge wie aufmerksame Beobachterin war. In Ludwigs Leben spielte sie mehrfach eine vermittelnde Rolle im Hintergrund, es gibt auch Zeugnisse dafür, dass sie an seinen Begegnungen und Auseinandersetzungen aktiven Anteil nahm. Leonore und Elise blieben zeitlebens unzertrennlich. Sie lebten mit der Mutter zusammen bis zu deren Tod 1852, dann zu zweit als kultivierte Damen in Nürnberg, geschätzt von Brüdern und Neffen, vom Maler Anselm insbesondere, der sie porträtierte und von ihnen als den „heiteren Tanten in Nürnberg"[71] sprach.

Die Familie Feuerbach gilt als Paradebeispiel für die Problematik „Genie und Wahnsinn". Eine Mitte des 20. Jahrhunderts entstandene Studie, deren methodische Grundlagen und pathologische Raster freilich aus der Sicht der heutigen Psychiatrie fragwürdig erscheinen, will bei jedem ihrer Mitglieder mehr oder minder ausgeprägte psychopathische Züge nachweisen.[72] Eine Disposition bei drei der acht Feuerbach-Geschwister – Anselm, Karl, Helene – ist offenbar. Doch bei Eduard zum Beispiel wird sie von Ludwig Feuerbach explizit verneint: sein „geistiges Wesen" sei „kerngesund" gewesen, „nur äußerlich von Kapricen in Anspruch genommen".[73] Dass er „zu hypochondrischen Stimmungen neigte", führt seine Schwägerin Julie Stadler auf sein kontaktarmes, freudloses Juristendasein zurück, das der passionierte Naturforscher nur dem Vater zuliebe gewählt hatte. Die Hypochondrie verschwand denn auch mit der Ehe, die sehr glücklich war.[74] Auch Friedrichs exzentrische Lebensweise hat Ludwig nicht als krankhaft empfunden, ebenso wenig wie die Unberechenbarkeiten des Vaters. Und er selbst machte nicht einmal eine dieser Depressionen durch, wie sie bei Hochbegabten zu Beginn des Erwachsenenalters sehr häufig sind. Wir dürfen die psychopathologische Optik also, zumindest für Ludwig Feuerbach, getrost vernachlässigen.

Rebellen

Entscheidend für Feuerbachs philosophische Entwicklung war hingegen das Engagement des Vaters und – zumindest in den Studentenjahren – aller vier Brüder in den geistigen und politischen Auseinandersetzungen dieser Zeit des Umbruchs. Ein Umbruch, der sich wiederum in den Unterschieden zwischen Vater und Söhnen widerspiegelt: von der Spätaufklärung zu den politischen und gesellschaftlichen Aufbruchbewegungen in den ersten Jahrzehnten des Jahrhunderts. Zwei Anekdoten mögen diese Unterschiede illustrieren:

Vater Feuerbach war zeit seines Lebens ein Rousseau-Verehrer gewesen. In Paris, wo er 1821 im Auftrag der Regierung das Gerichtswesen studierte, vergoss er Tränen an Rousseaus Grab. Sohn Anselm, der ihn auf dem Weg dorthin ein Stück weit begleitete, vergoss in Mannheim Tränen über Karl Sand. Ein halbes Jahr zuvor hatte auch der damals sechzehnjährige Sohn Ludwig Sands Grab besucht, dort „sehr viel Gras" abgerissen und etwas davon seiner Mutter geschickt – „weil doch auch Du den deutschen Jüngling lieb hast".[75] Der Burschenschaftler Sand hatte 1819 den Weimarer Komödienschreiber und Informanten der russischen Regierung August von Kotzebue erdolcht und war ein Jahr später unter großer öffentlicher Anteilnahme enthauptet worden. Die Tat bot Metternich den willkommenen Anlass, die berüchtigten „Karlsbader Beschlüsse" durchzusetzen, von denen gleich die Rede sein wird.

Ein anderes Bild des Gegensatzes zwischen Vater und Söhnen: In einem Brief an Freunde hatte Feuerbach senior gegen „diese neuen Moden mit den sogenannten altdeutschen Trachten" gewettert – die seine Söhne trugen. Sohn Anselm trug sie, als er in Begleitung des Vaters nach Löbichau in Sachsen reiste, und Sohn Ludwig trug sie: Dieser Tracht wegen, schreibt er seiner Mutter, sei er mit seinen Reisegefährten in Straßburg „ausgelacht und mit Gläsern beschaut" worden.[76]

Die Tracht war das äußere Zeichen der neuen „vaterländischen" Gesinnung, die durch die Befreiungskriege gegen Napoleon 1813/14 mächtigen Auftrieb erhalten hatte. Deutschland war ja, im Gegensatz zur benachbarten *Grande Nation*, aufgesplittert in eine Vielzahl souveräner Staaten. Und zur Enttäuschung vieler Zeitgenossen, die nicht für ihren König oder Herzog gegen den Besatzer, sondern für das „teutsche Vaterland" ins Feld gezogen waren, wurde diese Zersplitterung vom Wiener Kongress und dem daraufhin gebildeten „Deutschen Bund" nicht aufgehoben, sondern vielmehr zementiert. Mit der patriotischen Begeisterung gingen, zumal in den gebildeten Schichten, von Anfang an Forderungen nach innerer Freiheit, Verfassung und Rechtsstaatlichkeit einher. Auch beim Strafrechtler Feuerbach, wie wir gesehen haben. Ihm wäre es freilich nie in den Sinn gekommen, die Treue zu seinem Souverän in Frage zu stellen, auch wenn er Verfassung und Ständeversammlung forderte.[77]

Die Generation seiner Kinder kannte solche Einschränkungen nicht mehr, ihr stand der Sinn nach Protest. Die Erfahrung der nationalen Gemeinsamkeit, die Kriegslieder Körners, Eichendorffs, Rückerts, die Schriften von Ernst Moritz Arndt und anderer erzeugten eine „Verbrüderungsstimmung", in der das politische Gehorsamsdenken der späten Aufklärung hinweggespült wurde. Die von Jahn gegründete Turnbewegung, die in Windeseile ganz Deutschland ergriff, hatte – bei allem wirren Äußeren – diese politische Stoßrichtung. Fast gleichzeitig bildeten sich an den Universitäten Zirkel von Studenten, die den Geist der Freiheitskriege lebendig erhalten wollten und nach Erneuerung strebten.

Bereits 1815 wurde in Jena die erste Burschenschaft – die „Urburschenschaft" – gegründet, die alle „ehrlichen und wehrlichen" Studenten der Universität versammeln wollte. Das Beispiel machte Schule, an vielen Universitäten wurde ein ähnlich großer Teil der Studentenschaft mobilisiert wie im 20. Jahrhundert bei der achtundsechziger Studentenbewegung. 1817 wurde auf der Wartburg (Großherzog Karl August hatte sie zur Verfügung gestellt) eine zweitägige nationale Feier abgehalten, die sehr großes Aufsehen erregte. Zwar gab es am Schluss einen hässlichen Misston, als eine kleine Gruppe ein Autodafé veranstaltete, bei dem nicht nur ein preußischer Korporalsstock, sondern auch Bücher verbrannt wurden, doch insgesamt war es eine sehr würdige Veranstaltung, die der Burschenschaftsbewegung eine rasche Ausbreitung bescherte. So war das Erstaunliche geschehen, dass die vom Provinzialismus lebenden und ziemlich übel beleumundeten studentischen Landmannschaften ihre Selbstauflösung vollzogen, um in den neuen Burschenschaften aufzugehen, bei denen die regionale Herkunft keine, die gesamtnationale Begeisterung hingegen die beherrschende Rolle spielte. Unter den knapp fünfhundert Studenten, die an der Wartburgfeier teilnahmen, waren zahlreiche Freiwillige aus den Befreiungskriegen, viele von ihnen aus dem Lützower Freikorps, die nicht auf den König, sondern auf das Vaterland vereidigt worden waren.[78]

Die neue Bewegung trug Züge, die uns heute – vor allem vor dem Hintergrund der Erfahrungen des 20. Jahrhunderts – befremdlich anmuten und schon von Zeitzeugen wie Heine als zumindest ambivalent bewertet wurden: Deutschtümelei, romantische Verklärung des Mittelalters, mehr oder weniger ausgeprägte Judenfeindlichkeit, Ressentiments gegen alles Französische (mit dem schwarzen „altdeutschen" Rock wollte man auch die Verachtung „welschen Tandes" demonstrieren). So mögen, wie Hans Mayer es formulierte, Maske und Gebärde stärker ausgeprägt gewesen sein als die eigentliche politische Substanz. Doch das Ganze war getragen von einer Aufbruchstimmung, der sich kein politisch interessierter junger Intellektueller entzog; selbst spätere Protagonisten der Reaktion wie etwa Joseph Görres oder Friedrich Julius Stahl hatten alle in jungen Jahren einer dieser neuen Burschenschaften angehört, die nun allenthalben an den Universitäten die Studenten vereinigten. So auch in Erlangen, wo Anfang 1818 die „Bubenreuther" gegründet wurden, mit Anselm und Karl Feuerbach, den beiden ältesten Brüdern Ludwigs, als Gründungsmitgliedern.[79]

Vater Feuerbach verlangte von seinen Söhnen resolut den sofortigen Austritt, im Mitgliederverzeichnis sollte stehen: „Ausgetreten am … ten auf Befehl seines Vaters". Die Archive wissen freilich nichts von einem Austritt der beiden, hingegen werden dort auch die Söhne Eduard und Fried-

rich als Mitglieder geführt.[80] Sosehr Anselm Feuerbach senior die Neuer-
weckung eines deutschen nationalen Selbstwertgefühls begrüßte – 1814
hatte er bitter bemerkt, dass es in München ein feierliches Te Deum gab,
als Napoleon in Moskau einmarschiert war, die Leipziger Völkerschlacht
jedoch „fast gar nicht gefeiert wurde"[81] –, mit diesen schwärmerischen
und politisch suspekten Bewegungen wollte er nichts zu schaffen haben.
Seine Söhne wussten das, und sie verheimlichten den Grad ihres politischen Engagements vor ihm. Zumindest die drei älteren, Anselm, Karl
und Eduard, waren alles andere als Mitläufer: Anselm war in Erlangen im
Vorstand, und selbst der zurückhaltende Eduard gehörte in Göttingen jenem „inneren Kreis" an, der sich in vielen Burschenschaften herausbildete,
was ihm ein *consilium abeundi* eintrug (er ging dann nach Erlangen und
wurde dort wie seine älteren Brüder Mitglied der Bubenreuther). Auch
der jüngste, Friedrich, war in Erlangen Burschenschaftler.[82]

Nach dem Mord an Kotzebue ergriff Metternich die Gelegenheit, gegen die
ihm von Anfang an missliebige Bewegung vorzugehen. Durch die Karlsbader Beschlüsse gelang es ihm, alle Mitglieder des Deutschen Bundes auf die
polizeiliche Verfolgung der „Demagogen" einzuschwören. In Mainz wurde
eine Zentral-Untersuchungskommission eingerichtet, die die Verfolgung
zu koordinieren hatte. Die Burschenschaften wurden verboten, die Universitäten überwacht. Das Ergebnis war eine Radikalisierung des aktiveren
Teils, und eine Minderheit davon schloss auch Gewalt nicht mehr aus.
Karl Follen, von Anfang an einer der radikalsten Köpfe der Bewegung, ini-
tiierte von der sicheren Schweiz aus einen konspirativen Bund mit dem
Ziel des Umsturzes. Er ließ einen Emissär durch Deutschland reisen und
an den Universitäten für einen „Jünglingsbund" werben, dessen einzige
Aufgabe sein sollte, einen angeblich bereits bestehenden „Männerbund"
im Augenblick des Losschlagens zu unterstützen. Dem Männerbund, so
behauptete Follen, gehörten bereits einflussreiche Persönlichkeiten an, bis
hin zum preußischen Freiheitskriegsgeneral Gneisenau.

Der Jünglingsbund breitete sich erstaunlich schnell aus, er hatte schon
bald hundertfünfzig Mitglieder in fünfzehn deutschen Staaten. Für die damaligen Rechtsverhältnisse war er, zumindest in der Meinung der Bundesgenossen, unzweifelhaft hochverräterisch, sein Zweck war „der Umsturz
der bestehenden Verfassungen, um einen Zustand herbeizuführen, worin

das Volk durch selbstgewählte Vertreter sich eine Verfassung geben könne". Den jungen Leuten war klar, was sie riskierten, weshalb der Bund streng konspirativ organisiert war: Jeder sollte „sich Waffen anschaffen und darin üben", und nur wenige Mitglieder sollten sich untereinander kennen. Den Kontakt zum Männerbund durfte nur eine einzige Person halten. Einer der neun „Artikel" des Bundes lautete: „Den Verräter trifft der Tod." So ganz todernst gemeint war das freilich nicht. Arnold Ruge, selbst führendes Mitglied, nannte den Artikel jedenfalls „unser machtloses Gesetz": Alle wussten, dass man einem eventuellen Verräter „kein Haar krümmen" würde (was sich bewahrheitete), für einen Fememord dachten die Jünglinge offenbar zu edel. Das Ganze mag auch einer verbreiteten Lust an der Geheimbündelei entsprochen haben, zu irgendwelchen Taten schritt der Jünglingsbund jedenfalls nie. Ruge stellt allerdings fest: „Das Jahr 1848 und die Frankfurter Nationalversammlung ist aus jenem Geiste von 1821 und 1822 hervorgegangen, ja sie haben einen großen Teil der Verschworenen in der Paulskirche versammelt."[83]

Bei Karl Feuerbach kann man sich vorstellen, dass dieser Geheimbund seinem Ungestüm entgegenkam: Es war die „ächt burschikose Forderung, keiner Gefahr auszuweichen", wie Ruge rückblickend schrieb.[84] Karl beschwor, zusammen mit seinem Freund Schwörer (der später als Arzt dem jungen Maler-Neffen die Geschichte vom Mühlrad und dem Schuss durch den Rockschoß erzählte) den Bund nicht nur als einer der ersten,[85] er zog möglicherweise auch seine Brüder hinein, deren Haltung während der Studienzeit dieser Geheimbund durchaus entsprochen hätte. Und Karl war offenbar auch eines der aktivsten Mitglieder, denn er reiste als einer der vierzehn oder fünfzehn Vertreter aus ganz Deutschland zum ersten „Bundestag" des Jünglingsbundes, der an Pfingsten 1822 unter freiem Himmel auf dem Stein bei Würzburg abgehalten wurde.

Bei dieser Versammlung war das beherrschende Thema die Frage nach dem Männerbund, vom dem nicht die mindeste Nachricht vorlag, weshalb sich Zweifel breitmachten, ob er überhaupt existiere. Zwar war Johann Gottfried Eisenmann, der spätere Herausgeber des „Bayerischen Volksblattes" und 1848 in Frankfurt bejubelter Freiheitsheld, unbestrittener Sprecher der Versammlung, doch Karl war der Mann, auf den man am meisten gespannt war: Er hatte „zu dem Zweck, den Zustand des Bundes zu erforschen und namentlich über den Männerbund Aufklärung zu erhalten"[86], eine Erkundigungsreise unternommen, auf der er auch mit Follen zusammengetroffen war. Ergebnis: einen Männerbund gab es offensichtlich nicht. Was also tun? Den Bund einfach aufzulösen, hielt man für noch gefährlicher als ihn beizubehalten, denn der Tatbestand des Hochverrats, so glaubte man, sei bereits erfüllt. Und da „Keiner von uns Willens sei, den Zweck des Bundes wirklich aufzugeben und die Einheit und Freiheit Deutschlands fallen zu lassen"[87], wollte man fortan ein eigenbestimmter Bund sein, ohne Abhängigkeit von einem übergeordneten Männerbund; außerdem werde man, da die meisten ohnehin bald ins Berufsleben treten würden, bald selbst der Männerbund sein.

Der Jünglingsbund wurde von einem Theologiestudenten verraten, den man aus Bequemlichkeit aufgenommen hatte: Er war der einzige Nichteingeweihte in einer täglichen Tischgesellschaft von Bundesbrüdern in Halle, und man wollte in seiner Gegenwart offen reden können. Anfang 1824 kam es in ganz Deutschland zu einer Verhaftungswelle. Die Anklagen lauteten überall auf Hochverrat, doch die Urteile fielen sehr unterschiedlich aus: In Preußen wurde mehr als die Hälfte der Verhafteten – so auch Ruge – zu fünfzehn Jahren Festungshaft verurteilt, in Baden, Württemberg und Kurhessen lauteten die Urteile höchstens auf vier oder fünf Jahre, in Bayern gab es überhaupt keine Verurteilung: König Max Joseph hatte selbst auf einen raschen Abschluss der Untersuchungen gedrängt, und im Mai 1825 wurden die Verfahren gegen Anselm und Eduard endgültig, das gegen Karl vorläufig eingestellt. Der König ließ sich die jungen Leute vorstellen, er erteilte ihnen väterliche Ermahnungen und überbürdete die Kosten zumeist der Staatskasse.[88] Eifrige bayerische Justizbeamte hatten aber offenbar dafür gesorgt, dass die in München einsitzenden Untersuchungshäftlinge die härteste aller Strafen erlitten: Während Karls Freund Schwörer sich auf einer badischen Festung „behaglich mit Musikunterricht beschäftigte"[89] und Ruge auf der Festung Kolberg gründlich die griechische Antike studieren und ein Trauerspiel schreiben konnte[90] (außerdem nach sechs Jahren freikam), hatte man im Neuen Turm zu München die Inhaftierten durch Isolierung und schikanöse Verhöre „an Geist, Gemüt und Leib mehr oder weniger zu Krüppeln gemacht".[91]

2. Hegel statt Biedermeier

Frommer Ludwig

In *Wigands Conversations-Lexikon* aus dem Jahre 1847, im nicht namentlich gezeichneten (allerdings, wie man weiß, von Ludwig Feuerbach verfassten) Artikel „Paul Johann Anselm von Feuerbach und seine Söhne" heißt es, Ludwig sei *„der,* welcher die Rolle seines Vaters zu wiederholen bestimmt scheint".[92] Zunächst sah es nicht danach aus. Ganz anders als sein Vater, der sich als Halbwüchsiger aus Frankfurt hinaus ins Lager der vor der Stadt liegenden Franzosen schlich und dann an ihrer Spitze in die Stadt einmarschierte,[93] war Ludwig in diesem Alter sehr brav und fromm.

Ob er es schon als Kind war, wissen wir nicht, mangels jeglicher Quelle. Das einzige und auch bloß indirekte Zeugnis über seine Kindheit ist ein Nebensatz in einem Briefentwurf des knapp dreißigjährigen Dr. Ludwig Feuerbach, in dem er Friedrich Thiersch daran erinnert, dass er sich „als Knabe ... so mancherweise Ihres Wohlwollens zu erfreuen hatte".[94] Wir sind also auf das Vorstellungsvermögen angewiesen und müssen uns die Kindheit des Philosophen selbst ausmalen.

Ludwig war noch ein Kleinkind, als er mit seinen Eltern und Brüdern von Landshut nach München übersiedelte. Die Familie Feuerbach bezog ein „großes Quartier von 11 Zimmern"[95] im Zentrum der Hauptstadt, kaum fünfhundert Meter von der Residenz entfernt. München, das damals gut 40 000 Einwohner zählte, war noch „die gemütliche, altbayerische Bauernstadt, wo sommers die Heuwägen übers Pflaster holperten".[96] Die ständische Trennung zwischen Aristokratie und „niederem Volk" war vermutlich weniger zu spüren als in bürgerlich geprägten alten Reichsstädten wie Augsburg, selbst wenn es nicht überall so zuging wie im Bockskeller, der, wie ein Zeitgenosse schwärmte, „etwas von einem Hexenpanorama [hatte], indem alle Stände und Geschlechter bunt und gleich durcheinander gemischt sind ... Staatsdiener und Offiziere neben Höckerweibern,

Schauspieler neben öffentlichen Mädchen, Tonkünstler neben Sackflicke-
rinnen, Fleischerknechte neben elegant gekleideten Frauen, zerlumpte
Bettler neben duftenden Süßlingen ... Der freie republikanische Sinn der
Münchner nimmt an dieser orgischen Unterwelt keinen Anstoß."[97]

Ganz ins Bild dieses „republikanischen Sinns" passte „Vater Max", der
König, der „beim Kaltenbrunner zum Kuchelfenster hineinschreien
konnte, ob die Knödel schon fertig seien" – und dies keineswegs inkognito.[98] Der junge Ludwig Feuerbach muss ihn öfter zu Gesicht bekommen
haben, sein Vater war ja nicht nur gut mit ihm bekannt, sondern auch
einer seiner geschätztesten Fachleute. Es ist durchaus möglich, dass dieses
Münchner Leben mit seiner im Grunde noch bäuerlichen, oftmals herben,
aber auch herzlichen Direktheit Ludwig Feuerbach geprägt hat: Mit den
einfachen Bauern im ländlichen Bruckberg, wo er einen Großteil seines
Lebens verbringen wird, kann er sich ungezwungener unterhalten als in
Abendgesellschaften.

Die Atmosphäre im elterlichen Haus muss dazu kontrastiert haben: Der
Strafrechtler Paul Johann Anselm Feuerbach war zu dieser Zeit schon europaweit eine Berühmtheit und stand mit Gelehrten in ganz Deutschland,
in Holland und sogar Russland in Verbindung. Zum engsten Freundeskreis der Familie gehörten außer den prominenten Philologen Thiersch
und Niethammer auch der damals über sechzigjährige „Philosoph des
Sturm und Drang" Friedrich Heinrich Jacobi, der seit 1807 erster Präsident der bayerischen Akademie der Wissenschaften war. Die vielen Bezugnahmen auf ihn, vor allem in den Schriften der dreißiger Jahre, zeugen von
dem Eindruck, den der bedeutende Mann auf den jungen Ludwig gemacht
haben muss.[99]

In München wuchs die Familie mit acht Kindern auf eine Größe an, wie
sie einer altbayerischen Bauernfamilie zur Ehre gereicht hätte. Ihr Mittel-
punkt, ihre Seele, war mit Sicherheit die Mutter: Wilhelmine (Minna), ge-
borene Tröster. Als Kind soll sie sich „durch Liebreiz und Munterkeit" ausgezeichnet haben und als junge Frau eine außerordentliche Schönheit
gewesen sein. Ihre geringe Schulbildung – sie hatte nur die Dorfschule besucht – glich sie durch eigenen Lernwillen und Wissensdurst aus: Wenn sie
am Abend dem Vater die Zeitung bringen sollte, hatte sie sie selbst bereits
gelesen. Dass sie „von seltener Herzensgüte und Sanftmut"[100] war, lässt

sich auch aus Ludwigs Briefen an sie erahnen. Enkel Anselm, der Maler, porträtierte sie; in seinen *Erinnerungen* berichtet er von „der schönen, gütigen Großmutter".[101] Ludwig soll ihr in den Gesichtszügen geähnelt haben, auch seine Naturliebe und seine Freude am Wandern sollen mütterliches Erbe gewesen sein, ebenso die Musikalität, die allen Feuerbach-Kindern eigen war – auch dem Philosophen Ludwig, der, zumindest in der Jugend, „die Flöte blies".[102]

Die beiden ältesten Feuerbach-Söhne Anselm und Karl hatten keine Volksschule besucht, Friedrich Thiersch hatte sie als Hauslehrer privat auf das Gymnasium vorbereitet. Seit 1802 galt zwar in Bayern der allgemeine Schulzwang, doch die staatliche Volks- oder „Trivialschule" war erst im Aufbau begriffen, und so mag man dem Strafrechtler noch das Ausnahmerecht für „Standespersonen"[103] zugebilligt haben, das in der alten Schulordnung von 1770/71 vorgesehen war. Inzwischen war aber im Zuge der Reformen auch die Erneuerung des staatlichen Volksschulwesens mit sehr viel Energie vorangetrieben worden, und ausgerechnet von Friedrich Immanuel Niethammer, der mit Jacobi, Thiersch und Paul Johann Anselm Feuerbach zum kleinen Kreis der prominenten „Nordlichter" in der Residenzstadt zählte. Schon aus Solidarität mit seinem Mitstreiter wird Paul Johann Anselm Feuerbach, als Sohn Ludwig 1810 ins schulpflichtige Alter kam, keine Ausnahmegenehmigung mehr angestrebt haben.

Die Schule, die Ludwig besuchte, war vielleicht schon eine staatliche, doch sicherlich noch katholisch geprägt: Erst 1803 war das erste Lehrerseminar gegründet worden, viele Lehrer waren ehemalige Mönche aus den aufgelösten Klöstern, wie überhaupt das Schulwesen noch größtenteils in den Händen von Klerikern war. Auch die Mitschüler werden zumeist katholisch gewesen sein. Bayern hatte zwar seit neuestem protestantische Bevölkerungsteile (die ehemaligen Reichsstädte waren konfessionell gemischt, und die früheren Grafschaften Ansbach und Bayreuth waren traditionell ganz protestantisch), außerdem waren die großen christlichen Konfessionen im ganzen Lande gleichberechtigt. Es mag also um diese Zeit in München bereits protestantische „Zugereiste" aus den neuen Landesteilen gegeben haben, doch diese Gemeinde war sicherlich sehr klein. Außerhalb des Hofes – Königin Karoline war Protestantin – wird es auch kaum protestantische Gottesdienste und Religionsunterricht gegeben haben.

Von beiden Eltern Ludwig Feuerbachs kann man annehmen, dass sie mit dieser Diaspora-Situation ohne große Schwierigkeiten zurechtkamen. In der Religiosität der Aufklärung spielte die Kirchenbindung allgemein eine untergeordnete Rolle, und Paul Johann Anselm Feuerbach hatte schon an der Universität Landshut einen unverkrampften Umgang mit katholischen Professoren-Kollegen[104] gehabt. Auch bei der Mutter scheint konfessionelle Gebundenheit keine dominierende Rolle gespielt zu haben, jedenfalls konnte sie später der Religionskritik ihres Sohnes durchaus positive Seiten abgewinnen.[105]

Als Paul Johann Anselm Feuerbach nach Bamberg strafversetzt wurde und die Familie im Sommer 1814 dorthin zog, trat Ludwig als Zehnjähriger und die Unterprimärklasse überspringend gleich in die Oberprimärschule ein, wo er bereits Latein als Unterrichtsfach hatte. Im Spätherbst 1816 erhielt er ein lobendes Abschlusszeugnis: Er habe sich „durch seinen offenen Charakter, seine Ordnungsliebe, sowie durch äußerst stilles, ruhiges Wesen, durch vorzügliches sittliches Betragen überhaupt und durch großen Fleiß ausgezeichnet".[106] Wenige Monate zuvor war die Familie durch die Trennung der Eltern auseinandergerissen worden. Aus dieser Zeit – März 1817 – stammt der erste erhaltene Brief des dreizehnjährigen Ludwig an seine „liebste Mutter". Die Sprache ist noch recht kindlich, Ludwig erzählt vom Hund und den fünf Vögeln, die sie haben, und wie viele Semmeln und Glas Bier sie täglich bekommen.[107] Der zweite Brief, vom 9. Februar 1818, wieder an die Mutter, ist schon in Ansbach geschrieben, wo Ludwig nun das Gymnasium besucht. Aus weiteren Briefen an die Mutter erfahren wir, dass er fechten lernt, dass er in der „Turnerschaft" ist und dass er ausgedehnte Wanderungen macht.

Im Januar 1819 wird der Stil der Briefe auf einmal seltsam betulich, der Ton geradezu pastoral: „Ich will aufwärts blicken gen Himmel zu dem Unaussprechlichen und ihn inbrünstig und demutsvoll anflehen, dass er Dir, o Gute, und Deinen lieben Töchtern, eine gute Gesundheit gebe und über Euch Friede, Ruhe, Frohsinn und Freuden in Fülle ausgieße!"[108] Zwar sind dies Neujahrswünsche, doch es steckt offensichtlich mehr dahinter. In einem späteren Text verrät uns Ludwig Feuerbach, was in dieser Zeit in ihm vorgegangen ist: „Die erste während meiner Jugendperiode … mit Entschiedenheit hervorgetretene Richtung galt nicht der Wissenschaft oder gar Philosophie, sondern der Religion." Auslöser sei keineswegs der Religionsunterricht gewesen, dieser habe ihn sogar „ganz gleichgültig gelassen". Auch andere religiöse Einflüsse schließt er aus: „Diese religiöse Richtung entstand ... rein aus mir selbst durch das Bedürfnis nach einem Etwas, das mir weder meine Umgebung, noch der Gymnasialunterricht gab."[109]

Zwei oder drei Jahre vor dem Abitur war sich Ludwig sicher: Er wollte Theologe werden. Dieses Berufsziel strebte er mit sehr viel Energie an, er beschäftigte sich intensiv mit der Bibel, und dafür genügte ihm der gymnasiale Hebräisch-Unterricht für künftige Theologiestudenten nicht: Beim Rabbiner von Ansbach nahm er Privatstunden – und unterrichtete dessen Sohn Moses dafür jahrelang in Latein. Moses Wassermann soll der erste Latein lernende Jude in Ansbach gewesen sein, im Städtchen sorgte die Sache jedenfalls für Aufsehen, und der arme Junge wurde auf dem Weg zu seinem „Lehrer" sogar von Gassenjungen verprügelt. (Als er einmal deswegen an „Nervenfieber" erkrankte, besuchte Ludwig ihn, obwohl das Leiden als ansteckend galt; die Freundschaft mit dem um sieben Jahre jüngeren Juden brach nie mehr ab).[110]

Ludwigs wohl schwärmerische, doch sehr intensiv gelebte Religiosität scheint die mehr oder weniger kirchenfreie Frömmigkeit vieler Protestanten der Spätaufklärung gewesen zu sein, deren „freies Christentum" vor allem in tätiger Nächstenliebe, sittlicher Lebensführung und gefühlsbestimmter Frömmigkeit bestand. Ein Hinweis darauf ist die Lektüre, die Ludwig seiner Mutter eindringlich für die Schwestern ans Herz legt: *Stunden der Andacht zur Beförderung wahren Christenthums und häuslicher Gottesverehrung.* Die damals außerordentlich verbreitete Schrift war neben der Bibel das wichtigste Hausbuch zahlloser Familien, und zwar nicht nur protestantischer, sondern auch katholischer Konfession. Ihr Autor, Heinrich Zschokke, ein sehr fortschrittlich gesinnter Geist, hatte in der Schweiz pädagogische Pionierarbeit geleistet und tatkräftig an politischen Reformen mitgewirkt; sein umfangreiches Oeuvre von Trauerspielen, Erzählungen und Traktaten politischen, pädagogischen, sogar forstwirtschaftlichen Inhalts – Erbauungsliteratur ist die Ausnahme – machte ihn zu einem der meistgelesenen deutschen Autoren des neunzehnten Jahrhunderts.[111]

Ludwigs „politische Ausrichtung", wie sie in der ganz selbstverständlichen Sympathie für den Attentäter Sand im bereits zitierten Brief an die Mutter zum Ausdruck kommt, stand keineswegs im Widerspruch zu seiner Religiosität. Diese Sympathie war kennzeichnend für breite Kreise des protestantisch geprägten deutschen Frühliberalismus. Berühmtestes Beispiel ist der Berliner Theologieprofessor de Wette, der an die Mutter des Attentäters einen Trostbrief schrieb (es kostete ihn das Amt). In dieselbe Richtung weist auch der Eintrag Ludwigs in das Poesiealbum eines Ansbacher Freundes, der ebenfalls Theologe werden wollte: „Unser Vaterland ist jetzt im Spital; alles darin leidet; Freiheit und Recht liegen auf dem Sterbebette, und die alten erhabenen Tugenden schleichen nur noch als blasse dürre Totengerippe daher, und leider sind die Ärzte, die zu seiner Heilung berufen sind, teils selbst auf dem Hunde, teils klägliche Quacksalber. Darum wollen wir uns zu gesunden und tüchtigen Ärzten bilden, die nicht aus Lohnsucht, sondern aus reiner Liebe zum Vaterland an seiner Heilung arbeiten."[112]

Im Frühjahr 1823, als der neunzehnjährige Ludwig Feuerbach dies schrieb, hatte er das Gymnasium – seine „gleichgiltigste Lebensperiode"[113] – hinter sich. Im Abschlusszeugnis wird ihm die Ernsthaftigkeit seines theologischen Selbststudiums bescheinigt: „Durch das fleißige Lesen der Bibel hat er es zu einer großen Fertigkeit in der Bibelsprache gebracht und dürfte es darin mit vielen Geistlichen aufnehmen." Einige Abhandlungen, die er geschrieben habe, hätten es freilich nötig gemacht, „ihn vor dem groben Mystizismus zu warnen".[114] Zum Zeitpunkt des Abiturs kann dieser „Mystizismus" so grob nicht gewesen sein, und mit Sicherheit war er nicht von der Art, die einige Jahre zuvor seinen ältesten Bruder Anselm nächtelang auf den Knien um Erleuchtung und übernatürliche Erscheinungen flehen ließ – aus leidvoller Erfahrung würde sein Vater eingeschritten sein. In einem Rückblick sagt Ludwig Feuerbach, er habe damals „auf dem Standpunkt denkender Religiosität" gestanden. Zeugnis davon sind auch die Lektüren, mit denen er sich in dem halben Jahr beschäftigte, das er nach dem Abitur im Elternhaus mit der wieder vereinigten Familie verbrachte: Opitz, Augustinus, Hieronymus, Luther, Hamann, Herders *Briefe das Studium der Theologie betreffend*.[115]

Heidelberg, Berlin und der Meister

Im April 1823 begann es aufregender zu werden: Ludwig immatrikulierte sich an der theologischen Fakultät der Universität Heidelberg. Der Vater hatte ihm empfohlen, den Umgang mit Voß und vor allem mit Heinrich Eberhard Gottlob Paulus zu suchen. Mit letzterem war er befreundet, und er hatte ihm seinen Sohn bereits angekündigt, er sei „ein sehr edler, allem Guten nachstrebender, mit gründlichen Vorkenntnissen ausgerüsteter Jüngling, der sich nicht des Brotes wegen, sondern aus leidenschaftlicher Liebe der Theologie hingibt".[116] Doch schon nach dem ersten Semester gesteht Ludwig dem Vater, dass er bei Paulus keine Vorlesung mehr besucht. In einem langen, temperamentvollen Brief, der den künftigen Polemiker ankündigt, wirft er Paulus intellektuelle Unredlichkeit vor: „Bei rein historischen Stellen geht er wohl redlich und ohne Schliche zu Werke, und das ist eben kein großes Verdienst, aber bei solchen, wo er die höchste Unbefangenheit und Gewissenhaftigkeit beweisen sollte, erlaubt er sich wahre Gaunerstreiche und Kniffe, um seine Schimären aus ihnen herauszubringen. Sein Kollegium ist weiter nichts als ein Spinnengewebe von Sophismen, das er mit dem Schleimauswurf seines missratnen Scharfsinns zusammenleimt."[117]

Diese heftige Kritik am prominenten Lehrer könnte überraschen: Paulus war der theologische Wortführer des Frühliberalismus, an vorderster Front engagiert in der süddeutschen Verfassungsbewegung und dadurch ein Gesinnungsgenosse Paul Johann Anselm Feuerbachs. Er war nicht minder den Werten der Aufklärung verpflichtet als etwa Zschokke, der Verfasser der *Stunden der Andacht*. Die den Burschenschaften nahestehenden Studenten setzten große Hoffnungen auf ihn. Man hätte also den Theologieaspiranten Ludwig Feuerbach in seinem Lager vermutet. Wobei „Lager" hier im wörtlichen Sinne zu verstehen ist: In Heidelberg lieferten sich seit eineinhalb Jahrzehnten die Rationalisten um Paulus und Voß auf der einen und die der Romantik und der idealistischen Spekulation nahestehenden Intellektuellenzirkel um Carl Daub und G. F. Creuzer auf der anderen Seite erbitterte Grabenkämpfe. Dass nun Ludwig Feuerbach sich von Paulus abwendet und nur noch die Kollegien Daubs hört, ist einerseits ein erster Beweis für sein untrügliches Gespür für intellektuelle Redlichkeit: Er erkennt sofort, dass Paulus' theologische Argumentation von der Politik, also fremdbestimmt ist. Andererseits fasziniert ihn bei Daub etwas, das für ihn neu ist: die idealistische Spekulation, die Philosophie überhaupt. Daub hat, so rühmt Ludwig im Brief an seinen Vater, „alle Philosophen mit der größten Gründlichkeit und dem unermüdlichsten Fleiße studiert, nicht bloß gelesen und auswendig gelernt, sondern in sich selbst wieder gleichsam reproduziert".[118] Und Daub ist Hegelianer, sogar ein enger Freund Hegels. Seine Dogmatikvorlesungen sind durchdrungen von der Hegelschen Philosophie, und in gedrängter Form führt er auch direkt in diese Philosophie ein. Damit beginnt bei Ludwig Feuerbach die Faszination für eines der grandiosesten Gedankengebäude der abendländischen Philosophie, die er – bei aller Kritik – zeit seines Lebens nie verleugnen wird.

In Heidelberg fasziniert den jungen Studenten noch etwas anderes: die Schönheit der Natur, vor allem entlang des Neckars und des Rheins. Schon zu Beginn des ersten Sommers berichtet er von Ausritten, die ihn auch einmal ungeplant nach Frankfurt zum Großvater führen. Im September unternimmt er dann zum Teil allein, zum Teil in wechselnder Begleitung, eine große Fußreise über die bayerische Pfalz nach Kreuznach und Bingen und von dort den Rhein entlang bis nach Köln. Der Mutter schreibt er unterwegs einen so poetischen Brief, dass sie bittet: „Lass meinen Brief niemand lesen." Den Rückweg nimmt er, wovon er der Familie nicht berichtet, über Paderborn, Soest und Göttingen.[119]

Im Januar 1824, mitten in seinem zweiten Semester, schreibt Ludwig erneut einen langen, etwas gewundenen Brief an den Vater: Er bittet darum, sein Studium in Berlin fortsetzen zu dürfen. Von Daub werde er nach dem laufenden Semester das Interessanteste gehört haben, und in Berlin könne er Schleiermacher, Marheineke, Strauß und Neander hören. Außerdem müsse er nach der Studienordnung auch Philosophie belegen, und die – man wird hellhörig – sei in Berlin „wahrhaftig auch in andern Händen als hier".[120]

Dem Vater wurde schließlich die Einwilligung abgerungen. Im April reiste Ludwig nach Berlin, größtenteils zu Fuß trotz schlechtestem Wetter. In Jena blieb er zwei Tage, er besuchte die Verwandten und wandelte andächtig durch die Gassen, in denen sein Vater als Student und junger Dozent unterwegs gewesen war. Eigentlich hätte er auch in Weimar Halt machen sollen, denn er hatte ein Empfehlungsschreiben an Goethe in der Tasche;

er fühlte sich aber „so unfertig, unreif und innerlich zerrissen", dass er sich nicht getraute, dem Dichterfürsten vor die Augen zu treten.[121]

Am 18. kam er in Berlin an. In seinem ersten Brief an den Vater schrieb er unter anderem: „Die Erlaubnis von der Regierung, dass ich hier studieren darf, brauchst Du mir nicht zu schicken; hier wird nicht im mindesten darnach gefragt." Er wollte ihn wohl schonen, in Wirklichkeit war das Gegenteil der Fall: Man hatte ihm den Pass abgenommen, als er seinen Wohnsitz anmelden wollte, und seine Immatrikulation wurde ausgesetzt. Der Jünglingsbund war ja Anfang des Jahres aufgedeckt worden, und der Berliner Ministerial-Untersuchungskommission hatte man gemeldet, alle Feuerbach-Brüder seien Mitglieder des Geheimbundes. So geriet auch Ludwig in die Fänge der Demagogenverfolger, die ihre Sache in Preußen unter der Leitung des berüchtigten Karl Heinrich von Kamptz mit besonderem Eifer betrieben. Er durfte zwar einstweilen die Vorlesungen besuchen, doch er wurde beschattet und zweimal von der Untersuchungskommission verhört. Dabei interessierte man sich intensiv für seine Rheinreise, besonders aber für einen verdächtigen Brief, der in Baden bei geheimpolizeilichen Untersuchungen entdeckt und an die Kommission in Berlin weitergeleitet worden war.[122]

Ludwig Feuerbach hatte ihn im Juni des Vorjahres in Heidelberg geschrieben, er berichtete darin von einem Vorschlag, den „ein Bursche" (also Burschenschaftler) „zwar nicht in der Versammlung, sondern nur in dem Kreise der Tüchtigern" gemacht habe. Das klingt in der Tat sehr nach den Gepflogenheiten der Burschenschaften, die – vor allem nach dem Verbot 1819 – fast überall „engere Vereine" bildeten, in die man durch Kooptation die Tüchtigsten aufnahm. Ludwig jedoch erklärte, er habe mit den „Tüchtigern" lediglich die Studenten gemeint, „welche selbst zu denken imstande waren und nicht bloß immer nachsprachen, was andere ihnen vorsagten, und im Spiel, Trinken und liederlichen Ausschweifungen die Freuden des Studentenlebens suchten".[123] Er gab auch zu, in Heidelberg mit einigen der aktivsten Burschenschaftler befreundet gewesen zu sein, die, wie Sprewitz und Landfermann, in der Tat auch zu den aktivsten Mitgliedern des Jünglingsbundes zählten.[124] Aber er behauptete steif und fest, nie Mitglied einer Burschenschaft gewesen zu sein.

Er hatte freilich einen hervorragenden Beistand in der Person des berühmten Kriminalrats Julius Eduard Hitzig. Hitzig war einige Jahre lang erfolgreicher Verleger gewesen. Er war mit Jean Paul, Heine und vielen Dichtern der Romantik bekannt, mit E. T. A. Hoffmann (dessen erste Biographie er schrieb) und Chamisso war er eng befreundet. Seit 1815 wieder Kriminalrat, wurde er 1827 Direktor des Inquisitionsrats und verhielt sich gegenüber den in Köpenick angeklagten Mitgliedern des Jünglingsbundes so human, dass Freundschaften entstanden. Er war also für Ludwig ein ebenso verständnisvoller wie kompetenter Ratgeber. Und da er mit dessen Vater ein herzliches Freundschaftsverhältnis pflegte,[125] war es nur natürlich, dass er dem jungen Studenten nach Kräften beistand. Dass Ludwig dem Vater gegenüber die Sache bis zum glücklichen Ausgang verschwieg, ist sicherlich Hitzigs Rat zu verdanken: Karls Inhaftierung in München (über die Ludwig im Bilde war) war Sorge genug.

Die Frage, ob Ludwig Feuerbach Mitglied einer Burschenschaft oder gar des Jünglingsbundes war, ist bis heute nicht geklärt. Von allen älteren Biographen wird sie entschieden verneint. Ein einschlägiges Lexikon führt ihn hingegen als Mitglied der Alten Heidelberger Burschenschaft auf.[126] Nachdem alle seine älteren Brüder (und später auch Friedrich) engagierte Burschenschaftler waren und er selbst sich in Heidelberg mit ebenso engagierten Burschenschaftlern anfreundete, wäre eigentlich anzunehmen, dass auch er sich der Bewegung anschloss. Schon als Sechzehnjähriger hatte er ja in größter Selbstverständlichkeit Sympathien geäußert, und noch beim Verhör vom 22. Juni 1824 in Berlin bekannte er sich entschieden als Anhänger und Verteidiger der Burschenschaft.[127] Freilich: Wäre Ludwig Feuerbach aktives Mitglied der alten Heidelberger Burschenschaft gewesen, hätte er Bekanntschaft mit Arnold Ruge machen müssen, der im Herbst 1823 als Ehrenmitglied in dieselbe Burschenschaft aufgenommen wurde und nach eigenen Angaben den Versammlungen meistens beiwohnte.[128] Tatsächlich suchte Ruge aber erst vierzehn Jahre später brieflich die Bekanntschaft des Philosophen.[129]

Ein Hinweis zur Klärung des Sachverhalts könnte eine Briefstelle geben. Anfang Juli 1824 schreibt Ludwig an den Vater: „Ich habe in den wenigen Monaten meines ersten Semesters in Heidelberg, in welchen ich mehr Umgang mit Studenten pflegte, ihr Treiben und Leben schon vollauf satt bekommen."[130] Es kann also sein, dass er im Frühjahr tatsächlich in die Heidelberger Burschenschaft eintrat, nach den Sommerferien aber den

Geschmack am Verbindungsleben mit seinen Gelagen und Zeremoniellen verloren hatte, deshalb nicht mehr an den Versammlungen teilnahm und dadurch Ruge, der erst im Herbst in Heidelberg eintraf, nicht kennenlernte. Es wird schon damals so gewesen sein wie später noch öfter in Feuerbachs Leben: Er nimmt höchst interessiert Anteil an politisch-progressiven Bewegungen, mag sich aber selbst nicht aktiv beteiligen.

Für Berlin stellt sich die Frage der Zugehörigkeit zu einer Burschenschaft nicht. Hier herrschte, als Ludwig Feuerbach ankam, ohnehin eine ganz andere Atmosphäre. Zwar hatte der spätere Turnvater Jahn schon 1811 dem amtierenden Rektor Fichte den Entwurf zur Gründung einer Burschenschaft vorgelegt, doch Fichte hatte rigoros abgelehnt. Auch nach dem Wartburgfest konnten die Burschenschaften in Berlin nie richtig Fuß fassen. Und seit den Karlsbader Beschlüssen sorgte von Kamptz mit eiserner Hand dafür, dass die Universität von der Bewegung nicht berührt wurde.

Am 28. Juli 1824 – es war sein zwanzigster Geburtstag – erhielt Ludwig endlich die Aufenthaltserlaubnis für Berlin und die reguläre Zulassung an die Universität. Dem Vater gegenüber stellte er die Sache positiv dar: „An Trinkgelage, an Duelle, an gemeinschaftliche Fahrten usw. ist hier gar nicht zu denken; auf keiner andern Universität herrscht wohl solch allgemeiner Fleiß, solcher Sinn für etwas Höheres als bloße Studentengeschichten, solches Streben nach Wissenschaft, solche Ruhe und Stille wie hier; wahre Kneipen sind andre Universitäten gegen das hiesige Arbeitshaus."[131] Er verbrachte wohl Abende bei Hitzig, der zu dieser Zeit mit der Gründung seiner legendären, die literarische Welt Berlins – u. a. Fouqué, Eichendorff, Arnim, Holtei, auch Hegel – versammelnde Mittwochsgesellschaft beschäftigt war.[132] Ludwig hatte, als er die erste Einladung zu einem solchen Abend erhielt, eigens aus einer Bücherei „Romane, Almanache und Journale" geholt, damit er „einige poetische hohle, bombastische Phrasen und Worte in petto hätte", weil ja, wie er spaßhaft meinte, „weit und breit die Ansprüche bekannt sind, die an einen gemacht werden, der in diese Mysterien treten will, nämlich dass er sei Poet, Schriftsteller, Künstler, Philosoph, kurz, in allem Stümper". Er las die Sachen dann aber doch nicht, es wäre auch umsonst gewesen, denn Hitzig erwies sich, ebenso wie der Kreis seiner teilweise illustren Gäste, als „höchst einfacher, schlichter und gebildeter Mann".[133]

An der Universität hörte Ludwig Feuerbach neben zwei theologischen Vorlesungen auch – „weil es mir gerade gelegen fällt und bloß aus zwei Stunden wöchentlich besteht" – ein Kollegium über die Farbenlehre nach Goethe. Doch sein Hauptstudium war von Anfang an bei Hegel, der ihn sofort
in Bann zog. Durch Daub war er gut vorbereitet, und Hegels Vorlesungen
fand er im Vergleich zu seinen Schriften wesentlich leichter zu verstehen.
So „zerfahren und zerrissen" er nach Berlin gekommen war, so schnell
hatte Hegel ihm, wie er später bekannte, „Kopf und Herz zurechtgesetzt;
ich wusste, was ich sollte und wollte: Nicht Theologie, sondern Philosophie! Nicht faseln und schwärmen, sondern lernen! Nicht glauben, sondern denken! Er war es, in dem ich zum Selbst- und Weltbewusstsein
kam. Er war es, den ich meinen zweiten Vater, wie Berlin meine geistige
Geburtsstadt damals nannte. Er war der einzige Mann, der mich fühlen
und erfahren ließ, was ein Lehrer ist ..., dem ich mich zu innigem Danke
daher verbunden fühlte."[134]

Von Marheineke und Schleiermacher, die er dem Vater gegenüber ins
Feld geführt hatte, um nach Berlin gehen zu können, hörte er im ersten
Semester überhaupt nichts (sonntags hörte er aber mit Vergnügen Schleier-
machers Predigten)[135]; irgendwann später scheint er Vorlesungen von
ihnen besucht zu haben, doch er lehnte sie so entschieden ab wie in Heidelberg H. E. G. Paulus: „Der theologische Mischmasch von Freiheit und Abhängigkeit, Vernunft und Glauben, war meiner Wahrheit, d. h. Einheit,
Entschiedenheit, Unbedingtheit verlangenden Seele bis in den Tod zuwi-
der."[136] Ziemlich schnell, spätestens im zweiten Semester, wurde ihm klar,
dass er das Studienfach wechseln müsse. Den väterlichen Widerstand wohl
ahnend, beriet er sich mit Freunden und schrieb an seinen Heidelberger
Lehrer Daub, der ihm antworten ließ, er sei keineswegs erstaunt, im Gegenteil, er habe es schon geahnt.[137]

Nun musste der Vater überzeugt werden. Den Brief an ihn leitete Ludwig mit einer so überbordenden Bilderflut ein, dass er beim Vater böse Erinnerungen an die mystische Krise seines ältesten Sohnes Anselm auslöste:
Er müsse wohl, schrieb er Ludwig, „schleunige Anstalten zur Wiederher-
stellung Deiner geistigen Gesundheit treffen lassen". Kriminalrat Hitzig
wurde eingeschaltet, der Ludwig ins Gebet nahm. Ludwig schrieb einen
zweiten, eher nüchternen, doch flehentlichen Brief. Mit höchstem Widerstreben gab der Vater schließlich nach: „Fest überzeugt, dass über Dich

nichts zu gewinnen ist, dass selbst der Gedanke an eine Dir künftig bevorstehende, kummervolle Existenz ohne Brot und Ehre allen Einfluss auf Dich verloren hat, überlasse ich Dich Deinem eignen Willen, Deinem Dir selbst bereiteten Geschick."[138]

In einem Nachtrag wollte der Vater außerdem wissen, warum Ludwig mit dem Geld nicht auskomme und sogar Schulden machen müsse. Immerhin hatte dieser mit dem königlichen Stipendium und dem zusätzlichen Wechsel vom Vater jährlich tausend Gulden zur Verfügung, das Doppelte dessen, was sein Bruder Karl als Gymnasiallehrer verdiente. Selbst bei den damals vergleichsweise hohen Lebenshaltungskosten in Berlin war das so kärglich nicht bemessen, vor allem bei dem Lebensstil, den Ludwig angeblich pflegte: „mein Morgen- und Abendessen ist trocknes, dürres Brot, und mein Mittagessen besteht nur aus einer Portion Fleisch und Gemüse, das in einer Restauration nach Berliner Art, d. h. kraft- und saftlos gekocht ist". Einen einzigen Grund erwähnt er für seine hohen Ausgaben: Wider seinen Willen habe er sich gezwungen gesehen, sich „von Kopf bis zu Fuß neu zu bekleiden".[139]

Der väterliche Brief schließt mit der Mitteilung, Ludwig sei konskribiert, er müsse also damit rechnen, zum Militärdienst eingezogen zu werden, sofern er nicht die strenge bayerische Regelstudienzeit einhalte und die erforderlichen Zeugnisse liefere. Ludwig lieferte sie in der vorgeschriebenen Zeit: 1826, nach zwei Jahren Berlin, war er „fertig mit Hegel". Mit Ausnahme der Ästhetik hatte er „alle seine Vorlesungen" gehört, die Logik sogar zweimal. Von Hegel erhielt er beste Zeugnisse ausgestellt: „unausgesetzt fleißig" – „mit rühmlichstem Fleiß" – „mit bewiesenem ausgezeichneten Interesse für die Wissenschaft".[140] Ludwig hatte sich auch einige Male persönlich mit dem Meister über Philosophisches unterhalten.

Doktor der Philosophie

Das letzte Studienjahr, auch dies schrieb die bayerische Studienordnung vor, musste auf einer Landesuniversität absolviert werden. Außerdem war im Oktober 1825 König Max I. Joseph gestorben, und sein Sohn Ludwig I. wollte zunächst das Stipendium für die Feuerbach-Söhne nicht weiterzahlen.[141] Auch aus diesem Grund kam Berlin als Studienort nicht länger in

Frage. Der Abschied fiel nicht leicht: „Berlin wird mir immer teurer, je länger ich hier bin, und ich denke ungern an den Zeitpunkt, wo ich es verlassen muss", hatte er seiner Mutter schon nach einem Jahr geschrieben. Für den Mangel an schönen Landschaften, in denen sich wandern ließ, entschädigte ihn das imposante Stadtbild. Berlin war seine „geistige Geburtsstadt" geworden.[142]

Ludwig Feuerbach kehrte also im Frühjahr 1826 nach Ansbach zurück. Zu seinem Meister hatte er beim Abschied gesagt: „Zwei Jahre habe ich Sie nun gehört, zwei Jahre ungeteilt Ihrer Philosophie gewidmet. Nun habe ich aber das Bedürfnis, mich in das direkte Gegenteil zu stürzen. Ich studiere nun Anatomie." Doch „häusliche Missverhältnisse" setzten diesem Vorhaben Hindernisse entgegen.[143] Karls Gesundheitszustand hatte sich dramatisch verschlechtert, möglicherweise bestand der Vater auch darauf, dass sich Ludwig auf die Staatsprüfung für den Unterricht an bayerischen Gymnasien vorbereitete, um die Aussicht auf einen halbwegs sicheren Broterwerb zu erhalten (in Bayern wurde zu dieser Zeit Philosophie auch im Lyzeum unterrichtet). Jedenfalls studierte er hauptsächlich Philologie und Geschichte, und zwar im Selbststudium im Elternhaus, weil die Fächer an keiner bayerischen Universität ernsthaft gelehrt wurden. Daneben vertiefte er seine Kenntnisse in der Geschichte der Philosophie, vor allem der Antike.[144]

Erst ein Jahr später, Ostern 1827, immatrikulierte er sich an der Universität Erlangen, um sein Studium abzuschließen. Hier nun machte er wahr, was er Hegel angekündigt hatte, und studierte Naturwissenschaften. Nachdem er bereits in Berlin nebenher Vorlesungen in Mathematik, Physik und „Astrognosie" besucht hatte, hörte er jetzt in Erlangen Botanik, Anatomie und Physiologie, freilich „nur allgemein".[145] Für eine eingehende Beschäftigung reichte wohl die Zeit nicht, denn schon nach einem Jahr legte er seine vorschriftsgemäß lateinisch abgefasste Doktorarbeit vor, deren Titel lautete: *De infinitate, unitate atque communitate rationis* – „Über die Unendlichkeit, Einheit und Allgemeinheit der Vernunft". Nach bestandenem mündlichem Examen erhielt er am 25. Juni 1828 die Würde eines Doktors der Philosophie. Unverzüglich strebte er auch die Habilitation an, denn das Berufsziel Universitätsdozent stand schon länger fest.[146] Dazu hatte er seine Doktorarbeit in gedruckter Form als Habilitationsschrift vorzulegen und öffentlich zu verteidigen. Er überarbeitete und erweiterte also die Dissertation und formulierte auch den Titel prägnanter: *De ratione, una, universali, finita* – „Über die eine, allgemeine, unendliche Vernunft".[147] Am 15. November übersandte er sie dem Dekan. Ein weiteres Exemplar schickte er an Hegel, und einige Wochen später – „zum Zeichen meiner ungeheuchelten Hochachtung und Verehrung"[148] – eines an Schelling. Am 13. November 1828 verteidigte er seine Habilitationsschrift. Einer der Opponenten war der um zwei Jahre jüngere Adolph von Harleß, dem Feuerbach kurze Zeit später seinerseits – mit einer witzig-boshaften Rede – bei der Habilitation opponieren sollte. Die „Opposition" blieb auch künftig bestehen: Harleß wurde bald zum Begründer und Exponenten der „erweckten" protestantischen Theologie, die als „Erlanger Theologie" bekannt wurde. Die Gegensätze hätten nicht schärfer sein können – „mich ekelt's, seinen Namen nur auszuschreiben" wird Feuerbach ein knappes Jahrzehnt später bitter kommentieren.[149]

Mit seiner Dissertation oder vielmehr Habilitationsarbeit vermochte Ludwig sogar den Vater von seiner Berufswahl zu überzeugen: Die Schrift verrate „einen großen Denker", befand der philosophisch geschulte Strafrechtler, zudem besitze Ludwig „zugleich die Gabe der Sprache und eine geläufige Zunge nebst einer mehr als hinreichenden Portion philosophischer Dreistigkeit und kühlen Selbstvertrauens".[150] Philosophisch dreist muss ihm – und mit ihm vielen von der Spätaufklärung geprägten Menschen seiner Generation – schon die erste Seite vorgekommen sein: Mit mildem Spott wischt hier Feuerbach den Kantianismus der Elterngeneration vom Tisch: Die Schranken, die die Kantianer dem philosophischen Erkenntnisdrang setzen wollten, seien bloß „kümmerliche Schreckmittel". Der vierundzwanzigjährige Privatdozent Feuerbach akzeptiert keine erkenntnistheoretische Begrenzung des Denkens: „Ein in irgendwelche Schranken gebanntes Denken, dem nur entsprechend begrenzte Dinge ... zugänglich wären, würde ... kein Denken sein, sondern sinnliche Wahrnehmung."[151] Feuerbach will das Allgemeine, Verbindende, Universale. Und er findet es in der Vernunft. Sie ist das, was das Individuum aus seiner Beschränktheit und Vereinzelung heraushebt: Die Vernunft ist nicht ein Organ, das den einzelnen mit einer bestimmten Fähigkeit ausstattet – so wie er mit den Ohren hören kann –, sondern Teilhabe an einem Übergeordneten: „Sofern ich denke, höre ich auf, Individuum zu sein. *Denken ist daher dasselbe wie Allgemeinsein.“* – „*Das Denken selbst hängt in sich zusammen durch alle Menschen hindurch. Und wenn es auch gleichsam verteilt ist auf die Einzelnen, so ist es doch ein Kontinuum, ununterbrochen fortdauernd, eines, sich selbst gleich, von sich selbst untrennbar.“* – „*Denkend bin ich verbunden,* oder vielmehr: *Ich bin eins mit allen, ich selbst bin* geradezu *alle Menschen.“* Oder zugespitzt, in Anlehnung an das *Cogito ergo sum* von Descartes: *Cogito, ergo sum omnes homines* – „Ich denke, also bin ich alle Menschen.“[152]

Feuerbach verwendet viel Mühe darauf, diese Identität des Allgemeinen und des Einzelnen im Falle des Denkens zu beweisen. Überzeugend sind seine Beweise freilich für den heutigen Leser so wenig wie später für ihn selbst. Die ganze Arbeit ist auch weniger eine systematische Deduktion, die Argumentation ist über weite Strecken eher apologetisch: Feuerbach will seine grundsätzliche erkenntnistheoretische Position rechtfertigen. Und diese lautet: Letztgültige philosophische Erkenntnis der Wahrheit ist möglich. Er nimmt den Panlogismus, den Hegel in seinem Werk praktiziert, beim Wort, treibt ihn sogar auf die Spitze. Er zieht aus ihm die „Nutzanwendung“, dass alle Wirklichkeit in endgültiger Weise begrifflich zu fassen sei. Dem philosophischen Erkenntnistrieb sind keine Grenzen gesetzt: „Diesem Eifer ist es eigentümlich, dass er sich nicht nach den Vorschriften Kants oder anderer, die dessen Spuren gefolgt sind, richtet. Er lässt sich nicht in dem Bereich und innerhalb der Grenzen festhalten, die diese Philosophen dem Geist andichten, sondern treibt uns gleichsam über uns selbst hinaus … Er reißt uns fort zur Erforschung und Erkenntnis des Wahren und Unendlichen, und dies mit einer Gewalt, nicht geringer als die, mit der alle Körper zum Erdmittelpunkt gezogen werden.“[153] Die zwei Jahre bei Hegel haben ihm diese euphorische Zuversicht eingepflanzt. Begeistert beruft er sich auf Giordano Bruno: „Welches ist nun dieses Geistes Ziel und Bestimmung? Zu erreichen das höchste Wahre für den Verstand und das höchste Gut für den Willen. Dass dem also sei, davon zeugt schon die Unersättlichkeit des menschlichen Verstandes und Begehrungsvermögens.“[154] Im Begleitbrief, mit dem er seine Arbeit an Hegel schickt, drückt er seine Zuversicht mit einiger Emphase aus. Es gelte jetzt, schreibt er, „sozusagen ein Reich zu stiften, das Reich der Idee, des sich in allem Dasein schauenden und seiner selbst bewussten Gedankens“. Mit der „Alleinherrschaft der Vernunft“ sei eine neue Ära angebrochen, habe „eine neue Geschichte“ begonnen, ja, „eine zweite Schöpfung“.[155]

Seine Zuversicht hat religiöse Qualität, was Feuerbach durchaus selbst sieht, wenn er anmerkt, dass „die Philosophie denselben Ursprung wie die Religion" habe. Es zeigt sich auch darin, dass manche Beweisführungen geradezu an Descartes' Gottesbeweis gemahnen. Etwa, wenn er schreibt, „in unserem Bemühen, das Unendliche zu erkennen", sei „dieses Unendliche selbst schon enthalten". Oder wenn er von den Konsequenzen her argumentiert: „Denn verneinen, dass die Wahrheit als solche von der Vernunft erfasst werden könne, heißt verneinen, dass es Wahrheit gibt." Stellenweise lässt er sogar die pantheistische Ausrichtung dieser „religiösen" Sicht durchblicken, so wenn er vom Denken sagt, dass „alle Dinge durch einen verborgenen Antrieb oder Anstoß zu ihm hingeführt werden, nach ihm streben".[156] Das klingt nach Jakob Böhme, den Feuerbach damals begeistert las.

Pantheismus und Böhme-Begeisterung hätten Feuerbach in den Augen eines Heinrich Heine in die Nähe der Spätromantik rücken können. Bemerkenswerterweise geht aber Feuerbach nicht nur auf Distanz zum Kantianismus seiner Elterngeneration, sondern auch zur Romantik. Im Text selbst ist diese Kritik der Romantik philosophisch verschlüsselt, etwa wenn er die „Philosophie des Selbst" als Sackgasse bezeichnet. In einer Anmerkung, die er in die Druckfassung einrückt, wird er explizit und nennt Namen: Weiller, Jacobi, (beide persönliche Freunde seines Vaters und von diesem hoch verehrt) und Novalis. Doch er meint nicht nur sie, sondern eine ganze, beherrschende Zeitströmung: „Viele Philosophen unserer Zeit haben gerade das, was niemals in die Philosophie aufgenommen werden kann, sondern immer außer ihr liegt, das einzelne und zufällige Individuum (d.h. sich selbst), zum Prinzip und Inhalt des Philosophierens zu machen versucht."[157]

Was Paul Johann Anselm Feuerbach bei seinem Sohn das „kühle Selbstvertrauen" nannte, war also das erstaunlich klarsichtige Einschlagen eines philosophischen Weges, der von keinem der zeitgenössischen „Trends" vorgezeichnet worden war. Hegel war natürlich das große Vorbild, doch Feuerbach war nicht einfach „Hegelianer" in dem Sinne, dass er dem Meister nachgeeifert oder ihn gar kopiert hätte. Hegels grandioses Gedankengebäude bildete die existentiell prägende Erfahrung, die Hegelsche Spekulation das „Organ" oder „Werkzeug" seines Philosophierens. Allerdings auch nicht mehr: Hegels System hatte für ihn nicht die „Bedeutung der

letzten und obersten Wissenschaft im Zyklus der philosophischen Wissenschaften".[158]

Erlangen zum Ersten

Das Gesuch um Erlaubnis, als Privatdozent Vorlesungen halten zu dürfen,
war an Ludwig I. persönlich zu richten. Bereits wenige Wochen nach der
Promotion, also Monate vor der Habilitation, schrieb Feuerbach an den
König und unterzeichnete mit: „in allertiefster Devotion ersterbend, Euer
Königlichen Majestät alleruntertänigst treu gehorsamster Dr. Ludwig Andreas Feuerbach". Die Erlaubnis wurde am 7. Februar 1829 „huldvollst erteilt", der Senat der Universität übermittelte sie, „ohne jedoch damit einen
Anspruch auf Anstellung an der hies. Univ. oder auf Unterstützung aus
den Fonds derselben einzuräumen". Die Dozentur war also unbesoldet,
die Einkünfte beschränkten sich auf das Vorlesungsgeld, das die Studenten
bezahlten. Doch Ludwig Feuerbach lebte bescheiden in einem Erlanger
Gartenhaus, das er, wie er an Schwester Helene in Paris schrieb, wochenlang nicht verließ, und ernährte sich entsprechend: „Vormittags ein Glas
Wasser, mittags ein mäßiges Essen, abends einen Krug Bier nebst Brot
und höchstens noch einen Rettich." Er war's zufrieden: „Wenn ich dieses
immer so beisammen hätte, so wünschte ich mir nie mehr von und auf
der Erde!"[159] Zu dieser Zeit lebten auch drei seiner Brüder in Erlangen:
Karl als Gymnasiallehrer, Eduard als Privatdozent der Rechte und Friedrich als Student.

   Der knapp fünfundzwanzigjährige Privatdozent der Philosophie konnte
kaum darauf hoffen, dass ihm die Hörer zuflogen wie einstmals zwei berühmten Vorgängern: Fichte hatte hier knappe zwei Jahre lang gelehrt, als
Erlangen noch preußisch war. Und in lebendiger Erinnerung war vor allem Schelling, der 1820 hierher gekommen und 1827, also erst vor
kurzem, nach München berufen worden war: Seine Vorlesungen in Erlangen hatten, zumindest in der Anfangszeit, einen solchen Zulauf gehabt,
dass kein Raum der Universität groß genug war und in die Schlossaula aus-
gewichen werden musste.[160]

   Die Fakultät war einverstanden, dass Ludwig Feuerbach schon im Januar 1829, also noch bevor die offizielle Erlaubnis aus München eintraf,

seine Lehrtätigkeit aufnahm. Im Vorlesungsverzeichnis für das Wintersemester war bereits angekündigt, dass er über „Logik und Metaphysik" lesen werde. Da er mit Hegel der Überzeugung war, dass „die angemessenste Einleitung zur Logik eine Darstellung der Geschichte der Philosophie"[161] sei, begann er mit einer philosophiegeschichtlichen Vorlesung über Descartes, Malebranche und Spinoza. Im Sommersemester las er über die griechische Philosophie. Neben weiteren Vorlesungen zur Geschichte der Philosophie und zur Rationalen Psychologie hielt er in den Wintersemestern 1830/31 und 1831/32 eine große Vorlesung über Logik und Metaphysik. Er blieb dabei seinem Meister treu. Die Logik verstand er, ganz im Sinne Hegels, als Erkenntnislehre: „Die Heglische Logik", so lehrte er, „ist das Organ der Philosophie selbst, nicht nur zur Erwerbung philosophischer Erkenntnis und Erkenntnisse, sondern auch zur Einsicht in die Geschichte der Philosophie und die Philosophie selbst überhaupt. Ohne Studium und Erkenntnis der Prinzipien der Heglischen Philosophie ist gar keine Philosophie möglich."[162] Er trug also Hegels Logik vor, freilich „nicht in und mit seinen Worten, sondern nur in seinem Geiste". Der sprachliche Unterschied zu Hegel fällt als erstes auf: Im Unterschied zu vielen Hegelianern seiner Zeit versucht Feuerbach nicht, die Hegelsche Diktion nachzuahmen. Einen anderen Unterschied des Herangehens hatte er seinem Meister bereits im Begleitbrief zur Dissertation angekündigt: Er wollte die „Ideen nicht oben im Allgemeinen über dem Sinnlichen und der Erscheinung" belassen, sondern sie „aus dem Himmel ihrer farblosen Reinheit, ihrer unbefleckten Helle, Seligkeit und Einheit mit sich selber" herunterholen „zu einer das Besondre durchdringenden, in und an der Erscheinung die Erscheinungen aufhebenden und bewältigenden Anschauung". Er versuchte dies, indem er seine Begriffspekulation immer wieder mit Anwendungen illustrierte: aus den Naturwissenschaften – Physik, Mathematik, Astronomie, Biologie – und aus praktischen Lebenssituationen, bis hin zum Selbstmord.[163] Begriffspekulation in diesem Ausmaß, in dieser Ausschließlichkeit und mit dieser Hingabe wird Ludwig Feuerbach nie wieder treiben.

Im Frühjahr 1832 brach Feuerbach die Lehrtätigkeit in Erlangen abrupt ab. Wie einst sein Vater nahm er Reißaus und ging für ein halbes Jahr nach Frankfurt, wo er bei einer Tante wohnen konnte. Was ihn dazu bewog, ist nicht ganz klar, es werden viele Faktoren zusammengespielt haben: Seine Einkünfte reichten wohl selbst bei bescheidenstem Lebensstil nicht aus. Der einzige Freund und philosophische Gesinnungsgenosse an der Fakultät, der um sechs Jahre ältere Christian Kapp, hatte sich aus gesundheitlichen Gründen zurückgezogen. Als Hegelianer stand er nun allein gegen die restaurativen Tendenzen, die sich vor allem in der theologischen Fakultät durchsetzten. Schon im Herbst 1829 hatte er vergeblich versucht, nach München zu kommen, wo er „in dem regen wissenschaftlichen Streben der Ludwig-Maximilians-Universität" mehr Anregung zu finden hoffte. Doch die Erlaubnis, dort als Privatdozent wirken zu dürfen, blieb aus; der Senat der Universität hatte befunden, eine Habilitation anderswo genüge nicht, Feuerbach müsse sich auch in München habilitieren. Den Vorsitz hatte Schelling inne, und ihm hatte Feuerbach seine Dissertation geschickt – was vielleicht ein Fehler war: Schelling kann sie kaum befürwortet haben.[164]

In Erlangen war die Aussicht auf eine besoldete Dozentenstelle inzwischen so gut wie null. Zu viel hatte sich ereignet. Die Pariser Julirevolution von 1830, eine spontane Volkserhebung, bei der Arbeiter, Studenten und Kleinbürger in Barrikadenkämpfen die Regierungstruppen besiegt und das liberale Bürgertum mit dem Bürgerkönig Louis-Philippe an die Macht gebracht hatte, löste auch in ganz Deutschland einen Sturm von Erhebungen und Unruhen aus. Nach mehr als einem Jahrzehnt der durch die Karlsbader Beschlüsse erzwungenen Friedhofsruhe entlud sich der aufgestaute Unmut in vielfältigen, meist spontanen Aktionen. Die Bewegung war diesmal nicht auf die Studenten beschränkt (die Burschenschaften hatten ihr universitäres Monopol weitgehend eingebüßt), sondern ergriff weite Bevölkerungskreise: Kleinbürger, Handwerker, Arbeiter, auch Bauern. Das liberale Bürgertum hatte in Deutschland, vor allem im Süden und in Hessen, mehr Selbstbewusstsein gewonnen und forderte energisch politische Mitsprache. Mutige Publizisten trotzten der Zensur. „Kryptopolitische" Aktivitäten wie Lesezirkel, Unterstützungsvereine für die griechische Freiheitsbewegung und die geflohenen Aktivisten des niedergeschlagenen Polenaufstands von 1830, Bürgergesellschaften in der verschiedensten Form: All dies hatte eine Sensibilisierung bewirkt, die Zehntausende zu den „politischen Festen" strömen ließen, wie sie überall im Lande veranstaltet wurden. Ziviler Ungehorsam und Aufsässigkeit gegenüber der Obrigkeit griffen um sich. Die Radikalität der politischen Forderungen nahm sprunghaft zu: Schlagworte wie Republik und Volkssouveränität waren nicht mehr nur in geheimen Studentenzirkeln zu hören, sondern auf Großversammlungen, wo sie Jubel auslösten. Ein fast deutschlandweit agierender Vaterlands- und Pressverein hatte rasch ein Netz von über hundert Zweigvereinen und fünftausend Mitgliedern. Die Bewegung gipfelte am 27. Mai 1832 im „Hambacher Fest" mit zwanzig- oder dreißigtausend Teilnehmern. Im ganzen Land wuchsen euphorische Hoffnungen.[165]

In der bayerischen Provinz hielten sich die Tumulte in Grenzen, doch brodelte es auch hier. In Franken wurde 1832 eine Verfassungsfeier an der „Konstitutionssäule" im Schlosspark von Gaibach zur politischen Demonstration: Der Arzt und oppositionelle Publizist Gottfried Eisenmann hatte sie veranstaltet, der Staatsrechtler und Würzburger Bürgermeister Wilhelm Josef Behr hielt eine Rede, in der er weitreichende liberale Reformen forderte. In München hingegen kam es zum Aufruhr mit schwerwiegenden Folgen. Am Weihnachtstag 1830 hatte eine Überreaktion der Polizei auf einen Studentenstreich zu einer Eskalation mit gewaltsamen Zusammenstößen geführt, bei der die Münchner Bürgerschaft, anders als gewohnt, Partei für die Studenten ergriff. Es entstanden Bürgertumulte. Als ein Gericht sechzig Rädelsführer freisprach, führte Ludwig I. die von ihm selbst vier Jahre zuvor abgeschaffte Pressezensur wieder ein, was erbitterte Auseinandersetzungen im Landtag zur Folge hatte. Ludwig, enttäuscht vom „Undank", vollführte seine berühmte Kehrtwende vom liberalen Verfassungsbefürworter zum entschiedenen Reaktionär. Er griff persönlich in das Verfahren gegen Behr und Eisenmann ein, bei dem beide zu langjähriger Festungshaft verurteilt wurden. Und als Reaktion auf das Hambacher Fest – Hambach lag in der bayerischen Pfalz – quartierte er achttausend Mann Militär, sogenannte „Strafbayern", in der Provinz ein. Die Veranstalter wurden vor Gericht gestellt und Ludwig verlangte hohe Strafen, doch die pfälzischen Gerichte ließen sich nicht beugen: Selbst die Hauptverantwortlichen erhielten nur zwei Jahre Haft wegen „Beamtenbeleidigung".[166]

Eine Weile lang hatte es ausgesehen, als sei der Restauration das Gesetz des Handelns entglitten. Doch als Anfang April 1833 mit dem „Frankfurter Wachensturm" eine zwar dilettantisch durchgeführte, doch ernstgemeinte Machtübernahme versucht worden war, schlug die Repression härter zu als je zuvor. Wenige Wochen nach dem Hambacher Fest hatte Metternich im

Deutschen Bund durchgesetzt, dass die Zensur radikal verschärft und alle politischen oder auch nur politisch scheinenden Vereine, Versammlungen und Feste verboten wurden. Wie einst im Gefolge der Karlsbader Beschlüsse wurde wieder eine Zentralbehörde für politische Untersuchungen eingerichtet, die Verdächtige im In- und Ausland erfasste und bis 1842 Ermittlungen gegen zweitausend Personen einleitete. In ganz Deutschland wurden Todesurteile ausgesprochen, neununddreißig allein nach dem Frankfurter Wachensturm, neben hundertfünfundsechzig lebenslänglichen oder langjährigen Freiheitsstrafen. Zwar wurde keines der Todesurteile vollstreckt und die Freiheitsstrafen nachträglich oft abgemildert. Doch jede – oder fast jede: der „Hessische Landbote" von Weidig und Büchner ist eine der wenigen Ausnahmen – politische Bewegung wurde im Keim erstickt. Hunderte von politisch Verfolgten flohen nach Frankreich oder in die Schweiz. „In dieser halben irrgewordnen Zeit", wie es in Herweghs Ode auf Georg Büchner heißt, breitete sich ein bleierner Mantel über das Land.[167]

Wer nicht der Verfolgung durch die Zentralbehörde ausgesetzt war, ging in die innere Emigration. Sie entsprach ohnehin einem Zug der Zeit. In Kunst und Literatur äußerte sie sich im „Biedermeier": Rückzug auf die Innerlichkeit, auf das Häuslich-Intime, Beschauliche, Gefühlsselige. In religiöser Hinsicht entsprach ihr die protestantische „Erweckungsbewegung", aus der auch die Erlanger Theologie hervorging; diese neue Religiosität stand in diametralem Gegensatz zur „vernünftigen" Gläubigkeit der Aufklärung. Auch im Katholizismus setzte sich eine streng konservativ ausgerichtete neue Gläubigkeit durch. In München wurde der Kreis um Joseph Görres, dem einstigen Kämpfer für Freiheit und Republik, zum Sammelpunkt einer Tendenz, die das öffentliche Leben einschließlich der Politik dem Glauben unterordnen wollte. Zusammen mit Schelling und Baader bildete Görres auch das beherrschende Dreigespann, das, dem Willen des Königs entsprechend, an der Münchner Universität dafür sorgte, dass die Wissenschaften sich unter die Oberherrschaft der Offenbarung stellten. Den neu erstarkten religiösen Tendenzen war gemeinsam, dass sie die Restauration befürworteten, wie ihrerseits die Restauration offen auf diese Tendenzen setzte.

Gedanken über Tod und Unsterblichkeit

„Bei den Griechen und Römern konnte die Philosophie wohl gedeihen, da die heidnische Religion keine Dogmen hatte; aber bei uns verderben diese alles. Die Schriftsteller müssen mit einer Behutsamkeit zu Werke gehen, wodurch der Wahrheit Zwang angetan wird. *Das Pfaffengeschmeiß rächt die kleinste Verletzung der Orthodoxie; man wagt es nicht, die Wahrheit entschleiert zu zeigen.*" Das hatte Friedrich II. von Preußen an Voltaire geschrieben, und Ludwig Feuerbach stellte es als Motto seiner ersten öffentlich verbreiteten Druckschrift voran: *Gedanken über Tod und Unsterblichkeit – aus den Papieren eines Denkers, nebst einem Anhang theologisch-satirischer Xenien.*[168] Das Werk erschien anonym – „herausgegeben von einem seiner Freunde" – im Sommer 1830, also fast simultan mit dem Ausbruch der Pariser Julirevolution. Es wurde sofort verboten. Von den gedruckten siebenhundertfünfzig Exemplaren konnten ganze fünfzig verkauft werden. Als das Verbot im April 1831 wieder ausgesetzt wurde, war der Skandaleffekt durch die sich überstürzenden Ereignisse jener Jahre wohl bereits verpufft. In Erlanger Universitätskreisen freilich hatte die Schrift ihre Wirkung getan: Feuerbach war verfemt, auch die Studenten sollten ihn meiden, es wurde Druck auf sie ausgeübt, um sie vom Besuch seiner Vorlesungen abzuhalten. Hier war Feuerbach nämlich sogleich (wenn auch nie offiziell) als Autor identifiziert worden: Seine aufsehenerregende Rede, die er im Jahr zuvor als Opponent von Harleß bei dessen öffentlicher Verteidigung der Habilitationsschrift gehalten hatte, war in Erinnerung geblieben. Feuerbach hatte dort seinen Gegner auf das spekulative Glatteis geführt und listig argumentiert, wenn Harleß erkläre, dass das Böse weder von Gott, noch von den Dingen, noch von den Menschen käme, so bliebe nur die Theologie als mögliche Ursache übrig: „Also bleibt nichts anderes übrig, von dem her das Böse in den menschlichen Geist eingedrungen sein könnte, als Du selbst, als Theologe, mit deiner Beweis- und Denkungsart."[169] Das war weit mehr als Opponenten-Geplänkel gewesen, das war ein Frontalangriff auf die Theologie – von derselben Direktheit, wie sie uns nun in Feuerbachs erstem Buch dutzendfach entgegentritt.

Ein früher Biograph äußerte die Vermutung, Feuerbach habe sich in der ersten Begeisterung über die Julirevolution dazu überreden lassen, den brisanten Text an die Öffentlichkeit zu geben.[170] Das ist unwahrscheinlich: Die Drucklegung weist zwar alle Anzeichen der Hast auf, doch zwischen dem Pariser Aufstand (27.–29. Juli) und dem Verbot des bereits im Handel befindlichen Buches liegen weniger als zwei Wochen, eine zu kurze Frist. Dennoch besteht eine Analogie zwischen der gesellschaftlich-politischen Eruption und Feuerbachs *Gedanken über Tod und Unsterblichkeit*: Philosophisch-weltanschaulich wirkt das Buch wie der gewaltsame Ausbruch eines Vulkans, in dem es schon lange gebrodelt hat. Feuerbach selbst wird später von einem „Lavastrom" sprechen. Und wenn er sagt, „titanische Genialität und übersprudelnde Bilderfülle" zeichne die Schrift aus,[171] ist man versucht, an Mahlers erste, die Spätromantik gleichsam hinwegfegende Symphonie „Titan" zu denken.

Das Buch enthält zwei Teile: Der erste Teil entspricht einer philosophischen Abhandlung in klassischer Gliederung: Vorrede, dreiteiliges Hauptstück, Schluss. Eingeschoben zwischen dem dritten Teil des Hauptstücks und dem Schluss ist eine Art Lehrgedicht: „Reimverse auf den Tod". Der zweite Teil, als Anhang bezeichnet, ist eine Sammlung von über dreihundertfünfzig Xenien, die zum Teil aus mehreren Distichen bestehen. Geschrieben hatte Feuerbach die im Buch versammelten Texte schon weit vor 1830, also auch vor der bereits besprochenen Promotions- und Habilitationsschrift. Die aphoristischen, thematisch nicht gruppierten Xenien des Anhangs sind sogar mit ziemlicher Sicherheit bereits in Berlin, zu einem kleinen Teil vielleicht schon in Heidelberg entstanden. Die in sich geschlossene Abhandlung des ersten Teils und die Reimverse verfasste Feuerbach wohl in der in Ansbach verbrachten Zeit zwischen Berlin und Erlangen, also im wesentlichen im Jahr 1827.[172]

Das Bild vom braven und frommen jungen Ludwig Feuerbach, das man aus der Lektüre des Briefwechsels bis zu dieser Zeit gewinnen könnte, erfährt von den ersten Seiten an kräftige bis deftige Korrekturen. Das Buch beginnt mit einem fünfstrophigen Gedicht, das betitelt ist: „Demütige Bitte an das hochweise und hochverehrliche Gelehrtenpublikum, den Tod in die Akademie der Wissenschaften zu rezipieren" – der Tod verstehe sich nämlich auf die Philosophie wie kein zweiter. Was Feuerbach damit meint, entwickelt er in einer langen Abhandlung, einer Art Essay. In der Einleitung gibt er einen historischen Überblick über das Problem: In der römi-

schen Antike seien die Menschen noch ganz selbstverständlich und ungeteilt *diesseitig* gewesen: Weil „der Römer keine Trennung und Kluft kannte
zwischen Vorstellung und Wirklichkeit, Möglichkeit und Kraft, Idealität
und Realität, so kannte er auch hiemit keine Fortdauer seines Selbst". Im
Mittelalter sei die Unsterblichkeit zwar zum Glaubensartikel geworden,
doch das habe sich nicht entscheidend ausgewirkt: Der Glaube an Himmel
und Hölle habe noch kein ewiges Leben der Individuen gemeint, er habe
vielmehr den Sinn eines Glaubens an die Vergeltung des Guten und des
Bösen gehabt. Mit dem Protestantismus sei dann die Person in den Vordergrund gerückt, zunächst als Person Christi, doch im 18. Jahrhundert habe
sich dieser Protestantismus zum „Rationalismus und Moralismus" entwickelt, in dem nur noch „die pure nackte Persönlichkeit" zählte.[173]

Dieser sich als letzte Wahrheit begreifenden Person könne aber das irdische Leben in seiner Unvollkommenheit nicht genügen, weshalb sie sich
ein Jenseits konstruiere, in dem sie ihre Idealität realisiert findet. Gleichzeitig verliere man das „Allgemeine, das Ganze" – und nur das ist für Feuerbach das „wahrhaft Wirkliche und Wesentliche" – aus den Augen. So sei
unter anderem ein wirkliches Geschichtsverständnis nicht mehr möglich:
Die Philosophiegeschichte werde zur „Geschichte von Meinungen, von
sonderbaren, paradoxen Einfällen", und die Weltgeschichte wisse „nur
von Menschen, nicht von der Menschheit"; folgerichtig, so spottet Feuerbach, avancierten bei diesen Leuten „die geheimen Kabinettsgrillen der
Minister, die Papageien und Schoßhündchen der Prinzessinnen und Köni-
ginnen, die Flöhe und Läuse, die auf den Köpfen der großen Herren und
Helden nisten, zu den Trägern, den Bewegern und erhabnen Stützen des
Weltalls". Und schließlich verstünden sie auch nichts von der Natur, die
bei ihnen zum Sammelsurium von kuriosen Objekten verkomme.[174]

Diese Kritik der Verabsolutierung der Person ist sicherlich von Hegel
angestoßen. Doch sie wird beim jungen Feuerbach zum ersten Ansatz
einer Kritik, deren Intention weit über die Fachphilosophie hinausreicht:
„Demjenigen, der die Sprache versteht, in welcher der Geist der Weltgeschichte redet, kann die Erkenntnis nicht entgehen, dass unsre Gegenwart
der Schlussstein einer großen Periode in der Geschichte der Menschheit ist
und der Anfangspunkt eines neuen geistigen Lebens."[175] Es geht ihm um
nichts weniger als um den Aufbruch in eine neue Zeit. Seine Kritik, die
sich gegen den Rationalismus der Spätaufklärung und den „Pietismus"

der Romantik gleichzeitig richtet, ist nicht akademisch motiviert, sondern emanzipatorisch.

Aus welcher Haltung, aus welchem „Glauben" heraus sie erwächst, wird in den drei Hauptteilen erkennbar. Der erste Teil ist überschrieben mit *Gott*. Die ersten Sätze könnten von einem Theologen geschrieben sein: „Gott ist die Liebe. Der Mensch liebt, aber Gott ist die Liebe." Die Gedankenführung nimmt allerdings einen unerwarteten Verlauf: Gott ist der „letzte Grund aller Vergänglichkeit", deshalb auch der Grund des Todes. Wir sterben, weil Gott, das Unendliche in uns ist. Der Tod ist unsere Teilhabe am Göttlichen: „Das, dem nichts Göttliches innewohnte, könnte nicht sterben."[176]

Einerseits ist das negativ, als Kritik gemeint: Ein Leben nach dem Tod zu wünschen, sei „grenzenlose Verirrung": „Es gibt keinen halben, keinen zwiespältigen und zweideutigen Tod; in der Natur ist alles wahr, ganz, ungeteilt, vollständig; die Natur ist nicht zwiespältig; sie lügt nicht; der Tod ist daher die ganze, die vollständige Auflösung deines ganzen und vollständigen Seins."

Doch andererseits – und dies ist die Stoßrichtung der Schrift – bedeutet es die ungeteilte Bejahung des diesseitigen Lebens als dem eigentlich Göttlichen. In der Tat sei dies „mystisch", nimmt Feuerbach dem „lieben Leser" das Wort aus dem Mund: Aber man müsse eben schon zu Lebzeiten Mystiker sein, wenn man nicht im Augenblick des Sterbens dazu gezwungen werden wolle.[177]

In einer Offenheit, die skandalisieren musste, lehnt Feuerbach den Personen-Gott ab. Das Thema wird ihn noch jahrelang beschäftigen, eines der zentralen Argumente erscheint bereits jetzt: Der Glaube an einen als Person gedachten Gott ist Egoismus. Wer Gott so sieht, dem ist er nur „Gewährleistung seiner selbst und seines eignen Daseins, Gott ist ihm nur Hauspapa, Wachtmeister und Nachtwächter seiner selbst, Genius, Schutzpatron".[178] Dieses Gottesbild ist auch unverträglich mit der Liebe, wie Feuerbach sie will: Die Person ist immer Unterscheidung, Sonderung. Lieben heißt aber, das Fürsichsein aufzugeben. Zu wahrer Liebe fähig ist deshalb nur der Pantheist – „außer dem Pantheismus ist alles Egoismus".[179] Hymnisch feiert Feuerbach die Liebe als das „allverzehrende und peinigende Fegefeuer" und beruft sich begeistert auf Jakob Böhme, den er über eine Seite lang zitiert.[180] Es ist eine persönliche, „weltanschauliche" Standortbestimmung des jungen Philosophen.

Im zweiten, mit „Zeit, Raum, Leben" betitelten Teil klingt ein anderes Thema an, das Feuerbach in den kommenden Jahren ebenfalls intensiv beschäftigen wird: Das Verhältnis zur Natur. Er leitet es mit einer Betrachtung über die Empfindung ein (ein Thema, das er auch in der Dissertation berührt, freilich nur negativ, weil die Empfindung als das „Besondere" im Gegensatz zur Allgemeinheit der Vernunft steht). An mehreren Stellen schimmert bereits jene Aufmerksamkeit auf den Selbstwert der Sinnlichkeit durch, die später einmal ausschlaggebend werden wird. Die verwendeten Metaphern sprechen für sich selbst: „Ich empfinde nur dadurch, dass ich gleichsam aus dem … ununterbrochnen Fluss der Zeit die Perle des Augenblicks absondere und in den engen Raum desselben mein Sein zusammenfassend einschließe." – „Wie das Sonnenlicht, zusammengedrängt und gesammelt, Feuer wird, brennt, so entsteht nur durch die Zusammendrängung meines ganzes Seins auf den Brennpunkt eines Augenblicks in mir das Feuer der Empfindung."[181]

Natürlich stehen Raum und Zeit für das Vergängliche, Individuelle, Besondere, also Beschränkte, und nur die Vernunft ist das Allgemeine, Aufhebung der Beschränkung: Feuerbachs „Glaubensbekenntnis" ist noch ganz eindeutig der spekulative Idealismus. Gegen die dualistische Sichtweise, die diesem Idealismus innewohnt (wie Feuerbach später erkennen wird), macht sich aber eine Aufgeschlossenheit, ja Sympathie der Sinnlichkeit gegenüber geltend: „Der Raum ist das sinnliche Dasein, die äußerliche Form der göttlichen Liebe … die Zeit die sinnliche Form derselben, wie sie verzehrendes Feuer" ist. Die Zeit ist „nicht Feindin … sondern vertraute Tochter und Freundin des Wesens", und „die Einheit des Wesens ist nicht bloß Kontraktion, Konzentration, sondern zugleich unbeschränkt Ausdehnung, das Außersichsein der Freude und Liebe."[182]

Dieser positive, bejahende, lebensrelevante Gehalt der *Gedanken* vermag auch den heutigen Leser noch zu fesseln, auch wenn er sich über längere Strecken durch das Gestrüpp der Begriffsspekulation zu kämpfen hat und der „Lavastrom" der Gedanken, wie Feuerbach später selbst urteilen wird, recht „formlos" mal dahin, mal dorthin fließt.[183] Weniger spannend, sogar seltsam blutleer, liest sich der dritte, mit „Geist, Bewusstsein" überschriebene Teil: Es ist eine Art Ethik, die der „Denkende und der tiefer

Schauende" von der Einsicht in die Allgemeinheit des Geistes ableitet. Und erneutes Glaubensbekenntnis: „Der wahre Glaube an die Unsterblichkeit ist der Glaube an den Geist selbst, an das Bewusstsein, an ihre absolute Wesenhaftigkeit und unendliche Realität."[184] Mit der seltsamen Blässe dieser idealistischen Ethik wird Feuerbach ebenfalls noch Jahre zu kämpfen haben.

Die *Gedanken über Tod und Unsterblichkeit* sind – entgegen dem ihnen noch lange anhaftenden Ruf einer entsetzlichen Ketzerschrift – in erster Linie ein positiver Entwurf, der, zumal in der bewegten Zeit zwischen der Julirevolution und dem Hambacher Fest, von jungen Intellektuellen begeistert aufgenommen wurde. Symptomatisch ist die Reaktion der Feuerbach-Brüder, vor allem Anselms, der das Buch als das „fünfte Evangelium" pries.[185] Was die Obrigkeit auf den Plan rief, war die beispiellose Freimütigkeit, mit der Feuerbach zentrale christliche Glaubensinhalte – Gott als Person, Unsterblichkeit der Seele – verwarf und sich zum Pantheismus bekannte. Und natürlich die Schärfe des Spotts, mit dem er die kritisierten Dogmen bedachte. Schon im Text der Abhandlung wird dieser Spott stellenweise keck, doch „derb satirisch" wird er freilich erst in den Xenien des Anhangs. An den Satire-Charakter des Genres war man seit den *Xenien* von Goethe und Schiller gewöhnt, das Beispiel war ja auch schon mehrfach nachgeahmt worden. Doch was der junge Philosoph hier bot, ließ bei so manchem das Lachen gefrieren:

> *Vor dem Chirurg entblößt auch die Dame selbst, was sie verbirgt sonst;*
> *Wo der Chirurg anfängt, hört der Ästhetiker auf.*
> *So auch die Theologie zeigt mir, als ihrem Chirurgus,*
> *Jetzo so manches, was sonst gern sie verbirget aus Scham.*
> *Worte natürlich gebrauch' als Chirurg ich, welche nicht passen*
> *In der Damen und Herrn Zirkel am Abend beim Tee.*

Der Anspruch ist nicht eben bescheiden:

> *Wer ist ein derber Satiriker? Der, so die Quellen studieret,*
> *Draus das Übel entspringt, und sie dann offen auch zeigt.*
> *Freilich eure Satire, die sengt von der Haut nur die Haare,*
> *Aber das faulende Fleisch lässet sie unverletzt stehn.*[186]

Durch sein allzu offenes Zeigen hatte Feuerbach es sich mit allen Autoritäten, den politischen wie den akademischen, verscherzt. Der Vater prophezeite ihm: „Diese Schrift wird Dir nie verziehen, nie bekommst du eine Anstellung."[187] Er sollte Recht behalten. Doch in einer rückblickenden Bewertung schreibt Feuerbach auch, er sei mit den Xenien „seiner eigenen spätern philosophischen Entwicklung in kühnen Sätzen poetisch vorausgeeilt".[188] Eines der grundlegenden Argumente seiner Religionskritik wird lauten, das Christentum habe sich historisch überlebt. Dieses Thema erscheint in den Xenien vielfach abgewandelt:

Einst war Christus das Geist und Erkenntnis spendende Weltlicht,
Doch Nachtwächter nur ist jetzt er dem Mystiker noch.

Ach, Jahrhunderte zullen sie schon am Euter der Bibel,
Dass er nun endlich ist leer und selbst die Kuh auch dahin!

Äußerst heftig geht Feuerbach mit der „vernünftigen" Gläubigkeit der Aufklärung ins Gericht. Auch dies ist für lange Zeit ein grundlegendes Argument seiner Religionskritik:

Bleibet er stehn beim Glauben, so ist er leidlich vernünftig;
Lässt er sich ein auf Vernunft, wird gleich ein Esel daraus.

Reicht der Glaube nicht hin, so muss die Vernunft aushelfen.
Gehet aus der Verstand, steuert der Glaube der Not.

Die bösesten Pfeile schießt er gegen die „Pietisten" ab:

Wisset, die Pietisten sind nichts als die ekligen Würmer,
In die endlich zerfiel Petri verwesender Leib.

Schließlich attackiert er ganz unverblümt die staatliche Protektion des christlichen Glaubens:

Sonst war freilich die Religion die Stütze des Staates,
Aber jetzt ist der Staat Stütze der Religion.

Schon wird der Glaube sogar jetzt gemacht zu einem Gesetze;
Bald ist die Polizei Basis der Theologie.

Viele der Xenien wirken wie persönliche Notate, Zeugnisse vor allem der
Berliner Studienjahre: Scharfe Ablehnung des sich auf Kant berufenden
„Vulgärrationalismus", dem er schon in Heidelberg bei Paulus begegnet
war; ebenso scharfe Abrechnung mit Marheinekes Dogmatik (zwei Xenien
beziehen sich namentlich auf ihn). Und nicht zuletzt das Gefühl der Befreiung nach dem Abschied vom Theologiestudium – mit der wohl damit einhergehenden Entdeckung diesseitiger Freuden:

Fort jetzt mit euch, ihr feigen Philister, ihr trockenen Männer!
Dir, oh schönes Geschlecht, weih' ich mit Liebe den Geist.[189]

Das schöne Geschlecht, ein gewisser „Hang zur Libertinage"[190], die Berliner Tee-Abende bei Kriminalrat Hitzig, die langen Wanderungen in der geliebten Natur, die Abneigung gegen den Vulgärrationalismus der Spätaufklärung, der Pantheismus, die Böhme-Begeisterung, all das hätte Ludwig
Feuerbach eigentlich zum Romantiker prädestiniert. Doch der Weg ins
Biedermeierlich-Gefühlsselige der Spätromantik, den in den zwanziger
und dreißiger Jahren so viele Intellektuelle gingen (selbst wenn sie sich in
den Burschenschaften radikal gebärdet hatten), kam für ihn nicht in Frage.
Dazu war er zu sehr geprägt von der politisch fortschrittlichen Einstellung
in seiner Familie, zu begeistert von Hegels lichtem Denkgebäude, und ein
zu fanatischer Wahrheitssucher.

3. Jungfer Logik und die Mutter Natur

Schon vor dem Abbruch seiner Vorlesungstätigkeit im Frühjahr 1832 hatte Feuerbach nach Alternativen gesucht. So hatte er sich im Sommer des Vorjahres um eine Stelle an einem Frankfurter Gymnasium beworben. Dann hatte er an den Verleger Goethes und Schillers, Friedrich Cotta, geschrieben, dessen „Literarisch-Artistische Anstalt" in München die renommierte Kulturrundschau „Das Ausland" herausgab: Er habe von einer freigewordenen Redakteurstelle gehört und sei sehr interessiert. Anfang 1832 hatte er in München ein Gesuch um eine ordentliche Professur an der Universität Erlangen eingereicht, auf das er nicht einmal eine Antwort erhielt. Er hörte von einer Vakanz in Zürich und versuchte es, obwohl der Vater dagegen war. Mit Nürnberger Freunden schmiedete er Pläne für eine philosophisch-literarische Zeitschrift, deren Redakteur er werden sollte. Etwas später bewarb er sich erneut als Redakteur, diesmal bei einer preußischen Zeitung. Selbst eine Hauslehrerstelle erwog er.[191]

Doch worauf er seine ganze Hoffnung setzte, das war Paris. Wie so viele Oppositionelle – Heine und Börne waren bereits dort – zog es ihn in die französische Hauptstadt, und dies schon seit einiger Zeit. Die Erfahrung mit den *Gedanken über Tod und Unsterblichkeit* war deutlich genug: „In Deutschland kann ich bei meiner Freimütigkeit und meiner Philosophie nicht nur nie auf einen Dienst im Staate Anspruch machen, sondern ich kann nicht einmal das, was in mir, herausbringen und öffentlich machen. Meine besten Gedanken muss [ich] in mich hinunterschlucken, wo Rücksichten und Schranken, ist kein Leben, kein Geist. Und welche elende Rücksichten habe ich hier zu nehmen."[192]

Auch Schwester Helene und Bruder Friedrich hielten sich zu dieser Zeit in Paris auf, Helene als Gesellschafterin einer reichen Familie, Friedrich als Student der Indologie. Anfänglich zeigte sich der Vater bereit, das Vorhaben finanziell zu unterstützen. Ludwig wollte sich zunächst mit Deutschstunden durchschlagen, dann ließe sich, so hoffte er, im Buchhandel oder

bei einer Zeitung etwas finden. Also nutzte er jetzt das halbe Jahr in Frankfurt, um sein Französisch zu verbessern und französische Literatur zu
lesen. Außerdem schickte er seine Habilitationsschrift dem Philosophen
Victor Cousin, der Hegel in Frankreich bekanntgemacht hatte, freilich
ebenfalls ohne einer Antwort gewürdigt zu werden: Der einst von der Sorbonne verjagte und in Deutschland sogar verhaftete Oppositionelle war inzwischen hochberühmter Direktor der École Normale und Mitglied der
Académie Française.[193] Am Ende half alles nichts: So verzweifelt Feuerbach
seine Emigrationspläne zu verwirklichen suchte (auch Amerika schloss er
nicht aus) – es fehlte ihm, nachdem der Vater seine Zusage zurückgezogen
hatte, schlicht das Geld zur Reise. Er musste ein „Émigré in spe" bleiben.[194]

Er kehrte schließlich nach Erlangen zurück und kündigte wieder Vorlesungen über Logik und Metaphysik an. Per Ministerial-Reskript war inzwischen verfügt worden, die Dozenten an den bayerischen Universitäten hätten „Treue dem Könige, Gehorsam dem Gesetze und Beobachtung der
Staatsverfassung" zu geloben. Das wäre Ludwig Feuerbach sicher nicht
schwergefallen. Aber er hatte außerdem zu beeiden, „keine Lehren vorzu-
tragen, oder zu verbreiten, welche gegen den Staat, die Religion oder die
guten Sitten anstoßen, oder denselben nachtheilig seyn könnten. So wahr
mir Gott helfe und sein heiliges Evangelium."[195] Er leistete den Eid, die an-
gekündigten Vorlesungen hielt er nicht.

Von Bacon bis Spinoza

Neue Aussichten eröffneten sich ein halbes Jahr später. Sie berechtigten zumindest zu neuer Hoffnung. Während der drei Jahre, in denen er in Erlangen Philosophiegeschichte gelehrt hatte, hatte er auch eine Philosophiegeschichte *geschrieben*. Schon Mitte 1831 meldete er dem jüngsten Bruder
nach Paris, er habe „ganz barbarisch" daran gearbeitet und sei fast fertig
damit, es fehle ihm nur noch ein Verleger.[196] Die Verlagssuche scheint
nicht einfach gewesen zu sein, denn Feuerbach musste schließlich mit
C. Brügel in Ansbach vorliebnehmen, der zwar seine Habilitationsschrift
und die Dissertation seines Bruders Eduard gedruckt hatte, aber sonst weder Philosophisches noch Literarisches im Programm hatte. Im Sommer
1833 erschien das Buch unter dem Titel: *Geschichte der neuern Philosophie*

von Bacon von Verulam bis Benedikt Spinoza. Es sollte der erste von mehreren Bänden sein, in denen Feuerbach „die nach seiner Meinung noch nicht genug entwickelten und erörterten Grundideen der wichtigsten philosophischen Systeme der neuern Zeit zu klarer Anschauung und Erkenntnis zu bringen"[197] gedachte. Mit diesem Buch fand er in der Fachwelt auf Anhieb Beachtung – und er hatte, was er noch längst nicht wusste, seinen Beruf gefunden: freier philosophischer Schriftsteller.

Die Beachtung, die das Buch erfuhr, war keineswegs selbstverständlich. Es war in einem unbedeutenden Provinzverlag erschienen, und zu einem eher ungünstigen Zeitpunkt: Zwei Jahre zuvor war Hegel gestorben, nun begannen prominente Schüler mit der Herausgabe seiner Vorlesungen – und ausgerechnet die Vorlesungen zur Geschichte kamen fast zur selben Zeit heraus. Dennoch wurde man vor allem in Berlin auf Feuerbachs Werk aufmerksam. Kultusminister von Altenstein machte in einem persönlichen Schreiben Komplimente. Höchstes Lob kam vom damals berühmtesten Hegel-Schüler, dem Professor für Rechtsphilosophie Eduard Gans. Dieser schrieb Feuerbach, er könne seine „Genugtuung nicht schildern, dass doch endlich die Geschichte der Philosophie … in solche Hände gefallen ist, die mit der Bewegung des spekulativen Geistes vertraut, nicht genötigt sind, eine bloß äußerliche Aufzählung der Lehren ohne Selbstverständnis zu geben".[198]

Einen beeindruckenden Beweis seiner Vertrautheit mit der Hegelschen Spekulation liefert Feuerbach schon in der Einleitung. Er entwirft darin einen Aufriss des dialektischen Prozesses, durch den der „freie, der universelle, denkende Geist" sich seit der Antike stufenweise emanzipierte und endlich „zur Selbständigkeit und zum freien Selbstbewusstsein" fand. Das ist ganz hegelianisch, insofern der welthistorische Prozess auf die Selbstbewusstwerdung des Geistes zuläuft. Deutlich weniger im Hegelschen Sinne ist die Zuspitzung der dialektischen Entwicklungsmomente, die bei Feuerbach nicht nur „Stufen" sind, sondern antagonistischen Charakter erhalten: Der denkende Geist hat sich aus einer „drückenden Herrschaft" zu befreien. Aus der Narrenfreiheit, die man ihm mit Quästionen und Distinktionen in der Scholastik zugestand, erwachte eine „Regsamkeit des Verstandes", „ein Tätigkeitstrieb des denkenden Geistes", der sich immer weniger in die Rolle eines Dieners der Theologie fügte und sich schließlich von ihr losriss. Dasselbe stellt Feuerbach nebenbei auch für die Kunst fest. Sie sei nur scheinbar eine Dienerin der Kirche gewesen: „Sowenig der Baum, der auf einem Kirchturme steht, aus seinem harten Gesteine entsprossen ist, sowenig kam die Kunst aus der Kirche und ihrem Geiste; der schlaue Vogel des Verstandes trug das Samenkorn auf sie hinauf; als es aufging und zum Pflänzchen gedieh, war es freilich noch unschädlich, als es aber groß, als es Baum wurde, zersprengte es den alten Kirchturm."[199]

Diese Thesen erweckten anscheinend kein Ärgernis. Der Charakter einer Einleitung und der gepflegte akademische Stil ließen sie durchgehen. Das Buch hält sich auch nicht weiter bei der Religionskritik auf; von einigen polemischen Seitenhieben abgesehen vermeidet Feuerbach das Thema, weil er es „selbst aus der Entfernung nicht ohne einen gewissen Ekel berühren kann".[200] Wesentlich größere Aufmerksamkeit widmet er einer anderen Frage: dem Verhältnis zwischen dem denkenden Geist und der Natur. Hegels „Übergang" von der Logik zur Natur hatte bei ihm schon früh Zweifel geweckt. In einer Notiz fragte er sich: „Wo ist die Notwendigkeit, wo das Prinzip dieses Übergangs?" In Hegels *Logik* erzeuge „die eigne Negativität der logischen Bestimmungen" den logischen Fortgang. Und das Negative in der absoluten, vollkommenen Idee bestehe darin, dass sie „*nur* noch im Elemente des Denkens" sei. Doch dann stelle sich die Frage: „Woher weißt du nun aber, dass es noch ein *andres* Element gibt? Aus der ‚Logik'? Nimmermehr; denn eben die ‚Logik' weiß aus sich selbst nur von sich, nur vom Denken. Also wird das Andre der ‚Logik' nicht aus der ‚Logik', nicht logisch, sondern unlogisch deduziert, d. h., die ‚Logik' geht nur deswegen in die Natur über, weil das denkende Subjekt außer der ‚Logik' ein unmittelbares Dasein, eine Natur vorfindet und vermöge seines unmittelbaren, d. i. natürlichen, Standpunkts dieselbe anzuerkennen gezwungen ist." Mit der ihm eigenen Gabe zur einprägsamen Metapher folgert Feuerbach: „Gäbe es keine Natur, nimmermehr brächte die unbefleckte Jungfer ‚Logik' eine aus sich hervor."[201]

Wie wichtig ihm das Thema ist, deutet sich schon in der Einleitung an. Dort stellt er einen Zusammenhang her zwischen dem Wiedererwachen des denkenden Geistes und einer neuen Aufmerksamkeit auf die Natur, die nun „wieder zu Ehren kam, die elende Stellung einer bloßen Kreatur verlor und in ihrer Herrlichkeit und Erhabenheit, in ihrer Unendlichkeit und Wesenhaftigkeit zur Anschauung kam". Anders als in der Hegel-

Schule üblich, lässt Feuerbach die „neuere Philosophie" auch nicht mit Descartes anfangen, sondern mit Francis Bacon, dem er ein umfangreiches Kapitel widmet. Von einer Philosophie Bacons, meint Feuerbach, könne man zwar strenggenommen nicht sprechen, doch allein dadurch, dass er die Naturwissenschaft „auf eine rein physische Anschauung zurückführte und dieses erfahrungsmäßige Wissen zur Grundlage alles Wissens erhob", habe er das Prinzip der neuzeitlichen Philosophie begründet. Hobbes und Descartes hingegen werden scharf kritisiert. Das Argument ist bei beiden dasselbe, nur jeweils anders formuliert: Hobbes betrachte die Natur nicht „als ein lebendiges Wesen, als Natur, sondern ... als ein totes Objekt". Und Descartes' „Naturphilosophie" habe „die Natur zu ihrem Objekte als ein Totes, Mechanisches, Äußerliches".[202]

Naturphilosophie – das Wort verrät, worum es Feuerbach geht: Er spricht zwar unablässig von Naturwissenschaft, doch er meint damit nicht die Physik im heutigen Verständnis. Von einer Physik, die „bloß ‚angewandte Mathematik' ist"[203], will er nichts wissen, weil sie die Natur nur quantitativ betrachtet, und die mathematischen Modelle lassen „keine wahre Anschauung vom Leben, von der Natur der Qualität, dem eigentlich Physikalischen, entstehen".[204] Gerade die „Qualität" der Natur ist es aber, was ihn interessiert. Er nimmt die ihn prägenden existentiellen Erfahrungen – das Naturerlebnis auf langen Wanderschaften, die Entdeckung der Diesseitigkeit mit der damit einhergehenden Bejahung der Sinnlichkeit – auch philosophisch ernst. Das Problem ist freilich: Die Qualität in der Natur offenbart sich nur der sinnlichen Wahrnehmung, dem sinnlichen Erleben; dem Denken hingegen ist sie nur „mittelbar" Gegenstand. Diesen Dualismus gilt es für Feuerbach zu überwinden: Wie können Geist und Natur als Einheit *gedacht* werden? Auf Hegels dürftigen „Übergang" vertraut er nicht, er erwähnt ihn nicht ein einziges Mal. Er will die geistige und die materielle Wirklichkeit *von vornherein*, nicht erst am Ende eines logischen Prozesses, als Einheit gefasst sehen. Im ersten Teil des Buches verweist er deshalb immer wieder auf die Notwendigkeit einer Kooperation von Philosophie und „Naturwissenschaft"; nur diese ständige, enge Berührung könne gewährleisten, dass die Einheit von geistiger und materieller Wirklichkeit nicht aus den Augen verloren gehe.

Im zweiten Teil des Buches versucht Feuerbach den ihn beschäftigenden Widerspruch spekulativ zu vermitteln. Er gestaltet dazu die Kapitel über

Descartes, Geulincx, Malebranche und Spinoza zu einer in sich geschlosse-
nen Abhandlung.[205] Mit seiner Methode der „Entwicklung" lässt er diesen
Abschnitt der Philosophiegeschichte zum fortschreitenden spekulativen
Vollzug der Einheit von Geist und Materie werden: Bei Descartes ist die
Einheit bloß eine „willkürliche, die das Subjekt, der Denkende macht";
Guelincx lässt diesen Dualismus offen als Aporie zutage treten und stellt
die Vereinigung der beiden Substanzen als Wunder, als rational nicht be-
greifbar dar; Malebranche versucht aus der Aporie herauszukommen, indem er Gott als das „Substantielle" sowohl des Geistes als auch der Materie
bezeichnet; Spinoza schließlich stellt die Einheit her, indem die *eine* Substanz Geist *und* Materie ist. Bei ihm bleibt „der Begriff der *reinen Wirklichkeit* als solcher, der reinen Substantialität übrig, es erweisen sich Geist und
Materie nur als unterschiedene Bestimmungen (Modi) der Substanz".[206]

Acht Jahre später wird Feuerbach das Problem lösen, indem er die idealistische Spekulation als untauglich verwirft. Einstweilen ist sein Vertrauen
in sie noch ungebrochen, und er „vermittelt" den Widerspruch auch in
ganz spekulativer Weise, indem er nämlich Hegels Geistbegriff pantheis-
tisch ausdeutet. Spinoza, über den er besonders sorgfältig referiert, liefert
ihm mit seinem Substanzbegriff die Vorlage: Geist und Materie sind Gott,
und „Gott ist das absolut reelle, das absolut unendliche Wesen, das alle Realitäten in sich fasst." So hätte der Satz sicherlich bei keinem Theologen
Anstoß erregt. Doch Feuerbach treibt die Konsequenz weiter: Wenn Gott
„das absolut reale Wesen ist oder das Wesen, das alle Realitäten in sich fasst
und bei dem nicht die Existenz vom Wesen unterschieden ist, so folgt notwendig, dass Gott eben keine von seinem Wesen unterschiedene, d. h.
keine bestimmte und besondere (keine endliche) und damit keine eigene,
für sich abgetrennte, keine persönliche Existenz hat".[207]

Abälard oder Der arme Schriftsteller

„Man sagt es nicht, aber jeder weiß es, der Pantheismus ist das öffentliche
Geheimnis in Deutschland"[208], spöttelte Heine von Paris aus. „Spinozisten", wie man damals sagte, waren alle oder fast alle Geistesgrößen des ausgehenden 18. und beginnenden 19. Jahrhunderts: Schiller und Goethe
ebenso wie Kant, Hegel und Fichte, und jedermann wusste es, nur war es

nicht ratsam, es zu bekennen, es drohten strenge Sanktionen. Doch vielleicht hatte sich inzwischen eine Art Gewöhnungseffekt eingestellt, und es
bedankte sich sogar ein Leser bei Feuerbach, dass er „Spinoza von dem
Vorwurfe des Atheismus zu befreien gesucht" habe.[209] Auch in der Erlanger Fakultät hatte das Buch offenbar keinen Anstoß erregt, sondern nur
positiv beeindruckt. Als Feuerbach nämlich im September 1833 ein Gesuch an den König um eine außerordentliche Professur richtete, wurde es
vom Senat der Fakultät befürwortet: Der junge Privatdozent beweise
„nicht gewöhnliche philosophische Talente und Kenntnisse". In einem
Entwurf zur Stellungnahme der Fakultät heißt es sogar, er zeichne sich
aus „durch eminentes Talent und, wiewohl der Hegelschen Schule angehö-
rend, doch durch freier Energie eigenthümliche Denkkraft".[210]

Nachdem er schon ein oder zwei Jahre zuvor vergeblich um die Beförderung zum außerordentlichen Professor ersucht hatte,[211] hätte Feuerbach
jetzt normalerweise – die Beförderung nach dreijähriger Privatdozenten-
zeit war üblich – einen positiven Bescheid erwarten dürfen. Er brauchte
auch dringend finanzielle Sicherheit. Wenige Wochen, bevor seine *Geschichte der neuern Philosophie* erschien, am 29. Mai 1833, war der Vater gestorben. Die staatliche Rente von 280 Gulden jährlich, die Ludwig wie alle
Kinder des Strafrechtlers fortan erhielt, war zu kümmerlich, und er hatte
(ebenso wie die beiden älteren Brüder Anselm und Eduard) auf seinen Anteil am väterlichen Vermögen zugunsten der Mutter verzichtet. Einnahmen von seinen Büchern flossen auch nicht: Für die *Gedanken über Tod
und Unsterblichkeit* hatte er kein Honorar bekommen, und wann der Verkauf der *Geschichte der neuern Philosophie* die Druckkosten einspielen
würde, war völlig ungewiss.[212]

Dass seinem Gesuch um die besoldete Professur in Erlangen stattgege-
ben würde, glaubte Feuerbach wohl selbst nicht, oder aber seine Lust, in
Erlangen wieder das Katheder zu besteigen, war zu gering, jedenfalls sah
er sich, noch bevor eine Antwort aus München zu erwarten war, nach anderen Möglichkeiten um. Er dachte sogar an Griechenland. Der Wittelsbacher Otto I., ein Sohn Ludwigs I., war seit Februar griechischer König, und
zahlreiche Bayern, darunter hochgestellte Freunde des verstorbenen Strafrechtlers, leisteten „Entwicklungshilfe" in der Verwaltung und im Erzie-
hungswesen des Landes. Ludwig hatte die Alternative noch mit seinem
Vater besprochen, der ihn mit seinen Beziehungen zu höchsten Stellen un-

terstützen wollte. Es kam nicht mehr dazu, und so wollte sich Ludwig an
Friedrich Thiersch wenden, den in München inzwischen zu hohem Einfluss gelangten Freund der Familie. In einem Briefentwurf fragt er ihn um
Rat, ob nicht in Griechenland für ihn Verwendung wäre. Mit seiner gründlichen Kenntnis des Altgriechischen würde er schnell auch des Neugriechi-
schen mächtig sein.[213] Etwas näherliegend war eine andere Anfrage: Feuerbach erkundigte sich bei Eduard Gans nach den Chancen in Berlin. Dieser
meinte, sie seien gut: „Der berühmte Name, den Sie führen, das Talent, das
Sie selbst gezeigt haben, würde Ihnen, bei der philosophischen Sterilität,
die eigentlich jetzt hier herrscht, eine sichere Laufbahn verbürgen." Freilich: „Alles, worauf es hier ankommt, ist, sich eine Zeitlang aus eigenen
Mitteln erhalten zu können, bis man den Fuß in den Dozentensteigbügel
getan hat."[214]

Die „eigenen Mittel" fehlten. Auch die diversen Zeitschriftenprojekte,
die er mit Freunden diskutierte, führten zu nichts. In der „Athene", die
sein Freund Christian Kapp herausgab, war als Vorabdruck aus der *Geschichte der neuern Philosophie* ein Teil des Kapitels über Böhme erschienen, doch die Zeitschrift erlebte nur zwei Nummern. Als Kapp dann mit
dem Buchhändler Dannheimer in Kempten einen „Nationalkalender"
plante (einen lange Zeit erfolgreichen „Nationalkalender" gab es im benachbarten Tirol), mochte Feuerbach nicht mehr: Das Scheitern der
„Athene" hatte beim ihm eine „auf den höchsten Grad gesteigerte Antipathie gegen alles Zeitungswesen" bewirkt, außerdem konnte er sich nicht
vorstellen, Gebrauchstexte auf Bestellung zu schreiben: „Ich bin geistlos,
ja mehr, ich bin ohne Verstand und ohne alles Geschick, wo ich nicht mit
Liebe bin." Und so sehr ihn noch vor kurzem ein Gemeinschaftsprojekt
mit Gesinnungsgenossen gereizt hätte, nun – die Restauration hatte die Situation wieder fest im Griff – warnte er den Freund vor dem Risiko einer
solchen Unternehmung „in dieser Zeit ... wie jetzt, wo jeder den Stachel
seines Geistes in sich zieht und froh ist, wenn er für sich selber mit heiler
Haut davonkommt."[215]

Im Mai 1834 erschien von Feuerbach ein drittes Buch, das, obwohl es innere Gestimmtheiten reflektiert, von der bedrückenden Lage nichts ahnen
lässt: *Abälard und Héloïse oder Der Schriftsteller und der Mensch. Eine Reihe
humoristisch-philosophischer Aphorismen.*[216] Er hatte es während der Zeit

geschrieben, in der er unstet zwischen Frankfurt, Ansbach und Erlangen hin und her irrte. Lange Zeit hatte er gehofft, die Schrift oder zumindest Teile davon in Zeitungen oder Zeitschriften unterzubringen. Schließlich hatte er einen Bekannten in Nürnberg mit der Verlagssuche beauftragt, der, als er ihm das Manuskript nach längerer Zeit zurückschickte, sich die Meinung eines Verlegers zu eigen machte und meinte, dass diese Aphorismen „ein zu kleines Publikum finden würden, als dass es sich der Kosten verlohnte. Denn … wer sie liest und sich für sie interessiert, der kauft sie nicht, nämlich Autoren und Literaten, weil sie in der Regel kein Geld haben".[217] Obwohl er wahrscheinlich wieder nichts damit verdiente, war Feuerbach glücklich, als derselbe C. Brügel in Ansbach, der seine *Geschichte der neuern Philosophie* herausgebracht hatte (und für die kommenden Jahre sein Verleger sein wird), die Schrift druckte. Im Freundeskreis fand sie Gefallen, Fichtes Sohn rezensierte sie vorteilhaft. In der Hegel-Schule irritierte sie eher, die Intention jedenfalls wurde nicht verstanden; ein angesehener Hegelianer meinte gar, Feuerbach habe sich mit ihr geschadet. Später, als der Autor berühmt war, wurde sie mehrfach neu aufgelegt.[218]

Dass ihm an der Veröffentlichung der Schrift so gelegen war, entsprach gewissermaßen einer pädagogischen Intention: „Hand in Hand mit meinen abstrakteren wissenschaftlichen Arbeiten sollen – so der Geist will – immer zugleich Schriften erscheinen, die die Philosophie der Menschheit sozusagen ans Herz legen."[219] Die Begeisterung, mit der er Hegels Philosophie als Weg der Wahrheitsfindung aufgenommen und in der anonymen Erstlingsschrift das diesseitige Leben gefeiert hatte: sie wollte er mitteilen, weitergeben. Doch jetzt nicht mehr in der Gestalt des belehrenden Dialogs und der Satire, sondern in der eines humorigen Plaudertons, der an Jean Paul und streckenweise an Lichtenberg erinnert.[220] Witz, Phantasie und Humor sollen zwar „einer höheren Macht, als sie selber sind, dienen", aber sie sind „Früchte der Erkenntnis", „Glut des vollendeten Genusses". Der Humor ist dann immerhin „der Privatdozent der Philosophie".[221]

Richtig humoristisch werden die „Aphorismen" nur ab und zu – köstlich die lange Glosse über die Behandlung des Schriftstellers und Philosophen durch die Welt[222] –, sie lesen sich eher wie ein Bericht aus der inneren Emigration. In dieser geht es Feuerbach, seiner Schrift nach zu urteilen, trotz der erbärmlichen äußeren Umstände erstaunlich gut. Er ist restlos erfüllt von seinen Lektüren, sie sind jedesmal eine Seelenwanderung: „Beneiden wir darum nicht den Brahminen Amarou, dass er nacheinander die Gestalten von hundert Weibern annahm und daher so glücklich war, die Geheimnisse der Liebe im Originaltexte selbst lesen zu können! Welch ein herrlicher Genuss ist es nicht, in die Seele eines Plato, eines Goethe sich zu verwandeln! Freilich – es ist traurig genug – fahren wir auch auf dieser Seelenwanderung oft in die Seele eines Kamels, eines Esels und andrer niedriger Geschöpfe."[223] Solche Wanderungen scheint Ludwig Feuerbach so intensiv betrieben zu haben wie das Wandern in der Natur: Die Schrift zeugt von einer stupenden Belesenheit des noch nicht dreißigjährigen Philosophen. Schiller, Goethe, Lessing und Lichtenberg treten immer wieder auf, die Essays von Montaigne kennt er auch, Montesquieu, Voltaire, Rousseau hat er gelesen, von der Romantik allerdings fast nur Novalis. An einer Stelle beruft er sich auf die „meisten großen Schriftsteller" und nennt „zum Beispiel": *„Lukian, Luther, Voltaire, Rousseau, Torquato Tasso, Ariost, Shakespeare, Boccaccio, Ulrich von Hutten, Molière, Lessing, Petrarca, Thomas Aquino, Cujaccius, Sabellicus, Conrad Celtes, Cuvier, Diderot..."*[224]

Héloïse oder Die Fee im Schloss

Als *Abälard und Héloïse* erschien, lag die Episode schon fast ein Jahr zurück. Es muss in den Wochen um den Tod des Vaters gewesen sein: Feuerbach sitzt mit einem Freund, dem Juristen Ernst von Plotho, im Wirtshaus „zur Windmühle" bei Ansbach, an der Landstraße nach Nürnberg. Zufällig ist hier auch Johann Adam Stadler, den sein Freund sehr gut kennt: Es ist der Verwalter der im Schloss Bruckberg untergebrachten Porzellanmanufaktur. Plotho ist selbst häufig in Bruckberg, weil sein Vater, der Oberförster von Weihenzell, im Schloss seine Wohnung hat. Feuerbach und Stadler verstehen sich auf Anhieb, und Stadler lädt den Philosophen nach Bruckberg ein. Im Spätherbst 1833 folgt Feuerbach der Einladung.[225]

Feuerbach hat den Ort gekannt: Er liegt, zweieinhalb bis drei Wegstunden von Ansbach entfernt, im hübschen Haslachtal, in das ihn seine Wanderungen schon in der Jugend führten. Dieses Bruckberg wird das Dorf sein, in dem er zweieinhalb Jahrzehnte lang leben und fast alle seine

Hauptwerke schreiben wird. Er begegnet dort nämlich der Frau seines Lebens, Bertha Löw. Sie ist Stadlers Schwägerin und wohnt ebenfalls im ehemaligen markgräflichen Jagdschloss, hat dort Wohnrecht und einen Be-
sitzanteil an der Porzellanmanufaktur. Mit ihren beiden Schwestern hat
sie ihn vom früh verstorbenen Vater geerbt, der die Manufaktur seit 1800
geleitet und sie, nachdem die Grafschaft Ansbach-Bayreuth beim großen
Länderschacher an Bayern gefallen war, 1807 vom Staat „auf dem Liquida-
tionswege" für 20 000 Gulden erworben hatte. Den Kredit hatte ein Nürnberger Bankier gegeben, und Johann Christoph Löw hatte ihn später gegen
eine Leibrente abgelöst, was sich noch als Verhängnis auswirken wird.[226]

Die bildhübsche Bertha ist „die Fee in Schloss und Umgegend, um ihrer
Anmut und edlen Gesinnung willen von jedermann wie eine Heilige verehrt". Verständlich, dass, obwohl das erste Tête-à-tête schon Anfang Februar 1834 stattgefunden hat, die Liebe ein halbes Jahr unerklärt bleibt.
Dann aber überrascht Feuerbach die „edle Jungfrau von Bruckberg" mit
einer Geste, die immerhin dazu führt, dass sie sich regelmäßig schreiben
wollen: Im März bricht Bertha zu einem Besuch der von Erlangen nach
Heidelberg gezogenen Familie Kapp auf – die Kreise schließen sich: Christian Kapp, Feuerbachs Freund seit den Erlanger Dozentenjahren, ist „intimster Freund und Gevattersmann" Stadlers, wahrscheinlich auch mit
ihm verschwägert –, und am frühen Morgen steht Feuerbach in Ansbach
an der Post, um Bertha zu verabschieden. Im Frühherbst ist sie noch
„Fräulein Bertha", im Oktober und November beginnt eine „Leidenszeit"
der Liebe, doch im Januar 1835 setzt die Reihe schöner Briefe ein, in denen
sie „Freundin" und „Geliebte" ist.[227]

Im Auftrag der Althegelianer

Ludwig Feuerbach war mit Bertha Löw noch per Sie, als seine Mutter Anfang Juni 1834, ein knappes Jahr nach dem Ableben des Gatten, das weit-
räumige Haus in Ansbach verkaufte und mit den beiden jüngsten Töchtern eine Wohnung in Nürnberg bezog.[228] Von dem einst großen
Hausstand waren nur noch sie, der jüngste Sohn und die zwei Töchter
übriggeblieben – mit Sohn Ludwig als Dauergast seit einem Jahr. Kurz vor
dem Verkauf war noch Kriminalrat Hitzig zu Besuch in Ansbach gewesen.

Er hatte von der guten Aufnahme der *Geschichte der neuern Philosophie* in Berlin berichtet und große Hoffnungen gemacht: Wenn Ludwig sich nicht auf die preußische Hauptstadt versteife, sondern auch eine Professur in Bonn akzeptiere (Bonn war preußische Rheinprovinz), werde ihm sein Wunsch „ohne Bedenken gewährt". Feuerbach wollte akzeptieren, er nahm sich vor, gleich an Kultusminister Altenstein zu schreiben, doch dann zögerte er fast ein dreiviertel Jahr lang. Ein Grund war vielleicht, dass er auf eine Stelle in Bern hoffte, wo eben die neue Universität gegründet worden war; die schöne Landschaft und die Nähe zu Italien und Frankreich reizten ihn, und Ende Mai hatte er sich wirklich beworben, doch scheint er vergeblich auf eine Antwort gewartet zu haben.[229]

Inzwischen hatte er allerdings ein ehrenvolles Angebot erhalten, das ihn wenigstens zeitweise von der Untätigkeit befreite und ein kleines Nebeneinkommen brachte: Im Mai 1834 war er von der renommierten, noch von Hegel selbst gemeinsam mit Eduard Gans ins Leben gerufenen „Societät für wissenschaftliche Kritik" eingeladen worden, für ihre „Jahrbücher" Rezensionen zu schreiben. Der Generalsekretär der Societät, Leopold von Henning, bot ihm als erstes gleich die Besprechung der beiden ersten Bände von Hegels Philosophiegeschichte an. Sie waren im Jahr zuvor von Karl Ludwig Michelet auf der Grundlage von Vorlesungsmitschriften herausgegeben worden. Feuerbach brauchte sehr lange für seine ziemlich kurze Besprechung. Fast zehn Monate lang ließ er sie liegen, obwohl er seinem Meister nur schönste Komplimente zu machen hatte: „Mit solcher *Innigkeit* wie Hegel hat noch kein Geschichtsschreiber die Philosophen der Vergangenheit behandelt." – „Seine Geschichte ist ... unstreitig die erste, die eine wirkliche *Erkenntnis* der Geschichte der Philosophie ist und gewährt, den eigentlichen *Sinn* der unterschiednen Systeme, ihren *Begriff* uns aufschließt."[230]

Eine andere Schrift „Über Jacobi und seine Zeit" hatte er hingegen ziemlich schnell erledigt. Das Buch selbst bezeichnete er Freund Kapp gegenüber als „geistlos", in der Rezension tadelte er in sehr milder Weise Jacobi, den 1819 gestorbenen Freund des Feuerbachschen Hauses in München: „Ihm flogen ja – dem Sonntagskinde – im eigentlichen Sinne die Tauben gebraten in den Mund. Er aß – der vor allen Philosophen Bevorzugte – die Früchte vom Baume der Erkenntnis herab, ohne irgendeines vermittelnden Werkzeugs dazu zu bedürfen ..." Da seien Philosophen wie

Descartes weniger verwöhnt gewesen, denn ihm und „anderen seiner Leidensgefährten" habe „die Materie mit ihren fünf Sinnen gewaltig zu schaffen" gemacht. Am Schluss findet sich eine Kritik der Romantik insgesamt, die er schon in einer Anmerkung der Habilitationsschrift angedeutet hatte: Die Hinwendung zu Jacobis Begriff des „unmittelbaren Wissens" und die damit einhergehende Hypostasierung der Subjektivität sei „am Ende doch nichts als eine Idiosynkrasie der neuern Zeit".[231]

Zwei der zwischen Herbst 1834 und Frühjahr 1835 geschriebenen Rezensionen beschäftigten Feuerbach jedoch ausgiebig. Die erste, die er überhaupt schrieb, zog ihn gleich in eine Polemik hinein. Der in Jena lehrende Kantianer C. F. Bachmann hatte 1833 mit einem Buch *Über Hegels System und die Notwendigkeit einer nochmaligen Umgestaltung der Philosophie* die Hegelsche Philosophie frontal angegriffen. Der Hegel-Schüler Karl Rosenkranz hatte daraufhin eine Replik geschrieben: *Hegel. Sendschreiben an den Hrn. Dr. C. F. Bachmann.* Diese Replik von Rosenkranz sollte Feuerbach in den „Jahrbüchern" der Berliner Societät rezensieren. Seine „Rezension" wurde gute sechzig Seiten lang und beschäftigte sich überhaupt nicht mit dem zu besprechenden Buch, sondern ausschließlich mit dem Hegel-Kritiker Bachmann. In dieser Form wurde sie natürlich nicht akzeptiert. Feuerbach übersandte daraufhin die ersten zehn Seiten des Textes, in den er einige kurze Bezugnahmen auf Rosenkranz eingefügt hatte. So erschien die Besprechung, und das genügte, dass Bachmann, der als Replik auf Rosenkranz' Buch wiederum einen *Anti-Hegel* veröffentlichte, darin auch Feuerbach angriff und ihm „jugendliche Frechheit und Arroganz und Unwissenheit und Unverstand"[232] vorwarf. Feuerbach war in der richtigen Laune für eine Fehde: „Das Schwert der Philosophie soll übrigens bald wieder *blank* aus der Scheide gezogen werden"[233], hatte er einige Zeit zuvor in einem Begleitbrief zu den heiter-gelassenen „Aphorismen" geschrieben. Also ließ er nun den kompletten ursprünglichen Text mit einer kurzen Vorrede bei seinem Ansbacher Verleger als eigenständige *Kritik des „Anti-Hegels"* erscheinen.[234]

Die Polemik gegen Bachmann ist stellenweise deftig, doch eigentlich kämpft Feuerbach nicht so sehr *gegen* als vielmehr *für* eine Position. Der Untertitel *Zur Einleitung in das Studium der Philosophie* hat durchaus seine Berechtigung: Die Schrift ist eine kurzgefasste, sehr lesbare Einleitung in die Hegelsche Philosophie. Auffällig für den heutigen Leser ist die Art und Weise, in der Feuerbach, bevor er Hegels Ideenlehre und Methode expliziert, den idealistischen Erkenntnisstandpunkt rechtfertigt. Auf Bachmanns Kritik an der Identität von Logik und Metaphysik bei Hegel antwortet er nicht mit logisch-spekulativer, sondern mit „existentialistischer" Argumentation. Und er tut dies mit einer Emphase – über zweieinhalb Seiten hinweg hält er die Form der rhetorischen Frage durch –, dass man sich unwillkürlich fragt, ob da nicht ein Nerv getroffen ist. Es beginnt so: „Wenn die Gesetze der Welt nicht auch die Gesetze unsers Denkens sind, [...] und umgekehrt: wenn die allgemeinen und wesentlichen Formen, in denen wir denken, nicht zugleich allgemeine und wesentliche Formen der Dinge selbst sind, so ist überhaupt keine reale Erkenntnis, keine Metaphysik möglich, so ist in der Welt ein absoluter hiatus, ein absolutes Vakuum, ein absoluter Unsinn, und dieser absolute Unsinn, dieses existierende nonens [Nichtseiende], dieser faule Fleck ist unser Geist selbst ..." Anders und etwas verkürzt ausgedrückt: Die Identität von Begriffsspekulation und Wirklichkeit muss wahr sein, sonst ist die Welt sinnlos. Die Verteidigung Hegels wird zur philosophischen Selbstrechtfertigung – die nun freilich mehr nach Spinoza und Giordano Bruno als nach Hegel klingt: „Stecken wir denn etwa bloß bis ans Herzgrübchen, bis an den Hals oder gar nur bis an den Nabel und nicht vielmehr bis über die Ohren mittendrin in den Fluten des Weltmeers?" – „Ist nicht der Geist selbst die aufgeschlossne tiefste Tiefe des Weltalls?"[235] Fast möchte man meinen, Feuerbach benötige Stützen von anderswo, um seine Zuversicht in das Hegelsche Wahrheitsverständnis aufrecht zu erhalten. Er empfand offenbar selbst das Bedürfnis, die Sache zu vertiefen: In der Zeit nach der Niederschrift seiner *Kritik des „Anti-Hegels"* versuchte er, seine Habilitationsschrift umzuarbeiten, die ja in ähnlicher Weise eine Standortbestimmung, ein philosophisches „Glaubensbekenntnis" war. Die Arbeit machte ihm „gewaltig viel zu schaffen", sie gelangte auch über Anfänge nicht hinaus.[236]

Feuerbach wurde außerdem abgelenkt von einer Sache, die ihn zur zweiten wichtigen Rezension dieser Zeit veranlasste: Im Januar 1835 schrieb er an Freund Kapp über einen „sauberen Patron, der gegenwärtig hier natürlich unter großem Applaus sein Unwesen treibt, um die pietistische Mistpfütze der hiesigen Universität noch vollends mit seinem Unrate auszufüllen,

einen Emissär aus dem Lande der mystischen Träumereien der neuen
Schellingschen Philosophie". Der „saubere Patron" war Friedrich Julius
Stahl, ein erklärter Schelling-Anhänger (und wohl auch Schelling-Protégé),
der im Vorjahr als ordentlicher Professor für Staats- und Kirchenrecht nach
Erlangen gekommen war. In einer jüdischen Familie geboren und aufge-
wachsen, war er als Siebzehnjähriger unter dem Einfluss von Friedrich
Thiersch zum Protestantismus konvertiert. In seiner Studienzeit war er
Burschenschaftler gewesen und deswegen sogar für zwei Jahre von der Universität relegiert worden, trotzdem konnte er nach seiner Promotion 1827
in München als Privatdozent lehren. Daneben war er Hörer der Münchner
Vorlesungen Schellings. 1830 wurde er verantwortlicher Redakteur der offi-
ziösen (allerdings nur kurz existierenden) Zeitung „Der Thron- und Volks-
freund", die auf Anregung Ludwigs I. ein Gegengewicht zur liberalen Presse
bilden sollte. In Erlangen schloss er sich dem Kreis der strenggläubigen, „erweckten" Lutheraner um Adolph Harleß an. Als Abgeordneter der Universität im Landtag geriet er 1837 wegen des Budgetrechts mit König Ludwig in
Konflikt und musste seine Professur für Staatsrecht gegen die weniger ange-
sehene für Zivilrecht vertauschen. Nach dem Tod von Kultusminister Altenstein und der Thronbesteigung Friedrich Wilhelms IV. wurde er 1840,
kurz vor Schelling, nach Berlin berufen, als Nachfolger für den überraschend verstorbenen Eduard Gans. Zur Kamarilla des neuen Königs gehö-
rend, bestärkte er dessen romantisch-konservative Anschauungen. Als ge-
feierter Professor wurde er, schon vor der Märzrevolution und erst recht
danach, zum Protagonisten und Vordenker des politischen Reformkonser-
vativismus.[237]

Berühmt wurde Stahl bereits in den dreißiger Jahren mit seinem drei-
bändigen Hauptwerk *Die Philosophie des Rechts nach geschichtlicher Ansicht*, das zwischen 1830 und 1837 erschien. Feuerbach bekam – wohl
durch seinen Bruder Eduard, der Stahls Amtskollege war – den 1833 erschienenen, als *Christliche Rechts- und Staatslehre* betitelten zweiten Band
in die Hände. Er schlug ihn gleich den Berliner „Jahrbüchern" zur Rezension vor. Eigentlich hätte Eduard Gans das Werk rezensieren wollen: Schon
in seiner Herausgeber-Vorrede zu Hegels *Grundlinien der Philosophie des
Rechts* hatte er, wie er an Feuerbach schrieb, „eine recht ordentliche Polemik mit Kartätschen gegen Schelling, Stahl etc. ergehen lassen", der He-
rausgeberverein der Hegel-Gesamtausgabe hatte sie jedoch streichen las-

sen. Feuerbach war sich also bewusst, dass er durch den Angriff auf Stahl – der indirekt, aber deutlich genug auf Schelling selbst zielte – nicht nur seine Anstellungschancen in Bayern weiter minderte, sondern womöglich auch bei den konservativen Hegelianern in Berlin auf Widerstand stoßen würde. In der Tat äußerte Leopold von Henning brieflich Bedenken, einige Stellen waren ihm zu extrem; Feuerbach strich eine polemische Spitze, über den Rest der Bedenken ging er hinweg.[238]

Die Rezension ist ein Glanzstück Feuerbachscher Polemik: Stahl wird zerpflückt nach allen Regeln der Kunst – Feuerbachs Kunst, denn Stahl ist Rechtswissenschaftler, in der Philosophie, zumal der spekulativen, ist er im Grunde Dilettant. So muss er es sich gefallen lassen, dass Feuerbach ihm einen Denkfehler nach dem anderen nachweist. Gleich mit den Erörterungen über Freiheit und Notwendigkeit, mit der Stahl sein Buch eröffnet, fällt er glatt durchs Examen: Er hat Wahlfreiheit mit Willkür verwechselt. Feuerbach sieht es aber nicht bloß als Lapsus an, sondern als Methode: Stahl wolle bloß die Vernunft „satisfazieren", indem er „statt des Wortes ,Willkür' das delikatere Wort ,Wahlfreiheit'" verwende; er tue so, als respektiere er die Errungenschaften der Philosophie und gebe „sich den Schein derselben". Doch – und damit zielt die Kritik direkt auf Schelling – das sei genau das Kennzeichen der „sogenannten positiven Philosophie", dass sie „sich und anderen, sei es nun absichtlich oder unabsichtlich, einen blauen Dunst von Philosophie" vormache – „obwohl sie die schwachsinnigste Mystik von der Welt ist, obwohl sie in ihrem innersten Grunde den stockfinstersten Obskurantismus birgt".[239]

An Stahls Vorrede führt Feuerbach seine Vorwürfe aus: Hier werde eine „orthodoxe Rechtslehre" angekündigt, was an und für sich schon „Konfusion" sei, denn Recht und Christentum widersprächen sich in ihrem Geist diametral. Der Vorzug des Christentums sei gerade, „dass es das *Wesen* der Religion, lauter und rein von allen fremden, der Religion an sich äußerlichen Ingredienzen und Interessen, zur Wirklichkeit gebracht hat". Der Christ – der wahre! – habe kein Eigentum; er könne zwar „äußerlich" Besitzer sein, doch „in seiner Gesinnung" spiele der Besitz keine Rolle. Ganz im Gegensatz zum Rechtssubjekt, das auf Besitz „erpicht" ist. Wenn Stahl also das Zivilrecht aus christlichen Glaubenslehren ableitet, so antwortet ihm Feuerbach: Christentum und Recht haben grundsätzlich nichts miteinander zu tun, „Recht und Christentum sind selbständige, lediglich *durch sich selbst bestimmte...* Wesenheiten, die nur so lange in ihrer Dignität und Integrität bleiben, als sie in ihren naturgemäßen Schranken gehalten" werden. Und das gelte nicht nur für das Zivilrecht, sondern auch für alle anderen rechtlichen Institutionen, einschließlich der Ehe und des Staatsrechts. Stahls angebliche Deduktionen – und die der positiven Philosophie insgesamt – seien nichts anderes als „theologische Phrasen und Bilder". Statt Vernunft herrsche Willkür und Beliebigkeit, und so lasse sich natürlich alles und jedes in der bestehenden Gesellschaft, bis hin zum Dienstbotenverhältnis, von Glaubenslehren ableiten. „Jammerschade ist es nur", spöttelt Feuerbach, „dass der Vf. bei seinen Deduktionen so äußerst inkonsequent ist und uns z. B. bei seiner Ableitung der Ehe aus Gott nicht die Polygamie als die christliche Form der Ehe konstruiert hat".[240]

Dass Recht und religiöser Glaube als getrennte Sphären zu betrachten sind, ist heute nicht mehr umstritten – im Gegenteil: neue Tendenzen zur Vermischung gelten als Bedrohung unserer Zivilisation. Damals war es eine extreme Position, die auch von den Hegelianern, zumindest von konservativen wie Leopold von Henning, nicht geteilt wurde. Doch Feuerbach ging es nur am Rande um Rechtsphilosophie, für ihn war Stahl lediglich ein willkommener Anlass für einen Angriff auf Schelling selbst. Mit dessen Naturphilosophie – einschließlich der Begeisterung für Giordano Bruno – hatte er eine ganze Reihe von Affinitäten, doch die spät entwickelte „positive Philosophie" war für ihn eine „Unphilosophie", die er, wie er seiner Braut schrieb, „in ihrer ganzen Lächerlichkeit und Blöße" darstellen wollte. Was ihn aber fast noch mehr aufbrachte, waren die sich auf Schelling ad libitum berufenden Rechtfertigungstheoretiker der Restauration. Mit dieser „immer verderblicher um sich greifenden Partei" wird er in den kommenden Jahren den Kampf aufnehmen. Und dieser Kampf wird unter aufklärerischem Vorzeichen stehen: „Der Christianismus bricht noch einmal mit aller seiner Barbarei über Europa herein."[241]

Erlangen zum Zweiten

In die Erlanger „pietistische Mistpfütze" musste sich Feuerbach doch noch einmal begeben. Schon Anfang 1835 hatten Studenten ihn aufgefordert, wieder Vorlesungen zu halten. Da hatte er noch nicht gewollt: An einer

Universität wie Erlangen, „wo nicht einmal das wissenschaftliche Wort freigegeben" sei, lese er nicht, solange er nur Privatdozent sei.[242] Doch nun kam etwas hinzu, was die finanzielle Misere drastisch verschärfte. Mitte Februar, ziemlich zu Beginn des verliebten Briefwechsels, gestand er seiner Braut, er habe aus seiner Junggesellenzeit Schulden, deren genauen Anlass er nicht verraten mochte, „denn in diesem *delikaten* Punkte darf der Mann Geheimnisse vor dem Weibe haben". Er gedenke aber, die Schulden alsbald zu tilgen, um „gereinigt von dem Unrate des Garçonlebens in das gesunde Badewasser des heiligen Ehestands steigen [zu] können".[243] Mittlerweile weiß man, was Feuerbachs Geheimnis war: Er hatte, wie eine vor noch nicht langer Zeit entdeckte Restakte belegt, Alimente zu zahlen. Die Geburt eines Sohnes von einer Geliebten aus der früheren Erlanger Zeit stand unmittelbar bevor. Man weiß zwar nicht, ob er seine eigene Familie in Kenntnis setzte, aber er scheint zu seiner Vaterschaft gestanden zu haben. Ein Nachkomme des Sohnes berief sich noch in neuerer Zeit stolz auf seine Abstammung; er wollte auch wissen, dass der Philosoph sich um seinen Sohn kümmerte.[244]

In seinem Brief an die Braut meinte Feuerbach, er könne auf zusätzliche Einnahmen aus seiner Schriftstellertätigkeit hoffen, außerdem auf die Hilfe seiner Geschwister – „zum gerechten Ersatz für meine Resignation auf meinen Anteil am väterlichen Vermögen" – und sogar auf eine Erbschaft aus Frankfurt. Die Rechnung scheint nicht aufgegangen zu sein, denn ein halbes Jahr später musste er sich dazu durchringen, einen entfernten Verwandten um 125 Gulden anzugehen.[245] Davor, im März, unternahm er noch einmal einen Versuch, eine Dozentur in Preußen zu erhalten. Er schrieb an den vortragenden Geheimrat in Altensteins Ministerium, Johannes Schulze, der, wie er von Kriminalrat Hitzig wusste, ebenfalls von seiner *Geschichte der neuern Philosophie* sehr angetan war. Ihm schilderte Feuerbach seine verzweifelte Situation: In Bayern hätten sich die Verhältnisse so verschlechtert, dass es gegenwärtig „Torheit wäre, als Philosoph, wenigstens als solcher, dem es wirklich ernst mit der Philosophie ist, auf eine bürgerliche Existenz zu hoffen". Persönlich sei für ihn die Lage unerträglich: „Unberücksichtigt, hoffnungslos, aller ermunternden Anregungen von außen beraubt, stehe ich daher – ein isoliertes Individuum – in Bayern da." Da er ohne Vermögen sei, sehe er sich „am Ende sogar genötigt ... die schriftstellerische Tätigkeit zu einem Erhaltungsmittel des physischen Menschen zu erniedrigen".[246]

Im August desselben Jahres hatte er in der Sache freilich immer „noch nichts unternommen"; er erwartete von Berlin „bestimmtere Versicherungen".[247] Doch schließlich gab er dem Drängen seiner Familie nach und bestieg noch einmal im verhassten Erlangen das Katheder. Schon für das Sommersemester 1835 hatte er zwei Vorlesungen angekündigt,[248] sie aber nicht gehalten. Erst im Wintersemester 1835/36 las er fünf Stunden wöchentlich „Geschichte der neueren Philosophie". Den Briefen an Bertha Löw zufolge erging es ihm dabei gar nicht so schlecht: Er hatte eine Wohnung ganz in der Nähe seines Bruders Eduard, konnte dessen Auditorium mitbenutzen (und dadurch Heizkosten sparen, für die er als Privatdozent hätte aufkommen müssen) und las sein Kollegium sogar „mit Freuden".[249] Außerdem, gemessen an den damaligen Verhältnissen in Erlangen, mit beachtlichem Erfolg: Obwohl das Ephorat, ein erst jüngst installiertes Aufseheramt, den angehenden Theologen – und das war mehr als die Hälfte der Erlanger Studenten – den Besuch seiner Vorlesungen streng verbot, hatten sich über dreißig Hörer eingeschrieben.[250]

Einer von ihnen, ein späterer Theologe von Bedeutung (der vom Verbot zunächst nichts wusste und sich nicht mehr abhalten ließ, als er davon erfuhr), schilderte die Vorlesung als „ganz vortreffliches Kolleg … Weit entfernt, nach Art der Berliner Hegelianer, eines Michelet und Werder, die Geschichte der Philosophie in das vorher fertige Prokrustesbett der Hegel'schen Begriffsentwicklungskategorien zu spannen, gab Feuerbach eine auf gründlichstem Quellenstudium ruhende, sehr treue und objektive Darstellung der einzelnen Systeme."[251]

Das Vorlesungsskript ist im wesentlichen erhalten. Es ist eines der brillantesten Feuerbach-Werke der dreißiger Jahre: Eine von akademischem Ballast völlig freie, sprachlich schlichte, doch fesselnd zu lesende Zusammenschau mit teilweise verblüffenden Interpretationen. In einer geschickten Einführung versteht es Feuerbach, gespannte Erwartung zu erzeugen: Philosophie ist eine Notwendigkeit, das Philosophieren ein Drang, vergleichbar mit dem Schaffensdrang des Künstlers: „Der Mensch muss philosophieren, er mag wollen oder nicht … Der Trieb zum Denken ist unwiderstehlich." Philosophiegeschichte ist keine Ansammlung von Meinungen, sondern selbst Philosophie. Jedes philosophische System ist eine Notwendigkeit gewesen: Es musste so sein, wie es war, es hatte seinen his-

torischen Daseinsgrund. Ausgehend von diesen Sätzen spannt Feuerbach
einen weiten Bogen, den er bis zu Kant, Fichte, Schelling und Hegel durch-
hält – eine durchkomponierte Gesamtdarstellung der idealistischen Philosophie. Das Wertvolle für den heutigen Leser: Sie ist die Innenansicht eines
überzeugten, ja glühenden Anhängers, der die „Grammatik" dieses Idealismus souverän beherrscht, aber mit Recht von sich sagen darf, dass er keiner Schule angehört. In seiner Philosophiegeschichtsschreibung ist Feuerbach eine Art Pausanias für den, der die Philosophie des Idealismus
„bereisen", das heißt als historische Erscheinung nachvollziehen will. Sie
ist, wie die Reisebeschreibung des Griechen aus der Spätantike, ein Zeugnis aus der Spätzeit des Idealismus. Gegenüber der wissenschaftlich ver-
lässlicheren, doch „archäologischen" Sicht der heutigen Sekundärliteratur
bietet sie den Vorzug des authentisch Erlebten.

Die größte Überraschung für seine Hörer muss gewesen sein, wie Feuerbach den Begriff „neuere Philosophie" definierte. In der Hegel-Schule war
es üblich, die philosophische Neuzeit mit Descartes beginnen zu lassen.
Feuerbach hatte dies kurz zuvor in einer Rezension beanstandet, und in
seiner gedruckten *Geschichte der neuern Philosophie* war er selbst schon
von diesem Schema abgewichen, indem er Bacon, Hobbes, Gassendi und
Böhme vor Descartes setzte. In einer möglicherweise in letzter Minute ein-
gerückten Fußnote hatte er dort angemerkt, die „ersten eigentlichen Anfänge der neuern Philosophie" seien bei den italienischen Naturphilosophen des 16. Jahrhunderts zu suchen: bei Cardano, Telesius, Patritius und
vor allem Giordano Bruno.[252] In der Erlanger Vorlesung nun definiert er
diesen Beginn in provokativer Zuspitzung: „Wo wir pantheistischen Sinn
antreffen, da haben wir die neuere Zeit."[253]

Die Begründung ist zunächst polemisch-aufklärerisch: Der Pantheismus sei ein Aufbegehren gegen die Bevormundung des Denkens durch
die Kirche gewesen, ein „Enthusiasmus", „ohne welchen wir jetzt noch in
der alten Barbarei säßen". Doch dann wird sie historisch konkretisiert:
Dieser neue Geist sei erwacht, als man die Natur wieder ernstgenommen,
ihren Eigenwert anerkannt habe: „Nur als der Mensch mit der Materie
wieder eine würdige Vorstellung verband, [sie] nicht mehr als eine elende,
schmutzige, verächtliche Vettel ansah … „ habe er begonnen, selbst zu
denken, und *iuxta propria principia*, nach eigenen Grundsätzen zu philosophieren.[254]

Das herausragende Beispiel ist Giordano Bruno – die erste „*reine philoso-phische Seele*" der Neuzeit. Feuerbach hatte sich schon in seiner Habilita-tionsschrift auf ihn berufen, und er kannte sicherlich, was Jacobi und vor al-lem Schelling über ihn geschrieben hatten. Inzwischen hat er sich offenbar intensiver mit ihm beschäftigt. Brunos lateinisch abgefasste Lehrgedichte waren ihm ohne weiteres zugänglich, und aus den italienischen Dialogen kannte er wohl die Teile, die Trixner (den er in den Vorlesungen zitiert) übersetzt hatte. Doch um Brunos Dialog *De la causa, principio et uno* ganz studieren können, lernte er, wie er Bertha Löw berichtete, eigens Italienisch. Schon ein Jahr zuvor hatte er ihr einen Stich seines Vorbilds geschenkt und dazu geschrieben: „Jordano Bruno ist selbst mein inniger Freund, mein nächster Geistesverwandter, wenn ich anders es wagen darf, mit einem sol-chen Geiste mich in eine so nahe Beziehung zu setzen; seine Worte haben für mich stets eine im Innersten mich ergreifende Macht gehabt."[255]

Diese Bruno-Begeisterung ist weit mehr als eine biographische Anek-dote: Sie bezeichnet einen grundlegenden Wesenszug von Feuerbachs Phi-losophieren, das nie nur wissenschaftliche Beschäftigung, sondern immer „begeistertes" oder, wie wir heute sagen würden, „engagiertes" Denken ist. Wie schon in der *Kritik des „Anti-Hegels"* sehr deutlich wurde, trägt diese Emphase seine Zuversicht in die idealistische Spekulation. Diese Zuver-sicht hat *religiösen* Charakter, sie ist ein *Glaube*. Wenn also Kapp, sein bes-ter Freund, ihn den wiedergebornen Giordano Bruno nennt, hat das durchaus seine Berechtigung. Die Charakterisierung, die Feuerbach von Bruno in der fünften Vorlesung gibt, kann man als sein eigenes Bekenntnis lesen: „Er erkennt nicht nur, er *fühlt*, er *glaubt* auch die Wahrheit seiner Philosophie; er spricht sie darum auch in poetischer Form und Begeiste-rung aus, mit der eigentümlichen, hinreißenden und ergreifenden Kraft, die jede Darstellung einer Sache hat, die das Gepräge der innersten und tiefsten Überzeugung an sich trägt."[256]

Leibniz

In den Weihnachtsferien 1835/36 ist Ludwig Feuerbach wieder in Bruck-berg. Man spricht darüber, ob er nicht endgültig dort sein Lager aufschla-gen soll. Zurück in Erlangen, kommen ihm Zweifel, oder eher Skrupel. Er erkundigt sich weiter nach Arbeitsmöglichkeiten: In Augsburg gäbe es etwas, das „mit der Zeit die Stelle des Bibliothekars eintragen könnte", doch er müsste sich von einem Prediger empfehlen lassen, der weiß, dass er der Verfasser der *Gedanken über Tod und Unsterblichkeit* ist. In Marburg ist eine Philosophie-Professur vakant, er würde sich ja melden, aber er wäre auf die Empfehlung eines Bekannten angewiesen, der „ein elendiglich frömmelnder Jurist ist". Er betreibt diese Stellensuche – *„das muss ich Dir offen gestehen, meine Teure!"* – um seiner Liebsten willen. Ginge es nach ihm selbst, würde er nichts mehr unternehmen: „Denn ich für mich setzte meinen Stolz darein, nichts zu sein; ich habe keinen anderen Trieb als das, was ich als wahr erkenne, auszusprechen, unbekümmert um die Welt. Die Welt ist gegenwärtig zu erbärmlich, jeder Schurke – wie es Beweise genug gibt – flüchtet seine gotteslästerlichen, selbstsüchtigen Meinungen als ein unangreifbares Heiligtum unter die Decke der Religion. Um sich mit ihr zu halten, muss man jetzt opfern, was dem Menschen allein seinen wahren Wert gibt." Nach dem Semesterende geht er nach Nürnberg zur Mutter, kann dort aber nicht bleiben, weil die älteste Schwester kommt. Im April oder Mai zieht er dann tatsächlich nach Bruckberg, zunächst für den Sommer. Man überlässt ihm eine Wohnung „unmittelbar am Turm, meine nächste Nachbarin die Uhr, die mir viertelstündlich die Vergänglichkeit der Zeit . . . in die Ohren rasselt".[257]

In Bruckberg nun – „mein hiesiger Aufenthalt eignet sich auch köstlich zu diesem Zwecke", schreibt er einem Freund – nimmt Feuerbach die Fortsetzung seiner Philosophiegeschichte in Angriff. Den ersten Band hatte er mit Spinoza enden lassen. Beim zweiten geht er – die englischen Empiristen, die eigentlich an der Reihe wären, interessieren ihn nicht – gleich zu Leibniz über. Diese Denkergestalt hat ihn, wie die vielen Erwähnungen in *Abälard und Héloïse* belegen, schon länger fasziniert. Bei seinen Erlanger Vorlesungen im Jahr zuvor ist er sehr ausführlich auf ihn eingegangen, und um dieselbe Zeit hat er Freund Kapp geschrieben, dass ihm die Leibnizsche Monade „im Kopfe spukt". Nun beschäftigt ihn diese Monade so intensiv, dass der zweite Band seiner Philosophiegeschichte zur Monographie über Leibniz allein wird: *Darstellung, Entwicklung und Kritik der Leibnizschen Philosophie*. Und von ihren neunzehn Kapiteln sind fünfzehn der Monadenlehre gewidmet. In einem späteren Text verrät Feuerbach, warum er sich so in das Thema verbissen hat: „Nur *ein schwieriger Punkt* dieser Philosophie, die *Bedeutung der Materie*" habe ihn zur Darstellung gereizt.[258]

Das ist natürlich vom Standpunkt der Philosophiegeschichtsschreibung aus angreifbar, doch Feuerbach hat schon bei mehreren Gelegenheiten betont, dass ihn eine bloß „formelle" Darstellung von philosophischen Lehren wenig interessiere. Was er anstrebe, sei eine produktiv philosophische Arbeit, nämlich die der *„immanenten Entwicklung"*. Dieses Herangehen hat er schon mehrfach erläutert, in der Leibniz-Monographie nun definiert er es am präzisesten: Unter Entwicklung versteht er „die Entzifferung des wahren *Sinns* einer Philosophie, die Enthüllung dessen, was das *Positive* in ihr ist, die *Darstellung* ihrer *Idee* innerhalb der zeitlich bedingten, endlichen *Bestimmungsweise* dieser Idee."[259] Er weiß sich damit in bester Übereinstimmung mit Hegel, über den er allerdings hinausgeht, am weitesten in dieser Monographie, die seine bedeutendste, auch eigenwilligste philosophiehistorische Arbeit ist.

Hier befragt er ein Stück Philosophiegeschichte fast ausschließlich auf die Fragestellung hin: Wie lässt sich die Natur qualitativ anders erfassen, als es die idealistische Philosophie seit Descartes getan hat? Die Wirklichkeit des Geistes, davon ist Feuerbach (noch) überzeugt, ist von der idealistischen Spekulation, vor allem von Hegel, im wesentlichen erschöpfend dargestellt worden. Doch die „Materie" – und das heißt für Feuerbach die konkrete, ihn überwältigende Wirklichkeit der Natur – ist und bleibt bei dieser Spekulation (außer bei Schelling, was er ihm hoch anrechnet) das Stiefkind, „das Andere des Geistes", das bloß am Ende des Bewusstwerdungsprozesses des Geistes gewissermaßen hereingeholt wird. Jenes Gefühl des Ungenügens, das er schon früh mit der Metapher von der „Jungfer Logik" bezeichnete, die nie und nimmer eine Natur hervorbrächte, würde sie sie nicht vorfinden, hat ihn inzwischen zur intensiven Beschäftigung mit den italienischen Naturphilosophen, besonders Campanella und Bruno geführt. Ihr von Spinoza und Böhme weitergeführter Pantheismus ist für ihn Bedingung und Voraussetzung jeder Beschäftigung mit der „Materie": ein Erkenntnisstand, hinter den nicht zurückgeschritten werden darf.

Die Quintessenz dieses Pantheismus lautet: Alles ist *eine* Wirklichkeit. Allerdings genügt Feuerbach diese Lösung nicht, sie postuliert zwar die

Allheit, denkt sie aber nicht durch. Es fehlt, wie er in der neunzehnten Erlanger Vorlesung bereits ausgeführt hat, die Hegelsche „Unterscheidung",
denn: „Nicht die unmittelbare Einheit, die *Einheit an sich,* sondern . . . die
vermittelte Einheit ist die wahre."[260] Die Leibnizsche Monadologie scheint
ihm den Ansatz zu enthalten, diese „Vermittlung" der Einheit nicht erst im
nachhinein – wie es die Hegelsche *Logik* tut –, sondern *von vornherein* zu
bewerkstelligen. Er hofft zu einem Materie-Begriff zu gelangen, in dem die
Natur nicht nur das „Andere des Geistes", sondern als sein *alter ego* gefasst
ist.

Im letzten Paragraphen der Leibniz-Monographie macht Feuerbach
seine Fragestellung anhand einer philosophiegeschichtlichen Unterscheidung deutlich. Historisch habe es zwei „Standpunkte des Idealismus" gegeben. Auf dem ersten, dem „poetischen oder anthropologischen", habe der
Mensch „keinen Unterschied zwischen sich und den Dingen" gemacht,
überall Leben erblickt, überall Empfindung gesehen. Diese Empfindung
sei aber gerade „der größte, der leidenschaftlichste, der rücksichtsloseste
Idealist". Warum? Sie macht keinen Unterschied zwischen sich und der
Natur. Die Natur ist „ihr Echo, in dem sie nur sich selbst vernimmt".
Feuerbach schreibt diesen Standpunkt im wesentlichen den italienischen
Naturphilosophen zu. Doch in einer umfangreichen, wichtigen Anmerkung zu dieser Stelle entwickelt er Gedankengänge, die belegen, dass dieser
Standpunkt für ihn keineswegs als nur „poetisch" abgetan werden kann,
sondern auch auf dem reflexiven Niveau des idealistischen Erkenntnisstandpunktes ernst zu nehmen ist: Gefühle können „gewisse, wenn auch
höchst beschränkte, Arten der Erkenntnis sein", es kommt ihnen die Qualität eines „Naturlauts" zu, sie sind „die allerfeinsten Wahrnehmungen",
das Gefühl ist ein „doctor subtilissimus". Es sei also höchst oberflächlich,
sie „als nur *subjektiv*" einzuordnen.[261]

Diesem ersten Standpunkt setzt Feuerbach den „Standpunkt der Kritik
und Reflexion" entgegen: „Es ist *der,* wo der Mensch sich von den Dingen
unterscheidet, dieses Unterscheiden als Denken, dieses Denken als sein
Wesen, und nicht nur als seines, sondern als das Wesen überhaupt, hiemit
nicht mehr die Empfindung, sondern den Gedanken als die Wahrheit und
Realität erfasst." Die Folge dieses Standpunktes sei, dass „die Natur nur als
das *andere* des Geistes angeschaut, aber ebendeswegen nur als tote Materie
gefasst" werde. Trotz aller Vermittlung „am Ende des Prozesses" bleibe sie

„ihrem Wesen nach etwas nur Negatives und Wesenloses", allein der Geist sei „Wahrheit und Leben". Dieser Standpunkt sei aber „der Standpunkt der Trennung, des Kampfes, des Unfriedens", er trage das „Bedürfnis und die Notwendigkeit einer Vermittlung" in sich, er sei „Dualismus" und als solcher „ein gewaltsamer Zustand".[262] Erstmals schreibt nun Feuerbach nicht Hegel das Verdienst zu, eine Vermittlungsarbeit geleistet zu haben – er versucht sich selbst daran, und zwar in ganz idealistischer Manier.

Doch zunächst ist eine gewaltige Kompilationsarbeit zu leisten: Leibniz, der letzte und vielleicht genialste Universalgelehrte der abendländischen Geschichte, äußerte sich zu praktisch allen Wissensgebieten seiner Zeit. Und er tat es in einer Vielzahl von meist kleineren Gelegenheitsschriften, vor allem aber in einem Briefwechsel von gewaltigem Umfang. Die Ausführungen zur Monadologie sind also weit verstreut, eine systematische Darstellung fehlt. In sich geschlossene Systeme legte Leibniz ohnehin nie vor, seine philosophischen und naturwissenschaftlichen Überlegungen blieben immer mehr oder weniger Entwürfe, Ansätze, Diskussionsbeiträge. Selbst wenn Feuerbach noch nicht die heute verfügbare gewaltige Menge von publizierten Leibniz-Texten durchzuarbeiten hatte, blieb eine „wahre Mosaikarbeit" zu vollbringen: „Nachdem ich mehrmals durchgemacht, exzerpiert, klassifiziert, kritisiert habe", klagt er Freund Kapp gegenüber, „muss ich alles noch einmal durchmachen, noch einmal vergleichen usw."[263]

Das Ergebnis ist eine bis heute aufschlussreiche Darstellung der Monadenlehre: Da das Material entlang von Feuerbachs spezieller Fragestellung gruppiert ist, tritt zumindest für den heutigen Leser die physikalische Intention dieser Theorie deutlich zutage. Man versteht, dass Leibniz mit der Monadentheorie eine Antwort auf Mängel der galileisch-cartesischen Physik zu geben versuchte: Fast gleichzeitig mit dem drei Jahre älteren Newton stellte er fest, dass die Definition der Materie als „ausgedehnte Masse" ungenügend war, dass sie vor allem die Bewegung nicht erklären konnte, weil in diesem Materieverständnis der Begriff der Energie fehlte. Als Antwort auf dieses Ungenügen entwickelte er – parallel zu Newton, der ein anderes Modell entwarf – eine Elementartheorie, die teilweise zutreffend die moderne Atomtheorie präfiguriert. Zumindest formuliert sie wichtige Postulate an eine solche Theorie.

Stark verkürzt ausgedrückt: Leibniz hatte zwei fundamentale Prinzipien formuliert, den „Satz vom Grund" (nichts geschieht ohne zureichenden Grund) und den Energieerhaltungssatz (die Gesamtmenge der im Universum existierenden Energie bleibt konstant). Ausgehend von diesen beiden Grundsätzen stellte er fest, dass eine Theorie, wenn sie die Bewegung und andere Gesetzmäßigkeiten der Körper erklären will, „Monaden" annehmen muss, das heißt unvergängliche und unveränderbare „Kraftpunkte", eine Art Energie-Atome; die Körper sind „Aggregate" solcher Monaden und daher lediglich „geregelte oder regelmäßige Phänomene". Leibniz betonte sehr den rein „formalen" Charakter seines Modells: Man dürfe keine räumlich-körperliche Vorstellung mit den Monaden verbinden, sie seien als „formale" Atome zu denken, im Gegensatz zu den „materiellen" Atomen früherer Theorien (die keine Gesetzmäßigkeiten erklären konnten). Seine Monadentheorie ist also spekulativ-theoretisch im Sinne moderner physikalischer Theorien, und auch die metatheoretische Rechtfertigung der Vorgehensweise ist durchaus modern: „Die Dinge bleiben in derselben Ordnung, ob wir bloße Vorstellungskräfte [d. h. Monaden] oder noch überdies reale körperliche Substanzen annehmen."[264]

Heute weiß man um die Fruchtbarkeit solcher „Spekulationen" der Physiker. Man ist sich auch grundsätzlich einig darüber, dass das Gültigkeitskriterium einer „spekulativen" physikalischen Theorie in ihrer prinzipiellen Verifizierbarkeit liegt; zu Leibniz' Zeit war eine solche Verifizierung, zumindest bei elementarphysikalischen Theorien, noch gar nicht denkbar. Es hatte sich auch noch keine Metatheorie herausgebildet, die den spezifischen Rationalitätstypus der physikalischen Theoriebildung gegen die philosophische Begriffsspekulation abgegrenzt hätte. Und da außerdem zu seiner Zeit der Begriff „physikalisch" gleichbedeutend mit „ausgedehnt", „mechanistisch" war, bezeichnete Leibniz selbst seine im heutigen Verständnis als Physik geltende Theorie als „Metaphysik".

Feuerbach, der sich nie wirklich mit theoretischer Physik und deren spezifischem Rationalitätstyp beschäftigt hat, baut nun nachgerade auf diese Vermengung oder vielmehr Gleichsetzung von physikalischer Theorie und Metaphysik auf: Das Theoretisieren der Physiker und die idealistische Begriffsspekulation sind für ihn ein- und dasselbe. Das bedeutet auch: Die Erklärungserfolge der theoretischen Physik (wie etwa das kopernikanische Weltbild) beweisen die „Objektivität" der philosophischen Spekulation.

An zwei Beispielen wird diese Gleichsetzung besonders deutlich. Das erste findet sich gleich zu Beginn seiner Darlegung der Monadentheorie. Dort schreibt Feuerbach, die Einsicht, „dass eine bloße *ausgedehnte Masse* kein hinreichendes Prinzip" sei, habe Leibniz „von dem materiellen auf ein *formelles* Prinzip" zurückgeführt. Der Originalsatz von Leibniz lautet: „*ce qui me ramena ... du Matériel au Formel*". Das Wort *Formel* übersetzt Feuerbach mit „geistig", womit das Missverständnis bereits beginnt (dem Leibniz allerdings Vorschub leistet, wenn er sagt, das Ungenügen der mechanistischen Modelle habe ihn „zur Metaphysik zurückkehren" lassen).[265]

Drastischer wird das Missverständnis beim Begriff „Kraft". Leibniz nennt ihn selbst eine *notion supérieure*, einen „höheren Begriff", um den Unterschied zum mechanistischen Begriff der Ausdehnung zu verdeutlichen (er entwickelte dazu eine eigene physikalische Disziplin, die Dynamik). Doch Feuerbach interpretiert dieses „höher" so: „Die Kraft ist, wie von selbst erhellt, nichts Mechanisches, nichts Materielles", sie ist „ein *ihrer Natur nach*, ein *an sich selber* metaphysisches, spirituelles Prinzip". Damit ist der Sprung in die Philosophie des Geistes bereits geschafft: Die Kraft – im heutigen Verständnis die Energie – gehört nicht der Sphäre des Materiellen, Physischen an, sondern der Sphäre des Geistes. Sie ist „Substanz", und als solche kann ihr der Idealist „Realität" zusprechen, während „der Materie und allem Materiellen keine *Realität an sich* zukommt". Leibniz hatte gesagt: „Zur bessern Einsicht in den Grund der Dinge ist es ... gut, die körperliche Substanz beiseite zu setzen und alle Phänomene nur aus den Monaden ... zu erklären." Der Idealist Feuerbach sagt: „Nur die Kraft ist Sein (Sein im metaphysischen Sinne). Alle Existenz, alle Realität geht in dem Begriff der Kraft auf. Was keine Kraft ist oder hat, ist nichts."[266]

Im zweiten Beispiel wird das Missverständnis unmittelbar zum Ausgangspunkt eines „psychologischen" Idealismus: Leibniz stand (objektiv, subjektiv spielte auch das von ihm angestrebte „qualitative" Naturverständnis eine Rolle) vor der Schwierigkeit, die Monaden in die Begrifflichkeit seiner Zeit einzufügen, die alle Wirklichkeit streng dualistisch in Geist und Materie schied. Die Monaden haben keine Ausdehnung und deshalb keine „materielle" Qualität, sie sind aber auch nicht eine bloß „geistige" Wirklichkeit, da sie ja die Materie ausmachen. Also griff Leibniz (wie so oft) zur Analogie: Er nannte sie *Seelen*, „oder doch den Seelen analoge Wesen". Analog deshalb, weil die traditionelle Bestimmung der Seele als

„Kraft, *immanente* Handlungen hervorzubringen", seiner Bestimmung der Monaden entsprach.[267] Außerdem beschrieb er das Tätigkeitsprinzip der Monaden mit Analogien aus dem Bereich der Optik: Die Monaden haben Perzeptionen (*perceptions*), die mehr oder weniger deutliche Widerspiegelungen (*représentations*) des Universums sind. Die (traditionelle) Übersetzung von *représentations* mit „Vorstellungen" ist zumindest missverständlich, denn das deutsche Wort ist doppeldeutig.

Auf der „falschen" Bedeutung des Wortes „Vorstellung" und auf der Entsprechung Monade-Seele, die für Leibniz im Grunde nur ein terminologischer Behelf war, baut nun Feuerbach seinen Versuch auf, den ihn beschäftigenden Widerspruch zu vermitteln und der vom Idealismus stiefmütterlich behandelten Natur zu dem ihr gebührenden Rang in der Philosophie des Geistes zu verhelfen: In der Bestimmung der Monade als Seele und ihrer Tätigkeit als Vorstellung findet er das *medium tertium*, das vermittelnde Dritte, das Geist und Natur versöhnt. Da der Geist „strenggenommen nichts anders *als sich selbst* denken" kann, braucht er jetzt nur noch *„in sich selbst* Gradationen" zu machen, um zur Harmonie mit der Welt zu gelangen. Im *„objektiv* geistigen Prinzip" der Vorstellung findet er „in sich den Grund dieser Harmonie".[268]

Den heutigen Leser irritiert eine Zwiespältigkeit, die sich durch das ganze Buch hindurch zieht. Einerseits wird immer wieder das Loblied der Materie gesungen, andererseits ist sie doch wieder nur ein „Phänomen". Feuerbach wird diese Zwiespältigkeit später selbst feststellen: Er habe im *Leibniz* das Prinzip der „Sinnlichkeit" zwar geltend gemacht, doch „auf nominalistische, abstrakte, unsinnliche, ja, der Sinnlichkeit opponierende Weise". Und er wird fragen: „Warum galt dir aber das Denkwesen überhaupt für ein reales Wesen? Weil du die Bedeutung und Wahrheit des sinnlichen Wesens noch nicht erfasst hattest, weil dir das wahrhaft wirkliche, das sinnliche Wesen nur für ein endliches, eitles, nichtiges Wesen galt. Wo das Wirkliche für das Unwirkliche gilt, da gilt notwendig das Unwirkliche für das Wirkliche."[269]

Als Indiz dafür, dass er 1836 selbst nicht mehr ganz von seinem Vermittlungsversuch überzeugt war, mag gelten, dass er im Schlusskapitel unmerklich die Fragestellung wechselt: Er wird hier zum Aufklärer. Anlässlich der Besprechung von Leibniz' *Theodizee* stellt er zwei Standpunkte als inkompatibel einander gegenüber: Auf dem Standpunkt der Theologie werde alles unter dem Blickwinkel des lebenspraktischen Bezuges gesehen. Auf dem Standpunkt der Philosophie hingegen erscheine die Welt „in einem *innern Zusammenhange*, als Produkt des Wesens, als Produkt der Intelligenz"; es sei der Standpunkt der *theoria*, „im allgemeinsten und ursprünglichsten Sinne des Worts". Die eingenommene Position hat Konsequenzen: „*Anders verhalte* ich mich nun aber, *anders bin* ich als *theoretisches* Wesen denn als praktisches." Im letzten Kapitel, in der abschließenden Bewertung der Leibnizschen Philosophie, wird der Ton kämpferischer: „Nur an den Untergang der Orthodoxie war darum das Heil der Wissenschaft, die Geburt des schöpferischen Geistes gebunden. Die deutsche klassische Literatur *beginnt*, wo der alte Glaube *aufhört*. Solange der Mensch nicht im Höchsten frei, bei sich, selbständig ist, solange kann er auch in Kunst und Wissenschaft nicht das Höchste erreichen."[270]

Anzeichen für einen baldigen, gar radikalen Themenwechsel sind freilich nicht auszumachen. Noch ist Feuerbach klassischer spekulativer Philosoph, der sein Handwerk ganz im Sinne der *theoria* betreibt.

4. Ein Dorf als archimedischer Punkt

Der Musensitz

Im Spätherbst 1836 ging die Fleißarbeit über Leibniz in den Druck. Anfang 1837 blieben noch die Anmerkungen und Belegstellen zu setzen. Feuerbach beklagte sich über die „schwere Arbeit" – kein Wunder: Sie machten fast die Hälfte des Umfangs aus, zum Teil sind es regelrechte Aufsätze. Doch zur Frühjahrs-Buchmesse 1837 erschien das Werk. Feuerbach sandte gleich ein Exemplar an Altdekan Mehmel, dem er schon seine Habilitationsschrift, seine *Geschichte der neuern Philosophie* und *Abälard und Héloïse* geschickt hatte. Der Begleitbrief an den Fünfundsiebzigjährigen ist kurz, aber brisant: Feuerbach wendet sich an ihn als den „ehrwürdigen Veteran" der Erlanger Fakultät, um anzuzeigen, dass er sich nicht mehr als Mitglied des Lehrkörpers betrachte. Wenn er noch im Vorlesungsverzeichnis aufgeführt werde, so sei dies auf ein Versehen seines Bruders zurückzuführen. Tatsächlich hatte er Eduard schon vor einiger Zeit eindringlich gebeten, ihn nicht mehr in den „Lektionskatalog" zu setzen. An Mehmel schreibt er nun, er wolle in keinem künftigen Verzeichnis mehr seinen Namen lesen.

Es ist der definitive Abschied von der Universitätslaufbahn. Feuerbach empfindet seine Situation eines ewigen Privatdozenten als „Schande", notfalls will er über die Zeitung bekanntgeben lassen, dass er keine Vorlesungen mehr hält. Einen letzten Anlauf hat er vor einem Jahr gemacht: Im Juli 1836 wandte er sich an den Senat der Universität Erlangen mit der Bitte, ein neuerliches Beförderungsgesuch an den bayerischen König zu befürworten. Die Fakultät hatte scheinbar eine „energische und motivierte Empfehlung" ausgesprochen, doch im Senat saß, was Feuerbach ganz vergessen hatte, auch sein einstiger Opponent Adolph Harleß, und Friedrich Julius Stahl, den er in der Rezension vom Vorjahr so erbarmungslos verrissen hatte, wird sicherlich auch eingeweiht gewesen sein. Der Bescheid des

Senats war in höchstem Grade zynisch: Prorektor Johann Georg Veit Engelhardt antwortete Feuerbach, er habe ihn „zu benachrichtigen, dass einer kräftigen Empfehlung Ihres erwähnten Gesuches nur die von einigen Seiten geäußerte Vermutung entgegenstehe, dass die im Jahre 1830 bei Stein in Nürnberg erschienene Schrift *Gedanken über Tod und Unsterblichkeit* nicht ohne Ihre Mitwirkung erschienen sei".[271]

Das Maß war voll. Feuerbach entwarf einen harschen Antwortbrief. Zu Grund oder Ungrund der „Vermutung" Stellung zu nehmen, weigere er sich grundsätzlich, und den Vorgang als solchen halte er für eine Ungeheuerlichkeit: Wer wissen wolle, was er denke und lehre – und nur das dürfe für eine akademische Bewertung herangezogen werden –, der könne sich anhand seiner Schriften und Vorlesungen ein sehr gutes Bild machen. Wenn hingegen eine Schrift, deren Erscheinen sieben Jahre zurückliege, also allenfalls als Jugendsünde gelten könne, gegen ihn ins Feld geführt werde, so sei das der eindeutige Hinweis auf unlautere Machenschaften. Den Entwurf schickte er aber nicht ab, stattdessen antwortete er dem Prorektor knapp, sachlich und höflich. Jetzt, ein Jahr später, reut ihn die zahme Reaktion. Er hat zwar immer noch keine Antwort aus München, aber auf die nur noch hypothetische Möglichkeit eines Rufes an eine Universität will er keine Rücksicht mehr nehmen. Freund Kapp, der sich im Herbst 1837 wieder für ihn verwendet, bittet er eindringlich, „auch nicht *einen* Schritt *mehr*" für ihn zu tun. Er will nur noch Privatgelehrter und freier Autor sein, nur als solcher sucht er Anerkennung: „Nur da kann ich sprechen, wo ich frei sprechen kann."[272]

Altdekan Mehmel versuchte, ihm noch einmal gut zuzureden, und lud ihn zu einem Gespräch ein. Doch Feuerbach gab sich keinen Illusionen hin, er antwortete: „Ich würde Euer Hochwohlgeboren vollkommen beistimmen, wenn meiner Anstellung keine andern Hindernisse als lokale im Wege stünden, aber leider! sind es Hindernisse ganz andrer Art, die sich mir entgegenstellen, geistige, allgemeine Hindernisse."[273] Es sind die finsteren Zustände der späten dreißiger Jahre. In den Heidelberger *Vorlesungen über das Wesen der Religion* wird Feuerbach voller Zorn auf sie zurückblicken: „Die Zeit, in der ich der akademischen Laufbahn in meinem Geiste für immer Adieu sagte …, war eine so schrecklich traurige und düstere Zeit … Es war dies jene Zeit, wo alle öffentlichen Verhältnisse so vergiftet und verpestet waren, dass man seine geistige Freiheit und Gesundheit nur dadurch wahren konnte, dass man auf jeden Staatsdienst, auf jede öffentliche Rolle, selbst die eines Privatdozenten verzichtete, wo alle Beförderungen zum Staatsdienst, alle obrigkeitliche Erlaubnis, selbst die venia docendi [Lehrerlaubnis], nur der Preis des politischen Servilismus und religiösen Obskurantismus war ... Was war also in dieser Zeit zu tun, zumal wenn man sich bewusst war, dem herrschenden Regierungssystem entgegengesetzte Gedanken und Gesinnungen zu hegen, als dass man in die Einsamkeit sich zurückzog und des schriftlichen Worts bediente, als des einzigen Mittels, wodurch man sich, freilich auch mit Resignation und Selbstbeherrschung, der Impertinenz der despotischen Staatsgewalt entziehen konnte?"[274]

Unglücklich über den erzwungenen Abschied vom Katheder ist Feuerbach nicht, ganz im Gegenteil, er atmet auf und fühlt sich befreit. Trotz der Kindheitsjahre in München und der Studienjahre in Berlin ist er nie ein Stadtmensch gewesen, und das Vorlesen an der Universität war immer mehr oder weniger eine Qual. Die ungebundene Existenz auf dem Lande, im geliebten Bruckberg, wo er nicht nur den Sommer über bleibt, sondern definitiv sein Lager aufschlägt, entspricht ihm persönlich sehr viel mehr. Er lebt „in glücklicher ländlicher Freiheit und Einsamkeit" seinen Studien[275] und schätzt die Ursprünglichkeit des Dorflebens. Von seinem Studierzimmer unter der Schlossuhr sieht er auf den Bach und die Brücke hinunter, auf der sich die Dorfjugend trifft und die alten Lieder singt. Er macht ausgedehnte Wanderungen durch Wald und Flur, bei jedem Wetter. Gemeinsam mit Freund Stadler, seinem künftigen Schwager, betätigt er sich als Imker, anscheinend mehrere Jahre lang ernsthaft, denn er studiert Werke über Bienenbeobachtung und gründet zusammen mit einem Erlanger Rechtsrat einen Bienenzuchtverein.[276] Am Abend setzt er sich in die Wirtschaft unten im Schloss, wo er seine Pfeife stopft und sich mit den Leuten unterhält, bei Gelegenheit auch einmal eine philosophische Lektion erteilt. Das Publikum besteht aus Arbeitern der Porzellanfabrik, Handwerkern, Bauern, dem Lehrer, dem Bürgermeister des Orts, der mit ihm am Stammtisch sitzt, und gelegentlich auch Honoratioren der Umgegend. Ein Zeuge attestiert Feuerbach, dass ihn „jede Lebenssphäre, jede Individualität, sie mochte noch so bescheiden und einfach sein", interessierte.[277]

Das Landleben gewinnt auch eine geistige Qualität, wie Feuerbach um diese Zeit notiert: „Einst in Berlin und jetzt auf einem Dorfe! Welch ein Unsinn! Nicht doch, mein teurer Freund! Siehe, den Sand, den mir die Berliner Staatsphilosophie in die Zirbeldrüse, wohin er gehört, aber leider auch in die Augen streute, wasche ich mir hier an dem Quell der Natur vollends aus. Logik lernte ich auf einer deutschen Universität, aber Optik – die Kunst zu *sehen* – lernte ich erst auf einem deutschen Dorfe. Der Philosoph, wenigstens wie ich ihn erfasse, muss die Natur zu seiner Freundin haben; er muss sie nicht nur aus Büchern, sondern von Angesicht zu Angesicht kennen. Längst sehnte ich mich nach ihrer persönlichen Bekanntschaft; wie glücklich bin ich, dass ich endlich dieses Verlangen stillen kann!"[278] Dieses Verlangen stillt er vom zeitigen Frühjahr bis spät in den Herbst 1837 hinein auch insofern, als er Dutzende von naturkundlichen Bänden durcharbeitet: Physiologie, Biologie, Botanik, Insektenlehre. Begleitend betreibt er sogar Anatomie, „besonders des Hirns, bereits an einer Menge verschiedner Tierarten ausgeübt nach den Vorbildern trefflicher Anatomen".[279]

Zum vollkommenen Glück fehlt nur noch die Vermählung mit Bertha Löw. Doch auch dies ist nur eine Frage der Zeit, ein fehlender Militärentlassungsschein ist der letzte widrige Umstand, den es zu beseitigen gilt, dann wird sehr kurzfristig die Hochzeit angesetzt: Noch am 27. Oktober schreibt er dem Bruder in Erlangen, es stehe kein Datum fest, doch schon zwei Wochen später, am 12. November, findet die Trauung statt. Von Festlichkeiten ist nichts überliefert, ersatzweise sei hier ein (späterer) Intimus der Familie Feuerbach zitiert, der das Paar beschreibt. Die knapp vierunddreißigjährige Bertha „war eine überaus liebliche Erscheinung: bei sehr hübschen Gesichtszügen und schlankem Wuchs, der ihre Gestalt lebenslänglich auszeichnete, von echter Bescheidenheit und still heiterer Dienstfreudigkeit in ihrem Wesen … In ihren Ansichten von einer entschiedenen Freimüthigkeit, fühlte sie sich der Gesinnung ihres Freundes wahlverwandt." Der acht Monate jüngere Ludwig: „Er war von mittlerer Statur, sein schlanker Körperbau blieb bis in sein spätestes Alter gleichmäßig proportioniert und vornehm in der Haltung, sein Gang leicht und elastisch. Nichts in seinem Äußeren kündigte den Berufsgelehrten an: seine bräunliche Gesichtsfarbe zeugte für eine Gesundheit, die man etwa auf rühriges Wirken im Forst zurückführen mochte, vom Stubenhocker und

Bücherpedanten nicht die geringste Spur. An seinen ernstmilden geistvol-
len Zügen, die er von seiner Mutter, einer anerkannt vollendeten Schönheit, geerbt hatte, fielen die hellblauen Augen durch ihren zugleich scharfen und sinnig wohlwollenden Blick auf; die darüber sich hebende
schöngeformte Stirn war von dichtem braunem Haar eingefasst, das er
kurzgeschoren trug; an Nase und Mund, beide feingeschnitten und bei aller Entschiedenheit doch eine unverkennbare Gütigkeit andeutend,
schloss sich in jüngeren Jahren ein hübscher Schnurrbart, dem späterhin
ein kräftiger Vollbart zugesellt ward, gegen das Lebensende, wie das Haupt-
haar, nur wenig angegraut. In seinem äußeren Gehaben war er von echter,
ehrlicher Bescheidenheit, die einer großen Selbststrenge und einer ihm
durchaus natürlichen Zurückhaltung entsprach."[280]

Dass diese Heirat mit Bertha Löw eine Liebesheirat war, daran lässt der
Briefwechsel keinen Zweifel, selbst wenn Bertha gesagt haben soll, sie wisse
nicht, was der naturbegeisterte Philosoph mehr liebe: sie oder Bruckberg.
Das Paar erhielt im rechten Schlossflügel eine Wohnung einschließlich
eines Arbeitszimmers für den Philosophen (die Turmstube unter der Uhr
wurde in der warmen Jahreszeit weiterbenutzt: Feuerbach brauchte „zum
Ausbrüten meiner Gedanken ein sicheres, obskures Nest". Darum liebte er
es, „in Dachstuben, in der Nähe der Sperlinge, Stare und Schwalben mein
Nest aufzuschlagen"). Materiell war auf bescheidenem Niveau die Existenz
durch Berthas Mitbesitz an der Porzellanmanufaktur gewährleistet. Sie
warf zwar nur geringe Gewinne ab, bot aber freie Wohnung und die Er-
träge aus dem Gemüse- und Obstgarten, dem Karpfenteich und den wild-
reichen Wäldern.[281] Vermögen brachte Ludwig keines in die Ehe ein, und
auch vom Honorar aus der Leibniz-Monographie war nichts übriggeblieben, angeblich war es „in Kleidern, Büchern, kleineren Bedürfnissen usw.
aufgegangen"[282] – in Wirklichkeit wohl in Alimenten.

Im Bunde mit den Junghegelianern

Nach dem beglückenden Sommer 1837, in dem Feuerbach nur Naturwis-
senschaftliches gelesen und nichts Eigenes geschrieben hat, besinnt er sich
im Herbst wieder auf das Schreibhandwerk. Zur Fortsetzung seiner Philo-
sophie-Geschichte fehlt ihm die rechte Lust.[283] Doch dann kommen über-

raschende Angebote gleich von zwei Seiten: Das eine von der Berliner Societät, für deren „Jahrbücher" er seit zwei Jahren nichts mehr geliefert hat. Man bietet ihm wieder eine Rezension an. Feuerbach zögert, die Linie der konservativen Hegel-Schule ist nicht mehr die seine, außerdem mag er das angebotene Buch nicht rezensieren: Eine *Geschichte der neuesten Philosophie* jenes Hegel-Schülers Michelet, der die Vorlesungen zur Philosophiegeschichte des Meisters herausgab.[284] Nachdem ihm aber von den Berlinern, die ihm früher jeden Aufsatz „kastrierten", in einem zweiten Brief förmlich versichert wird, dass man ihm „die mit Recht in Anspruch genommene libertas philosophandi stets auf das bereitwilligste gewähren" werde, fühlt sich Feuerbach wohl doch geschmeichelt, und er akzeptiert die Rezension des zweiten Bandes der *Geschichte der neuern Philosophie* von Johann Eduard Erdmann. Die Aufgabe begeistert ihn nicht, und die Rezension wird ein Verriss, obwohl Erdmann der Rezensent seiner eigenen *Geschichte der neuern Philosophie* war; doch sie gibt ihm die Gelegenheit, „von dem Material, wovon ich keinen Gebrauch im *Leibniz* machte, einiges zu verschießen". Es ist sein letzter Beitrag für die Berliner „Jahrbücher".[285]

Das andere Angebot, das ihn weit mehr anregt, kommt fast gleichzeitig, Mitte Oktober, mit einem Brief von jenem Arnold Ruge, der uns bereits im Zusammenhang mit dem Jünglingsbund begegnet ist. Nach sechs Jahren Haft auf der Festung Kolberg war er 1830 begnadigt worden. Er hatte die Zeit im Gefängnis, wo er die Bibliothek des Direktors benutzen durfte und jeden Morgen eisern um drei Uhr aufstand, so intensiv für das Studium der griechischen Antike genutzt, dass er schon ein Jahr nach der Begnadigung die Habilitation an der Universität Halle erlangte und als Privatdozent Ästhetik lehren konnte. Als Lehrer hatte er wenig Erfolg, doch als Publizist sollte er sich zu einer der wichtigsten Gestalten des Vormärz entwickeln. Zur Zeit ist er gemeinsam mit dem Germanisten Theodor Echtermeyer dabei, in Halle eine neue „Literaturzeitung" zu gründen: die *Hallischen Jahrbücher für deutsche Wissenschaft und Kunst*. Er reist durch ganz Deutschland und will auch Feuerbach besuchen, um die „junge Garde" um das Projekt zu versammeln.

Diese Garde der „Junghegelianer" beruft sich zwar auf Hegel als den unbestreitbar modernsten Denker, doch sie rebelliert gegen die immer konservativer werdende Schule der Althegelianer, „die steifleinenen und stereotypen Berliner", wie Ruge schimpft. Man setzt auf das progressive Element in Hegels Philosophie und nimmt sich vor, „das eigentliche verdaute Wesen des neuen Geistes in Umlauf zu setzen."[286] Die werktäglich erscheinenden „Hallischen Jahrbücher" verstehen sich als intellektuelle Opposition, sie wollen den kritischen Tendenzen eine Plattform bieten. Tatsächlich sollten sie sich schnell zum bedeutendsten Sammelbecken der oppositionell und progressiv gesinnten Intellektuellen entwickeln. Die Zeitung engagierte sich bald auch in politischen Auseinandersetzungen. Für den 1840 auf den Thron gelangten Friedrich Wilhelm IV. und seine reaktionäre Umgebung wurde sie zum roten Tuch, das Blatt sollte an die Kandare genommen werden. Ruge wich aus, Mitte 1841 zog er ins sächsische Dresden, wo die Zensur weniger streng war, und benannte die „Hallischen" in „Deutsche Jahrbücher" um, bis auch diese 1843 verboten wurden. Eine zweibändige Sammlung von Texten, die der Zensur zum Opfer gefallen waren, brachte er unter dem Titel *Anekdota zur neuesten deutschen Philosophie und Publizistik* in der Schweiz heraus. Einen letzten Rettungsversuch unternahm er, zusammen mit Karl Marx, im Pariser Exil mit den *Deutsch-Französischen Jahrbüchern*, doch das Vorhaben kam über ein erstes Doppelheft nicht hinaus.[287]

Mit dieser neuen Zeitung hat Feuerbach endlich ein Forum gefunden, wo er sich frei ausdrücken kann, zumindest so frei, wie die Zensur es erlaubt. Er wird es fleißig nutzen: Einen Großteil der kleineren Schriften seiner fruchtbarsten Schaffensphase bis etwa 1845 schickt er Ruge, der alles unternimmt, um sie drucken zu lassen. Und er hat die Genugtuung zu hören, dass das, was er schreibt, Wirkung und Einfluss ausübt. Ruge schreibt ihm schon bei der ersten Kontaktaufnahme, seine Kritiken in den Berliner Jahrbüchern und seine Leibniz-Monographie hätten bei den Initiatoren der Zeitung begeisterte Aufnahme gefunden. Feuerbach hat also Gesinnungsgenossen, Parteigänger, die Hoffnungen auf ihn setzen. Ruge versichert ihm, er sei „einer von denen, die zur Aufrechterhaltung des Prinzips unumgänglich notwendig sind. Wir haben von vornherein an Sie gedacht, und wären Sie in Halle, so hätten wir keinen Schritt ohne Sie getan."[288]

Gleich in den allerersten Nummern der „Hallischen Jahrbücher", am 6., 7. und 8. Januar 1838, erschien Feuerbachs erster Beitrag, eine Rezension. Er hatte sie im Herbst zuvor den Berliner Jahrbüchern angeboten, dort war die Besprechung aber bereits vergeben gewesen. Nach Ruges Einladung zur Mitarbeit schlug Feuerbach sie nun den „Hallischen" vor. Das Buch, *Die Idee der Freiheit und der Begriff des Gedankens*, war ihm wichtig. Der Autor, Karl Bayer, gehörte seit Studienzeiten zu seinen treuesten Freunden. Feuerbach hatte ihm einen begeisterten und zugleich wehmütigen Brief geschrieben: „Deine Schrift ist mir ein *unschätzbares* Werk. Sie allein kann mich wieder versöhnen mit Welt und Literatur und meine verschlossene Seele, die nie das Eigene geben wollte, und was sie gab, nur fragmentarisch, nur mittelbar, nur indirekt, nur limitiert, sich selbst verbergend, gab, wieder öffnen." Er hatte das Persönlich-Bekenntnishafte bewundert: „Du gibst Dein Innerstes ohne Rücksicht, ohne Hehl, gibst es im Einklange mit Deinem höchsten Prinzip."[289]

Trotz ihres in formaler und begrifflicher Hinsicht etwas naiven Charakters hatte die Schrift auf ihn eine regelrecht befreiende Wirkung. Das schlägt sich nun unmittelbar im Ton der Rezension nieder: Die bisher geübte akademische Zurückhaltung weicht einer neuen Direktheit. Auch der Stil ist lockerer geworden. Inhaltlich wird wenig Neues gesagt, die Argumentation beruht im Wesentlichen auf dem in der Leibniz-Monographie entwickelten *theoria*-Standpunkt, weshalb Feuerbach seinem Freund nur begeistert zustimmen kann, wenn dieser schreibt: „Die tiefste, mächtigste Freiheit ist die der wissenschaftlichen Vernunftbegeisterung." Auch die leisen Einwände gegen Hegel sind nicht neu. Aber hatte er sich im Leibniz-Buch noch dagegen verwahrt, er wolle „gegen Hegel, wie es Mode ist, opponieren", so ruft er jetzt offen dazu auf, Hegels Philosophie nicht mit der Philosophie schlechthin zu verwechseln und sie als eine intellektuelle Leistung unter vielen zu sehen. Dies ist seine Botschaft an die „junge Garde", sein neues Publikum: „Kant, Fichte, Hegel seien unsere Muster, unsere Lehrer, aber sie seien nicht unsere Vernunft, unsere Philosophie."[290]

Pierre Bayle

Noch vor kurzem war Feuerbach unschlüssig gewesen, ob er seine Geschichte der neueren Philosophie fortführen solle. In der Atmosphäre des Auftriebs durch Ruges Einladung zur Mitarbeit an den „Hallischen Jahrbüchern" entdeckte er nun aber einen Stoff, der ihn dazu animierte, sich noch einmal als Historiker zu betätigen: Pierre Bayle. Fast aufgeregt schrieb er Ende Oktober 1837 dem Bruder in Erlangen, er solle ihn möglichst schnell wissen lassen, ob die 1727 in Den Haag erschienene Pierre-Bayle-Werkausgabe verfügbar sei. Notfalls wolle er selber kommen und die Kataloge der Universitätsbibliothek durchkämmen. Noch im Vorwort zur Leibniz-Monographie hatte er gemeint, eine Würdigung des Franzosen sei verzichtbar. Nun wollte er sich auf einmal das Gesamtwerk vornehmen, und zwar im französischen Original.[291]

Pierre Bayle war in Deutschland keineswegs unbekannt, im Gegenteil, sein *Dictionnaire historique et critique* gehörte seit einem Jahrhundert zu den wichtigsten Referenzwerken des Gebildeten. Erstmals 1696/97 in Rotterdam erschienen, erlebte das vielbändige Opus noch 1820 seine elfte französische Auflage. In Deutschland war es mehrfach übersetzt worden, zum Teil ganz, zum Teil in Auszügen. Verbreitet war vor allem die 1741–44 erschienene, von Gottsched besorgte Version, an deren Übersetzung seine hoch gebildete Frau Luise, die seinerzeit berühmte „Gottschedin", großen Anteil hatte. Auf diesen „Bayle", wie er allgemein hieß, bezog man sich ganz selbstverständlich. Herder, Schelling, Lessing, Jean Paul und sogar noch Heine zitieren ihn, in *Dichtung und Wahrheit* berichtet Goethe, dass er ihn in der Bibliothek des Vaters fand und sich darin vertiefte.[292] Ursprünglich als Sammlung aller Irrtümer in den zeitgenössischen Nachschlagewerken gedacht, hatte sich der *Dictionnaire* europaweit zu einem der wirkungsmächtigsten Instrumente der Aufklärung entwickelt. Die Art und Weise, wie Bayle in langen Anmerkungen überkommenes und dogmatisches Wissen einer kritischen Diskussion unterwarf, wurde nicht nur zum Modell der modernen Geschichtswissenschaft, sondern auch zum Muster der aufklärerischen Kritik überhaupt.

Feuerbachs plötzliches Interesse gilt indessen nicht dem zum Bildungsgut gewordenen Bayle des *Dictionnaire*, den er leicht spöttisch als „Antiquar und literärischer Spezereienhändler für den Gelehrten"[293] bezeichnet. Er misstraut wohl auch der Gottsched-Ausgabe, die stark überarbeitet und (vor allem „bey anstößigen Stellen") zensiert ist, denn er benutzt die 1740 in Rotterdam erschienene fünfte Auflage des französischen Originals. Wichtiger sind ihm die Schriften des „bösen" Bayle, diesem „dialektischen Guerillashäuptling aller antidogmatischen Polemiker". Und das sind die vier Bände der Werke-Ausgabe von 1727–1731, die er über seinen Bruder in der Erlanger Bibliothek sucht: Sie enthalten *tout ce que cet Auteur a pu-blié sur des matières de Theologie, de Philosophie, de Critique, d'Histoire, & de Litterature; excepté son Dictionnaire Historique Et Critique.* Als Philoso-phiehistoriker will er den kommenden Winter alle diese Schriften durch-arbeiten. Er kann genug Französisch, um sie im Original zu lesen und ge-gebenenfalls zu übersetzen – und er setzt dasselbe auch beim Leser voraus, denn viele Zitate, mitunter seitenlange, wird er im französischen Original belassen.[294]

Als Philosophiehistoriker im üblichen Sinne versteht er sich freilich nicht mehr. Mit dem bewusst vollzogenen Abschied von der Universitäts-laufbahn hat er auch Abschied von der Fachphilosophie genommen. Die Aufbruchstimmung – verursacht durch das neue Leben in Bruckberg, die Heirat, das von den „Hallischen Jahrbüchern" gebotene neue Forum – bläst den letzten Rest von akademischer Rücksichtnahme hinweg. Feuer-bach geht in neuer geistiger Verfassung ans Werk. Und so hat die Mono-graphie, die unter dem Titel *Pierre Bayle nach seinen für die Geschichte der Philosophie und Menschheit interessantesten Momenten dargestellt und ge-würdigt* erscheinen wird, mit dem üblichen Muster von Philosophiege-schichtsschreibung nichts mehr gemein. Feuerbach reiht sie auch gar nicht in seine *Geschichte der neuern Philosophie* ein (die er nicht mehr fortsetzen wird).

Seine Herangehensweise ist, wie man heute sagen würde, essayistisch. Ursprünglich, so schreibt er in der Einleitung, habe er lediglich den „litera-risch-psychologischen Zweck im Auge" gehabt, mit der irritierenden Wi-dersprüchlichkeit Bayles ins Reine zu kommen. Doch dann habe er das Thema unter einen Widerspruch von „allgemeiner Bedeutung" subsu-miert, nämlich den zwischen Glauben und Vernunft. Zwar charakterisiere dieser Widerspruch die christliche Welt insgesamt, doch bei Bayle sei ein „Kulminationspunkt" erreicht. Feuerbach ist also bei seinem Hauptthema, das er bisher, mit Ausnahme der *Gedanken über Tod und Unsterblichkeit*, nur immer nebenbei behandeln konnte. Es erstaunt kaum, dass er sich „nicht enthalten konnte, selbst auch ein Wörtchen mit drein zu schwat-zen" – er tut dies ausgiebig und in erklärter Haltung: „Dem Urteil aller der-jenigen, deren Urteil er schon im voraus kennt, namentlich dem Verdam-mungsurteil des theologischen Dünkels und einer gewissen spekulativen Superstition, ist er absolut impenetrabel."[295]

In zwei spannend zu lesenden ersten Kapiteln legt Feuerbach die Grundlagen seiner Argumentation. Der Katholizismus habe zu den naturgegebenen Konflikten eine neue Zerrissenheit hinzugefügt: den Widerspruch zwischen Fleisch und Geist. Sinnen- und Genussfeindlichkeit sei zur Richtschnur, zum wahren Kennzeichen der Heiligkeit geworden. Zwar seien die Ehe und andere irdische Genüsse geduldet worden, aber gleichwohl waren – Feuerbach illustriert dies genüsslich mit Stellen aus Augustinus, Ignatius von Loyola, Pascal und anderen kirchlichen Autoritäten, die er aus seiner „frommen" Jugendzeit präsent hat – die „klassischen Produkte des katholischen Geistes" jene Heiligen, die jeglichem Sinnengenuss entsagten. Man komme ihm auch nicht mit religiöser Dichtung und Kunst, das seien „*untergeschobene* Kinder": Triebfeder der Dichtung bei einem Dante oder Petrarca sei nicht die Religion, sondern die irdische Liebe gewesen, und wenn ein religiöses Bild Kunstwert habe, so begeistere es unabhängig vom Dargestellten: Es ist „kein Augenglas, durch das wir nur den frommen Gegenstand erblicken, sondern ein Diamant, der mit eignen Farben funkelt".[296] Letztendlich seien Kunst und Katholizismus sogar Gegensätze, denn Kunst sei ja Genuss, und als solcher widerspreche sie dem Ideal der Heiligkeit. Dasselbe gelte analog für die Wissenschaften. Zwar werde niemand leugnen, dass Klöster und Päpste große Verdienste um die Wissenschaft erworben hätten, doch konsequent sei erst Erasmus gewesen, der sich zu seiner Neigung zu den Naturwissenschaften bekannte und aus dem Kloster austrat.

Dieser Widerspruch „mit dem *Wesen* des Menschen" sei der „innere Grund" für die Reformation gewesen, die manches Widernatürliche beseitigt habe, insbesondere das Zölibat. Doch auch hier sei nicht, wie gemeinhin behauptet werde, die Bibel das Motiv gewesen, sondern – Feuerbach untermauert das Argument mit konkreter Ausführlichkeit, die unwillkürlich an sein junges Eheglück denken lässt – schlicht der gesunde Menschenverstand, der „die Ein- und Ansprüche der Natur" anerkannt habe. Allerdings habe sich der Protestantismus eines noch größeren Widerspruchs schuldig gemacht: Wenn er schon der körperlichen Natur ihr Recht zuerkannt habe, warum dann nicht auch der Vernunft, die doch „nichts anderes als die geistige Natur" sei? Unter der tyrannischen Herrschaft des Dogmas sei der Protestant noch schlimmer dran als der Katholik mit seinem Kampf gegen das Fleisch, weil er sich gegen die Anfechtungen dieser geistigen Natur nicht einmal mit Selbstkasteiung wehren könne. Das Übel, das den Protestantismus charakterisiere, sei also „der Gegensatz von Glaube und Vernunft". Früher, in einer Zeit, als „der Glaube ein zeitgemäßer, dem damaligen Stand der Bildung, der Bedürfnisse entsprechender, ein berechtigter, ein relativ heilvoller Glaube" war, sei dieser Gegensatz wenig wahrgenommen worden. Zwar hätten sich die Theologen seit Luther oft schwer getan mit der Vernunftwidrigkeit vieler Glaubensinhalte, aber das seien eben Anfechtungen gewesen, die der Berufstheologe in sich niedergerungen habe. Die „psychologischen Opfer des protestantischen Glaubens" fielen meist „in die neuere Zeit".[297]

Bei Pierre Bayle – nun erst kommt Feuerbach auf ihn zu sprechen – interessiert ihn eine spezielle Qualität des Konfliktes zwischen Dogma und Vernunft: Hier seien die Zweifel nicht Anfechtungen eines „Theologen von Profession, von Stand und Geist", sondern die eines „Weltweisen oder Gelehrten", der unter anderem auch theologisch gebildet und außerdem gläubiger Protestant war. Die Unterscheidung mag beim ersten Hinsehen spitzfindig anmuten (oder biographisch motiviert, die Parallelen zu Feuerbachs eigenen Lebensumständen sind unübersehbar)[298]. Doch sie wird zum Dreh- und Angelpunkt der Argumentation in der Bayle-Monographie überhaupt. Und sie ist erstmals nicht mehr idealistisch-spekulativ, sondern im Kern anthropologisch. Schon wenn er die Vernunft als „die geistige Natur" definiert, weist es in diese Richtung. Vor allem aber macht er eine Beobachtung zum Ausgangspunkt seiner Überlegungen, die die Qualität einer gesellschaftswissenschaftlichen Beobachtung im modernen Sinne hat: „Mehr als der Mensch sich selbst bewusst ist, hat der Stand, der Beruf Einfluss auf seine Denkart, sein Inneres, seinen Glauben." Oder auf die bündige Formel gebracht: „Nicht die Gesinnung erhält den Stand, sondern der Stand die Gesinnung."[299]

Die Nähe zu Marx' Satz „Das Sein bestimmt das Bewusstsein" ist frappierend. Natürlich sind die beiden Aussagen nicht im selben Sinne zu verstehen, doch auch Feuerbach hat eine letztlich gesellschaftliche, zumindest „soziologische" Antinomie im Auge. Er wird nicht müde, den Gegensatz zu betonen: Auf der einen Seite der Amtstheologe, dem es um die Bewahrung und Rechtfertigung der kirchlichen Lehre geht, auf der anderen Seite der unabhängige, primär wissenschaftlich denkende Gelehrte wie Pierre Bayle, der, wenn er religiös gläubig ist, zusehen muss, wie er mit den Widersprüchen zwischen seinem Glauben und den Erkenntnissen aus seiner wissenschaftlichen Beschäftigung zurechtkommt – oder, wenn er den Konflikt nicht lösen kann, den Glauben verwirft.

Im vierten Kapitel mit der Überschrift „Die Theologie und die Wissenschaft" erläutert Feuerbach diese Antinomie in ganzer Breite. Er macht sie zunächst am unterschiedlichen „Geist" fest: Der Geist der Wissenschaft sei der *„universelle* Geist, der Geist *schlechtweg".* Der Geist der Theologie hingegen habe „ein beschränktes, ein befangnes, unfreies Interesse zur Basis", denn die Theologie habe kein echtes Erkenntnisinteresse, sie wolle lediglich die Glaubenswahrheiten kommentieren und explizieren. Wenn ein Theologe also Wissenschaft betreibe, so tue er es „mit servilem ... Sinne". Wahres wissenschaftliches Denken sei ihm suspekt, und solange die „Orthodoxie" noch die Macht gehabt habe, sei der wissenschaftliche Geist gewaltsam unterdrückt worden. Eine lange Reihe von Beispielen lässt Feuerbach in die Feststellung münden:

„Solange daher die Theologie herrschte, war der wissenschaftliche Geist ein *unterdrückter* Geist. Selbst noch in der spätern Zeit, wo die Orthodoxie mehr nur noch eine respektierte als herrschende Macht war, waren dem Geiste die Flügel gestutzt. Er flatterte nur wie ein Vogel im Käfig hin und her, ohne sich frei in die Lüfte erheben zu können. Er war befangen, zaghaft, schüchtern, unredlich gegen sich selbst, voller Verlegenheiten und Widersprüche mit sich, voller Klauseln, Exzeptionen und falscher, nicht zur Sache gehöriger Rücksichten; alle Forschungen waren limitiert, nur bis zu einer gewissen, dem Gegenstande nach willkürlichen Grenze freigegeben; kein Gedanke wurde gefasst, keiner ausgesprochen, ohne dass sorgfältigt untersucht wurde, ob er ortho- oder heterodox; überall wurde die Religion mit ins Spiel gezogen, kein Gegenstand unabhängig, keiner an und für sich, keiner in *seinem eignen* Interesse, sondern nur im Interesse der Theologie oder wenigstens mit Bezugnahme darauf betrachtet, keine Lehre nach sich selbst, sondern nur nach dem etwaigen Gewinn oder Nachteil, den der Glaube daraus ziehen könnte, beurteilt und geschätzt."[300]

Feuerbach fragt nun, *warum* der Geist der Theologie und der Geist der Wissenschaft (oder der Philosophie, die „die Idee der Wissenschaft" repräsentiert) so gegensätzlich sind. Und er gibt als Antwort: „Das Fundament der Theologie ist das *Mirakel,* das Fundament der Philosophie die *Natur*

der Sache, das Fundament der Philosophie die *Vernunft*, die Mutter der Ge-
setzmäßigkeit und Notwendigkeit ..., das Fundament der Theologie der
Wille..., das Prinzip der *Willkür*." Er illustriert seine Feststellung zunächst
am Beispiel der Ethik: Die Philosophie betrachte die Moralgesetze als „auf
sich selbst beruhende Ideen, kurz, als Gesetze", für die Theologie hingegen
seien es rein auf göttlichem Wollen beruhende Gebote. Ein zweites Beispiel
leitet Feuerbach dialogisch, fast zögernd ein: „Wie erklärst du die Erscheinung des Christentums?" Die Theologie sei hier schnell mit der Erklärung
bei der Hand, es sei eben von Gott eingesetzt, habe also keinen natürlichen
Ursprung. Die Philosophie hingegen versinke „in tiefes Nachdenken, und
erst nach langer Besinnung unterbricht sie ihr Stillschweigen".[301]

An dieser Stelle liefert Feuerbach eine erste Skizze seiner Erklärung des
Phänomens Religion. Er steckt einen methodischen Rahmen ab, indem er
unterscheidet zwischen gesetzmäßiger Natur und historisch-konkreter Erscheinung der Religion. Die Natur der Religion definiert er in der traditionellen philosophischen Terminologie: Sie ist „eine *Kategorie*, d. h. eine *wesentliche* Form des menschlichen Geistes, namentlich des Volksgeistes".
Daraus folgert er, es müsse einen „gemeinschaftlichen Grund und ... gemeinschaftliche Gesetze" geben, die sich bei allen Religionen beobachten
ließen. Wenn beispielsweise zwischen den Religionen des Orients und dem
Christentum frappierende Ähnlichkeiten bestünden, so sei dies nicht etwa
darauf zurückzuführen, dass Elemente früherer Religionen als Relikte oder
„Vorbedeutungen" in eine spätere eingegangen seien. Es handle sich dabei
vielmehr um „aus der Natur der Religion, aus ihren innern Gesetzen, aus
ihrem Wesen entsprungne, *notwendige*, der Religion notwendige Vorstellungen". Zu diesen Wesenselementen trete beim Christentum ein historischer Ursprung hinzu, der seine konkrete Erscheinung bestimme. Dieser
Ursprung habe darin gelegen, dass sich in einer Gegenbewegung zur ethischen Verwahrlosung in der spätrömischen Zeit die Idee der Sittlichkeit wieder Geltung verschafft habe. Als konkretes Beispiel für eine Erscheinung, die
bei allen „Volksreligionen" konstant auftrete, führt Feuerbach den Wunderglauben an, den er als „natürliches Bedürfnis" des religiösen Glaubens, als
„*psycho*-logisches" Gesetz bei allen Religionen diagnostiziert.[302]

Feuerbach war sich wohl bewusst, dass die Leser seines *Bayle* diese tas-
tende, wenig ausgeführte und von inadäquater Terminologie behinderte

Grundlegung einer anthropologischen Religionskritik kaum nachvollziehen konnten. Er kehrt denn auch bald zu seinem Thema, Pierre Bayle, zurück und stellt dessen Ansichten zur Moral dar, indem er über ein gutes Dutzend Seiten hinweg lange, zumeist ins Deutsche übersetzte Zitate aus den wichtigsten Bayle-Schriften aneinanderreiht (vor allem aus den *Pensées diverses sur les comètes*). Im Zentrum steht Bayles Feststellung, dass die Religion nicht nur keinen Einfluss auf das moralische Verhalten im Alltag habe – profane Wertmaßstäbe wie der *point d'honneur* seien die tatsächlichen Motive –, sondern außerdem noch zu Verbrechen wie der Verfolgung Andersgläubiger führe; eine Gesellschaft von Atheisten würde sich deshalb nicht schlechter, sondern tendenziell eher moralischer verhalten. Feuerbachs Kommentar wirkt im Vergleich zu den Bayle-Zitaten eher dürr, er ist eine Mischung aus Polemik gegen die „zu einer *Kirche* verweltlichte" Religion und aus Beschwörung Kantscher Pflichtethik. Seine Kritik kommt über die Ebene aufklärerischer Polemik, wie sie Voltaire weit schärfer formulierte, nicht hinaus.[303]

Dasselbe gilt für das Kapitel über die „Selbständigkeit der ethischen Vernunft", dem Feuerbach ein über zehnseitiges Zitat aus Bayles *Commentaire philosophique sur ces Paroles de Jésus-Christ: contrain-les d'entrer* voranstellt. Nach einem kurzen Seitenhieb auf die „positive Philosophie" – die „Irrwische unsrer Zeit"[304] – vertritt er die ethischen Positionen Kants und Fichtes, auf die er sich ausdrücklich beruft. Seine Gedanken weisen auch nicht über das hinaus, was er schon im *Leibniz* im Zusammenhang mit dem *theoria*-Standpunkt entwickelt hatte. Er spitzt sie nur polemisch zu, etwa wenn er den Christen vorwirft, ihre Moral sei „vergeistigte Selbstsucht".[305]

Folgenreicher wird sein, was er anlässlich des Kapitels über den „Widerspruch der Dogmen mit der Vernunft" entwickelt. Er zitiert die 19 philosophischen Maximen, mit denen Bayle in seiner *Réponse aux questions d'un provincial* die Unverträglichkeit des Dogmas vom Sündenfall mit der Vernunft darlegt. Mit bösem Spott schildert er die Verrenkungen, zu denen sich die Theologen gezwungen sahen, wenn sie versuchten, die Gegensätze zu vereinen. Leibniz, der in Gesprächen mit der über Bayles Maximen beunruhigten preußischen Königin Sophie Charlotte seine *Theodizee* entwickelt hatte, wird schonender behandelt, doch auch er muss sich den Vorwurf gefallen lassen, er bleibe „nicht bei der Klinge", er verlasse den theologischen Standpunkt und argumentiere vom Standpunkt der Philosophie und des pantheistischen Gottes aus, wo die Rede von Vorsehung, Sündenfall und Gnade überhaupt keinen Sinn habe. Auf der Klärung dieser Standpunktfrage beharrt Feuerbach hartnäckig: „In der Theologie kommt Gott nur in Betracht, wie er Gegenstand des Menschen ist, wie er sich auf ihn bezieht und wie der Mensch Gegenstand Gottes ist."[306] Die Gottesvorstellung der Theologie sei also die eines „Personen-Gottes", der sämtliche Attribute des Menschen habe. Auf dem jetzigen Standpunkt der aufklärerisch-rationalistischen Polemik ereifert sich Feuerbach gegen diesen „Gott der Theologen", der „ein *leidenschaftlicher,* von einem Extrem ins andere stürzender, ein willkürlicher, *kapriziöser . . . gottloser* Gott"[307] sei, und stellt ihm den pantheistischen „Gott der Philosophen" entgegen. Später, wenn einmal der Polemik Genüge getan ist und Feuerbach nicht mehr nach rationalen Gegenargumenten zur Religion sucht, sondern den Sachverhalt nüchtern betrachtet, wird genau diese Vermenschlichung Gottes zum Ansatzpunkt seiner anthropologischen Religionskritik werden.

Im sicherlich wichtigsten Kapitel des Buches, in dem Feuerbach die „Bedeutung des Widerspruchs zwischen Glaube und Vernunft in Bayle" untersucht, wird die Polemik zur wirklich aufklärerischen Kritik, zur *Zeit*kritik. Hier holt Feuerbach für Deutschland etwas nach, was in Frankreich schon im 18. Jahrhundert geschehen war: Er denunziert die intellektuelle Unredlichkeit der aufgeklärten Geister „der neuern Zeit", die meist „Spinozisten", also nicht mehr im traditionellen Sinne gläubig waren, doch nur selten die Folgen eines öffentlichen Bekenntnisses in Kauf nahmen. In diesem Zusammenhang sei hier an zwei bekannte Episoden der Philosophiegeschichte erinnert: Von Kant hatte man sich erhofft, dass er die „Gretchenfrage" deutlich beantwortet. Doch der 1792 anonym erschienene *Versuch einer Kritik aller Offenbarung,* den man zunächst für sein weltanschauliches Bekenntnis hielt, stellte sich als das Werk des jungen Fichte heraus (Kant hatte allerdings den Verleger vermittelt), und sein eigenes, ein Jahr später erscheinendes Werk über *Die Religion innerhalb der Grenzen der bloßen Vernunft* enttäuschte die freieren Geister, weil es – so auch auf Goethe – einen zwiespältigen, kompromisslerischen Eindruck machte. Und so leise die Schrift im Ton war, sie trug ihm dennoch eine Ermahnung in Form einer Königlichen Kabinettsorder ein. Fichte selbst, den Feuerbach als Mensch bewundert, gab das andere Beispiel. Er hatte 1798 als Professor in Jena einem radikalen Aufsatz eines Studenten einen eigenen Text vorangestellt, in dem er den christlichen Glauben auf die „sittliche Weltordnung" reduzierte und sich dadurch den Vorwurf des Atheismus einhandelte. Im darauf entfesselten „Atheismusstreit" war er weniger nachgiebig als Kant und ließ sich sein Bekenntnis die Professur in Jena kosten.

Unter den Intellektuellen von Feuerbachs Generation gab es einige, die sich noch weniger zügeln ließen; die Bewegungen der zwanziger Jahre und die daraufhin einsetzende Demagogenverfolgung hatten sie so radikalisiert, dass sie zu wohlanständigem Verhalten in Sachen Religion nicht mehr bereit waren. Das hatte sich vor kurzem an der Gruppe „Junges Deutschland" um Karl Gutzkow, Heinrich Laube, Ludolf Wienbarg und Theodor Mundt bewiesen, die 1835 vom deutschen Bundestag verboten wurde; einer der Verbotsgründe lautete, die Jungdeutschen hätten es gewagt, „die christliche Religion auf die frechste Weise anzugreifen". Das im selben Jahr erschienene *Leben Jesu* von David Friedrich Strauß schlug eine weitere Bresche; der Autor büßte es mit lebenslangem Lehrverbot. Bald sollten die „Hallischen Jahrbücher" weitere Schranken einreißen. Feuerbach, der selbst am eigenen Leib erfahren musste, wie hart ein offenes Wort zum herkömmlichen Gottesglauben gesellschaftlich sanktioniert wurde – und jetzt nichts mehr zu verlieren hatte –, erklärte nun mit einer für damaligen deutschen Verhältnisse einzigartigen Radikalität: *Der Glaube ist tot.*

Bei Pierre Bayle, so behauptet er, kündige sich das Ende ganz deutlich an. Die Hartnäckigkeit, mit der dieser auf der Unverträglichkeit der Dogmen mit der Vernunft bestehe, ließen nur einen Schluss zu, nämlich dass es zu einer „förmlichen Entzweiung" mit dem Glauben gekommen sei. „Wie ist es möglich", fragt er, „dass man es aufrichtig mit dem Glauben meint, wenn man gegen ihn ... die Vernunft aufhetzt, indem man nachweist, wie er ihr überall widerspricht?" Wo der Glaube ein wahrer sei, da akzeptiere man ihn fraglos und lebe harmonisch mit ihm. „Aber wo der Mensch bemerkt und sagt, dass der Glaube der Vernunft widerspricht, da ist er aus dem Glauben heraus." – „Wo der Glaube nicht überall, nicht in der Vernunft auch ist, da ist er nicht der *Gott der Seele*... da ist der Glaube kein *absoluter* Glaube, folglich kein wahrer ... da glaubt man, dass man glaubt, aber man glaubt nicht wirklich, nicht von Grund aus, da ist der Glaube ein *affektierter* Seelenzustand, der sich nach außen nur auf die verschrobenste, widerwärtigste Weise äußern kann, da ist der Glaube im Grunde *nur eine Lüge, eine Chimäre.*"[308]

Diesen Vorwurf verallgemeinert Feuerbach: „Ein solcher Glaube war der Glaube der neuern Zeit überhaupt in den denkenden Menschen." Er zeigt es erst am Beispiel Descartes[309]: Descartes sei ständig und geradezu ängstlich darauf bedacht gewesen, nirgends mit der Theologie in Konflikt zu geraten. Immer wieder beteuere er, auf keinen Fall ihre Lehren in Zweifel ziehen zu wollen, und sollte er ihnen irgendwo doch widersprechen, nehme er sich sofort zurück. Hier stellt Feuerbach fest: „Wo aber so ein enger Raum gegeben ist, dass man sich nicht gerade aufrichten kann, dass man sich stets ducken und bucken oder gar auf allen Vieren kriechen muss, um nicht anzustoßen, kann man da wohl noch leugnen, dass dem natürlichen Bewegungstriebe widernatürliche Schranken entgegengestellt sind?" Diese Schranken seien das Dogma, das nichts anderes sei als „ein ausdrückliches Verbot zu denken": „Moses sagte: Du sollst nicht stehlen, nicht ehebrechen; aber das Dogma sagt: *Du sollst nicht denken.*" Dadurch wird der Konflikt unausweichlich, denn wo „ein ernster, wahrhaft wissenschaftlicher Geist erwacht, so kann er nur mit der Kirche und, wenn er ihren Glauben selbst noch teilt, *mit sich selbst* in Widerspruch geraten."[310]

Es setzt ein Ablösungsprozess ein, der auch seine psychologische Seite hat, zumindest im Sinne eines Habitus des aufgeklärten Denkers und Wissenschaftlers: „Das, was ein *denkender* Mensch nicht mehr zum Gegenstande seines Denkens macht ... mit dem mag er nichts mehr zu schaffen haben, dem entflieht er in eine *andere, bessere Welt.*" Es ist die Welt des Denkens, der Vernunft, des Geistes, und je mehr ihn diese bessere Welt einnimmt, desto mehr verbannt er alles aus sich, was ihr entgegengesetzt ist, er „verbannt es aus sich als *Philosoph* und, es fehlt nicht viel, es dauert nicht mehr lange, *aus sich auch als Mensch.*" Auf diese Weise wurde der Glaube zur Äußerlichkeit. Man mochte aus Anhänglichkeit, aus Pietät daran festhalten – solche Motive hält Feuerbach insbesondere dem Hugenotten Pierre Bayle zugute – jedoch: „*Man glaubte, was man nicht glaubte.* Der Glaube war ein Widerspruch. Er war subjektiv ... eine Pietät, *objektiv* eine Heuchelei. Kurz, ihr Glaube war – diese Bestimmung ist die wesentlichste – ein *historischer Glaube.*"[311]

Inhaltlich ist die Argumentation, das Christentum habe sich historisch überlebt, bei Feuerbach nicht neu. Bisher ist sie aber immer gewissermaßen in akademische Abhandlungen verpackt gewesen, man denke etwa an die ersten Kapitel der *Geschichte*. Im *Bayle* wird sie, obwohl Feuerbach sich immer noch auf die Vergangenheit, das 17. und 18. Jahrhundert, bezieht, zum aufklärerischen Pamphlet, das an die Gegenwart gerichtet ist. Die Radikalität und polemische Zuspitzung ist durch die gesellschaftlichen und politischen Zustände veranlasst, konkret durch die reaktionären Bestrebungen jener Kreise der politischen Romantik, die sich an den Universitäten und in den Vorhöfen der Politik auf die „positive Philosophie" berufen.

Freiheit des Geistes und der Gesinnung

Was Feuerbach mit seinem Bayle-Buch tatsächlich bewegt hat, ist nicht festzustellen. Öffentliche Reaktionen sind nicht bekannt, selbst in den „Hallischen Jahrbüchern" wurde, wie Feuerbach später bitter bemerken wird, die Schrift nicht rezensiert.[312] Wahrgenommen wurde sie freilich schon, wenn auch vielleicht nur von den Junghegelianern.[313] Die zunächst bedeutendste Wirkung übte das Buch auf Feuerbach selbst aus. Die innere Unabhängigkeit, die er durch den bewusst vollzogenen äußeren Abschied vom akademischen Philosophiebetrieb gewonnen hatte, ließ ihn schon in der Rezension des Buches seines Freundes Karl Bayer zum Abstandnehmen von jeglicher „Schule" aufrufen. Nun, bei der Arbeit an der Bayle-Monographie, wirkt das Feuer der Polemik gegen die intellektuelle Unredlichkeit eines bloß „historischen" Glaubens als Katalysator und löst bei ihm selbst einen Prozess der kritischen Selbstreflexion aus.

Um den Gegensatz zwischen einem dogmenhörigen Denken und der sich davon befreienden „neueren Philosophie" herauszuarbeiten, holt er weit aus. Er stellt fest: „Die neuere Philosophie erst gab sich ein wahres Fundament, eben weil sie sich *kein bestimmtes* Fundament gab." Descartes komme das Verdienst zu, „die Philosophie wieder auf die Idee der Philosophie" gegründet zu haben, indem er sich auf klare und deutliche Begriffe statt auf Dogmen stützte. Mochte er bei seinem methodischen Zweifel noch so viele Einschränkungen gemacht haben, entscheidend sei der „Geist des Zweifelns" gewesen.[314] In einer der fast Aufsatzlänge erreichenden Anmerkungen schreibt Feuerbach dazu: „Klare und deutliche Begriffe zu erwerben, ist unmöglich *ohne Skepsis, ohne Kritik...* Nur die *kritisch-ge-*

netische Philosophie ist die wahre Philosophie. Eine unkritische Philosophie ist keine Philosophie, so kommod und gemütlich sie auch ist." Nach Kant und Fichte sei Hegel zwar auf dem richtigen Wege gewesen, doch auch er sei „angehaucht von dem Geiste, der den Verfall der Philosophie und mit ihr die Wiederkunft alles alten Aberglaubens, sowohl in theoretischer als praktischer Beziehung, kurz, die ganze Barbarei der Jetztwelt über uns gebracht hat." Der aufklärerische Furor ergreift die eigene philosophische Zugehörigkeit: „Was man heutiges Tages spekulative Philosophie nennt, ist größtenteils das unsauberste, unkritischste Ding von der Welt. Es gibt nur *ein* Fundament, *ein* Gesetz der Philosophie; es heißt *Freiheit des Geistes* und *Freiheit der Gesinnung.*" Es geht Feuerbach ähnlich wie den Wissenschaftlern des 17. Jahrhunderts, über die er schreibt; wie deren Gottesglaube, so erkaltet jetzt seine Liebe zu philosophischen Systemen. Sie interessieren nicht mehr: „Systeme sind uns nicht nötig, aber Recherchen, aber freie, kritisch-genetische Untersuchungen tun uns not." Er gibt auch schon ein Beispiel für das an, was er „genetisch" – von der *Genesis*, vom „natürlichen Ursprung" her – kritisch untersuchen will: das „Wesen der Religion".[315]

Noch ist das alles nebenbei, in Beispielen und Anmerkungen gesagt. In der Hauptsache ist die Bayle-Monographie ein „Bekenntnisbuch" (Rawidowicz), „Opposition", wie Feuerbach einem Freund schreibt:[316] eine Polemik gegen die Religionsauffassung seiner Zeit, mit wiederkehrenden Spitzen gegen die reaktionäre politische und philosophische Romantik. Den eigenen Standpunkt hinterfragt er noch nicht wirklich, das Werk ist, wie er später selbst urteilt, „auf dem Standpunkt des Rationalismus geschrieben".[317] Doch die Abkehr von der idealistischen Philosophie setzt jetzt ein. Sie vollzieht sich fast unmerklich: Ein erster Text, noch während der Arbeit an der Bayle-Monographie geschrieben, zeigt das „Erkalten" des Glaubens an die Begriffsspekulation: Ende Februar 1838 schickt Feuerbach eine Rezension an die „Hallischen Jahrbücher". Sie ist ihm willkommener Anlass, endlich einmal gegen die „Empiristen" oder „Materialisten" zu polemisieren. Seit der Habilitationsschrift hat er deren Standpunkt immer als absolute Gedankenlosigkeit abgetan, und in seiner Philosophiegeschichtsschreibung hat er die englischen Empiristen des 17. und 18. Jahrhunderts schlicht übergangen.

Auch jetzt bei der Rezension des Buches, in dem ein Oberlandesrichter namens Friedrich Dorguth den Idealismus kritisiert und sein eigenes System des „apodiktischen Realrationalismus" vorstellt, hat ihm der „katarrhalische Schleim des Materialismus" die Gedanken gehemmt.[318] Doch im Vergleich zur leidenschaftlichen Emphase, mit der er in der *Kritik des „Anti-Hegls"* den Idealismus verteidigt hat, wirkt die Argumentation in dieser Rezension sehr nüchtern, auf die wesentlichsten Argumente reduziert: Feuerbach stellt noch fest, dass an die Frage nach der Natur des Denkens – das sich für Dorguth auf einen „Hirnakt" reduziert – „die Frage von der Erkennbarkeit der Wahrheit, von dem Ursprunge der Ideen, von der Selbständigkeit des Geistes, von der Realität des Idealismus geknüpft ist". Doch in einer Fußnote merkt er an, er nehme das Wort Idealismus „in einem sehr allgemeinen Sinne".[319] Wie in der Leibniz-Monographie führt er als Beweis das Kopernikanische Weltbild an, das eine „Vernunftwahrheit" sei: reines Denken, die Sinnenerfahrung als falsch entlarvend. Der Rest seiner Argumentation besagt nicht viel mehr als: Der Materialismus ist nicht zuständig für das Thema, er verkennt die Grenzen der Physiologie und kann deshalb das Denken nicht erklären. Auch im Briefwechsel, in den ihn Dorguth nach dem Erscheinen der Rezension hineinzieht, fehlt das Leidenschaftliche, das bisher seinem Bekenntnis zum Idealismus anhaftete.

Ganz anders im nächsten Beitrag für die „Hallischen Jahrbücher", den Feuerbach ein Dreivierteljahr später, Ende 1838, schreibt: *Zur Kritik der „positiven Philosophie"*. Formal handelt es sich wieder um eine Rezension, doch das besprochene Buch des Heidelberger Ordinarius' Jacob Sengler ist bloßer Anlass. Mit Anton Günther, Franz von Baader und einem halben Dutzend anderer gehört Sengler zum jenem Freundeskreis, der die von Immanuel Hermann Fichte 1837 gegründete *Zeitschrift für Philosophie und spekulative Theologie* herausgibt. Feuerbachs Text ist also in Wirklichkeit eine Breitseite gegen die theologisierende „positive" Philosophie der Spätromantik. Der Eröffnungssatz ist lang, mehrfach verschachtelt: ein Paukenschlag. Und dann sofort ein Stoß gegen das Grundaxiom der ganzen Richtung, nämlich Gott als Persönlichkeit: Wo die Persönlichkeit anfange, sei „die Philosophie an ihrem Ende". „Die Person ist ein Gegenstand der Anbetung, der Anstaunung, der Anfühlung, der Anschauung, aber kein Gegenstand der Wissenschaft, kein Gegenstand des Denkens. Person ist das von mir Unabsonderliche an mir, das, was nicht in den Begriff aufgeht, was außerhalb bleibt, das, was nicht über sich spekulieren lässt." Da sei Jacobi viel ehrlicher gewesen, er habe die Auffassung von der Persönlichkeit Gottes „zu einer *rein persönlichen* Wahrheit und Angelegenheit" gemacht und sich das Spekulieren über sie versagt.[320]

Diese Thematik hat Feuerbach schon in der Bayle-Monographie entwickelt (die jetzt offenbar schon eine Weile abgeschlossen ist), doch hier erscheint sie wesentlich klarer, konzentrierter. Die Argumentation ist anthropologisch, weil im Grunde psychologisch: „Alle Spekulation über ein persönliches Wesen ist nicht Philosophie, nicht Weisheit, sondern Naseweisheit ... wer, außer der vermessene Tor, wird die innern, subjektiven Gedanken und Vorgänge eines persönlichen Wesens ausspekulieren wollen? Glaube, Zutrauen, Achtung, Ehrfurcht, Liebe sind allein die innerhalb der Sphäre der Persönlichkeit liegenden adäquaten, gehörigen Verhältnisse, in denen du zu einem Wesen stehst, das ein *persönliches* ist. Wo du über ein persönliches Wesen zu spekulieren anfängst, da erklärst du, dass es dir ein Dorn im Auge ist ... Nur wo du mit ihm zerfallen bist, wo es dir feindlich gegenübersteht, wo es für dich den *Wert* der Persönlichkeit verloren hat, spekulierst du über das, was es ist, was es denkt und beabsichtigt, was es tut und spricht. *Religion* ist das *wahre* Verhältnis zu einem *persönlichen* Wesen. Die Verhältnisse des Gatten zur Gattin, des Kindes zum Vater, des Freundes zum Freunde, des Menschen zum Menschen sind in Wahrheit *religiöse* Verhältnisse."[321]

Der Vorwurf der Unredlichkeit des modernen Glaubens erhält eine neue Qualität: Nicht mehr die intellektuelle Unredlichkeit steht im Vordergrund, sondern die persönlich-menschliche einer ganzen Zeitströmung: Die Romantik hat „nicht die Demut der Religion, aber auch nicht den Mut des Unglaubens". Diese Religion ist „eine *Lüge*, mit welcher sich unsere Zeit aus der Not der Widersprüche ... herauszuhelfen sucht". In der detaillierten Auseinandersetzung namentlich mit Franz von Baader und Anton Günther führt Feuerbach eine Reihe von bekannten rationalistischen Argumenten ins Feld, doch einiges klingt neu: Ihre Spekulation sei Selbstbespiegelung: „So wird der Gedanke auf dem dunklen Grunde des Phantasmas zu einem *Spiegel*, in dem das Subjekt sich erblickt, aber unendlich vergrößert, so dass es dieses Ab- und Ebenbild seiner selbst für ein anderes Wesen, aber zugleich für sein Urbild hält." Oder prägnanter: „Jawohl ... euer Gott ist nur der umgekehrte Mensch."[322]

Mit dieser „Anthropologisierung" der Polemik gegen die Religion der Romantik geht Feuerbach noch weiter auf Distanz zur idealistischen Spekulation. Schon ziemlich am Anfang des Textes wird klar, dass er das Wort „Spekulation" praktisch nur noch negativ-kritisch verwendet, er postuliert einen grundsätzlichen Unterschied zwischen ihr und der Philosophie. Und auf der letzten Seite des Textes taucht unvermittelt das Thema jener Anmerkung in der Bayle-Monographie wieder auf, in der er dazu aufgerufen hatte, mit dem Bau von Systemen aufzuhören und dafür „kritisch-genetische Untersuchungen" anzustellen. Diese Seite liest sich wie ein Manifest – das sich freilich nun weniger an die Philosophen der Spätromantik als vielmehr an die angestammte Hegel-Schule wendet: „Die Philosophie muss allerdings über die Hegelsche Philosophie hinausgehen. Es ist spekulative Superstition, an eine wirkliche Inkarnation der Philosophie in einer bestimmten historischen Erscheinung zu glauben. Ihr wollt Philosophen sein und schließt in enge Zeit- und Raumgrenzen das ewig schaffende Leben des Geistes ein? ... Die Philosophie werde also frei und selbständig, aber sie werde auch einfach und natürlich. Die einfachsten Anschauungen und Gründe sind allein die wahren Anschauungen und Gründe ... Die spekulative Philosophie Deutschlands lasse daher das Beiwort ‚spekulativ' fahren und werde und nenne sich in Zukunft Philosophie schlechtweg – Philosophie ohne Bei- und Zusatz. Die *Spekulation* ist die *betrunkene* Philosophie. Die Philosophie werde daher wieder nüchtern. Dann wird sie dem Geiste sein, was das reine Quellwasser dem Leibe ist." In einer Fußnote schränkt Feuerbach ein, Hegel sei mit dieser Kritik nicht direkt gemeint, freilich habe er den Niedergang der spekulativen Philosophie „mit veranlasst".[323]

Vorstudien

Mit seinem vierten Beitrag für die „Hallischen Jahrbücher" griff Ludwig Feuerbach in eine Debatte ein, die seit zwei Jahren in ganz Deutschland die Gemüter bewegte und die politisch-weltanschaulichen Fronten durcheinanderbrachte: 1837 wurde der Kölner Bischof von den preußischen Be-

hörden inhaftiert. Der Grund: Als streng romtreuer Mann bestand er darauf, dass gemischt-konfessionelle Paare ihre Kinder ausschließlich katholisch erzogen. Sein Vorgänger hatte eine liberalere, vom preußischen Staat
eingeführte Regelung toleriert: die Söhne wurden in der Konfession des
Vaters, die Töchter in der Konfession der Mutter unterrichtet. Im überwiegend katholischen Rheinland, das sich als preußische Provinz ohnehin von
Berlin kolonisiert fühlte – fast die gesamte Beamtenschaft stammte aus
Altpreußen – hatte die rechtswidrige Festsetzung des Bischofs die Massen
mobilisiert wie kaum je zuvor. Für den vor allem in Süddeutschland aktiven politischen Katholizismus war sie eine im Grunde willkommene Pro-
vokation. Joseph Görres schrieb seine wütende Streitschrift *Athanasius*, in
der er die preußische Bürokratie und den Protestantismus zugleich angriff.
Konservative protestantische Kreise hingegen verstanden die Reaktion des
katholischen „Ultramontanismus“ als Kampfansage an den Staat überhaupt.

Ein Ergebnis war, dass die bisher stillschweigend geübte Solidarität zwischen katholischem und protestantischem Konservativismus zerbrach.
Was ebenfalls endgültig auseinanderbrach, das war die Hegel-Schule.
Schon das liberale Hegel-Verständnis von Eduard Gans hatte eine „linke“
Tendenz hervorgebracht, und das *Leben Jesu* von David Friedrich Strauß
hatte den Graben vertieft. Nun radikalisierten sich diese „Junghegelianer“,
die sich um die „Hallischen Jahrbücher“ scharten, sehr schnell, auch politisch.[324] Die „rechte“ Hegel-Schule, angeführt von Johann Eduard Erdmann (dem Philosophiehistoriker, von dem Feuerbach zwei Werke rezensierte), schloss sich hingegen dem politisch konservativen Lager an. Einer
der „rechtesten“ Hegel-Schüler, der Hallenser Historiker Heinrich Leo, der
schon auf Görres *Athanasius* mit einem „Sendschreiben“ geantwortet
hatte, griff nun mit der Streitschrift *Die Hegelingen* die Junghegelianer an.
Diese waren in den „Hallischen Jahrbüchern“ nicht nur, wie es sich „gehörte“, gegen die Ultramontanisten zu Felde gezogen, sie hatten auch dem
preußischen Staat vorgeworfen, seiner Berufung zum aufgeklärten Ver-
nunftstaat untreu geworden zu sein. Die Auseinandersetzung ging als
„Leo-Hegelscher Streit“ in die Annalen ein.[325]

Angeregt durch die Berichterstattung in der *Augsburger Allgemeinen Zeitung*, hatte Feuerbach einen Beitrag aus eigener Sicht geschrieben. Er
wollte ihn schon bei seinem angestammten Verleger in Ansbach als geson-

derte Schrift herausbringen, doch jetzt bietet er ihn – noch ganz schüchtern, er ist ja erst seit kurzem dabei – den „Hallischen Jahrbüchern" an mit der Überschrift: „Der wahre Gesichtspunkt, aus welchem der ‚Leo-Hegelsche Streit' beurteilt werden muss; in Beziehung auf die in der ‚Augsburger Allgemeinen Zeitung' hierüber enthaltenen Artikel." Ruge ist hell begeistert und gibt das Manuskript gleich in Druck. Doch nach zwei Folgen verbietet die Zensur den weiteren Abdruck. Es ist das erste Mal, dass die Zeitung mit der Behörde in direkten Konflikt gerät. Ruge, der „höchst unangenehm dadurch derangiert und turbiert" ist, fährt extra von Halle nach Leipzig, doch er kann nichts ausrichten. Er schlägt Feuerbach vor, die Schrift als eigenständige Broschüre dem Verleger der „Hallischen", Otto Wigand, anzubieten. Wigand akzeptiert nicht nur, er fühlt sich sogar geehrt und bietet ein höheres Honorar als üblich, auch besseres Papier – nach all den Demütigungen der letzten Jahre muss Feuerbach sich gefühlt haben wie damals, als er Post von Eduard Gans und Kultusminister Altenstein bekam. Die Schrift erscheint also leicht überarbeitet und mit einer Vorrede versehen in Mannheim unter dem Titel: *Über Philosophie und Christentum in Beziehung auf den der Hegelschen Philosophie gemachten Vorwurf der Unchristlichkeit.*[326]

Feuerbachs Stellungnahme im Streit ist weit radikaler als alles, was von anderen Junghegelianern kam. Er sieht im Konflikt nämlich nicht einen Gegensatz zwischen Protestantismus und Katholizismus – das war die argumentative Basis Ruges und anderer Junghegelianer –, sondern einen fundamentalen Gegensatz zwischen Religion und wissenschaftlicher Vernunft. Der Vorwurf gegen Hegel, seine Philosophie sei nicht christlich genug, sei also nicht nur unsinnig, sondern widersinnig, denn eine christliche Philosophie könne es gar nicht geben, sowenig wie eine christliche Mathematik, Mineralogie oder Biologie. An Hegels Religionsphilosophie sei zu kritisieren, dass sie *zu* christlich sei, indem sie Christentum und Philosophie in Einklang bringen wolle. In der Substanz argumentiert Feuerbach mit der Unvereinbarkeit der beiden Standpunkte, die wir schon kennen: Religion und Philosophie sind inkompatibel, denn sie beruhen „auf entgegengesetzten Geistestätigkeiten".

Diese Unvereinbarkeit, die in den Monographien über Leibniz und Bayle eher akademisch-zurückhaltend ausgesprochen war, wird nun mit beißender Schärfe als Kritik reaktionärer Ideologien formuliert: Eine sich christlich gebende Philosophie sei nichts als Lüge und Heuchelei. Die von den „Christentümlern der Gegenwart" erhobene Forderung, die Philosophie müsse christlich sein, sei „pöbelhaft", genauso wie es pöbelhaft wäre, die Religion anzugreifen, „wie sie als *Glaube* des einzelnen oder als Volksglaube existiert und durch Handlungen des ... Kultus sich ausspricht". Der Wissenschaftler oder Philosoph hat genauso das Recht auf Respekt wie der religiös Gläubige – sofern sein Glaube ein lebendiger, echter sei. Doch diese Echtheit spricht Feuerbach dem Glauben seiner Zeit generell ab: ihr Glaube sei *„kein wahrer, kein lebendiger, kein gründlicher Glaube* mehr". Die aufklärerische Argumentation ist also im wesentlichen dieselbe wie in der Bayle-Monographie, nur polemischer und ausgreifender: Die Entdeckungen der Wissenschaft, so führt Feuerbach breit und mit brillanter Polemik aus, haben den Glauben unmöglich gemacht: „Nur die Sophistik der Charakterlosigkeit kann sich einbilden, dass man in natürlichen Dingen gescheuter werden kann, ohne es in religiösen Dingen zu werden, d. h., dass man mit dem *einen* Beine Fortschritte machen kann, während man mit dem *andern* Beine noch immer auf dem alten Flecke steht."[327]

Die Vorrede ist ein halbes Jahr nach dem Haupttext entstanden. Feuerbachs Gedankengänge sind hier also schon weiter gediehen, und die Argumentation ist entsprechend konziser als dort. Und sie konzentriert sich auf die Frage: Was unterscheidet Religion und Philosophie? Dabei erscheint deutlich der neue Ansatz, der Feuerbach zu seiner qualitativ neuen Religionskritik führen wird. Er entwickelt sich aus der Auseinandersetzung mit der Ideologie der reaktionären politischen Romantik, die zwischen Religion und Philosophie allenfalls einen Unterschied der Form, nicht aber des Inhalts gelten lassen will und behauptet, derselbe Inhalt erscheine einmal „in der Form des Gedankens", ein andermal „in der Form der Vorstellung und Empfindung".[328]

Für Feuerbach wird damit „das Unwesentliche zum Wesentlichen und das Wesentliche zum Unwesentlichen gemacht": Das Wesentliche an der Religion sei nicht das *Was*, sondern das *Wie*, nämlich die Tatsache, dass ihr Inhalt „Gegenstand nur des Gemüts und der Phantasie" sei. Diese Tatsache konstituiert nicht nur die „kritische Differenz", sondern begründet die „empirische" Herangehensweise. Feuerbach wird sie später anthropologisch nennen, zur Zeit benützt er noch das idealistische Vokabular: Er

will die Religion „in ihrem *wirklichen, bestimmten, spezifischen* Charakter
an der Hand der Empirie" gefasst sehen.[329]

Eine andere Stelle, mitten im Text, mitten im Feuer der Polemik, weist
ebenfalls auf die spätere Entwicklung hin: Der gegen Hegel erhobene Vorwurf, Gott sei für ihn nur ein „Gattungsbegriff", veranlasst Feuerbach zur
Frage: „Kann denn ein menschliches Individuum in seinen Kopf oder sein
Gemüt etwas aufnehmen, was nicht ursprünglich aus dem *Wesen* der
Menschheit, *aus seiner Gattung,* stammt?" In dieser Form kann das noch
als hegelianisch gelten, auch noch, wenn Feuerbach folgert: „Was sind
denn alle Prädikate … welche die Spekulation – und selbst die Religion –
der Gottheit geben kann, als *Gattungsbegriffe* – Begriffe, die der Mensch seiner Gattung entnimmt? Sind denn Wille, Verstand, Weisheit, Wesen, Realität, Persönlichkeit, Liebe, Macht, Allgegenwart nicht *Gattungsbegriffe?"*
Doch man braucht die Aussage nur anders zu wenden – Feuerbach wird
das auch tun –, dann hat man den Kern der Feuerbachschen Religionskritik: Diese „Gattungsbegriffe" oder menschlichen Eigenschaften werden in
Gott verabsolutiert: Gott ist also das Produkt des Menschen. Die Stelle enthält auch den Kern seiner späteren fundamentalen Kritik des Idealismus:
Wenn der Mensch nicht „über sein Wesen, seine Gattung hinaus" kann,
dann ist auch der idealistische Erkenntnisstandpunkt, der sich als „absolut",
als über allem stehend behauptet, vom Prinzip her „rationelle Mystik".[330]

Am Ende der Vorrede deutet Feuerbach an, dass er an einer umfassen-
deren religionskritischen Arbeit sitze. In einer der kurzlebigen Zeitschriften der Epoche veröffentlicht er im Frühjahr 1839 einen Aufsatz „Über
das Wunder". Es ist für ihn eine Art Fallstudie. Im Verhältnis zu den vorhe-
rigen Schriften nimmt der aufklärerische Spott über den Wunderglauben
wenig Raum ein. Feuerbach versucht vielmehr zu verstehen, wie es zum
Wunderglauben kommt. Er stellt fest: Das „wunderbare Faktum" als solches bewirkt nichts. Es muss die entsprechende Bereitschaft, „ein *besonderer Wundersinn* oder Wunderglaube" hinzukommen, sonst wird das Wunder nicht als solches wahrgenommen. Das Wunder hat die Funktion, eine
bereits bestehende Vorstellung „zu bestätigen und sinnlich zu beglaubi-
gen". Es widerspricht der Vernunft, jedoch keineswegs dem Menschen.
Im Gegenteil: Dieser zeigt „einen starken Hang zum Wunderglauben; er
ist sogar *wundersüchtig."* Die Wunder sind also „*psycho-* oder vielmehr
anthropologische Erscheinungen; sie haben ihren Grund im Menschen".

Dieser Grund sind Herz und Phantasie. Das Herz hält „seine Gefühle für Wahrheiten ... die Phantasie ihre Phantasien für Realitäten". Später wird er den Zusammenhang in die griffige Formulierung gießen: „Dass da Wunder geschehen, wo Wunder geglaubt werden, ist kein Wunder."[331]

Das Scharnier

Zwischen diesen drei religionskritischen Schriften, vielleicht auch schon vorher, schrieb Feuerbach einen seiner wichtigsten Texte überhaupt: „Zur Kritik der Hegelschen Philosophie". Der Aufsatz sei „unwillkürlich, rein zufällig entstanden – ein bloßes Fragment", merkte er bescheiden in einer Fußnote an. Und er zögerte sehr lange, bevor er ihn Ruge zur Veröffentlichung in den „Hallischen Jahrbüchern" schickte. Ursprünglich sollte es eine Rezension sein: Ruge hatte ihn schon im Juli 1838 gebeten, *Idee und Geschichte der Philosophie* von Karl Theodor Bayrhoffer zu rezensieren. Der Auftrag brachte ihn in Verlegenheit: Bayrhoffer, ein glühender Anhänger Hegels, hatte behauptet, in der Philosophie des Meisters sei die absolute Idee der Philosophie Realität geworden, man könne sie allenfalls noch verfeinern. Feuerbach mochte den jungen Philosophieprofessor nicht abkanzeln, dazu fand er ihn zu talentiert und zu ernsthaft (Bayrhoffer trat später als mutiger Kämpfer für die Demokratie hervor, nach 1848 gehörte er, zeitweilig als Präsident, der Hessischen Kammer an; Anfang der fünfziger Jahre wurde er gerichtlich verfolgt und musste fliehen, er starb als Farmer in den USA). Ohne den Verfasser namentlich zu nennen, doch mit eindeutigem Bezug auf Bayrhoffers Buch hatte Feuerbach im Dezember 1838 an seine Rezension „Zur Kritik der positiven Philosophie" jene Ermahnung angehängt: „Es ist spekulative Superstition, an eine wirkliche Inkarnation der Philosophie in einer bestimmten historischen Erscheinung zu glauben." Zu mehr konnte er sich auch in den Monaten danach nicht durchringen, obwohl Ruge die Bayrhoffer-Rezension zweimal dezent anmahnte. Er wurde sich bewusst, dass eine Kritik dieses Buches „sich unwillkürlich, aber notwendig gegen den Meister richten"[332] musste. Erst Mitte Mai 1839, also mehr als ein Dreivierteljahr nach dem Auftrag, schickte er den Text nach Halle. Aus der Rezension war ein Aufsatz geworden, in dem das zu besprechende Buch nur noch nebenbei erwähnt wird.[333]

Seine Kritik sei „vollkommen anspruchslos", schreibt Feuerbach in der Fußnote, „von *seinem* Standpunkt aus gemacht". Er wollte sie auch anonym veröffentlichen oder höchstens mit „F." zeichnen, doch Ruge hielt sich nicht daran. Im Ton ist sie so leise wie keine andere Schrift des frühen Feuerbach. Um so dichter ist der Inhalt (die Lektüre erfordert einige Konzentration): Sie stellt keine geringere Frage als die nach dem Erkenntniswert von philosophischen Systemen. Die Philosophen des deutschen Idealismus nach Kant hatten ihr Denken in strenger Systemform präsentiert, und in ihrem Gefolge glaubte jeder, der in der Philosophie etwas beizutragen gedachte, es in Form eines eigenen „Systems" tun zu müssen. Nach dem Appell in der Bayle-Monographie und in der „Kritik der positiven Philosophie", mit dieser wahren Manie Schluss zu machen („Systeme sind uns nicht nötig …"), geht er nun der Sache auf den Grund, auf sehr subtile Weise.[334]

Er anerkennt durchaus den Wert der Systeme als Formen der *Darstellung*: Sie sind Instrumente des Mitteilens, sie sollen andere etwas erkennen lassen. Er billigt ihnen auch einen gewissen Selbstwert zu, insofern diese Darstellung zur hohen Kunst werden kann: „Der Systematiker ist darum Künstler; die Geschichte der philosophischen *Systeme* ist die Bildergalerie, die Pinakothek der Vernunft. Hegel ist der vollendetste *philosophische* Künstler, seine Darstellungen sind *unübertroffene Muster des wissenschaftlichen Kunstsinnes* und wegen ihrer Strenge *wahre Bildungs- und Zuchtmittel des Geistes.*" Dennoch ist die Darstellung nicht die Vernunft selbst, sondern nur eine Form des Mitteilens, und insofern „nur *Ausdruck*, nur *Bild* der Vernunft". Wird dies verkannt, schadet das System sogar, es „*beschränkt* und verdirbt den Geist, denn es setzt das mittelbare, formale Denken an die Stelle des unmittelbaren, ursprünglichen, materialen Denkens". Dieses ursprüngliche, materiale Denken ist *früher* als das darstellende System, es geht ihm voraus. Wenn also ein System behauptet, einen absoluten Anfang zu machen, so stimmt das nur *innerhalb* des Systems.[335]

Ein solches System sei Hegels *Logik*, die mit dem „reinen Sein" anfange und dann bis zur Idee fortschreite: „Freilich, wer A sagt, muss auch B sagen. Wer einmal sich in das Sein der ,Logik' am Anfang findet, der findet sich auch in die Idee; wem dieses Sein sich beweist, dem hat sich per se [ebendamit] auch schon die Idee bewiesen." Die Entscheidung findet vor diesem Anfang statt: „Aber wie, wenn nun einer durchaus nicht A sagen will? Wenn er sagt: ‚Dein unbestimmtes, reines Sein ist nur eine Abstraktion, der gar nichts Reelles entspricht.“ Die sinnliche Anschauung mit dem Verstand als ihrem Advokaten erhebt nämlich Einspruch: „Das Sein lässt sich nicht für sich absondern.“ Und das ist nun für Feuerbach der springende Punkt: Diesen Einspruch soll die Philosophie nicht einfach vom Tisch wischen, sondern als „Widerspruch“ ernstnehmen. Es hilft gar nichts, dass sich ein System als schlüssig und damit als „wissenschaftlich“ beweist. Es muss sich gegen den Einspruch des Verstandes beweisen. Der Verstand ist „das Andere“ des reinen Denkens, und dieses Andere muss überzeugt werden. „Beweisen auf dem Gebiete der Philosophie heißt also nichts anderes, als dass der Widerspruch des sinnlichen Verstandes gegen den reinen Gedanken überwältigt wird, der Gedanke nicht *nur für sich*, sondern auch für sein Gegenteil wahr ist.“ Das Denken muss also mit dem Widerspruch gegen sich selbst beginnen, sonst ist es nicht dialektisch, sondern nur „Monolog der Spekulation mit sich selbst“.[336]

Feuerbachs Kritik an der Hegelschen Philosophie lautet nun, sie habe sich diesem Widerspruch am Anfang nicht gestellt, sondern das Absolute „als eine Wahrheit“ vorausgesetzt. Hegel habe dieses Absolute von Spinoza, Fichte und Schelling unbefragt übernommen und lediglich die Form berichtigt: „Er machte der absoluten Identität nicht ihre Existenz, ihre objektive Realität streitig; er setzte die Schellingsche Philosophie als eine dem *Wesen* nach wahre Philosophie voraus, er machte ihr nur den Mangel an *Form* zum Vorwurf. Hegel verhält sich daher ebenso zu Schelling wie Fichte zu Kant. Beiden war die ihrem Inhalt, ihrer Materie nach wahre Philosophie da … Beide waren Kritiker nur gegen das Besondere, *gegen die Eigenschaften*, nicht gegen das *Wesen* der vorhandenen Philosophie.“ Hegels Beweis des Absoluten ist bloß systemimmanent: Schon vor der Beweisführung wusste er das Ergebnis. Die Entäußerung der Idee ist eine Komödie: „sie tut nur so, aber es ist nicht Ernst; *sie spielt*“, genauso wie sie nicht mit dem „Anderssein des Gedankens“ beginnt, sondern „mit dem *Gedanken von dem Anderssein des Gedankens*“. Zwar ist Hegels Philosophie – Feuerbach belegt dies ausführlich anhand des Subjekt-Objekt-Verhältnisses bei Fichte, Schelling und Kant – ein entscheidender Fortschritt innerhalb des Idealismus. Sie hat also eine zwar „kritische“, jedoch – und genau darauf käme es an – keine „*genetisch*-kritische“ Bedeutung: Sie hinterfragt nicht kritisch die Genesis, den Ursprung ihrer Grundannahmen.[337]

Der Aufsatz wurde, wie Feuerbach sich später beklagen wird, von den Zeitgenossen „aufs leichtsinnigste überhudelt".[338] Für den Kreis um die „Hallischen Jahrbücher", in dem immer lärmender debattiert wurde, war er wohl zu subtil und zu leise. Auch der heutige Leser hat Mühe, seine Relevanz zu verstehen, weil die Verstiegenheit der philosophischen Spekulation jener Zeit kaum noch nachvollziehbar ist. Für das Verständnis von Feuerbachs philosophischer Entwicklung ist der Text jedoch entscheidend. Er ist eine Art Scharnier: Die Zuversicht in die Hegelsche Philosophie als Weg der Erkenntnis ist geschwunden. Bedenken, die schon früher bestanden, die Feuerbach aber nicht aussprechen mochte, weil er sich noch nicht sicher fühlte und ihn außerdem unqualifizierte Angriffe auf Hegel seine Verteidigung ergreifen ließen, gewannen nun die Oberhand. Die ungebundene Existenz auf dem Dorf, weitab vom Universitätsbetrieb, war für Feuerbach, wie er später einem Freund schreiben wird, der archimedische Punkt.[339] Sie brachte den nötigen Abstand von der akademischen Philosophie. Mit diesem Abstand schwand auch die Faszination, die ihn bisher an die Philosophie des Geistes gefesselt hatte. Die Leibniz-Monographie war der letzte Versuch gewesen, Spekulation und sinnliches Erleben der Natur zu versöhnen. Das Ergebnis hielt der täglichen Gegenüberstellung nicht stand, und diese Erfahrung wiederum schärfte den Blick: Hegels System erschien als „*rationelle Mystik* ... zugleich anziehend, zugleich aber auch abstoßend ebensowohl für mystisch-spekulative Gemüter ... als für rationelle Köpfe". Der „Trieb der Wahrheit" erheischt die unbeschränkte und primäre Aufmerksamkeit auf die Natur – „Natur im universellsten Sinne des Worts" – sie ist der „Inbegriff der Wirklichkeit". Und das Höchste in der Philosophie ist – wie in der Kunst – allemal das menschliche Wesen. „Eitelkeit ist daher alle Spekulation, die über die Natur und den Menschen hinauswill."[340]

In der Bayle-Monographie, in der erwähnten hegelkritischen Anmerkung, hatte die Kritik der Spekulation wesentlich schärfer geklungen: sie sei „das unsauberste, unkritischste Ding von der Welt".[341] Das aufklärerische Motiv der Kritik ist also das, was Feuerbach stärker antreibt. Wäre das erkenntniskritische Motiv, wie es in der „Kritik der Hegelschen Philosophie" erscheint, allein bestimmend gewesen, hätte Feuerbach vielleicht so etwas wie eine neue Phänomenologie begründet – oder sich ganz auf die Naturwissenschaften verlegt, worauf er durchaus Lust gehabt hätte.[342]

Doch in der Zeit, in der er sein leises „Bedenken" niederschrieb, befand er sich mitten in einer Arbeit, die ihn zum dezidierten Hegel-Gegner, ja zum Hegel-Kritiker schlechthin machen wird: *Das Wesen des Christentums.*

5. Die Entdeckung

Rücksichten

Den Aufsatz „Zur Kritik der Hegelschen Philosophie" hatte Feuerbach Mitte Mai 1839 an Ruge geschickt, abgedruckt wurde er in neun Folgen Anfang September. Doch da hatte Ludwig Feuerbach, in einem „Wirrwarr von Angst und Freude"[343], den Kopf ganz woanders: Am 6. September kam Lorchen zur Welt, „Tochter nicht nur meines Leibes, sondern auch Geistes", wie es in einem späteren Tagebuchtext heißt.[344] Das Kind wurde getauft, als Paten bekam es aber nicht einen der mehr oder weniger christlich gebliebenen Brüder, sondern den Freidenker Christian Kapp.

Die Freundschaft mit dem um sechs Jahre älteren Kapp stammte aus Feuerbachs erster Erlanger Dozentenzeit. Einige Jahre früher als Feuerbach hatte auch Kapp bei Hegel studiert, und auch er war unter direktem Einfluss des Meisters von der Theologie zur Philosophie gewechselt. Seit 1823 war er in Erlangen außerordentlicher Professor für Philosophie, doch er hielt es immer weniger aus im Hort des Pietismus. 1832 ließ er sich in den zeitweiligen Ruhestand versetzen, offiziell aus gesundheitlichen Gründen. Tatsächlich zog er bald nach Heidelberg, die Heirat mit einer wohlhabenden Pfälzerin hatte ihm finanzielle Unabhängigkeit beschert; eben hatte er dort eine Honorarprofessur angenommen (er wurde bald Ordinarius, sogar Hofrat). Kapp war auch, wie schon erwähnt, mit der Familie Stadler schon liiert gewesen, als Ludwig Feuerbach Bruckberg entdeckte, außerdem war er mit Carl Daub befreundet, jenem Heidelberger Theologieprofessor, der Feuerbach zu Hegel und zur Philosophie hin lenkte.

Bisher hat das Verhältnis zwischen den beiden Männern eher dem eines wohlhabenden Gönners zum brotlosen Schriftsteller entsprochen. Ein Besuch im Sommer oder Frühherbst dieses Jahres muss die beiden persönlich nähergebracht haben, denn nun sind sie per Du und schreiben sich lange, übermütige Episteln. Sie tauschen sich vor allem über Geologie aus, die beider Leidenschaft ist (Kapp hat Feuerbach angesteckt), und man beschenkt sich gegenseitig mit Steinfunden. Die Familien werden sich fortan jährlich gegenseitig besuchen, bis zum Revolutionsjahr 1848, in dem Feuerbach und Kapp einen gemeinsamen Kampf führen. Danach hört der Briefverkehr zwar auf, doch Feuerbach besucht seinen alten Freund noch 1868, als dieser, seit längerem schwer krank, nur noch den Tod herbeisehnt.[345]

Feuerbach will den Freund auch literarisch würdigen. In den „Hallischen Jahrbüchern" rezensiert er Ende 1839 anonym eine Schrift mit dem Titel: „Dr. Christian Kapp und seine literarischen Leistungen", deren Autor nicht angegeben ist – womöglich war es Feuerbach selbst.[346] Er lobt Kapp mit Wendungen, die ihm selbst gelten könnten: Der Mann sei nicht nur absolut frei von jeglichem Schuldenken, sondern auch von jener Beschränktheit, „welche die Philosophie nur in ihrer Abstraktion, nur im Sinne einer besondern Wissenschaft fasst und betreibt, indem sie den Inhalt der übrigen Wissenschaften als (angeblich) nur empirisches Zeug von sich wirft". Als erster unter allen „jüngern Denkern" habe er, „die erhabne Bestimmung der Wissenschaft, die Bedeutung derselben als einer weltreformierenden Macht, als der wahren Heilquelle der siechen Gegenwart" verkündet. Die Freundschaft zwischen den charakterlich sehr ungleichen Männern verträgt es, wenn Feuerbach die chaotische Schreibweise Kapps aufs Korn nimmt: Vor allem die früheren Schriften seien „im ganzen, wenigstens für das allgemeine Publikum, schlechterdings ungenießbar". Das müsse man aber in Kauf nehmen: Wenn einer „mit solcher Kraft die Feder führt, wie sollte der nicht unleserlich schreiben?"[347]

Natürlich möchte Feuerbach Kapp auch zu den „Hallischen Jahrbüchern" locken. Er vermittelt den Kontakt zu Ruge, doch die beiden können nicht miteinander, und abgesehen von der Rezension eines Büchleins von Henriette Feuerbach kommt es zu keiner Zusammenarbeit.[348] Um so mehr will Ruge Beiträge von Feuerbach: Als dieser ihm schreibt, die Schrift zum Leo-Hegelschen Streit sei „Wasser auf meine Mühle" gewesen, weil es ihn zu Materien hin dränge, „die unmittelbar in die Lebensfragen der Gegenwart eingreifen, zugleich aber ein philosophisches Interesse haben"[349], frohlockt er schon. Er möchte ihn zu einer Attacke auf die konservativen Historikerschulen oder auf „Erlangen und die bayerischen Zustände" animieren – doch Feuerbach mag nicht, weicht aus: „So ex abrupto, aus dem abstrakten Vorsatze zur Kritik den animus zur Kritik zu holen, statt aus dem Pathos, der Animosität den Vorsatz unwillkürlich entstehen zu lassen", das sei ihm unmöglich.[350]

Den wahren Grund der Ablehnung gibt er freilich auch an: Er habe eine Arbeit vor, die „diesen Winter wenigstens den Hauptpartien nach vollendet werden muss". Schon mehr als zwei Jahre vorher, in der Bayle-Monographie, hatte er das Projekt angedeutet, und in fast jeder Schrift seither war ein versteckter Hinweis zu finden. Im vergangenen Frühjahr hatte er noch an den „Vorarbeiten" gesessen und dazu „auch die alte katholische Dogmatik – den Petrus Lombardus, die Konzilienbeschlüsse, den heiligen Bernhard, den langweiligen Ambrosius etc. ganz durchgemacht". Mit dem Buch will er „tief in die Lebensfragen der Zeit" eingreifen. Nun ist er offenbar dabei, das Fünfhundert-Seiten-Werk zu redigieren. Der Arbeitstitel – das verrät er Ruge ebenfalls – lautet *Kritik der unreinen Vernunft*.[351]

Im Juni 1840 liegt die Arbeit „fix und fertig zum Druck bereit".[352] Doch nun soll Feuerbach sie plötzlich zurückhalten: In Freiburg ist er für eine Berufung vorgeschlagen worden, sogar „primo loco cum eminentia", also an erster Stelle mit Vorrang. Die Geistlichkeit schreie zwar Feuer und Mordio, erfährt Schwägerin Henriette vor Ort, sie wendet sich aber an Kapp, der sich der Sache energisch annimmt. Er hat inzwischen alles fein eingefädelt: ein hervorragendes Gutachten geschrieben, einen badischen Ministerialrat und einen Freiburger Professor für die Sache gewonnen. Feuerbach solle nun vernünftig sein und sich an seine Vaterpflichten erinnern.[353] Dieser reagiert erst verwundert, fast belustigt: Es sei ihm schlicht unbegreiflich, wie diese katholische Universität ihn wollen könne, ihn, „den Verfasser des *Bayle* und anderer solcher ‚frecher, ruchloser, alles Menschliche und Göttliche vernichtenden Schriften'", wie es erst kürzlich wieder in einer Rezension hieß. Er mache sich keine Illusionen, aus der Sache werde nichts: „Die Welt ... hat zu viel Vorurteile gegen mich. Und mir liegt nichts daran, sie zu zerstreuen."[354]

Immerhin schickt er Belegexemplare seiner philosophiehistorischen Schriften nach Freiburg. Die Sache zieht sich hin: Die katholische Fakultät lehnt ihn strikt ab, die badische Regierung hingegen will ihn und lässt deshalb die Stelle vorläufig unbesetzt. Doch als Bruder Anselm im März 1841 wieder zu Geduld mahnt und ihn dringend bittet, einstweilen „jeden direkten oder leidenschaftlichen Ausfall gegen das positive Christentum zu vermeiden", ist es zu spät: Das Buch ist bereits im Druck.[355]

Im Januar hatte Feuerbach es dem Leipziger Verleger Otto Wigand angeboten.[356] Dieser mutige Verleger hatte im Jahr zuvor schon die Schrift *Über Philosophie und Christentum* in Mannheim drucken lassen, nachdem die Zensur den Abdruck in den „Hallischen Jahrbüchern" gestoppt hatte. Sein damaliges Versprechen, Feuerbach Vorzugskonditionen zu bieten, löste er jetzt ein: Er akzeptierte sofort die Honorarforderung von 400 Gulden für die erste Auflage und wollte das Buch auch gleich zur Ostermesse herausbringen. Das wiederum verhinderte der Autor, der nun, als es ernst wurde, sein Manuskript unleserlich fand, große Teile davon abschrieb – und nebenbei überarbeitete. Auch kürzte: So fiel beispielsweise eine allzu fachphilosophische Abhandlung über die Gattungsproblematik einer „Radikalkur" zum Opfer.[357]

Lange konnte er sich auch nicht entschließen, ob er das Buch namentlich zeichnen oder anonym herausbringen und welchen Titel er ihm geben sollte: „Kritik der unreinen Vernunft" (in Anlehnung an Kants Hauptwerk *Kritik der reinen Vernunft*), „Erkenne dich selbst", „Die Wahrheit der Religion und die Selbsttäuschung der Theologie". Erst im allerletzten Moment, vier oder fünf Wochen vor dem Erscheinen des Buches, hatte er den rettenden Einfall: Das Wort „Christentum" musste hinein, es war das Reizwort der Zeit schlechthin, also: *Das Wesen des Christentums*.[358]

Das Hauptwerk. Teil I

Der „geneigte und ungeneigte Leser" finde, so schreibt Feuerbach im Vorwort, in diesem Buch das „ausgebildet, durchgeführt, begründet", was sich in seinen bisherigen Arbeiten verstreut an „meist nur gelegentlichen, aphoristischen und polemischen Gedanken" gefunden habe.[359] Das ist ziemlich untertrieben. In Wirklichkeit brachte das Werk gegenüber der herkömmlichen Religionsphilosophie eine Wende, die schon fast als kopernikanisch gelten darf: Wenn etwa die Philosophen des deutschen Idealismus über die Religion spekulierten, nahmen sie die christlichen Glaubensinhalte als *ge-*

gebene Wahrheiten hin, sie bauten sie in ihre Systeme ein, explizierten und demonstrierten sie als Vernunftwahrheiten. Eine solche „spekulative" Religionsphilosophie – einschließlich der Hegelschen – ist für Feuerbach „keinen Schuss Pulver wert"[360]: Erstens bringt sie nichts, denn sie lässt die Religion bloß das sagen, „was sie selbst gedacht und weit besser sagt". Zweitens verkennt sie das Eigentümliche, Spezifische der Religion und zerstört sie dadurch geradezu. Denn dieses Eigentümliche ist die Bildhaftigkeit: „Die Religion ist wesentlich dramatisch ... Wer der Religion das Bild nimmt, der nimmt ihr die Sache." Die bisherige Religionsphilosophie hat die Bilder zu Gedanken gemacht, Feuerbach hingegen will die Bilder *als Bilder* ernst nehmen.[361]

Ludwig Feuerbach als Verteidiger der Religion? Ja, in gewissem Sinne schon. Natürlich nicht als Verteidiger des „feigen, charakterlosen, komfortablen, belletristischen" Christentums seiner Zeit; von dem will er höchstens wissen: „Was war einst das Gespenst, als es noch ein Wesen von Fleisch und Blut war?" Was ihn interessiert, das ist die Religion jener schon fernen Vergangenheit, als das Christentum „seine klassischen Zeiten gehabt", als noch „der alte unbedingte, begeisterungsvolle Glaube" unangefochten die Gemüter beherrschte.[362]

Das Buch hat zwei Teile: Der erste behandelt die Religion in ihrer *Übereinstimmung* mit dem Wesen des Menschen, der zweite die Religion in ihrem *Widerspruch* mit dem Wesen des Menschen. Der erste Teil ist fast doppelt so lang wie der zweite, und er enthält lange Passagen, die den Untersuchungsgegenstand so ernst nehmen, dass sie sich ohne Abstriche in einem Andachtsbuch oder einer Predigt verwenden ließen. So etwa, wenn es um die Leidensgeschichte oder um das Gebet geht: Da ist die Passion „die ergreifendste Geschichte für das menschliche Herz", und das Gebet, „welches in der Verzweiflung beginnt und in der Seligkeit endet", das Eingeständnis der menschlichen Schwachheit, in dem der Mensch Gott „seine *geheimsten* Gedanken, seine innigsten Wünsche" beichtet. Feuerbach und gotteslästerlich? Wie könnte er dann – ohne jede Ironie – schreiben: „Gott ist eine Träne der Liebe in tiefster Verborgenheit, vergossen über das menschliche Elend"? Nein, dieses Buch nimmt die Religion *sehr* ernst.[363]

Trotzdem hatte natürlich jener theologische Rezensent nur allzu Recht, wenn er es als „giftige Schrift" bezeichnete.[364] Was sich tatsächlich als

„Gift" verheerend ausgewirkt hat und bis heute fortwirkt ist folgendes: Die französischen Aufklärer hatten die Religion als „Pfaffenbetrug" verworfen, dagegen konnte man sich wehren. Feuerbach aber verwirft die Religion nicht pauschal, er ist nicht einfach Gottesleugner, er distanziert sich sogar ausdrücklich vom Atheismus im landläufigen Sinne. Doch er entzieht der Religion die übernatürliche Herkunft und damit die Legitimation. Er sagt: Religiös sein, an Gott glauben, das ist menschlich – aber auch nicht mehr. Die Religion ist ein natürliches, anthropologisches Faktum, eines unter vielen. Man kann es so analytisch untersuchen und erklären wie jedes andere Objekt wissenschaftlicher Forschung.

Feuerbach betätigt sich also als „geistiger Naturforscher". Sein anthropologischer Erklärungsansatz lautet: *„Die Religion ist die Reflexion, die Spiegelung des menschlichen Wesens in sich selbst."* – *„Gott ist der Spiegel des Menschen."*[365] Das bedeutet zweierlei. Erstens: Dass der Mensch die Vorstellung von einem Gott produziert, hat bestimmte Ursachen und eine bestimmte Funktion. Zweitens: Die Gottesvorstellung erlaubt Rückschlüsse auf das Wesen des Menschen. Im Grunde tut Feuerbach nichts anderes als das, was später Freud tun wird, wenn er den Traum einerseits entschlüsselt, indem er seine natürliche Funktionsweise aufdeckt, und ihn andererseits als kostbare Erkenntnisquelle für die Therapie nutzt.

Hinter Feuerbachs religionswissenschaftlicher Premiere steht eine nicht minder kopernikanische philosophische Wende, die im *Wesen des Christentums* freilich erst angedeutet wird. Ein Hinweis fand sich schon in der „Kritik der Hegelschen Philosophie", wo es hieß: „Eitelkeit ist … alle Spekulation, die über die Natur und den Menschen hinauswill."[366] Das Grundaxiom dieser neuen Philosophie lautet: Es ist Unsinn, in der Philosophie von etwas reden zu wollen, das über den Menschen hinausgeht, das über ihm steht, und dieses über den Menschen Hinausgehende als Standort der Erkenntnis einnehmen zu wollen. Im *Wesen des Christentums* formuliert es Feuerbach sehr lakonisch: „Der Mensch kann nun einmal nicht über sein wahres Wesen hinaus. Wohl mag er sich vermittelst der Phantasie Individuen anderer, angeblich höherer Art vorstellen, aber von seiner Gattung, seinem Wesen kann er nimmermehr abstrahieren."[367]

Durch dieses Grundaxiom wird die Frage nach dem Wesen des Menschen auf neue Art gestellt. Die bisherige Philosophie hatte diese Frage von einem *überweltlichen* Standpunkt aus beantwortet, nämlich vom Standpunkt der Gottheit oder des absoluten Geistes aus. Im ersten Kapitel des Buches umreißt Feuerbach den Rahmen, in dem er seine neue Antwort geben will: Das Wesen des Menschen ist zunächst schlicht die Gattung, die Spezies Mensch; Wesen des Menschen und Gattung Mensch sind deckungsgleich. Das Kennzeichen der Spezies Mensch ist „*das Bewusstsein* – aber Bewusstsein im strengen Sinne": Im Gegensatz zum Tier *weiß* der Mensch, dass er seiner Gattung angehört, er ist ein „Wesen, dem seine eigene *Gattung*, seine *Wesenheit* Gegenstand ist".[368]

Die Gattung ist ihm auch innerlich gegenwärtig, ohne dass er mit anderen Menschen zusammen ist, er „denkt, d. h., er konversiert, er spricht *mit sich selbst*"; er hat dadurch „ein inneres *und* äußeres Leben". Im inneren Leben verschwinden die Beschränktheiten des Individuums aus dem Blick: „*unmöglich, das Gefühl als beschränkt zu empfinden, unmöglich, das Denken als beschränkt zu denken*". Im inneren Leben identifiziert sich der Mensch mit der ganzen Gattung. In diesem Raum des Gattungs-Bewusstseins entsteht Religion: Diese „kann nichts andres sein als das Bewusstsein des Menschen von *seinem*, und zwar nicht endlichen, beschränkten, sondern *unendlichen*, Wesen". Die vornehmsten Fähigkeiten oder Kräfte dieses Wesens sind: Wollen, Lieben, Denken. Diese „göttliche Dreieinigkeit" *im* Menschen steht *über* dem Individuum, sie ist „das *absolute* Wesen des Menschen als solchen".[369]

Gott nun – das ist der Kern von Feuerbachs Erklärung des Phänomens Religion – ist „das *offenbare* Innere, das ausgesprochne Selbst des Menschen". Und der sich als Religion betätigende Gottesglaube ist „die feierliche Enthüllung der verborgnen Schätze des Menschen". Allerdings ist sich der gläubige Mensch dieses Sachverhalts nicht bewusst, und er siedelt diese verborgenen Schätze *außerhalb* von sich an. Er *verobjektiviert, vergegenständlicht* das göttliche Wesen in ihm. Er *verehrt* es als „*ein andres, von ihm unterschiednes, eignes Wesen*". Dieses vergegenständlichte Wesen wird zum „Subjekt". Als solches hat es „Prädikate", und diese Prädikate wiederum können – das „Subjekt" stammt ja aus dem Innern des *Menschen* – nur die Wesenseigenschaften des Menschen sein. (Aus diesem Grund ist das göttliche Wesen auch nicht unerkennbar, wie von den zeitgenössischen Theologen behauptet wird; für Feuerbach ist diese Ansicht „subtiler, verschlagner Atheismus".)[370]

Das liest sich in den ersten beiden Kapiteln streckenweise recht spekulativ. Doch in den folgenden achtzehn Kapiteln[371] des ersten Teils – die „Religion in ihrer Übereinstimmung mit dem Wesen des Menschen" – führt Feuerbach seine These konkret und detailliert durch. In jedem dieser Kapitel wird ein Hauptinhalt des christlichen Glaubens anthropologisch gedeutet, sein „Geheimnis" enthüllt: Menschwerdung, Passion, Trinität und Gottesmutter, Erschaffung der Welt, Gebet, Wunder, Auferstehung, Himmel und persönliche Unsterblichkeit. Die Kapitel sind, wie bei Feuerbach üblich, nicht streng strukturiert, sondern eher einzelne Essays. Die Grundthese von der „Reflexion" des menschlichen Wesens wird dabei immer wieder neu beleuchtet, in immer neuen Facetten entfaltet.

Sehr häufig ist vom Gemüt die Rede. Die Religion ist von Grund auf emotional: „Die Grunddogmen des Christentums sind realisierte Herzenswünsche – das Wesen des Christentums ist das Wesen des Gemüts."[372] Feuerbach nimmt diese „Herzenswünsche" sehr ernst, so wie er überhaupt die Religiosität – aber eben nur die „wahre", die „ungeheuchelte" – sehr ernst nimmt.[373] Das unterscheidet seine Religionskritik von der seiner Zeitgenossen wie etwa David Friedrich Strauß, der in seinem *Leben Jesu* die Historizität der Person Jesus in Frage gestellt hatte. Feuerbach fragt „nicht darnach, was wohl der wirkliche, natürliche Christus im Unterschiede von dem gemachten oder gewordenen supranaturalistischen gewesen ist oder sein mag". Mit vollem Recht kann er von sich behaupten: „ich nehme diesen religiösen Christus vielmehr an, aber zeige, dass dieses übermenschliche Wesen nichts andres ist als ein Produkt und Objekt des übernatürlichen menschlichen Gemüts".[374] Sein religionskritischer Ansatz ist im buchstäblichen Sinne menschenfreundlich: „Die Religion ist das Verhalten des Menschen zum eignen Wesen als einem *andern*, aber zugleich wieder *philanthropischen, humanen*, d. i. wesentlich menschlichen, Wesen."[375]

Die Oberthemen geben auch immer wieder Anlass zu Exkursen grundsätzlicher philosophischer Art. So wird – noch ganz beiläufig – der „in neuerer Zeit mit Unrecht zurückgesetzte Verstand" rehabilitiert und der Begriff des Geistes auf den Boden der Wirklichkeit gestellt: „der *Begriff des Geistes* ist lediglich der *Begriff der Erkenntnis, der Vernunft*, jeder andre Geist ein Gespenst der Phantasie".[376] Ein mehrfach wiederkehrendes Thema ist auch die Liebe (was Feuerbach bekanntlich viel Kritik eingetragen hat, noch 1886 sprach Engels von „überschwenglicher Vergötterung"). Verantwortlich für die Betonung des Themas ist sicherlich Feuerbachs Humanismus, doch die Behandlung ist durchaus philosophisch-anthropologisch: Die Liebe ist „Vermittelungsprinzip zwischen dem Vollkommnen und Unvollkommnen", „Idealismus der Natur". Insbesondere ist sie *das Selbstgefühl der Gattung* innerhalb der Geschlechtsdifferenz. In der Liebe ist die *Realität der Gattung*, die sonst nur eine Vernunftsache, ein Gegenstand des Denkens ist, *eine Gefühlssache*, eine *Gefühlswahrheit*, denn in der Liebe spricht der Mensch seine Ungenügsamkeit an seiner Individualität für sich aus, postuliert er das Dasein des andern als ein Herzensbedürfnis, rechnet er den andern zu seinem eignen Wesen ... Mangelhaft, unvollkommen, schwach, bedürftig ist das Individuum; aber stark, vollkommen, befriedigt, bedürfnislos, selbstgenugsam, *unendlich die Liebe.*"377

Geschlechtlichkeit und Sexualität selbst werden – wohl zum ersten Mal in der Geschichte der neueren Philosophie – als auch philosophisch bedeutsam anerkannt: „Die Geschlechtsdifferenz ist keine oberflächliche oder nur auf gewisse Körperteile beschränkte; sie ist eine *wesentliche*", denn die Natur des Menschen ist *leiblich*, ohne den Leib ist auch keine Persönlichkeit denkbar. „Wo kein Du, ist kein Ich; aber der Unterschied von Ich und Du, die Grundbedingung aller Persönlichkeit, alles Bewusstseins, ist nur *ein realer, lebendiger, feuriger als der Unterschied von Mann und Weib.*"378

Der andere Mensch, das Du, ist eine grundlegende existentielle Instanz: Ohne den anderen bräuchte ich die Welt gar nicht zur Kenntnis zu nehmen, er hingegen zwingt mich dazu, er ist „der erste Stein des Anstoßes, an dem sich der Stolz der Ichheit bricht". Er hilft mir aber auch, mich mit ihr zu versöhnen, in meinem eigenen Interesse: „Ich versöhne, ich befreunde mich mit der Welt nur durch den andern Menschen. Ohne den andern wäre die Welt für mich nicht nur tot und leer, sondern auch sinn- und verstandlos. Nur an dem andern wird der Mensch sich klar und selbstbewusst; aber erst wenn ich mir selbst klar, wird mir die Welt klar."379

Das Du ist sogar erkenntnistheoretische Instanz: So wie der Mensch „nichts physisch vermag ohne den andern Menschen, so auch nichts geistig ... Und diese *vereinte* Kraft unterscheidet sich nicht nur quantitativ, sondern auch *qualitativ* von der *vereinzelten.* Einzeln ist die menschliche Kraft eine beschränkte, *vereinigt* eine *unendliche* Kraft. Beschränkt ist das

Wissen des einzelnen, aber unbeschränkt die Vernunft, unbeschränkt die Wissenschaft, denn sie ist ein gemeinschaftlicher Akt der Menschheit."[380]

Das Hauptwerk. Teil II

Im zweiten Teil – die „Religion in ihrem Widerspruch mit dem Wesen des Menschen" – wird Feuerbach polemisch, der erste Absatz verspricht sogar scharfe Polemik. Darin, dass sie „das Verhalten des Menschen zu seinem eigenen Wesen sei", liege die Wahrheit der Religion. Darin aber, dass sie dieses Wesen außer sich setze, liege ihre „Unwahrheit, darin die Schranke, darin das böse Wesen der Religion, darin die unheilschwangere Quelle des religiösen Fanatismus, darin das oberste, metaphysische Prinzip der blutigen Menschenopfer, kurz, darin die prima materia aller Gräuel, aller schaudererregenden Szenen in dem Trauerspiel der Religionsgeschichte."[381]

Freilich darf man nun nicht erwarten, dass Feuerbach diese Gräuel auflistet oder gar beschreibt. Seine Polemik kehrt im wesentlichen zu dem zurück, was er schon in den Schriften der vorausgehenden Jahre sagte. Sie ist nicht anthropologisch begründet, sondern aufklärerisch. Sie wendet sich an seine Zeit und ist dadurch bedeutend weniger „zeitlos" als der erste Teil des Buches. Wieder werden die beiden Standpunkte einander entgegengesetzt: „praktischer" Standpunkt der Religion kontra „bedürfnisloser" Standpunkt der Theorie: „Die praktische Anschauung ist eine *schmutzige*, vom Egoismus befleckte Anschauung. Ich verhalte mich hier zu einem Dinge nur um meinetwillen. Um sein selbst willen schaue ich es nicht an; es ist mir vielmehr im Grunde ein verächtliches Ding, wie ein Weib, das nur um des sinnlichen Genusses willen Gegenstand ist ... Die theoretische Anschauung dagegen ist eine *freudenvolle, in sich befriedigte, selige* Anschauung, denn ihr ist der Gegenstand ein Gegenstand der Liebe und Bewunderung ... die Anschauung der Theorie ist eine *ästhetische* Anschauung, die praktische dagegen eine unästhetische."[382] Einige Argumentationsstränge sind freilich neu. Das gilt vor allem für die kritische Auseinandersetzung mit der Hegelschen und der Schellingschen Religionsphilosophie im Kapitel über den „Widerspruch in dem Wesen Gottes".[383]

Ein Bravourstück ist das Kapitel über den „Widerspruch in dem Begriffe der Existenz Gottes". Wenn man Gott, so argumentiert Feuerbach, eine von unserem Inneren gesonderte Existenz zuspreche und sich sogar bemühe, diese Existenz logisch zu beweisen, dann leiste man direkt dem Atheismus Vorschub. Denn sobald von etwas behauptet werde, dass es existiere, könne es auch geleugnet werden, zumal wenn diese Existenz weder sinnlich zu erfahren noch sonstwie zu erhärten sei. Und im Falle der Gottheit sei dieses von den Theologen behauptete Sein ein reales und gleichzeitig nicht reales, weil geistiges Sein – „ein Mittelding zwischen sinnlichem Sein und Gedachtsein, ein Mittelding voll Widerspruch". Zudem zerstöre diese gesonderte Existenz Gottes geradezu die Religiosität: „Wohl begeistert der Gedanke: Es ist ein Gott; aber hier bedeutet das ‚ist' die innere Realität; hier ist die Existenz ein Moment der Begeisterung, ein Akt der Erhebung. Aber sowie die Existenz zu einer prosaischen, empirischen Wahrheit geworden, so ist auch die Begeisterung erloschen." Die Religion werde dadurch „zu einer für die innere Gesinnung gleichgültigen Angelegenheit", stattdessen aber zur gesellschaftlichen Pflicht, deren Verletzung sanktioniert wird: „die Hauptsache ist, dass du *kein Atheist* bist". Bedingung für wahre Religiosität sei aber die religiöse Phantasie, die religiöse Einbildungskraft. Wo sie keine Funktion mehr habe, da werde „die Existenz zu einer *toten*, sich selbst widersprechenden Existenz, die rettungslos der Negation des Atheismus anheimfällt."[384] Die zeitgenössischen Theologen mögen die Gedankenführung als besonders „giftig" empfunden haben, im zwanzigsten Jahrhundert haben andere, wie etwa Dorothee Sölle, nachgerade auf sie aufgebaut.

Im Schlusskapitel fordert Feuerbach dazu auf, das der Religion innewohnende menschliche Potential wieder freizusetzen. Denn die Religion „hat nicht das Bewusstsein von der Menschlichkeit ihres Inhalts; sie setzt sich vielmehr dem Menschlichen entgegen, oder wenigstens sie *gesteht nicht ein*, dass ihr Inhalt menschlicher ist. Der notwendige Wendepunkt der Geschichte ist daher dieses *offne Bekenntnis und Eingeständnis*, dass das Bewusstsein Gottes nichts andres ist als das Bewusstsein der Gattung". Die Theologie soll zur Anthropologie, die Religion zum Humanismus werden. Dann werde auch die Liebe zum Menschen und zwischen den Menschen – bis hin zur Ehe als „freier Bund der Liebe" – nicht mehr „eine abgeleitete" sein, sondern „eine *wahre, heilige, zuverlässige* Macht". Die in der Natur angelegten zwischenmenschlichen Bindungen wie das Verhältnis zwischen

Eltern und Kindern oder zwischen Geschwistern, ja überhaupt alle „moralischen" Verhältnisse sind „per se *wahrhaft religiöse Verhältnisse*".[385]

Sein ausdrückliches Bekenntnis zum Humanismus kleidet Feuerbach in eine Formel, die der Hobbesschen Formel *homo homini lupus* (der Mensch ist dem Menschen ein Wolf) geradewegs entgegenläuft: *homo homini deus* – der Mensch ist dem Menschen ein Gott. Stirner, Marx, Engels und manch anderer verspottete das als schwülstig. Die Frage sollte sein: Ist es *anthropologisch* zutreffend? Die Liebe ist ja letztlich eine List der Natur, die der Arterhaltung dient. Statt wie Kant die Moral auf einen Imperativ zu gründen, baut Feuerbach auf die Natur: „Die Moral vermag nichts ohne die Natur. Die Ethik muss sich an die einfachsten Naturmittel anknüpfen." Freilich muss eine Motivation von religiöser Qualität hinzukommen. Und da, sagt er, sofern wir „nur die religiösen Verhältnisse umkehren", können wir vom Christentum lernen. Zum Beispiel vom Sakrament des Abendmahls: Da der Mensch sich durch sein Bewusstsein der Natur auch entgegensetzt, sie als ein Gegenüber sieht, müsste er dieses Unterscheiden auch „feiern". Symbole dafür seien Wein und Brot, beides Naturprodukte und zugleich menschliche Erzeugnisse. Er schlägt vor: „Denke daher bei jedem Bissen Brotes, der dich von der Qual des Hungers erlöst, bei jedem Schlucke Wein, der dein Herz erfreut, an *den Gott*, der dir diese wohltätigen Gaben gespendet – an den *Menschen*! Aber vergiss nicht über der Dankbarkeit gegen den Menschen die Dankbarkeit gegen die heilige Natur!" Er beschließt er das Werk mit dem Wort Amen – wobei dem Leser überlassen bleibt, wie viel Ironie er darin finden will.[386]

Polemisierlust

In der Wartezeit, als *Das Wesen des Christentums* im Druck war, hatte Feuerbach für die „Hallischen Jahrbücher" eine Besprechung geschrieben, in der er sich keinerlei Zurückhaltung auferlegte. Es ging um das Buch eines in München höchst prominenten Arztes: *System der Medizin. Ein Handbuch der allgemeinen und speziellen Pathologie und Therapie, zugleich ein Versuch zur Reformation und Restauration der medizinischen Theorie und Praxis.* Der Autor, Johann Nepomuk von Ringseis, war seinerzeit schon Ludwigs Vater unangenehm aufgefallen. Zuerst als Verfasser eines

Hetzgedichtes gegen die „Nordlichter", dann als unbequemer Praktikant
in Bamberg (das Wort vom „wunderlich rabbiaten Mann" stammte von
ihm).[387] Ringseis gehörte seit seiner Studienzeit zum Freundeskreis um
Carl von Savigny und die Geschwister Brentano, und inzwischen war er
einer der einflussreichsten Männer Münchens. In seinem Haus verkehrte
alles, was der katholischen Spätromantik anhing. Seit jeher war Ringseis
ein enger Vertrauter Ludwigs I. gewesen, den er schon zu Kronprinzenzei-
ten auf mehreren Italienreisen begleitet hatte. Nun zählte er zu seinem innersten Beraterkreis, was bei Ludwigs autokratischem Regierungsstil bedeutete: zum eigentlichen Machtzentrum. Er war Mitglied der Akademie
der Wissenschaften und Professor an der Universität München, seit 1833
auch deren Rektor. Seine Studenten verehrten ihn ebenso wie das einfache
Volk, denn er behandelte nicht nur die Prominenz, sondern auch Arme,
und zwar kostenlos – das Bild schlechthin des guten Arztes von bayerisch-
katholischem Schrot und Korn. Seine Antrittsrede als Rektor war „eine
klassische Programmrede der katholischen Restauration"[388] gewesen: Universität und Wissenschaften haben sich an der Christlichkeit auszurichten,
Religion und Staat tragen und stützen sich gegenseitig. 1841 hatte er das
System der Medizin, sein Hauptwerk, herausgebracht.

Für Feuerbachs Polemisierlust war es das gefundene Fressen. Seine Rezension ist überschrieben: „Herr Dr. Nepomuk von Ringseis oder Hippo-
krates in der Pfaffenkutte". Er hatte sich über die medizinische Problematik
kundig gemacht, behilflich war ihm dabei der befreundete Ansbacher Arzt
Dr. Heidenreich (Hausarzt der kleinen Bruckberger Gesellschaft, mit Ludwig oft auf Exkursionen unterwegs und außerdem ein Bruder Henriettes,
der Stiefmutter des Maler-Neffen). Ringseis lieferte ihm sozusagen frei
Haus Munition in Hülle und Fülle, denn er tat genau das, was Feuerbach
seit Jahren als Inkonsequenz und Verlogenheit der modernen Gläubigkeit
anprangerte: Einerseits empfehle er dem Arzt und dem Patienten, sich vor
der medizinischen Behandlung „entsündigen" zu lassen, und überhaupt
rede er im Vorspann ständig von der Sündhaftigkeit des Menschen als Ursache der Krankheit. Doch im Hauptteil, in der Pathologie, gehe es rein me-
dizinisch-wissenschaftlich zu, da finde sich keine Spur von jenen erbauli-
chen Wundertaten, wie sie – Feuerbach schöpft ausgiebig aus seinen
vorbereitenden Lektüren zum *Wesen des Christentums* – von Heiligen wie
Bernhard oder Ignatius von Loyola berichtet würden. Gläubig sei Ringseis

also nur „im Vorhof der Propädeutik, aber nicht im Klinikum der Pathologie selbst": In diesem nämlich werde die Krankheit aus ganz völlig Ursachen abgeleitet und es sei nicht der geringste Unterschied zum ungläubigen
Arzt auszumachen. Wenn der Professor dem Gebet eine „entsündigende"
Kraft zuschreibe, warum denn nicht auch eine „entkrankheitende"? Tatsächlich könne man „alle diese salbungsvollen Stellen mit dem anatomi-
schen Messer der Kritik wegschneiden" – Pathologie und Therapie blieben
exakt dieselben. Feuerbach ist also wieder bei einem der Kernpunkte seiner
Kritik: Ringseis' Glaube sei „ein Taugenichts, ein Renommist, ein Windbeutel, der nicht hält, was er verspricht, nicht tut, was er sagt".[389]

Die in den „Hallischen Jahrbüchern" im Juli 1841 anonym veröffentlichte Rezension erregte, in Bayern zumindest, erhebliches Aufsehen, was
wohl nicht nur an der Prominenz des Angegriffenen lag, sondern auch an
Feuerbachs teilweise derber Metaphorik. Er hatte Ringseis' Buch „als einen
höchst affreusen *Vorfall* (prolapsus ani [Mastdarmvorfall]) des modernen
pfäffischen Afterchristentums" bezeichnet, und den Glauben der Spätromantik insgesamt als „Afterglaube". Natürlich gab es heftigste Angriffe,
doch Ruge wusste zu berichten, dass es auch „einen Heidenlärm" im Sinne
von Gelächter gab.[390]

Fast eine Affäre

Am 16. Juni 1841 meldete Verleger Otto Wigand, *Das Wesen des Christentums* sei erschienen. Er wollte erst die Reaktion der Buchhändler abwarten,
bevor er Feuerbach etwas über den Erfolg des Buches schrieb. Doch jetzt
schrieb er: „Es hat eingeschlagen." Und: „in Halle und Berlin sperren sie
das Maul auf und wissen nicht, wo sie hinsollen, was sie sagen sollen und
wie sie's verketzern sollen". Auch Ruge berichtete: „Überall, auch in Berlin,
hat Ihr Buch einen gewaltigen Effekt gemacht und viel tiefer eingeschlagen,
als die Menschen sich's selber zu gestehn geneigt sind." Der Verkauf ließ
sich so gut an, dass der Verleger gleich dazu riet, die absehbare zweite Auflage vorzubereiten. Obwohl die erste respektable 750 Exemplare betrug,
war sie im Zeitraum von sechs oder acht Wochen vielerorts vergriffen.
Am 3. August musste Feuerbach den Verleger um zwei oder drei Exemplare bitten, weil er selbst keines mehr habe und das Buch sogar in der „tris-

ten, geistlosen Beamtenstadt Ansbach" Mangelware sei. In Österreich und einigen anderen Staaten wurde es sofort verboten, und es setzte auch gleich ein publizistisches Trommelfeuer ein, was sich natürlich absatzfördernd auswirkte. Mit einem Schlage war Feuerbach einer der berühmtesten Denker Deutschlands.[391]

Doch erst einmal machte er Urlaub. Er folgte einer Einladung Kapps und fuhr in der schönsten Jahreszeit für sechs Wochen nach Heidelberg, von wo aus man Ausflüge in die Rheingegend und geologische Exkursionen in den Odenwald unternahm. Beseligt und gleichzeitig wehmütig kehrte er danach in sein Studierzimmer zurück. Sein Töchterchen überraschte ihn mit Fortschritten, und seine Frau war „aufs dankenswerteste bemüht, durch Aufmerksamkeiten und Zärtlichkeiten aller Art den fernhin schweifenden Sinn ihres losen Gatten wieder an Bruckberg zu fesseln".[392]

Sie wusste es ja – noch – nicht: Ihr Mann hatte sich in Kapps Tochter, die sechzehnjährige Johanna, ein bisschen verguckt. Von Bruckberg aus schickt er ihr jetzt einen Albumeintrag, um den sie gebeten hat, dann ein kleines Geschenk – „ein Landschloss auf einer Tasse mit stillen Wiesen und Wäldern, worin sie ungestört und unbelauscht ihren jugendlichen Hoffnungen und Träumen nachhängen kann" –, für das sich die Beschenkte artig bedankt. „Freudigst" überrascht ihn sodann „der Anblick der zarten Schriftzüge der lieben Johanna", und im September schließlich, auf einer längeren Tour im Fichtelgebirge, hat er – sich selbst bezichtigend gesteht er es den Eltern – „die poetische Kühnheit, einige Sentiments von älterm Datum an Eure holde Tochter zu adressieren". Doch er ruft sich zur Besinnung, entschuldigt sich bei Kapp in aller Form: Auf dem Ochsenkopf habe er sich in „einem träumerischen und exzentrischen Zustande" befunden, und daraus „erkläre und entschuldige Euer holdes Frauenzimmer die Freiheit oder vielmehr Dreistigkeit, die ich mir in Wunsiedel gegen dasselbe erlaubte und die mir erst jetzt recht zu Bewusstsein und Gewissen gekommen, heimgekehrt aus dem freien Urgebirge in das beschränkte Flöz- und Flachland des gemeinen lügenhaften Scheinlebens unsrer bürgerlichen Afterwelt." Das Briefchen gehöre verbrannt, schreibt er dem Freund. Danach scheint alles eine bloße Episode gewesen zu sein – bei Feuerbach. Doch nicht bei Johanna: Sie konnte warten, jahrelang, in tragisch endender Weise.[393]

Gegenreden

„Ich hoffe diesen Winter zu energischer Geistestätigkeit aufzulodern", heißt es im nächsten Brief Feuerbachs an Kapp. Die Hoffnung erfüllte sich: Der Winter 1841/42 war eine so intensive und fruchtbare Schaffensperiode, dass wir bei der Schilderung von der strengen Chronologie etwas abweichen müssen. Am liebsten hätte Feuerbach gleich die zweite Auflage seines Hauptwerkes in Angriff genommen, doch Wigand gab noch nicht grünes Licht. So nahm er einstweilen eine weitere populäre Figur des bayerischen Katholizismus aufs Korn. Ein nicht auf den ersten Blick als Satire erkennbares Büchlein über den Marienkultus, das sein Freund Georg Friedrich Daumer unter dem Pseudonym Eusebius Emmeran veröffentlicht hatte, lieferte den Anlass. In einem mit „Anti-Pemble" gezeichneten Aufsatz „Über den Marienkultus" parodierte er die barocke Marienverehrung in Gestalt des noch im alten Bayern des 18. Jahrhunderts wirkenden Jesuitenpaters Joseph Pemble, weiland Präses der marianischen Congregatio Litteratorum zu München.[394]

Die Parodie (die Daumer übel aufnahm)[395] kann man schon fast liebevoll nennen, der Aufsatz ist in Wirklichkeit auch ein Nachtrag zum Kapitel über die Trinität im *Wesen des Christentums*. Dort hatte Feuerbach nämlich geschrieben, die dritte Person in der göttlichen Dreieinigkeit sei nicht der heilige Geist (der ein bloßer Name ohne „Konsistenz" sei), sondern Maria, die Gottesmutter; erst mit ihr als dritter Person habe der dreieinige Gott „eine *innige, inbrünstige, notwendige, wahrhaft religiöse* Bedeutung".[396] Diese religiöse Bedeutung hatte er in eine menschliche konvertiert, ohne in Einzelheiten zu gehen.

Im „Anti-Pemble" bebildert er sie gewissermaßen. Er beginnt mit einem Umkehrschluss: „Wenn ein Raphael seine Geliebte zum Vorbild seiner Madonna wählte, so kann man es gewiss einem bayerischen Jesuiten nicht verargen, wenn er in einer Münchner Kellnerin das Modell der Jungfrau Maria erblickt und verehrt." Die Marienverehrung, schreibt er, sei ganz einfach die Apostasierung des Weiblichen. Sowohl im Sinne der Schönheit des weiblichen Körpers – in den frommen Liedern würden ja unentwegt Marias körperliche Vorzüge besungen, bis hin zu den „jungfräulichen Brüsten" – als auch im Sinne der barmherzigen, naturverbundenen Mütterlichkeit. Der Marienkult sei „der Kultus des Weibes, der

Kultus der Frauenliebe" – der natürlich auch seine Schattenseite habe, indem Maria die personifizierte „naturwidrige katholische Kastität" darstelle.[397]

Womit Feuerbach wieder aufklärerische Töne anschlägt (und die Komödie auf die Spitze treibt, indem er sich selbst als Autorität zitiert: „sagt L. Feuerbach im ‚Wesen des Christentums'"), doch sie sind relativ mild, eher spöttisch als böse. Denn, so betont er, es solle „keineswegs geleugnet werden, dass die Maria, inwiefern sie das Weib überhaupt repräsentiert... im Gegensatz zu dem moralischen Despotismus blutbefleckter ‚naturfeindlicher männlicher Gottheiten' eine erfreuliche, wohltätige und selbst zweckmäßige Erscheinung ist. Demut, Milde, Güte, Geduld, Liebe, Barmherzigkeit – alle diese Tugenden sind generis feminini [weiblichen Geschlechts]."[398]

Als nächstes schrieb er zwei Entgegnungen auf inzwischen erschienene Kritiken seines *Wesen des Christentums*. Die eine war in den „Theologischen Studien und Kritiken" erschienen, ihr Autor der brillante Hallenser Professor der Dogmatik Julius Müller, der in derselben Zeitschrift bereits das *Leben Jesu* von Strauß kritisiert hatte (und bei seiner Berufung als „Willkomm" ein schriftliches Votum von hundert Studenten hinnehmen musste, die ebendiesen Strauß statt ihn als Professor wollten)[399]. In einer immerhin fünfzigseitigen „Beleuchtung", die er „am dritten Adventssonntag 1841" abschließt, antwortet Feuerbach diesem Rezensenten als dem quasi-offiziellen Vertreter der Theologie, der von Amts wegen „auch die sonnenklarste Wahrheit leugnen muss".[400]

Abgesehen von schon bekannten Argumenten – und dem Beweis von Feuerbachs beeindruckender theologischer Gelehrsamkeit! – enthält der Text Überlegungen, die der Grundannahme der Psychoanalyse sehr nahe kommen. Feuerbach verteidigt seine Ableitung der Religion von einem „Bedürfnis", konkret der „Gemütsnot". Bei „inneren" (wir würden sagen: psychischen) Gegenständen falle „die Vorstellung und das Bedürfnis zusammen", die Vorstellung werde daher eine „unfreie oder, besser, *unfreiwillige* Vorstellung, eine Vorstellung, die nicht ich, sondern die mich beherrscht". Er treibt die Überlegung freilich nicht auf der individuellen Ebene weiter, sondern verweist auf die geschichtlichen Wandlungen dieser „inneren" Bedürfnisse: Es sei „anmaßend", sie „als *unzeitliche, überge-*

schichtliche Bedürfnisse hinzustellen, d. h. das *christliche Gemüt* zu dem *universalen, schlechthin absoluten Wesen* zu machen, dem alle Zeiten und Menschen ohne Unterschied untertan sein sollen."[401]

Eine andere Entgegnung schrieb er in den Wochen danach: *Zur Beurteilung der Schrift „Das Wesen des Christentums".* Er antwortete darin auf mehrere Kritiken gleichzeitig. Die eine, die in der „Augsburger Allgemeinen Zeitung" erschienen war, hatte behauptet, Feuerbach sei offensichtlich auch der Autor der anonymen *Posaune des jüngsten Gerichts über Hegel den Atheisten und Antichristen.*[402] Dieses sich geschickt als orthodoxe Strafpredigt tarnende Pamphlet war wenige Monate nach Feuerbachs *Wesen des Christentums* erschienen und hatte beträchtlichen Rummel verursacht. Ihr Verfasser war, wie sich schnell herumsprach und auch Feuerbach gleich erraten hatte, Bruno Bauer, einer der glänzendsten, allerdings auch lärmigsten Köpfe der Junghegelianer, der zu dieser Zeit noch Dozent in Bonn war und mit Marx zusammenarbeitete (drei Jahre später werden Marx und Engels in der *Heiligen Familie* gegen ihn polemisieren). Feuerbach hatte das Buch „mit großem Gefallen und Gelächter gelesen"[403], allerdings bestand er in seiner Antwort an die „Augsburger Allgemeine" auf dem fundamentalen Unterschied zwischen Bauer und ihm: Bauer verharre bei Hegel und wolle seine Kritik direkt aus Hegel ableiten; er selbst jedoch verfolge einen Ansatz, der Hegel diametral entgegenlaufe.

Feuerbach übt bei dieser Gelegenheit zum ersten Mal „unbarmherzige" Hegel-Kritik: Anders als in der „Kritik der Hegelschen Philosophie" von 1839 und den wenigen hegelkritischen Passagen im *Wesen des Christentums*[404] wird dem Meister nun keine Schonung mehr zuteil: „Die Hegelsche Philosophie ist überhaupt in ihrer Methode *viel zu* einförmig, in ihren Übergängen *viel zu* willkürlich und unnatürlich, in ihrem Baue *viel zu* kompliziert, in ihren Bestimmungen *viel zu* abgesondert von der Anschauung des Menschen in der Natur, in ihrem ganzen Wesen *viel zu* widerspruchsvoll, in ihren historischen Beziehungen *viel zu* sehr noch behaftet mit allerlei Antiquitäten . . ."[405] Erster Kritikpunkt ist, wie könnte es anders sein, die Hegelsche Religionsphilosophie. Was bei Hegel *Bild* sei, das sei bei ihm, Feuerbach, *Sache.* Hegel finde „die Quintessenz der Religion nur im Kompendium der *Dogmatik",* er dagegen „schon im *einfachen Akte* des Gebets". Hegel betrachte die Religion „nur in *Gedanken",* er „in ihrem *wirklichen Wesen".* Der Grund für all diese Unterschiede: Hegel habe eben „noch den alten metaphysischen Standpunkt des Absoluten, Unendlichen zu seinem Ausgangspunkt".[406]

In diesem Aufsatz erhält auch die aufklärerische Kritik eine neue Note:
Feuerbach bezieht sich nicht mehr nur allgemein auf die „Christentümelei" seiner Zeit, sondern konkret auf die zunehmenden Einschränkungen
der Ausdrucksfreiheit zu Beginn der vierziger Jahre. Er verwahrt sich
gegen einen Artikel in der Leipziger „Deutschen Monatsschrift", der seine
Arbeit als abstrakte Dialektik, als im Grunde beliebige Spekulation hinstellt. Hier werde verkannt, dass das Denken auch von einer inneren Dynamik getrieben werde. Man könne nicht erwarten, dass es wie auf Befehl vor
dem Thema Religion Halt mache: „Welch ein törichtes Bestreben, die
Dampfmaschinen und Runkelrübenzuckerfabriken in Bewegung, aber die
große Denkmaschine, den Kopf, in ewigen Stillstand versetzen zu wollen!"
Über die Religion nachzudenken, sei für den Philosophen ein Muss: „Was
wir erkennen *können*, das *sollen* wir erkennen" – Wissenschaft verpflichtet.
Und sie verpflichtet nicht nur zur jener Redlichkeit des Denkens, die
Feuerbach schon immer angemahnt hat, sondern auch zu gesellschaftlicher Verantwortung. Sie gebietet, „das dunkle, lichtscheue Wesen der Religion ganz in die Gewalt der Vernunft zu bringen." Denn die Gegenseite,
die Restauration, scheut sich nicht im mindesten, die öffentlichen Belange
massiv zu beeinflussen. Feuerbach spielt hier kaum verhüllt auf die Zensurverschärfung durch Friedrich Wilhelm IV. an: „Hat sich nicht auch in
unsren Tagen wieder das religiöse Gefühl auf eine höchst arrogante Weise
in die Politik eingemischt?" Auch Hegel muss sich in diesem Zusammenhang politische Kritik gefallen lassen: Seine Philosophie sei so beschaffen,
dass sie diesem Zustand allgemeiner Heuchelei nicht nur nicht entgegenwirke, sondern auch sich nach Belieben reaktionär oder progressiv ausdeuten ließe. Hegel sei so, „dass sich ebensogut die Orthodoxie als die Heterodoxie auf ihn stützen kann und sich wirklich gestützt hat".[407]

Noch einen anderen Unterschied zu Hegel hebt Feuerbach hervor, nämlich „dass Hegel *Professor* der Philosophie war, ich aber kein Professor, kein
Doktor bin, Hegel also in einer akademischen Schranke und Qualität, ich
aber als *Mensch*, als purer blanker Mensch lebe, denke und schreibe." Das
wirke sich unmittelbar auf das Ergebnis der Philosophie aus: Statt zu
einem religionsphilosophischen Konstrukt gelange er eben zu „nichts weiter ... als eben dem *Menschen*". Aber auch das Philosophieren insgesamt

sei ein anderes: Es sei nicht mehr ein akademisches Fach, sondern werde zur allgemein-menschlichen Angelegenheit. Das ist Feuerbach so wichtig, dass er es zur allgemeinen Forderung erhebt: Die Philosophie müsse vom Katheder herabsteigen und die Schranken einer Fakultätswissenschaft überwinden. Es sei geradezu das Kennzeichen eines Philosophen, dass er *kein* Professor der Philosophie ist.[408]

Der Druck der Verhältnisse

Will Feuerbach damit seine biographische Situation schönreden? Kurz nach der Niederschrift des Aufsatzes bricht ein schwerer Konflikt mit seinem besten Freund aus, und dieser Konflikt spricht eine andere Sprache: Christian Kapp versucht hartnäckig und mit selbstlosem Einsatz weiter, Feuerbach eine Professur im Herzogtum Baden zu verschaffen. Er erklärt sich – sogar öffentlich – bereit, seine eigene Professorenstelle in Heidelberg zugunsten von Feuerbach zu räumen. Doch der reagiert nun richtig widerborstig und verletzend: Erst schickt er dem Freund eine dürre Liste von moralphilosophischen Maximen von der Art: „Tue nicht für andere, was sie aus weisen Gründen nicht für sich selbst tun." Ohne Anrede und ohne Gruß.[409]

In einem zweiten Brief, zwei Wochen später geschrieben, wird er schärfer: „Mich zum Professor machen wollen, und zwar auf ordinäre Weise, wie es jeder Tropf werden kann, hieße mich den Tröpfen, die gegenwärtig figurieren, gleichstellen, mich verletzen, mich blamieren." Feuerbach hat, das erscheint sehr deutlich aus dem Briefwechsel der vergangenen zwei, drei Jahre, *gewußt*, dass er ein epochemachendes, weit über seine Zeit hinausreichendes Werk schrieb. Nun ist es erschienen, und es hat genau den aufsehenerregenden Erfolg, den er im Grunde erwartet hat. Eine Professur an einer Provinzuniversität mit all den damit verbundenen Rücksichten – Bezahlung und Sozialprestige waren mit heutigen Verhältnissen nicht vergleichbar – würde einen Abstieg bedeuten, vor allem für eine Selbsteinschätzung, die sich genialisches Sendungsbewusstsein nicht verbietet: „Schon seit der Geschichte mit der imaginären Freiburger Professur", rechnet er dem Freund vor, „hast Du ... Dich aufs schwerste vergangen gegen den Genius, der über meinem tiefsinnigen Leben wacht".[410]

Kapp, obwohl er die Beleidigung und Demütigung durch den Jüngeren schmerzlich empfindet, bewahrt Ruhe und Beherrschung. Zwei Monate nach dem Ausbruch des Konflikts besucht er Ludwig in Bruckberg, der anfänglich noch trotzig reagiert – „Nein! Ich kann diese Selbstverleugnung nicht zugeben. Du hast mich beschämt" –, aber dann doch – es haben sich sogar Frau und Tochter Kapp brieflich eingeschaltet – die Verstocktheit fahren lässt und den Freund wieder mit „lieber Kapp" anredet.[411]

Weniger schroff abwehrend steht Feuerbach einem anderen Angebot gegenüber, obwohl es ebenfalls eine Professur bedeuten würde: Ruge hatte schon früher den Versuch gemacht, in Dresden eine Universität zu gründen. Der Plan sei zwar, „da die Herrn keine Courage und keine Selbständigkeit haben wollen, im Gesamtministerium durchgefallen", doch er hofft noch auf eine Art Coup: Die Koryphäen der junghegelianischen Philosophie – voran David Friedrich Strauß und Ludwig Feuerbach – sollen nach Dresden übersiedeln, „auf gut nordamerikanisch und demokratisch" Vorlesungen ankündigen und einfach anfangen zu lesen. Fürs erste würde man sich mit einem lokalen Publikum begnügen, nach ein oder zwei Semestern kämen dann schon auch Studenten von auswärts. Feuerbach lehnt nicht rundweg ab, doch er ist skeptisch: „Ich hoffe von Deutschland für die nächste Zukunft gar nichts."[412]

Er hat Recht: In Preußen hat vor kurzem der sich volksnah gebende, künstlerisch sensible Friedrich Wilhelm IV. den Thron bestiegen,[413] doch die in Intellektuellenkreisen auf ihn gesetzten Hoffnungen sind bereits enttäuscht worden: In einer Art Küchenkabinett, der berühmten „Kamarilla", hat der neue König die konservativsten Kräfte um sich versammelt. Noch als Kronprinz hatte er im Vorjahr dafür gesorgt, dass der Lehrstuhl, den vordem der liberale Hegel-Schüler Eduard Gans innehatte, mit dem reaktionären Staatsrechtler Friedrich Julius Stahl besetzt wurde (auch er gehört der Kamarilla an). Ende 1841 hat er – es war das Tagesgespräch in ganz Deutschland – auf Hegels früheren Lehrstuhl dessen Antipoden Schelling berufen lassen, der nun die „Drachensaat des hegelschen Pantheismus" bekämpfen soll. In der ersten Vorlesung hatte Schelling noch ein erlesenes Publikum, darunter Savigny, Humboldt, Burckhardt und etliche zukünftige Berühmtheiten wie Engels, Lassalle, Kierkegaard. Er macht sich zwar bald selbst zum Gespött, etwa indem er einen Text liest, der angeblich neu ist, in Wirklichkeit aber aus den Münchner Vorlesungen von 1831 stammt (und sich, wie Ruge zu berichten weiß, selbst verrät, indem er abliest: „neulich hat Voß . . ." – Voß starb 1826)[414]. Doch er wird zur staatstragenden Autorität, in Preußen werden Angriffe auf ihn per Zensurinstruktion verboten.[415]

Überhaupt wird die Zensurschraube im ganzen Deutschen Bund immer weiter angezogen, und zwar auf unverhülltes Drängen Preußens hin. Ruge selbst erfährt es zur Zeit hautnah. Mit königlicher Kabinettsorder vom 11. März 1841 ist ihm mitgeteilt worden, er habe seine Jahrbücher fortan in Halle statt in Leipzig zu drucken und sie der preußischen Zensur zu unterstellen, widrigenfalls sie in Preußen verboten würden. Er hat sich der Maßnahme entzogen, indem er ins sächsische Dresden zog und die Zeitung in „Deutsche Jahrbücher für Wissenschaft und Kunst" umbenannte (Verleger blieb Otto Wigand in Leipzig). Doch ist es nur eine Frage der Zeit, bis es auch mit der relativen Milde der Zensur in Sachsen vorbei sein wird. Ruge berichtet, der örtliche Zensor habe vom Innenministerium einen Verweis wegen zu großer Nachsicht erhalten. Der Erste Rat in diesem Ministerium, zufällig sein Nachbar, habe ihm gesagt, „dass Sachsen gern alles Mögliche täte, der Druck der Verhältnisse aber – stark sei".[416]

Feuerbach selbst muss um die zweite Auflage seines Hauptwerks bangen. Schon für die erste hat Ruge viel Geschick aufbieten müssen, um sie durch die Zensur zu lotsen, und auch Wigand hat schon gemeldet, in der Zensurbehörde zweifle man, ob auch eine zweite, dazu noch vermehrte Auflage durchkäme. Dennoch macht Feuerbach sich Ende 1841 an die Arbeit. Er überarbeitet den Text stilistisch, vereinfacht an zahlreichen Stellen die Ausdrucksweise und verdeutscht fremdsprachliche Passagen. Vor allem erweitert er das Buch ganz beträchtlich: Er schreibt umfangreiche Zusätze (einige Seiten streicht er auch). Die Belegstellen am Schluss des Buches wachsen um Dutzende von Seiten: Feuerbach will „der Bosheit noch mehr Foliantenstoff entgegensetzen" und seine Thesen noch gründlicher mit Passagen aus Augustinus und Luther, den „beiden Matadoren des Christentums", untermauern. Auf den letzten Seiten hängt er eine lange Reihe von Luther-Zitaten aneinander, um seine neue Religionserklärung als die „Wahrheit des Protestantismus" zu beweisen – Luther ein „Anthro-

potheist", also Feuerbachianer? Weniger absurd, als man denkt: Selbst der
Theologe Karl Barth meinte, dass Feuerbach sich „nicht ohne allen Schein
von Recht auf Luther berufen konnte".[417]

Das Hauptwerk. Rezeption

Eine Reihe von Lutherzitaten soll auch in den „flüchtigen Zeilen", die
Feuerbach im Februar 1842 an Ruge sandte, den Beweis erbringen, dass
erst „ein Antichrist" das Christentum richtig verstanden habe: „Luther als
Schiedsrichter zwischen Strauß und Feuerbach", so lautet der Titel dieses
mit „kein Berliner" unterzeichneten Textes. Bis in die 1970er Jahre ist er
Marx zugeschrieben worden. Wenn man jetzt weiß, dass Feuerbach der
anonyme Autor war, spricht der letzte Satz für sich selbst: „Und es gibt keinen anderen Weg für euch zur *Wahrheit* und *Freiheit*, als *durch* den *Feuerbach*. Der Feuerbach ist das *Purgatorium* der Gegenwart."[418]

Wie weit war *Das Wesen des Christentums* wirklich ein „Purgatorium"?
Es erstaunt kaum, dass die deutsche Theologie die Feuerbachsche Reli-
gionskritik als „abschreckende Marginalie" mehr oder weniger überging.
Ein Theologe der Jetztzeit hält ihr in seiner Antrittsvorlesung – pikanter-
weise in Erlangen – vor, sie verhalte sich wie jene Wissenschaftler in Brechts
Leben des Galilei, die sich weigerten, durchs Fernrohr zu schauen.[419] Natürlich gab und gibt es Ausnahmen. Die berühmteste ist der erwähnte Karl
Barth, der sich dieser Religionskritik stellte und eingestand, dass sie ein
„Pfahl im Fleisch der neueren Theologie" sei und Feuerbach „einen heimlich höchst wirksamen Vorsprung vor der ... Theologie" habe, indem „alle
seine Auflösungen bezw. Umdeutungen der christlichen Dogmatik ... von
einem Punkt aus erfolgen, wo er alte und älteste christliche Tradition auf *seiner* Seite hat".[420]

Andere Ausnahmen blieben unbekannt, wie etwa das Zeugnis jenes Ju-
gendfreundes und späteren Pfarrers in Regensburg Karl Krafft, der Feuerbach schrieb, er habe *Das Wesen des Christentums* „mit Heißhunger gelesen", doch „äußere, unabweisbare Verhältnisse" hinderten ihn, sich offen
dazu zu bekennen. „Du kannst Dir denken", schreibt er, „wie einsam ich
mich in meiner Umgebung fühlen muss, die so keine Ahnung hat von
dem, was mir glüht und brennt." Und: „Du Glücklicher, der Du ohne

äußere Amts- und Standesfessel Deinen ritterlichen Degen wetzen und schwingen kannst."[421]

Mit offener Begeisterung wurde das Buch von den jüngeren Intellektuellen aufgenommen, vor allem von den Junghegelianern. Etwas pauschalisierend und aus großem zeitlichen Abstand behauptet Engels, bei ihnen habe es eine regelrechte Sprengwirkung gehabt. Diese Leute seien in der Zwickmühle gewesen, weil sie einerseits in ihrem Kampf gegen die Religion als staatstragende Ideologie mehr und mehr auf materialistische Positionen gedrängt worden seien, dadurch aber in Konflikt gerieten mit der Hegelschen Philosophie, auf die sie bislang ihre Hoffnung gesetzt hatten. „Da kam das ‚Wesen des Christentums'", schreibt Engels. „Mit einem Schlag zerstäubte es den Widerspruch, indem es den Materialismus ohne Umschweife wieder auf den Thron erhob. Die Natur existiert unabhängig von aller Philosophie; sie ist die Grundlage, auf der wir Menschen, selbst Naturprodukte, erwachsen sind; außer der Natur und den Menschen existiert nichts, und die höhern Wesen, die unsere religiöse Phantasie erschuf, sind nur die phantastische Rückspiegelung unseres eignen Wesens. Der Bann war gebrochen; das ‚System' war gesprengt und beiseite geworfen, der Widerspruch war, als nur in der Einbildung vorhanden, aufgelöst. – Man muss die befreiende Wirkung dieses Buchs selbst erlebt haben, um sich eine Vorstellung davon zu machen. Die Begeisterung war allgemein: Wir waren alle momentan Feuerbachianer."[422]

Doch die junghegelianische Bewegung war im Zerfallen begriffen. Am erfolgreichsten war *Das Wesen des Christentums* möglicherweise außerhalb der Welt der Philosophen und Theologen. Feuerbach, der eigentlich geglaubt hatte, eine *wissenschaftliche* Arbeit verfasst zu haben, stellte verwundert fest: „Leute, die vielleicht nie ein philosophisches Werk in die Hand nahmen, haben mein Werk angeschafft."[423] Er hatte sich zwar bewusst um eine Sprache bemüht, die „zum Vorbild . . . die Bestimmtheit und Klarheit des Wassers sich gesetzt", doch er hatte nicht damit gerechnet, dass die Schrift „in das allgemeine Publikum" kam.[424] In diesem allgemeinen Publikum scheint das Buch (das wohl von Hand zu Hand wanderte, die Zahl der verkauften Exemplare könnte das Phänomen nicht erklären) eine Polarisierung bewirkt zu haben. Der Zeitgenosse Karl Grün schreibt in einem Text von 1845, Feuerbachs Ideen seien „in förmlichen Versammlungen . . . erörtert, verteidigt und bekämpft" worden und „die Spießbürger" hätten sich „in Feuerbachianer und Anti-Feuerbachianer" geteilt.[425] Und vom jungen (damals noch lange nicht antisemitischen) Wilhelm Marr vernehmen wir, er habe *Das Wesen des Christentums* auf allen seinen Reisen mit sich geführt.[426]

Selbst im feingebildeten aristokratischen Publikum gab es begeisterte Anhänger – und Anhängerinnen, wie etwa die Dichterin und Nietzsche-Freundin Malwida von Meysenbug, die sich erinnert: „Gleich von der ersten Seite an sagte ich mir sehr erstaunt, es seien Gedanken, die ich längst kenne, meine eigenen Folgerungen, die ich nur nicht zu gestehen wagte. Alle die angstvollen Stunden meiner Jugend mit Bezug auf die Religion wurden mir nun klar und verständlich, sie hatten ihren Grund gehabt in dem Ungestüm des Gedankens, der sich auflehnte gegen ein Joch, in dem er gefangen gehalten werden sollte."[427]

Auch von „kleinen Leuten" gibt es erstaunliche Berichte. Biograph Bolin erzählt zwei Episoden, die man als Rührstücke abtun möchte, wäre der Zeuge nicht so glaubwürdig: Ein junger Bauer aus Westfalen macht zu Fuß die Reise nach Bruckberg, weil er das Buch gelesen hat und den Verfasser persönlich kennenlernen möchte; nach einer halben Stunde verabschiedet er sich, zu bescheiden und zu schüchtern, um sich zum Essen einladen zu lassen. Oder: Zehn Jahre nach dem Erscheinen kommen zwei Artilleristen aus Schleswig, ebenfalls zu Fuß, in strömendem Regen in Bruckberg an; da der Philosoph verreist ist, lassen sie ihn durch die Ehefrau grüßen und ziehen weiter.[428] Ein weiteres Zeugnis stammt von Karl Marx. Er berichtet Feuerbach von geheimen „Vorlesungen" über *Das Wesen des Christentums* in Paris: „Mehrere Hunderte" von kommunistischen deutschen Handwerkern hätten diese Vorlesungen einen Sommer lang zweimal wöchentlich gehört „und sich merkwürdig empfänglich gezeigt".[429]

6. Luther der Philosophie

Frühjahr 1842. Im Begleitbrief zum Manuskript, das die endlich abge-schlossene Umarbeitung des *Wesen des Christentums* für die zweite Auflage enthält, entschuldigt sich Ludwig Feuerbach beim Adressaten, dem Verle-ger Wigand: „Ich schreibe in der größten Zerstreuung infolge eines gestern in meiner Familie vorgefallnen, doch glücklich beendigten Ereignisses."[430] Das Ereignis ist die Geburt der zweiten Tochter Mathilde. Dieses Kind, dem der Vater „mit ganz besonderer Liebe" anhing,[431] ist eines der weni-gen erfreuliche Ereignisse dieses Sommerhalbjahres. Nachdem Feuer-bach sich im intensiven Winterhalbjahr „fast krank" gearbeitet hat, verfällt er nun in einen Zustand „totaler Schreibunseligkeit": Mehrfach beklagt er sich in Briefen, er fühle sich „im höchsten Grade steril und arid", „stumpf und müde".[432]

Und Mitte April trifft eine Hiobsbotschaft ein: Ruge schreibt ihm, von der ersten Auflage des *Wesen des Christentums*, die man ausverkauft glaubte, seien 120 Remittenden zurückgekommen. Zwei Wochen später meldet Wigand, er sitze jetzt gar auf 369 Exemplaren, also fast der halben Auflage. Verbot und Beschlagnahme in Österreich und anderswo haben ihre Wirkung getan. Wigand jammert, sein Gewinn betrage damit nicht einmal 60 Reichstaler. Feuerbach hatte für die zweite Auflage endlich ein anständiges Honorar erhofft – mit dem Traum ist es wieder aus: Von den verlangten 1000 Gulden wird er knapp die Hälfte erhalten, und auch erst im November, denn Wigand will wenigstens einen Teil der remittierten Bücher verkaufen, bevor er neu druckt. Er stellt Feuerbach anheim, einen anderen Verleger zu suchen und das Manuskript zurückzuverlangen. Was dieser auch tut, doch davon, dass er auf Verlagssuche gegangen wäre, ist nichts bekannt.[433]

Feuerbach hätte durchaus Gelegenheit gehabt, die tote Zeit zu nutzen: Es lagen neue Angebote zur Mitarbeit an Zeitungen vor. Das erste kam schon Anfang des Jahres von Robert Eduard Prutz, einem der wichtigsten politischen Dichter des Vormärz. Feuerbach kannte ihn aus Beiträgen in den „Hallischen Jahrbüchern". Das „Literaturhistorische Taschenbuch", das Prutz jährlich herausgeben wollte, erschien 1843 zum ersten Mal und erreichte immerhin sechs Jahrgänge. Obwohl ihm der Dichter sympathisch war, lieferte Feuerbach nie einen Beitrag.[434] Wenige Tage nach Prutz meldeten sich zwei Herren aus Köln. Man habe soeben die „Rheinische Zeitung für Politik, Handel und Gewerbe" lanciert, die Fonds würden „von einer Aktiengesellschaft en commandite beschafft, die keine Kosten scheuen wird, um dies Blatt so hoch wie möglich zu heben. Die Richtung des Blattes wird natürlich eine so liberale sein, als es unter preußischer Zensur nur irgend möglich ist." Um die Zeitung, deren Redaktion schon bald Karl Marx übernehmen sollte, versammelte sich, eifrig Beiträge schreibend, das ganze linke Spektrum der Junghegelianer: Die Brüder Bauer, Heß, Stirner, Bakunin, auch Herwegh und Prutz. Feuerbach schrieb nicht mit, obwohl Bruno Bauer ihn im März mit einer langen Epistel zu mobilisieren versucht hatte. Nicht einmal ein Antwortbrief ist bekannt.[435]

Eine weitere Anfrage erreichte Feuerbach im September aus Brüssel, wo Ignaz Kuranda den in Leipzig gedruckten, sehr erfolgreichen „Grenzboten" redigierte. Auch von diesem Angebot ist nicht bekannt, ob Feuerbach darauf geantwortet hat. Das Blatt wäre, obwohl recht liberal, vermutlich nicht nach seinem Geschmack gewesen, einige Monate später bekam er auch eine unerquickliche Probe des journalistischen Ernstes geliefert, mit dem hier gearbeitet wurde. In der Rubrik „Die Männer der Zeit" stand ein flott zusammengeschmierter Artikel über ihn: Er habe in Erlangen keine Hörer gefunden, habe auch sonst keine Anhänger, seine Philosophie sei abgrundtiefer Subjektivismus, und von der äußeren Erscheinung her sei er der rechte Biedermann im Jägerrock: „ziemlich beleibt, groß, frisch und rot". Der anonyme Schreiber tat vage so, als hätte er ihn in Bruckberg besucht.[436]

Geistesbruder Herwegh

Die Lethargie scheint den ganzen Sommer über angehalten zu haben, so dass Feuerbach das Interesse an seinem Hauptwerk schon fast verlor. Erst im September erwachten seine intellektuellen Lebensgeister wieder. Mitte

September schickte er das Manuskript der Neuauflage – noch ohne neues Vorwort, doch mit abermals erweitertem Anhang – wieder an Wigand, der auch bald mit dem Drucken begann. Die Hürde der Zensur wurde überwunden. Vielleicht lag es an der Person des Zensors, der offenbar von der Schrift so beeindruckt war, dass er den Verleger bat: „Wenn Feuerbach hieher kommt, so machen Sie mich doch mit ihm bekannt." Wigand schrieb, er habe ihm geantwortet: „Sehr wohl, Herr Professor, Feuerbach sehnt sich, seinen Zensor kennenzulernen", und der gute Mann habe es sogar geglaubt.[437]

Im selben Brief fragte Wigand: „Was sagen Sie zu Herwegh?" Er wusste zu berichten, dass dieser sich mit „einem radikalen Frauenzimmer" (es war Emma Sigmund) verlobt hatte und demnächst heiraten wollte. Herwegh war, wie Gutzkow nicht zu unrecht meinte, der „Matador" des Jahres 1842. Im Vorjahr waren in Zürich seine unverblümt aufrührerischen *Gedichte eines Lebendigen* erschienen. Der Erfolg stellte alles in den Schatten, was je mit einem Lyrikband erreicht worden war. Ohnmächtig mussten Polizei und Zensurbehörde mit ansehen, wie Verbot und Beschlagnahmung ins Leere gingen: Auf dem Schwarzmarkt fand das Büchlein reißenden Absatz. Die fast volksliedhaften Gedichte waren in aller Munde, sie wurden vertont (so auch von Liszt)[438] und begeistert gesungen.

Diesen Herbst nun war Herwegh durch Deutschland gereist, offiziell mit dem Auftrag, für eine neue Zeitung, den „Deutschen Boten aus der Schweiz" zu werben. Doch die Reise geriet zur triumphalen Tournee durch Frankfurt, Köln, Düsseldorf, Jena, Leipzig, Dresden, Berlin, Stettin, Danzig und Königsberg. Auf jeder Station wurde der Dichter bejubelt, umschwärmt, mit Banketten gefeiert; die Presse berichtete fast täglich. Neben Marx, Prutz, Blum, Bakunin und anderen Oppositionellen hatte Herwegh in Leipzig auch Wigand und Ruge getroffen. Wigand war deshalb auch über die erwartete Begegnung mit dem preußischen König informiert. An Feuerbach schrieb er, Herwegh habe ihm versprochen, „tapfer zu sein" und dem König „die Wahrheit zu sagen".[439] Die Begegnung wurde zum Skandalereignis, das durch die europäische Presse ging: Friedrich Wilhelm IV. wollte Liberalität und Kunstsinn demonstrieren, indem er den gefeierten Freiheitsdichter empfing. Vor allem wollte er ihn „bekehren", doch seine Leutseligkeit verfing nicht, Herwegh wurde immer einsilbiger, am Schluss verweigerte er die Reverenz, fixierte wider alle Etikette den König und hielt ihm das Schiller-Wort entgegen: „Sire, ich kann nicht Fürstendiener sein." Am Tag darauf wurde der „Deutsche Bote" in Preußen verboten. Herwegh schrieb einen persönlichen Brief an den König, in dem er ihn an sein Wort erinnerte: „Wir wollen ehrliche Feinde sein." Der Brief wurde der Presse zugespielt und überall, selbst im Ausland abgedruckt. Herwegh wurde ausgewiesen.[440]

Feuerbach hielt viel von Herwegh, sehr viel sogar. Er hatte schon im September einen Brief von ihm bekommen, vielleicht war dieser Brief es gewesen, was ihn aus der Lethargie riss. Herwegh bat ihn um Beiträge für den „Deutschen Boten". Weit weniger zögerlich als bei anderen Anfragen sagte Feuerbach seine „aktive Teilnahme" zu. Den Antwortbrief begann er: „Es freut mich, dass Sie mir Gelegenheit gegeben, Ihnen, ritterlicher Freiheitssänger, meine innige Verehrung auszusprechen. Sie sind es, der mich verleitet zum ersten Diebstahl meines Lebens." Das Diebesgut war geistiger Natur: Feuerbach hatte das Sonett „Sei mir gesegnet, frommes Volk der Alten" aus einer Zeitung ausgeschnitten und es als sein „geistiges Eigentum" beansprucht:[441]

Sei mir gesegnet, frommes Volk der Alten,
Dem unglückselig sein hieß: selig sein,
Das jedes Haus, in das der Blitz schlug ein,
Für ein dem Zeus geweihetes gehalten!

Du fühltest wohl, des Himmels heimlich Walten
Enthüll' sich den Geschlagenen allein,
Und da leucht' erst der Wahrheit voller Schein,
Wo sich das Herz, der Wolke gleich, gespalten.

O sprecht, war's nicht zumeist des Unglücks Stunde,
Die euch hinan zum Ewigen gehoben,
Der Himmelsoffenbarung klang vom Munde?

Der Frieden nicht, der Sturm trägt uns nach oben,
Die höchsten Freuden sind auf dunklem Grunde,
Gleichwie des Äthers Sterne, eingewoben.

Der „Eigentumsanspruch" war nicht unberechtigt: Das Gedicht ist in der Tat eine Quintessenz von Feuerbachs anonymem Erstlingswerk *Gedanken über Tod und Unsterblichkeit*: Akzeptiere Tod, Schmerz und Zerrissenheit, um das Leben zu entdecken. Feuerbach schlug Herwegh denn auch vor, seine „um 12 Jahre zu früh erschienenen theologisch-satirischen Xenien" aus diesem Werk für die neue Zeitung zu bearbeiten.[442] Dazu kam es allerdings nicht mehr, weil der „Deutsche Bote" nicht lange genug überlebte. Die nächste Nachricht von Herwegh bekam Feuerbach indirekt im Jahr darauf: Der zweite Band der „Gedichte eines Lebendigen" enthielt ein Xenion mit dem Titel „Ludwig Feuerbach":

Wie muss des Denkers scharfes Schwert
In eure Hasenseelen fahren!
Hört doch: „Das Beste ist nicht wert,
In Ewigkeit es aufzusparen;
Was einmal die Natur erschuf,
Kann sie auch noch einmal erschaffen."
Allein vergebens ist sein Ruf
An Kinder und an Laffen.
Es stellt vergebens ihr Symbol
Der kühne Adler an den Pranger
Jedwede Puppe, noch so hohl,
Fühlt sich mit einem Falter schwanger.
Vergeblich läuft der Genius Sturm,
Die Burg des Unsinns zu bezwingen
Es will's nun einmal jeder Wurm
Zum Schmetterlinge bringen.

Weitere zwei Jahre später werden sich Feuerbach und Herwegh persönlich kennenlernen. Aus der Begegnung sollte eine lebenslange, außerordentlich herzliche Freundschaft, nicht nur zwischen den beiden Männern, sondern zwischen den Ehepaaren entstehen.

Freundschaften

Doch kehren wir zum Herbst 1842 zurück: Im Oktober folgte der jährliche mehrwöchige Aufenthalt in Heidelberg. Auf der Rückreise besuchte Feuerbach den „Konkurrenten" David Friedrich Strauß. Von Wigand wusste er, dass Strauß auf sein Buch nicht gut zu sprechen war. Dennoch wollte er ihm seine „persönliche Verehrung" bezeugen. Im Dankesbrief an die Heidelberger Gastgeberin beschreibt er ihn als „interessanten und feinen Mann". Doch die Begegnung sei seltsam gewesen: „Anfangs war er etwas befangen, unfrei gegen mich, so dass ich, ohnedem im höchsten Grade bewegt, unwillig vom Sofa aufsprang, um mich wieder zu entfernen. Diese Motion wirkte. Er taute auf und war nun äußerst aufmerksam und freundlich gegen mich."[443]

Kaum in Bruckberg zurück, erhielt Feuerbach seinerseits Besuch von einem Studenten. Der junge Mann namens Hermann Kriege war auf der Durchreise von Leipzig nach München, wo er – als Junghegelianer, Freund von Ruge, Herwegh-Bewunderer – sein Studium fortsetzen wollte. Was ihn zu den „Jesuiten König Ludwigs" trieb, ist nicht ganz klar. Er hatte zwar die vage Vorstellung, in München als Korrespondent der radikalliberalen, von Robert Blum geprägten „Sächsischen Vaterlandsblätter" zu fungieren. Doch wahrscheinlich wollte er einfach für die immer noch verbotenen Burschenschaften missionieren, deren begeisterter Anhänger er war (Teile von ihnen besannen sich zu dieser Zeit auf ihre freiheitlichen Wurzeln). Jedenfalls machte er sich gleich daran, fortschrittlich gesinnte Studenten in „Kränzchen" zu organisieren. Bekannt ist auch, dass er privat mit dem an der Universität lehrenden Friedrich Thiersch verkehrte und dass dieser sich später für ihn einsetzte, als er verhaftet wurde.[444]

Feuerbach schloss den jungen Agitator offenbar gleich ins Herz. Er sollte ihm ein halbes Jahr später freilich ungebetenen Besuch bescheren: „Gestern, den 2. April [1843] wurde bei mir *von Rechts wegen eingebrochen*", heißt es in einer Notiz Feuerbachs.[445] Man habe „nach Auskunft über Studentenverbindungen" gesucht. Der Hintergrund: Einige Wochen vorher war Kriege in München wegen Verdachts auf illegale politische Betätigung verhaftet worden. Als belastendes Material hatte man bei ihm auch einen Brief entdeckt, in dem er einem Studenten in Halle den Plan einer Frühjahrsakademie in Bruckberg unterbreitete. Kriege hatte geschrieben: „Von der Überzeugung ausgehend, dass von oben aus nimmermehr Heil widerfahren wird u. dass die Universitäten in ihrem Lehrerstande nur dann eine Radikalkur erfahren können, wenn sich der Student außer ihnen seine Lehrer sucht, ist es mein höchster Wunsch, dass Du und welche von den Deinen totale Kerls sind mit allen anderen Jüngern der guten Sache, welche auf andern Universitäten aufzutreiben sind, in Bruckberg zusammenkämet". Man könne dort „auf Spaziergängen oder in Vorlesungen in einem Monat mehr profitieren, als sonst in Jahren." Kriege wollte den Plan dieser „Ferienkollegia" gerade an Feuerbach herantragen (und möglichst auch Bruno Bauer dafür gewinnen, dem eben die Lehrbefugnis in Bonn entzogen worden war), als die Demagogenverfolger zugriffen und ihn drei Monate lang inhaftierten. Danach wurde er zu acht Tagen Arrest verurteilt, die mit der Untersuchungshaft reichlich abgegolten waren.[446] Feuerbach hat ihm den verursachten Ärger nicht übel genommen, ganz im Gegenteil: Es entstand eine enge Freundschaft zwischen den beiden, an der auch die jüngste Schwester Elise Anteil hatte.[447] Kriege wird, wie wir noch sehen werden, eine wichtige Rolle bei Feuerbachs Politisierung spielen.

Neue Bekanntschaften und Freundschaften brachten ihm auch das verhasste Erlangen wieder etwas näher: Zwei pensionierte bayerische Beamte, die schon mit Vater Feuerbach gut bekannt waren, hatten sich in Erlangen niedergelassen und boten nun dem Sohn, mit dessen Ansichten sie sympathisierten, in ihren Häusern „die gastlichste Aufnahme" an.[448] Der eine, Regierungsrat Emil Ernst Gottfried von Herder, hatte schon der Beamtenriege von Montgelas angehört. Er war ein Sohn des Theologen, Philosophen und Dichters Johann Gottfried von Herder, dessen Schriften der junge Ludwig in der Zeit zwischen Abitur und Studienbeginn gelesen hatte. Als dieser Sohn Mitte der vierziger Jahre ein mehrbändiges *Lebensbild* des großen Vaters zusammenstellte, nahm Feuerbach beratend Anteil daran, und 1852 zitierte er daraus im Vorwort zum Lebensbild des eigenen Vaters. Auch zu einem Sohn des Regierungsrats hielt er den freundschaftlichen Kontakt aufrecht, nachdem dieser in die Schweiz und später nach Sankt Petersburg emigriert war.[449]

Der andere Pensionär, mit Herder eng befreundet, war der frühere preußische Staatsmann im Rheinkreis Albrecht Ludwig von Seutter. In einem

Brief an Ludwig Feuerbach nannte er sich einen „erzeinigen, eingefleischten Lutheraner", dennoch hatte er *Das Wesen des Christentums* und andere religionskritische Schriften Feuerbachs schon gekauft und gelesen, als er sie von diesem geschenkt erhielt.[450] Biograph Bolin weiß noch von einem Mediziner im Freundeskreis: Ein Franz Jordan Ried, Dozent an der Erlanger Universität, in dem Feuerbach „einen stets bereitwilligen Vermittler für seinen literarischen Bedarf aus der Universitätsbibliothek" und einen Kameraden für Bergpartien und geologische Exkursionen gehabt habe.[451]

Von einer weiteren Freundschaft, die Ende 1842 begann, steht bei den älteren Biographen nichts, obwohl sie in Feuerbachs Leben bedeutsam war und das ganze Leben lang anhielt. Aus den ersten Jahren der Bekanntschaft ist kein Briefwechsel überliefert, was daran liegen könnte, dass der Freund in Nürnberg in der Nachbarschaft von Feuerbachs Mutter und Schwestern wohnte und sich die Besuche bei ihm dadurch leicht ergaben. Gemeint ist Theodor Cramer, der spätere Theodor I. Freiherr von Cramer-Klett. Er war dreizehn Jahre jünger als Ludwig Feuerbach, in Nürnberg geboren und aufgewachsen. Mit siebzehn war er nach Wien gezogen, wo sein Vater eine Seifenfabrik übernommen hatte. Er lernte das kaufmännische Handwerk, erst in Wien an der Handelsakademie und im väterlichen Betrieb, dann in Bankhäusern in Prag und in Genf. In der Genfer Bank war er in leitender Position, Dienstreisen führten ihn auch nach Frankreich und Italien. Dabei verdiente er nicht nur recht gut, sondern lernte auch in politischen Dingen so manches. Er studierte die Demokratie und die radikalliberalen Strömungen im schweizerischen Gastland und unterhielt, wie es in seiner 1922 erschienenen Biographie heißt, „freundschaftliche Beziehungen zu demokratischen Elementen" in Winterthur. Mit diesen „Elementen" kann eigentlich nur die deutsche Exilantenszene um das Literarische Comptoir gemeint sein, also August Adolf Follen (Bruder des Jünglingsbund-Gründers Karl Follen), Julius Fröbel, Georg Herwegh. Dieses Literarische Comptoir mit Geschäftssitz in Zürich und Winterthur war eigens für Herweghs *Lieder eines Lebendigen* gegründet worden, doch mit dem allgemeinen Ziel, „zensurflüchtige Schriften zur Förderung des in Deutschland erwachten politischen Geistes" zu verlegen und in die Heimat zurück zu schmuggeln.[452] Es verlegte auch *Die Geschichte der Zehn Jahre* von Louis Blanc – möglicherweise angeregt von Cramer, den der

Frühsozialist Blanc so faszinierte, dass er eine seiner Schriften übersetzte. Wenn der fünfundzwanzigjährige Cramer nun nach Nürnberg kam und hier ausgerechnet als Verleger wirken wollte, darf angenommen werden, dass das Literarische Comptoir ihn dazu animiert hatte. Sein Anliegen war, „die Zeitideen aus der Schule in das Leben einzuführen, um so der reinen menschlichen Bildung Vorschub zu leisten".[453] Er kaufte eine Verlagsbuchhandlung und den angesehenen „Nürnberger Kurier", den er einige Jahre lang selbst redigierte. Er hätte auch gern, wie wir noch sehen werden, Schriften von Ludwig Feuerbach verlegt. Von Friedrich („Fritz") Feuerbach verlegte er zwei Schriften, Anselms Gedichte nahm er freilich nicht ins Programm, obwohl Ludwig sie ihm eindringlich empfahl.[454]

Wir dürfen auch annehmen, dass der Name Ludwig Feuerbach für Cramer ein Begriff war, als er ihn in Nürnberg im Herbst 1842 persönlich kennenlernte. In Zürich und Winterthur war er sicherlich auch Herwegh begegnet, der, mit Feuerbachs Schriften früh vertraut,[455] ihn darauf aufmerksam gemacht haben wird. Ob Cramer von sich aus den Kontakt zu Ludwig Feuerbach suchte oder ob Fritz, der in Nürnberg lebende jüngste Bruder, die Bekanntschaft vermittelte (wie der Briefwechsel mit Fritz vermuten lässt), kann dahingestellt bleiben. Jedenfalls scheinen die beiden Feuerbach-Brüder von Anfang an mit Cramer in vertrautem Umgang gestanden zu haben.[456]

Das änderte sich scheinbar auch nicht mit dem Aufstieg des gemeinsamen Freundes zu einem der bedeutendsten Industriemagnaten Deutschlands im 19. Jahrhundert: 1847 heiratete Cramer die Tochter und Erbin des Eisengießers und Maschinenbauers Johann Friedrich Klett (wobei er den Doppelnamen Cramer-Klett annahm). Er baute Dampfmaschinen, Eisenbahnwagen, Stahlbrücken und Stahlhochbauten, darunter die berühmte Münchner Schrannenhalle und den noch berühmteren Münchner Glaspalast (beide wurden 1931 bzw. 1932 durch Brand zerstört, die Schrannenhalle wurde inzwischen neu errichtet). Sein Unternehmen wurde zu einer der größten Eisengießereien und Maschinenfabriken in ganz Deutschland; durch den Zusammenschluss mit der Maschinenfabrik Augsburg entstand daraus die heutige MAN. Cramer-Klett leistete auch Pionierarbeit durch ein neues Konzept der Unternehmens- und Personalführung, und auch in sozialer Hinsicht hatte er seinen Louis Blanc offenbar nicht vergessen: Er kümmerte sich um die Belange seiner Arbeiter, indem er Un-

terstützungskassen für sie und ihre Hinterbliebenen, sozialen Wohnungs-
bau und anderes veranlasste. Ehrendoktorwürde, Adelsprädikat, erblicher
Reichsratstitel verstanden sich am Ende schon fast von selbst.[457] Doch
Magnat Cramer-Klett scheint seinem Philosophen-Freund, dessen Schriften er regelmäßig las, das Leben lang treu geblieben zu sein. In seiner Biographie heißt es, sein Freundeskreis sei sehr klein gewesen, und zu diesem
habe „in erster Linie" Ludwig Feuerbach mit seiner Familie gehört.[458] Ein
Beleg für die Vertrautheit wird das Stipendium für einen künstlerisch be-
gabten jungen Mann aus Bruckberg sein, zu dem Feuerbach ihn veranlassen konnte,[459] ein weiterer Beleg die anonyme Leibrente, die ihm der In-
dustrielle zukommen ließ, als die Familie in Not geriet. Letzter Beleg wird
das Grabmal sein.

Thesen zur Reformation der Philosophie

Ende 1842 kam von Verleger Wigand eine Einladung nach Leipzig. Feuerbach konnte nicht: „Der Winter ist für mich die Zeit des Schaffens, der
Sommer die Zeit des Studierens. Und so bin ich denn seit mehren Wochen
ganz drin in der Arbeit. Ich arbeite nämlich das Thema meiner ‚Thesen‘
aus. Da muss ich auf dem Platz bleiben. Dergleichen Dinge darf man nicht
aufschieben. Vorwärts!"[460] Diese „Thesen", genauer: „Vorläufige Thesen
zur Reformation der Philosophie", hatte er schon Anfang des Jahres geschrieben, unmittelbar anschließend an die beiden Artikel, mit denen er
auf Rezensionen des *Wesen des Christentums* reagierte.[461]

Doch unter der Ägide Metternichs ließen sich Reformationsthesen
nicht mehr wie zu Luthers Zeiten einfach (so die Legende) an eine Kir-
chentür nageln: Die Zensur stand davor, und so waren Feuerbachs „Thesen" in Ruges Redaktionsstube liegengeblieben. Dasselbe Schicksal erlitt
eine ganze Reihe von Beiträgen anderer Linkshegelianer, darunter Ruges
Rezension des *Wesen des Christentums*. Der Herausgeber der „Deutschen
Jahrbücher" (dem freilich auch Strauß und andere Gemäßigte die Mitarbeit aufgekündigt hatten) geriet dadurch zeitweilig in regelrechte Manu-
skriptnot.[462] Unverzagt, wie er war, wollte Ruge die zensierten Texte in
einem Sammelband mit dem Titel *Anekdota zur neuesten deutschen Philosophie und Publizistik* in der Schweiz herausbringen, in jenem „Literari-

schen Comptoir", von dem eben die Rede war. Doch das dauerte alles, und Feuerbach wollte das Manuskript schon zurückverlangen. Ruge freilich wollte es nicht herausrücken: Die *Anekdota* sollten eine Demonstration gegen die Zensur sein. Gerade das Verbot von Feuerbachs „Thesen" sei „die reinste und schlagendste Form des Beweises, welch ein Attentat der Polizei auf die Wissenschaft" vorliege; ohne diesen Text habe „die ganze Demonstration nicht halb das Gewicht, weil alles andere nicht so *rein philosophisch*" sei.[463]

Feuerbachs „Thesen" wollten in der Tat nur die Philosophie reformieren, vom Christentum ist in ihnen wenig die Rede – das mag uns das Maß der damaligen Willkür und Gängelei ermessen lassen, aber auch die Sprengkraft von „rein philosophischen" Texten in jener Zeit. Der endgültige, entschiedene „Abfall" von Hegel und der Philosophie des deutschen Idealismus hatte sich bei Feuerbach während der Arbeit am *Wesen des Christentums* vollzogen. An der Hegelschen Religionsphilosophie war ihm der unüberbrückbare Gegensatz zum eigenen Philosophieren klar geworden. Andeutungen finden sich schon im *Wesen des Christentums*, im Kapitel über das „Geheimnis des Logos und göttlichen Ebenbildes". Feuerbach entschlüsselt dort die Vorstellung von einem Gottvater als das „gegenständliche Wesen der Denkkraft, überhaupt der Kraft oder Tätigkeit, wodurch sich der Mensch der Vernunft, des Geistes, der Intelligenz bewusst wird." Dieser Gottvater sei, wenn man alle individuellen Schranken von ihm hinwegdenke, nichts anderes als das menschliche Denkvermögen. Und in einem Einschub bemerkt er, jede Vorstellung eines Geistes, die über dieses Denkvermögen hinausgehe, sei „ein Gespenst der Phantasie". Etwas später setzt er hinzu: „Gott ist unbegreiflich; aber kennst du das Wesen der Intelligenz? Hast du die geheimnisvolle Operation des Denkens, das geheime Wesen des Selbstbewusstseins erforscht? Ist nicht das Selbstbewusstsein, die Intelligenz das Rätsel der Rätsel?"[464]

Jahrelang hatte er die Zuversicht gehegt, Hegels Philosophie habe dieses Rätsel prinzipiell gelöst. Doch diese Philosophie hatte ihre Lösung um den Preis der „Unwirklichkeit" der sinnlichen Realität erkauft. Dass nur dem Geistigen eigentliche Wirklichkeit zukommen soll, diesen Preis ist Feuerbach nicht mehr bereit zu akzeptieren. Im Aufsatz „Zur Kritik der Hegelschen Philosophie" hatte er es noch zurückhaltend in die Frage gekleidet: „Aber wie, wenn nun einer durchaus nicht A sagen will?"[465] Jetzt sagt er entschieden nein zu Hegel und zur idealistischen Philosophie überhaupt. Läuft er nun zum Lager jener „Materialisten" oder „Empiristen" über, gegen die er in seinen Schriften der dreißiger Jahre mehrfach polemisiert hat? In einer im Dezember 1841, also kurz von den „Thesen" niedergeschriebenen Buchbesprechung sagt er, er habe nichts dagegen, wenn man ihn einen solchen nenne. Er halte zwar für „eine borniere, eine miserable Empirie", was „sich nicht bis zum philosophischen Denken erhebt". Aber ebenso unsinnig sei eine Philosophie, „die mit dem Gedanken *ohne Realität* beginnt", denn sie „schließt konsequent mit einer *gedankenlosen* Realität." Und statt über die Frage zu philosophieren: „Wie kommt Ich zur Annahme einer Welt?", finde er es weit interessanter zu fragen: *„Wie kommen wir zur Annahme eines Ich, welches also fragt und fragen kann?"*[466]

Diese Fragestellung entspricht ganz der Feuerbachschen Religionskritik, deren Originalität darin lag, dass erstmals gefragt wurde: Wie kommt der Mensch dazu, an einen außerhalb von ihm existierenden Gott zu glauben? Es ist also nur konsequent, wenn Feuerbach jetzt seine Untersuchungsmethode direkt dieser Religionskritik entlehnt: „Die Methode der reformatorischen Kritik der *spekulativen Philosophie überhaupt* unterscheidet sich nicht von der bereits in der *Religionsphilosophie* angewandten."[467] Und so heißt es, ganz in der Diktion des *Wesen des Christentums*, in der ersten These zur Reformation der Philosophie: „Das Geheimnis der *Theologie* ist die *Anthropologie*, das Geheimnis aber der *spekulativen Philosophie* die Theologie". Hinter dem absoluten Geist steckt also das christliche Gottesbild – jenes göttliche Wesen, das die „gemeine Theologie" ins Jenseits versetzt, die „spekulative Theologie" aber „vergegenwärtigt, bestimmt, realisiert" hat, also wieder ins Diesseits holte, indem sie es zum Gegenstand der Spekulation machte. Eine notwendige Folge davon war – die Widersprüche mit der Vernunft ließen sich nicht anders lösen – der Pantheismus der idealistischen Philosophen. Dieser Pantheismus ist „die *konsequente* Theologie". Was Spinoza, Schelling und Hegel das Absolute nennen, ist „historisch betrachtet ... nichts anderes als das alte theologisch-metaphysische *nicht* endliche, *nicht* menschliche, *nicht* materielle, *nicht* bestimmte, *nicht* beschaffene Wesen oder Unwesen" – exakt der Gott der Theologen.[468]

In seiner Religionskritik hat Feuerbach die Religion nicht als historisches, sondern als „psychologisches" Phänomen untersucht. Der psychologische

Aspekt ist auch jetzt, in der Kritik des Idealismus, der entscheidende: Das Absolute der idealistischen Philosophie ist eine „Entäußerung" der Abstraktion, es ist „das Denken des Menschen, *außer den Menschen gesetzt*". Hegels „Logik" ist das „*transzendente Denken*", so wie die Theologie das „*transzendente*, außer den Menschen hinausgesetzte Wesen des Menschen" ist. Hegels absoluter Geist ist „nichts andres als der *abstrakte*, von sich selbst abgesonderte, sogenannte *endliche* Geist". Es ist der Gott der Theologie, der in der Philosophie „noch als *Gespenst* umgeht." Das ist die *Grundlage* der Kritik, die Entmystifizierung.[469]

Das idealistische Abstrahieren, das Feuerbach ehedem – man denke an die Erlanger Vorlesungen oder die *Kritik des „Anti-Hegels"* – so vehement verteidigt hat, wird jetzt entschieden verworfen. Dieses Abstrahieren heißt nämlich „das *Wesen* der Natur *außer die Natur*, das *Wesen* des Menschen *außer den Menschen*, das *Wesen* des Denkens *außer den Denkakt* setzen". Und dieses Außerhalb-Setzen ist der eigentliche Stein des Anstoßes, für Feuerbach ist es genauso verderblich wie die Entzweiung durch die Religion: „Wie die Theologie den Menschen *entzweit* und *entäußert*, um dann das entäußerte Wesen wieder mit ihm zu identifizieren, so *vervielfältigt* und *zersplittert* Hegel das *einfache, mit sich identische Wesen* der Natur und des Menschen." Die Reformation der Philosophie muss mit dieser Entzweiung Schluss machen. Sie muss die Hegelsche Philosophie „negieren", um die Wahrheit des konkret Wirklichen anzuerkennen. Sie muss das, was für die Idealisten das „Endliche" und darum „Unwirkliche" ist – die Natur, der konkrete Mensch, das subjektive Denken – als das wahrhaft Unendliche erkennen.[470]

„Ehrlichkeit und Redlichkeit sind zu allen Dingen nütze – auch zur Philosophie." Und wenn die Philosophie ehrlich ist, muss sie sich die Beschränktheit ihrer Spekulation eingestehen. Sich eingestehen, dass ihr Unendliches nie etwas anderes war als eine Hypostasierung von Endlichem, „mit dem Postulat, nichts Endliches ... zu sein." Sich eingestehen, dass es nur vorgebliche Tiefe ist, wenn „das Wahre *unwahr, verkehrt* ausgesprochen" wird. Sich vor allem eingestehen, dass es ein verkehrter Weg ist, wenn man vom „Abstrakten zum Konkreten, vom Idealen zum Realen" gehen will, denn dabei kommt man „immer nur zur *Realisation seiner eignen Abstraktionen*, und ebendeswegen nie zur wahren *Freiheit* des Geistes; denn *nur die Anschauung der Dinge und Wesen in ihrer objektiven Wirklich-*

keit macht den Menschen frei und ledig aller Vorurteile." Diese intellektuelle Redlichkeit hat Feuerbach schon immer gefordert. Jetzt postuliert er sie als Kriterium der philosophischen Erkenntnis: „*Wahrhaftigkeit, Einfachheit, Bestimmtheit* sind die formellen Kennzeichen der *reellen* Philosophie."[471]

Was hat denn die neue Philosophie, im Gegensatz zur alten, als Wirklichkeit anzuerkennen? Zunächst: dass Raum und Zeit die „Existenzformen alles Wesens" sind. Die Metaphysik, also die alte Philosophie, abstrahiert bei ihren Wesensbestimmungen von Raum und Zeit, und das „hat die verderblichsten praktischen Folgen". Feuerbach gibt ein unverhüllt politisches Beispiel: „Ein Volk, welches aus seiner Metaphysik die Zeit ausschließt, die ewige, d. h. *abstrakte,* von der Zeit abgesonderte, Existenz vergöttert, das schließt konsequent auch aus seiner Politik die Zeit aus, vergöttert das rechts- und vernunftwidrige, antigeschichtliche Stabilitätsprinzip" (sprich Restauration und absolute Monarchie).[472]

Doch das ist ein Exkurs, wichtig ist ihm die Natur, insbesondere die menschliche und deren *Qualität.* Er macht etwas zum Grundsatz, was in den *Gedanken über Tod und Unsterblichkeit* eher lebenspraktisches Hauptthema war: „Wo *keine Grenze, keine Zeit, keine Not, da ist auch keine Qualität, keine Energie, kein spiritus, kein Feuer, keine Liebe.*" – „Nur das *schmerzensreiche Wesen ist göttliches* Wesen. Ein Wesen *ohne Leiden* ist ein Wesen *ohne Wesen.* Ein Wesen ohne Leiden ist aber nichts anderes als ein Wesen *ohne Sinnlichkeit, ohne Materie.*" Das Materielle, „Sinnliche" im Menschen, das im abstrakten Denken nicht Aufgehende, ihm „Opponierende", das ist der Ausgangspunkt der neuen Philosophie. Hegel hat das Sinnliche „zur Anmerkung herabgesetzt", es muss nun „in den *Text* der Philosophie" aufgenommen werden: „Nur so wird die Philosophie zu einer *universalen, gegensatzlosen, unwiderleglichen, unwiderstehlichen Macht.*" Also hat sie „nicht *mit sich,* sondern mit ihrer *Antithese,* mit der *Nichtphilosophie,* zu beginnen". Und nun gibt Feuerbach das Stichwort, das bis heute als Etikett an seiner Philosophie haften geblieben ist: „Dieses vom Denken unterschiedene, unphilosophische, absolut *antischolastische* Wesen in uns ist das Prinzip des *Sensualismus.*"[473]

Wie sollen sich denn aber Denken und Sinnlichkeit vertragen? In der Vorrede zur *Phänomenologie des Geistes* hatte Hegel verlangt, dass das „*reine* Selbsterkennen im absoluten Anderssein, dieser Äther *als solcher* ... der

Grund und Boden der Wissenschaft" sein müsse. Ein so unbefleckt-ätherisches „Element des Wissens" hat Feuerbach für seine neue Philosophie nicht anzubieten. Er schlägt dafür eine deutsch-französische Partnerschaft vor: „Der wahre, der *mit dem Leben, dem Menschen identische* Philosoph muss *gallo-germanischen* Geblüts sein." Die „keuschen Deutschen" möchten bitte über diese „Vermischung" nicht erschrecken, der Vorschlag sei immerhin schon anno 1716 gemacht worden: „für das temperamentum Gallico-germanicum schicke sich am besten zur Philosophie … ein Kind, welches einen *Franzosen* zum Vater und eine *teutsche* Mutter hat". Man sollte allerdings, meint Feuerbach, die Nationalitäten vertauschen: „Das *Herz* – das weibliche Prinzip, der *Sinn* für das Endliche, der Sitz des Materialismus – ist *französisch gesinnt*; der Kopf – das männliche Prinzip, der Sitz des Idealismus – deutsch." Herz und Kopf seien jedenfalls die ersprießliche Verbindung, denn das Denken sei das Bedürfnis des Kopfes, Anschauung und Sinnlichkeit das Bedürfnis des Herzens. So kämen beide in einen fruchtbaren Dialog miteinander: „In der Anschauung werde ich *bestimmt* vom Gegenstande, im Denken *bestimme* ich den Gegenstand; im Denken bin ich *Ich*, in der Anschauung *Nicht-Ich*. Nur aus der *Negation* des Denkens, aus dem *Bestimmtsein* vom Gegenstande, aus der *Passion*, aus der Quelle aller Lust und Not erzeugt sich der wahre, objektive Gedanke, die wahre, objektive Philosophie."[474]

Schon in der unmittelbar vor den „Thesen" geschriebenen zweiten Entgegnung auf Kritiken des *Wesen des Christentums* hatte Feuerbach der Hegelschen Philosophie vorgeworfen, sie habe „kein Pathos in sich".[475] Seine neue Philosophie ist denn auch keine spekulativ-theoretisch begründete. Sie ist, wie die Philosophie der italienischen Humanisten der Renaissance, *pathetisch*[476] oder, wie es in den „Vorläufigen Thesen" heißt, die „Position der Religion". Er nennt sie deshalb „Anthropotheismus", also eine Sache des Glaubens oder vielmehr der Emanzipation von einem alten Glauben: „*Wer die Hegelsche Philosophie nicht aufgibt, der gibt nicht die Theologie auf.* Die Hegelsche Lehre, dass die Natur, die Realität von der Idee *gesetzt* – ist nur der *rationelle* Ausdruck von der theologischen Lehre, dass die Natur von Gott, das materielle Wesen von einem immateriellen, d. i. abstrakten, Wesen geschaffen ist." Die neue Philosophie beansprucht, die von der idealistischen Philosophie zerrissene Einheit von Denken und Sein wieder herzustellen. Weil sie „kein besonderes, kein abstraktes Prinzip" hat, kennt sie auch keine besondere Sprache, kein Fachchinesisch: Sie ist „der *denkende Mensch* selbst".[477]

Grundsätze der Philosophie der Zukunft

Diese „Vorläufigen Thesen zur Reformation der Philosophie" hatte Feuerbach vermutlich in recht kurzer Zeit aufs Papier geworfen. Sie sind entsprechend aphoristisch und unsystematisch. Nun, in diesem Winterhalbjahr 1842/43, unternimmt er die Ausarbeitung in einem Text, den er mit *Grundsätze der Philosophie der Zukunft* überschreibt. Im Vorwort sagt er, die Schrift habe im Entwurf den Umfang eines Buches gehabt, doch dann habe ihn „der Geist der deutschen Zensur" ergriffen und er habe „barbarisch" gestrichen. Was die erste Hälfte betrifft, mag ihm mancher heutige Leser (es sei denn, er ist vom Fach) sogar dankbar sein: Sie liest sich streckenweise zäh, Feuerbach hatte wohl selbst nicht mehr die rechte Lust, sich erneut mit der über Bord geworfenen idealistischen Philosophie auseinanderzusetzen. Außerdem setzt die Lektüre dieses ersten Teils – Feuerbach weist ausdrücklich darauf hin – „eine genaue Bekanntschaft mit der Philosophie der neuern Zeit voraus", und das gilt vor allem für die Hegelsche.[478]

Das Wort „Zukunft" im Titel, so schreibt Feuerbach außerdem im Vorwort, sei so zu verstehen, dass seine Grundsätze eigentlich Zukunftsmusik seien: „weil die Gegenwart im allgemeinen, als eine Zeit raffinierter Illusionen und vettelhafter Vorurteile, unfähig ist, *die einfachen Wahrheiten*, von welchen diese Grundsätze abstrahiert sind, eben wegen dieser ihrer Einfachheit zu kapieren, geschweige zu würdigen."[479] Das mag uns arg pathetisch vorkommen, aber: In unserer heutigen Zeit mögen andere raffinierte Illusionen und Vorurteile Geltung haben, doch die „Hegelei" der damaligen Zeit gehört ferner Vergangenheit an. Was der letzte Satz des Vorwortes prophezeit: „Die Konsequenzen dieser Grundsätze werden nicht ausbleiben", hat sich, wie Karl Löwith vor einem halben Jahrhundert feststellte, bewahrheitet: „Feuerbachs Versinnlichung und Verendlichung von Hegels philosophischer Theologie ist schlechthin zum Standpunkt der Zeit geworden, auf dem wir nun alle – bewusst oder unwissend – stehen."[480] Wenn wir heute Hegel lesen, nehmen wir ihn nicht mehr „wörtlich", wir übersetzen seine Schriften gewissermaßen, indem wir ihren historischen Charakter mitbedenken.

Für Feuerbach hingegen gehörte die „Hegelei" der *Gegenwart* an: das Absolute, der Weltgeist, die Identität von Denken und Sein galten im *buchstäblichen* Sinne. Auch noch Anfang der vierziger Jahre hatte diese Philosophie in Deutschland eine beherrschende Stellung inne, mit wenigen Ausnahmen dachten selbst die radikalen intellektuellen Dissidenten noch immer in Hegelschen Bahnen. Aber längst nicht nur sie. Rudolph Haym, ein Zeitgenosse, schrieb 1857 rückblickend: „Noch, denke ich, ist einem großen Teil der Jetztlebenden die Zeit in guter Erinnerung, wo die ganze Wissenschaft von der reichbesetzten Tafel der Hegelschen Weisheit zehrte, wo alle Fakultäten vor der philosophischen antichambrierten, um wenigstens etwas von der hohen Inspektion in das Absolute und von der Geschmeidigkeit der berühmten Dialektik sich anzueignen, wo man entweder ein Hegelianer oder ein Barbar und Idiot, ein zurückgebliebener und ein verächtlicher Empiriker war."[481]

In der ersten Hälfte der *Grundsätze* unternimmt also Feuerbach eine grundsätzliche Kritik, indem er Schritt für Schritt aus dem idealistischen Geistbegriff die christliche Gottesvorstellung herausschält. Er stellt fest: „Das *Wesen* der spekulativen Philosophie ist nichts andres als das *rationalisierte, realisierte, vergegenwärtigte Wesen Gottes.*" Diese Rationalisierung der Gottesvorstellung habe, historisch gesehen, kommen müssen, denn erst durch sie habe die Vernunft „ihre eigene Unbeschränktheit" denken können, erst der rationalistische Gottesbegriff habe das „vollkommen die Vernunft ausdrückende und repräsentierende Wesen" dargestellt. Doch im selben Zuge sei Gott, der im Gottesglauben noch „Objekt" war, zum „Subjekt" geworden: Das Wesen der Vernunft war nicht mehr außerhalb des denkenden Menschen angesiedelt, sondern im „*denkenden Ich* des Menschen". Dieses denkende Ich nahm also den „Standpunkt Gottes" ein. Und behielt natürlich die kennzeichnenden Eigenschaften des göttlichen Wesens, von dem es hergeleitet war. [482]

Der Gott der Theologie ist „reiner Geist, reines Wesen, reine Tätigkeit … ohne Leidenschaften, ohne Bestimmungen von außen, ohne Sinnlichkeit, ohne Materie" – dementsprechend ist auch die idealistische Philosophie reiner Geist, reine Tätigkeit, absolutes Denken. Begonnen hat es mit

Descartes und dessen Abstrahieren von allem Sinnlichen, Materiellen: Diese Abstraktion wurde missverstanden als „vom Denken *unabhängige, objektive* Eigenschaft". Leibniz hielt den menschlichen Verstand noch für verunreinigt, weil mit „dunklen Vorstellungen" behaftet. Doch der „absolute Idealismus", der nach ihm kam, identifizierte den göttlichen Verstand mit dem „reinen" Verstand der Philosophie, der „alle Dinge ihrer Sinnlichkeit entkleidet, sie zu puren Verstandeswesen, zu Gedankendingen macht, der mit nichts Fremdartigem behaftet, nur mit sich selbst als dem Wesen der Wesen beschäftigt ist". Wenn also der Verstand die Dinge denkt, denkt er nur immer sich selbst. „Diese *Einheit des Denkenden und Gedachten* ist aber das *Geheimnis des spekulativen Denkens.*"[483]

In den Paragraphen 14 bis 18 entwickelt Feuerbach noch einmal seine historische Erklärung des Pantheismus: Er sei eine Folge der Wiederentdeckung der materiellen Wirklichkeit in der Neuzeit gewesen, die das Interesse am Übersinnlichen verdrängt habe. Spinoza sei zum „Moses der modernen Freigeister und Materialisten" geworden: „Die Rede, man könne vom Übersinnlichen nichts wissen, ist nur eine Ausrede. Man weiß nur dann nichts mehr von Gott und göttlichen Dingen, wenn man von ihnen nichts mehr wissen *mag.*" Der Pantheist bejaht Gott noch im Prinzip, will aber von den Konsequenzen nichts mehr wissen. Und von hier aus ist es nur noch ein Schritt zum „Materialismus, Empirismus, Realismus, Humanismus", wo man die Theologie verwirft, freilich nur faktisch: „nicht aus theoretischen Gründen, sondern aus *Widerwillen*, aus *Abneigung* gegen die Gegenstände der Theologie, d. h. aus einem dunkeln Gefühl von ihrer Unrealität". Hier hat nun die Philosophie ihre historische Aufgabe wahrzunehmen: Sie hat das „*pathologische Urteil des Empirismus, dass es mit der Theologie nichts sei,* zu einem *theoretischen, objektiven Urteil* zu erheben."[484]

Die wichtigsten Abschnitte des ersten, kritischen Teils der *Grundsätze* sind die Paragraphen 19 bis 31, in denen sich Feuerbach unmittelbar mit der Hegelschen Philosophie auseinandersetzt. Er bezeichnet präzis die Punkte, an denen Hegel ein doppeltes Spiel spielt. Der erste betrifft jenen „Übergang" vom reinen Denken zur Natur, der bei ihm schon früh „Zweifel" erweckt hatte: Für den Idealismus war seit jeher das Immaterielle, rein Verstandesmäßige das eigentlich Wirkliche, die Materie hingegen das Unwirkliche. Spinoza machte die Materie zwar zum Attribut Gottes, doch sie blieb „ein metaphysisches Ding, ein pures Verstandeswesen". Hegel brachte insofern einen Forschritt, als er das Ringen zwischen geistiger und materieller Wirklichkeit gewissermaßen dramatisierte, „die Mühe und Arbeit der Abstraktion, des Sich-Frei-Machens vom Sinnlichen" nicht der menschlichen Beschränktheit vorbehielt, sondern auch dem göttlichen Wesen zuschrieb: „Gott selbst muss sich dieser Arbeit unterziehen, sich, wie die Heroen des Heidentums, durch Tugend seine Gottheit erkämpfen." Die Materie ist bei ihm nicht einfach das Nicht-Geistige wie bei Descartes, sie wird zur „*Selbstentäußerung* des Geistes" und „bekommt ... selbst Geist und Verstand". Das hatte Feuerbach bei Hegel lange beeindruckt, doch jetzt sagt er: Es ist eine bloße Geste gegenüber der Materie, denn sie ist und bleibt „*das zu Negierende*, wie in der Theologie die durch die Erbsünde vergiftete Natur". Sie ist „das *Unvernünftige* in der Vernunft". Es hilft ihr nichts, dass sie vom Geist „gesetzt" wird, denn sie wird „als ein *nichtiges, unwahres* Wesen gesetzt" – sie „bleibt *im Widerspruch* mit dem von der Philosophie als wahres Wesen vorausgesetzten Wesen".[485]

Wäre Hegel redlich gewesen, sagt Feuerbach, hätte er an diesem Punkt die Wahrheit des Materialismus folgern müssen und sagen: Es ist kein Gott. Denn die Materie *in* Gott setzen sei gleichviel wie sie *als* Gott setzen. Doch Hegel entziehe sich dieser Konsequenz mit dem Kunstgriff der zur Affirmation werdenden doppelten Negation: Der die Theologie negierende Atheismus wird selbst wieder negiert, womit die „Theologie durch die Philosophie wiederhergestellt" ist. Oder auf Gott und die Materie bezogen: Gott ist erst dadurch Gott, dass er die Materie als seine Negation negiert. Dieses „Geheimnis der Hegelschen Dialektik" bringt uns, sagt Feuerbach, aber nicht weiter, sondern nur an den Ausgangspunkt zurück: Wir sind wieder „im Schoße der christlichen Theologie." Hegel ist also nicht der große Überwinder und Vermittler, sondern nur Kind seiner Zeit: „Die vielgepriesene spekulative Identität des Geistes und der Materie, des Unendlichen und Endlichen, des Göttlichen und Menschlichen ist nichts weiter als der unselige Widerspruch der neuern Zeit – die Identität von Glaube und Unglaube, Theologie und Philosophie." Statt ihn zu lösen, verdunkle Hegel den Widerspruch.[486]

Der zweite zentrale Kritikpunkt betrifft das Absolute. Feuerbach stellt fest: „Die Hegelsche Philosophie hat das Denken ... zum *göttlichen absoluten* Wesen gemacht." Er wendet also dieselbe Entäußerungs- oder Entfremdungsthese an wie in der Religionskritik: Das Denken wird aus dem Denkenden hinausversetzt in ein von ihm unterschiedenes Wesen, das zum göttlichen, absoluten Wesen wird. Demnach ist das absolute Denken, der absolute Geist bloße „Theologie": ein Glaubensbekenntnis, dem man anhängt – oder auch nicht. Besser nicht, sagt Feuerbach, denn es ist eine Entfremdung, und diese ist verantwortlich für „die Gewalt, die Tortur", welche die Philosophie des Absoluten „unserm Geiste antut": Wir sollen „das Unsrige nicht als Unsriges denken", „wir sollen es denken *ohne Sinn*, sollen es nehmen im *Unsinn* des Absoluten". Wir dürfen die Dinge nicht so nehmen, wie sie sich uns aufdrängen, wir müssen sie, da sie ja immer „Bestimmungen des Absoluten" sein sollen, zurechtbiegen, „in einem anderen Sinne als in ihrem wirklichen Sinne" nehmen: „Alles ist im Absoluten, was im Endlichen; aber dort ist es *ganz anders* als wie hier; dort gelten ganz *andere* Gesetze als bei uns; dort ist Vernunft und Weisheit, was bei uns purer Unsinn ist." Die idealistische Spekulation muss sich „grenzenlose Willkür" vorwerfen lassen.[487]

Mit dem Absoluten steht und fällt auch die von der Hegelschen Philosophie behauptete „Identität von Denken und Sein" – ihr „Zentralpunkt". Auch sie ist „Theologie". Und sie hat die verderbliche Folge, dass „die Vernunft alles ist, wie in der strengen Theologie Gott alles ist, d. i. alles Wesenhafte und wahrhaft Seiende". Das Denken wird dadurch zum belanglosen Spiel: Alles wird zum *gedachten* Sein, das Denken dreht sich ausschließlich um sich selbst, es „kommt *nicht von sich weg*". Der Denkende ist „Richter und Partei" zugleich, unabhängige Zeugen sind nicht zugelassen. Das spekulative Denken „ist sich das Maß aller Realität, es erklärt nur das für etwas, worin es sich betätigt findet, woran es Stoff zum Denken hat." Das „Sein", mit dem dieses Denken operiert, ist deshalb „ein pures Gespenst, das absolut im Widerspruch steht mit dem wirklichen Sein und dem, was der Mensch unter ‚Sein' versteht". Das „Sein" in Hegels *Logik* ist „ein *abstrakter Gedanke, ein Gedanke ohne Realität*": „Abstrahiere ich vom *Inhalt* des Seins, und zwar von allem Inhalt ... so bleibt mir freilich nichts übrig als der Gedanke von nichts."[488]

Hegel unterstelle also „eine bodenlose Abstraktion dem, was das natürliche Bewusstsein rechtmäßiger- und vernünftigerweise unter ‚Sein' versteht". Für Feuerbach hingegen ist die „Frage vom Sein" eine *praktische* Frage – „eine Frage auf Tod und Leben". Deshalb mag er sich nicht mehr um Sagbarkeit oder Unsagbarkeit, um logisch stringente Begrifflichkeit kümmern: „Wenn … Unsagbarkeit Unvernünftigkeit ist, so ist alle Existenz, weil sie immer und immer nur diese Existenz ist, Unvernunft. Aber sie ist es nicht. Die Existenz hat für sich selbst, auch ohne Sagbarkeit, Sinn und Vernunft.“[489]

Feuerbach betont selbst, die von ihm geforderte neue Philosophie sei die Frucht der Auseinandersetzung mit Hegel, sie legitimiere sich geradezu durch die Hegel-Kritik. Die Feststellung ist für uns wichtig, wenn wir das Wort „Sinnlichkeit" richtig verstehen wollen, nämlich als Gegensatz zur abstrakten Begrifflichkeit der idealistischen Philosophie. „Sinnlichkeit" bei Feuerbach hat eine wesentlich umfassendere Bedeutung als im normalen Sprachgebrauch: Das Sinnliche ist das „Wirkliche als *Objekt des Sinnes*", also die materielle Wirklichkeit insgesamt. Und um diese geht es Feuerbach. Das Grundaxiom seiner neuen Philosophie lautet: „*Wahrheit, Wirklichkeit, Sinnlichkeit* sind identisch." [490]

Welche Konsequenzen hat diese Revolution des Erkenntnisstandpunktes? Auf wenige knappe Formeln verkürzt sind es folgende: Erkenntnis beginnt da, wo sie an einem anderen Wesen „ihre *Grenze* – Widerstand findet". Gegenstand der Erkenntnis ist nicht mehr ein Gedanke, sondern ein anderes Ich – das Du. Dieses Du wirkt auf den Erkennenden zurück, es lässt ihn nicht gleichgültig, es ist ein „*Geheimnis* der Anschauung, der Empfindung, der Liebe." Die Liebe als Leidenschaft ist „das Wahrzeichen der Existenz. Nur was – sei es nun wirkliches oder mögliches – *Objekt der Leidenschaft*, das *ist*." Wobei Liebe nicht unbedingt angenehm sein muss, denn sie ist allgemein das Innewerden des Unterschieds zwischen Ich und Du und kann auch schmerzhaft sein: „dessen *Sein* dir *Freude*, dessen *Nichtsein* dir *Schmerz* bereitet, das nur *ist*." Oder umgekehrt: „Was nicht geliebt wird, *nicht geliebt werden kann, das ist nicht*." – „Wo *keine Liebe, ist auch keine Wahrheit*."[491]

Und wie legitimiert sich die neue Philosophie? „*Wahr* und *göttlich* ist nur, was *keines Beweises bedarf*, was *unmittelbar durch sich selbst gewiss ist, unmittelbar für sich spricht und einnimmt.*" Die neue Philosophie beweist sich nicht theoretisch, so wenig wie geniale Kunst, die „unmittelbares, sinnliches Wissen" ist. „Alles ist darum sinnlich wahrnehmbar, wenn auch nicht unmittelbar." Der Empirismus hat also grundsätzlich Recht,

„nur vergisst er, dass das wichtigste, wesentlichste Sinnenobjekt des Menschen der *Mensch selbst* ist". Dieser Mensch ist nämlich nicht ein Solitär: „Nur durch Mitteilung, nur aus der Konversation des Menschen mit dem Menschen entspringen die Ideen." – „Zwei Menschen gehören zur Erzeugung des Menschen – des geistigen so gut wie des physischen: Die Gemeinschaft des Menschen mit dem Menschen ist das erste Prinzip und Kriterium der Wahrheit und Allgemeinheit." Wesen und Schein, wirkliche und scheinbare Wirklichkeit brauchen keine metaphysische Gegensätze zu sein. Um nicht dem platten Anschein zu erliegen, dürfen wir „nur *nicht den Verstand von den Sinnen abtrennen*", das genügt, um Wissenschaft zu betreiben.[492]

Im übrigen ist das Wirkliche „im *Denken nicht in ganzen Zahlen*, sondern nur in *Brüchen darstellbar*". Da in der neuen Philosophie das Denken „*nicht in gerader Linie . . . fortläuft, sondern sich durch die sinnliche Anschauung unterbricht*", kann und darf formale Widerspruchsfreiheit nicht Wahrheitskriterium sein. Kriterium ist vielmehr die sinnliche Anschauung als „Gegenpartei des Denkens" – oder auch als Gegengift, denn das Denken „*borniert* auch oft den Kopf". Feuerbachs neue Philosophie kennt deshalb keine Erkenntnistheorie, sie lehnt eine solche sogar explizit ab: „Der *Mensch* denkt, nicht das Ich, nicht die Vernunft." Er stützt sich zwar auch auf die Vernunft, aber „*nicht* auf eine *wesen-, farb-* und *namenlose* Vernunft, sondern auf die mit dem *Blute des Menschen getränkte* Vernunft". Der Mensch ist „*das Maß der Vernunft*".[493]

Was ist demnach die Aufgabe des Philosophen? Für ihn „ergibt sich folgender kategorischer Imperativ: Wolle nicht Philosoph sein *im Unterschied vom Menschen*, sei nichts weiter als ein *denkender Mensch;* denke nicht *als Denker . . .* denke als *lebendiges, wirkliches* Wesen . . . denke *in der* Existenz, *in* der Welt, als ein Mitglied derselben." Und die Aufgabe der neuen Philosophie? Sie soll die Theologie in Anthropologie auflösen, und zwar „nicht nur, wie die alte Philosophie, in der Vernunft, sondern auch *im Herzen*". Sie „macht den *Menschen* mit *Einschluss der Natur*, als der Basis des Menschen, zum *alleinigen, universalen* und *höchsten Gegenstand* der Philosophie". Sie verliert dadurch freilich ihre privilegierte Stellung, denn sie muss sich als Wahrheitssucherin neben Kunst, Religion und Wissenschaft stellen lassen, die alle „nur die Erscheinungen oder Offenbarungen des *wahren menschlichen Wesens*" sind.[494]

Wo ist Wahrheit? „Die Wahrheit existiert nicht im Denken, nicht im Wissen für sich selbst. *Die Wahrheit ist nur die Totalität des menschlichen Lebens und Wesens.*"[495]

Geknebelte Presse

Mit den *Gedanken über Tod und Unsterblichkeit* und dem *Wesen des Christentums* gehören Die *Grundsätze der Philosophie der Zukunft* zu den Texten Feuerbachs, die seine Zeit am stärksten prägten. Bekannt ist der Einfluss auf die radikaldemokratischen und die kommunistischen Bewegungen des Vormärz; für sie war Feuerbach, wie Engels 1845 in einer britischen Zeitung schrieb, „das hervorragendste philosophische Genie in Deutschland".[496] Bekannt ist auch, dass Wagner seine Programmschrift *Das Kunstwerk der Zukunft* Feuerbach widmete (freilich nur in der ersten Auflage von 1849, zum Schopenhauer-Anhänger gewandelt, strich er in späteren Auflagen die Widmung), und sich wahrscheinlich auch in der Titelgebung an Feuerbachs *Grundsätze* anlehnte. Weniger bekannt ist, dass Nietzsche in der Zeit, als er sich von Wagner entfremdete, als Argument gegen ihn notierte: „Feuerbach's ‚gesunde und frische Sinnlichkeit‘. ‚Grundsätze der Philosophie der Zukunft‘ 1843."[497]

Doch erst musste die Schrift überhaupt verbreitet werden. Feuerbach hatte sie „aus artiger Zuvorkommenheit gegen die deutsche Zensur, welche die Prämissen derselben aus den ‚Deutschen Jahrbüchern‘ gestrichen, in die Schweiz exiliert", also in Fröbels Literarisches Comptoir. Dort war inzwischen auch Ruges *Anekdota*-Band erschienen, der die „Prämissen" (gemeint sind die „Vorläufigen Thesen") enthielt: Nach über einem Jahr der Ungewissheit hatte Feuerbach sie Ende Februar 1843 endlich gedruckt in Händen. Die *Grundsätze der Philosophie der Zukunft* sollten nun als eigenständige Schrift erscheinen, das Manuskript war spätestens seit Juni in Zürich. Mitte Juli gab es im Literarischen Comptoir eine Razzia: Ein im Druck befindliches Buch wurde beschlagnahmt, Fröbel wegen „Religionsstörung" angeklagt. Feuerbach hörte davon, brieflich versicherte er den Verleger seiner „innigsten Teilnahme … oder vielmehr der tiefsten Indignation" – und erkundigte sich voller Sorge nach seinem Manuskript, von dem er nicht einmal eine Abschrift hatte. Doch im November erfuhr er von Kapp und von Ruge, dass die Schrift erschienen sei, er selbst erhielt wohl erst im Januar 1844 ein Exemplar.[498]

Feuerbach konnte es dem Verleger nicht übelnehmen. Das Jahr 1843 war ein Jahr der Schläge gegen die Dissidentenpresse gewesen. Innerhalb weniger Monate, zwischen Ende November 1842 und Anfang April 1843, wurden praktisch alle ihre Organe abgewürgt. Die Verbotsverfügung für den „Deutschen Boten aus der Schweiz" hatte schon im Herbst 1842, noch vor dem Eklat der Herwegh-Audienz bei Friedrich Wilhelm IV., bei allen Oberpräsidenten Preußens gelegen, am Tag danach brauchte sie nur noch in Kraft gesetzt zu werden. Herweghs Brief an den König gab den Anlass, Ende Dezember die „Leipziger Allgemeine Zeitung", die ihn abgedruckt hatte, in Preußen zu verbieten, wodurch sie ihr wichtigstes Absatzgebiet verlor. Am 3. Januar 1843 traf es die „Deutschen Jahrbücher": Sie wurden von der sächsischen Regierung verboten, Ruge musste seine Redaktion endgültig schließen. Am 1. April schließlich kam das Aus für die „Rheinische Zeitung", deren Chefredaktion Marx erst im Oktober zuvor übernommen hatte.

Ruge, Herwegh und Marx versuchten es nun mit Sammelbänden. Für Bücher von mehr als 20 Druckbogen (320 Seiten) hatten die Karlsbader Beschlüsse keine Vorzensur vorgeschrieben. Die Landesregierungen konnten jedoch strenger verfahren, was Preußen und Sachsen bisher auch getan hatten. Eben erst (im Oktober 1842) hatten sie die Bestimmungen gelockert: Über 20 Bogen starke Bücher waren jetzt auch in diesen Staaten zensurfrei. Freilich blieb die Nachzensur, das heißt, eine fertige Auflage konnte komplett konfiszieren werden (was den Brüdern Bauer im Sommer 1843 zustieß)[499], und für im Ausland gedruckte Bücher brauchte man ein „Debit", eine Einfuhrgenehmigung. Doch es gab Schmuggelwege, und so versuchten die Radikalen, die Zensurfreiheit für umfangreichere Bücher auszunützen, indem sie Sammelbände von Artikeln zusammenstellten, die ursprünglich für Zeitungen bestimmt waren. Ruge hatte das mit den *Anekdota* praktiziert, offenbar ohne auf große Hindernisse zu stoßen. Herwegh wollte dasselbe tun und die Beiträge, die er für den verbotenen „Deutschen Boten aus der Schweiz" schon erhalten hatte, in einem Sammelband mit dem selbsterklärenden Titel *Einundzwanzig Bogen aus der Schweiz* herausbringen. Doch die Polizei griff sofort zu, durch Metternichs Agenten wusste sie frühzeitig, was sich hinter dem Titel verbarg. Und

Preußens Arm reichte bis nach Zürich, wo seit dem legendären „Zürich-putsch" von 1839 die Konservativen am Ruder waren: Die *Einundzwanzig Bogen* – gegen sie richtete sich die Razzia – wurden im Drucksaal beschlag-nahmt und dem Verleger Fröbel der Prozess gemacht. Nun lag „ganz Deutschland unter Interdikt", wie Arnold Ruge bitter feststellte.[500]

7. Der Communismus und die Sinnlichkeit

In den ersten Monaten des Jahres 1843 hatte Feuerbach nicht nur die *Grundsätze der Philosophie der Zukunft* geschrieben, sondern auch ein langes neues Vorwort zum *Wesen des Christentums*. Manche Hauptthemen der *Grundsätze* kehren in diesem Vorwort wieder, einige allerdings in scharfer Polemik negativ gewendet: „Wahrheit ist ... in unsrer Zeit nicht nur Unsittlichkeit, Wahrheit ist auch Unwissenschaftlichkeit – Wahrheit ist die Grenze der Wissenschaft ... Wo die Wissenschaft zur Wahrheit kommt, Wahrheit wird, da hört sie auf, Wissenschaft zu sein, da wird sie ein Objekt der Polizei – die Polizei ist die Grenze zwischen der Wahrheit und Wissenschaft." Als Datum setzte er unter das Vorwort den 14. Februar 1843. Doch am 31. März und am 1. April fügte er zwei Postscripta hinzu: Schellings Berliner Vorlesungen über Offenbarungsphilosophie waren im Druck herausgekommen. Der alte Widersacher H. E. G. Paulus (in seinem Heidelberger Studienjahr hatte Feuerbach ihn nicht leiden können, jetzt war er ihm dankbar) hatte persönliche Rache genommen, indem er die Vorlesungen mitschreiben ließ und sie mit seinen Anmerkungen versehen herausgab (was Schelling zur Aufgabe seiner Berliner Professur veranlasste).[501] Feuerbach bekam die Nachschrift in die Hände und bereute, sein Vorwort nicht anders geschrieben zu haben.

Die Manuskripte dieses Vorworts und der *Grundsätze* waren noch nicht abgeschickt, da traf ein furchtbarer Schlag die kleine Sippschaft im Bruckberger Schloss. Eduard Feuerbach, der in Erlangen Jura lehrende ältere Bruder, starb ganz plötzlich in Bruckberg. Es war erst zweieinhalb Jahre her, dass er „eingeheiratet" hatte: Seine junge Frau, Sidonie Stadler, war eine Nichte von Bertha Feuerbach. Die Ehe war sehr glücklich, und der vordem etwas eigenbrötlerische Einsiedler war richtig aufgeblüht. Natürlich hielt er sich seither noch öfter in Bruckberg auf. Das Paar hatte zwei Kinder, für den im Vorjahr geborenen Sohn hatte Eduard den „antichristlichen" Bruder als Paten haben wollen; Ludwig hatte abgelehnt, doch halb spaßhaft, halb ernsthaft vorgeschlagen, Eduard könne ihn ja Ludwig taufen, und der Junge hieß dann tatsächlich Anselm Johann Ludwig. Nun, am Palmsonntag, hatte es eine kleine Familienfeier gegeben, am Tag danach lud Sidonie zu einer „Kaffeevisite". Eduard trank ein Bier und aß Gänsefett dazu – unsinnig viel Gänsefett. Ihm wurde übel, er legte sich hin. Als Ludwig am Tag darauf mit dem aus Ansbach geholten Hausarzt eintraf, war er schon tot. Er war knapp über vierzig gewesen, seine Witwe war erst dreiundzwanzig; nach dem Zeugnis ihrer Schwester Julie war sie „dem Wahnsinn nahe". Ludwig schrieb auf seinen Bruder einen schönen Nachruf, der als Broschüre im Druck erschien. Den beiden Kindern, die in Bruckberg aufwuchsen, sollte er in mancher Hinsicht den Vater ersetzen.[502]

Keine gallo-germanische Allianz

Die Auflösung von Eduards Wohnung und vor allem seiner juristischen Bibliothek nahm ihn wochenlang in Anspruch. Daneben korrigierte er die letzten Fahnen für die zweite Auflage seines Hauptwerks. Mitte Mai traf ein Brief von Arnold Ruge ein: Er wolle ihn demnächst in Bruckberg besuchen, zusammen mit Marx, der zur Zeit bei ihm in Dresden sei. Die beiden wurden dann allerdings aufgehalten durch Julius Fröbel, der ebenfalls in Dresden erwartet wurde und verspätet eintraf. Zu dritt wollte man den noch geheimgehaltenen Plan einer Zeitung mit dem Namen „Deutsch-Französische Jahrbücher" ausarbeiten. Nominell sollten sie die „Deutschen Jahrbücher" fortsetzen, doch inhaltlich war eine wesentlich radikalere Linie vorgesehen: in Straßburg gedruckt, also ohne jede Rücksicht auf die Zensur, und vor allem ohne den „mittelmäßigen und scholastischen und reservierten Kram" der bisherigen Jahrbücher. Feuerbach sollte sozusagen das Paradepferd sein: „Wie Strauß die alten ‚Jahrbücher' eröffnete, so müssen Sie diese neuen eröffnen. Sie sind populär und beliebt." Und man wollte eine deutsch-französische Kooperation initiieren und einige der prominentesten französischen Sozialisten dafür gewinnen: Leroux, Proudhon, Blanc, Lamartine. Feuerbach sei also, so Ruge in seinem Brief, doppelt wichtig, denn er habe sich ja schon in den „Vorläufigen Thesen" für eine gallo-germanische Allianz ausgesprochen. Alle drei, Fröbel, Marx und er, wollten sie deshalb im Sommer oder Herbst nach Paris reisen. Er wünschte, schrieb Ruge, Feuerbach käme mit.[503]

Weil sich wegen Fröbels Verspätung die Dreierkonferenz verzögerte, kam Marx schließlich nicht mit nach Bruckberg, er musste auf schnellstem Wege nach Kreuznach zu seiner Hochzeit. So kam Ruge am 22. Juli allein. Fast sechs Jahre lang hatten die beiden Männer fleißig miteinander korrespondiert, doch als sie sich nun gegenübersaßen, war Feuerbach, wie Ruge seiner Frau berichtete, „ungemein strenge und sehr schweigsam". Das habe ihn aber nicht irritiert: „Wenn er schwieg, erzählte ich ihm unaufhörlich." Schließlich sei Feuerbach doch noch „warm" geworden und sie seien ins Philosophieren gekommen, „als wenn wir hundert Jahre zusammen gelebt hätten." Er habe ihn „sehr lieb gewonnen". Ganz gegenseitig war dies wohl nicht, es entstand keine persönliche Freundschaft, auch wenn Feuerbachs Haltung durchaus wohlwollend war. Freilich war Ruge auch weit mehr daran interessiert, Feuerbach für sich zu gewinnen, als umgekehrt.

Vier Wochen nach dem Besuch in Bruckberg meldete sich der rührige Zeitungsmacher schon aus Paris. Er hatte in Brüssel Station gemacht. Belgien war damals das Land mit der liberalsten Asylpolitik auf dem Kontinent, deshalb hielten sich Tausende von Deutschen dort auf, und Ruge berichtete von einer freien Universität, an der eine radikale Fraktion sogar Feuerbachs Berufung betreibe. Andere wichtige Nachricht: Zwei Bekannte in Paris, darunter ein in Deutschland aufgewachsener Arzt, gingen damit um, *Das Wesen des Christentums* ins Französische zu übersetzen.[504]

Zum deutsch-französischen Zeitungsprojekt hatte sich Feuerbach Ruge gegenüber schon vor dessen Besuch skeptisch geäußert. Die „Berührung mit dem französischen Esprit" habe natürlich ihren Reiz, aber schlussendlich komme es auf „Überzeugungsgründe" an, und solche ließen sich mit der neuen Zeitung nicht gewinnen: „wir imponieren nur äußerlich".[505] Doch Anfang Oktober versuchte es Marx mit einem glänzend formulierten Werbebrief: „Sie sind einer der ersten Schriftsteller gewesen, welche die Notwendigkeit einer französisch-deutschen wissenschaftlichen Allianz aussprachen. Sie werden daher gewiss auch einer der ersten sein, ein Unternehmen zu unterstützen, das diese Allianz realisieren will." Marx schlug auch gleich ein Thema vor: „Ich glaube fast aus Ihrer Vorrede zur 2ten Auflage des ,Wesens des Christentums' schließen zu können, dass Sie mit einer ausführlichen Arbeit über *Schelling* beschäftigt sind oder doch manches noch über diesen Windbeutel in petto hätten. Sehn Sie, das wäre ein herrliches Debut." Schelling sei doch das achtunddreißigste Mitglied des Deutschen Bundes und „die ganze deutsche Polizei" stehe „zu seiner Disposition". Gerade weil Schelling in Frankreich noch immer als fortschrittliche Autorität gelte, träfe ihn ein Angriff von Paris aus am empfindlichen Punkt seiner „Souveränität nach Außen", und das wiederum würde mittelbar „das preußische Gouvernement aufs peinlichste verletzen". Marx wünschte die Schellingkritik gleich für das erste Heft, er hielt Feuerbach „für den notwendigen, natürlichen, also durch Ihre Majestäten, die Natur und die Geschichte, berufenen Gegner Schellings". Er sei geradezu „der umgekehrte Schelling": „Der aufrichtige Jugendgedanke Schellings, der bei ihm ... ein phantastischer Jugendtraum geblieben ist, er ist Ihnen zur Wahrheit, zur Wirklichkeit, zu männlichem Ernst geworden. Schelling ist daher Ihr *antizipiertes* Zerrbild, und sobald die Wirklichkeit dem Zerrbild gegenübertritt, muss es in Dunst und Nebel zerfließen." Marx konnte elegant insistieren: „Wie Sie es aber bequem finden mögen, ich erwarte mit Sicherheit einen Beitrag von Ihnen." Und schmeicheln: „Meine Frau lässt Sie unbekannterweise grüßen. Sie glauben nicht, wie viel Anhänger Sie unter dem schönen Geschlecht haben."[506]

Feuerbach machte sich gleich an eine Antwort. Wie die beiden erhaltengebliebenen Briefentwürfe beweisen, brachte ihn die rhetorische Brillanz der Werbung in Argumentationsnot. Den ganzen Sommer lang war er nicht zu sich selbst gekommen vor lauter Lauferein und Schreiberein im Gefolge von Eduards Tod; außerdem hatte er so viele Besuche wie nie zuvor.[507] Jetzt endlich hatte er sich innerlich wieder auf eine schriftstellerische Arbeit eingestellt. Marx hatte ihn zwar überzeugt, und er überwand sich auch zur bislang gemiedenen Lektüre der Berliner Vorlesungen Schellings. Doch dann, so schreibt er Marx, sei der Vorsatz „an dem Mangel innerer Nötigung" gescheitert: „Ich mag machen, was ich will, was sich mir nicht aus innerster Notwendigkeit aufdrängt, das kann ich zu keinem Gegenstand schriftstellerischer Tätigkeit machen." Eine Entlarvung Schellings sei aber „keine wissenschaftliche, sondern nur noch eine politische Notwendigkeit".[508] Er anerkennt diese zwar ausdrücklich, und Freund Kapp gegenüber gibt er auch zu, dass er „in große Kollision" mit sich selbst geraten sei. Doch ein erhaltenes Entwurffragment ist in der Tat so wenig überzeugend, dass man ihm glaubt, wenn er behauptet, sein Polemiktalent benötige die entsprechende Laune.[509] Vielleicht hätte er die Sache anders angehen und seine verstreut in früheren Schriften angedeutete Schelling-kritik ausführen müssen. Der zweite Entwurf des Antwortbriefes an Marx hätte sogar als Vorlage dienen können: Feuerbach schreibt dort, Schelling habe seine Glanzzeit als junger Mann gehabt, doch dann habe er sich mit seinem Ruhm „prostituiert". Zu fragen sei also, „wie er einst imponieren konnte und seinen früheren Leistungen eine Bedeutung geben, die weit über die Grenzen der Wahrheit gehen." Seine spätere Philosophie sei in Wirklichkeit „der unlauterste und unsauberste Mischmasch von Scholasti-zismen". Seine Bedeutung liege „außer ihm", nämlich „in denen ... die um ihre politischen und kirchlichen Interessen oder vielmehr Intrigen ins Werk zu setzen, irgendeines *Namens* eines Philosophen bedurften." Diese Richtung hatte Feuerbach 1835 in seiner Stahl-Rezension eingeschlagen, sie war tatsächlich eher politisch als philosophisch.[510]

Bundesgenosse Luther

Dass die Laune zur Schelling-Kritik nicht aufkommen konnte, wird nach-vollziehbar, wenn man sich in die kleine Schrift vertieft, die Feuerbach in Arbeit hatte, als der Werbebrief von Marx eintraf. Sie trägt den Titel *Das Wesen des Glaubens im Sinne Luthers. Ein Beitrag zum „Wesen des Christen-tums".* Im Sommer zuvor hatte er die dreiundzwanzig Folio-Bände einer Luther-Gesamtausgabe durchgemacht, zwar „vieles natürlich nur flüchtig durchgeblättert", doch immerhin mit dem Ergebnis, dass jene „Überein-stimmung" mit Luther, die er auf den letzten Seiten der zweiten Auflage des *Wesen des Christentums* konstruiert hatte, zur listigen, fast möchte man sagen: hinterlistigen Kritik werden kann, und zwar beileibe nicht nur der christlichen Religion. Obwohl sehr leise und schlicht gehalten, wurde die neue Schrift streckenweise so aufrührerisch, dass sie sich für die Zei-tung der radikalen deutschen Exilanten in Paris, den *Vorwärts!* eignete, und zwar in der Zeit, als das Blatt durch Marx schon deutlich kommunis-tisch geprägt war. In vierzehn Folgen erschienen Auszüge daraus.[511]

Man liest in dieser Schrift Sätze wie: „Auf die *Freiheit* Gottes reimt sich nur die *Knechtschaft des Menschen.*" Oder: „Nur in dem Munde der Not, des Elends, des Mangels hat das Wort ‚Gott' Gewicht, Ernst und Sinn; aber auf den Lippen der religiösen – freilich auch der politischen – Freiherren klingt das Wort ‚Gott' nur wie Spott."[512] Wie kommt Feuerbach dazu? Er hat bei Luther etwas entdeckt, was seiner Religionskritik eine zum Teil neue – und „praxisnähere" – Wendung gibt. Früher, vor allem in den Werken der dreißiger Jahre, hatte er den Protestantismus bloß als eine Art Vor- oder Zwischenstufe der Emanzipation des Geistes von der Vormundschaft des Dogmas aufgefasst.[513] Diese Auffassung ist teilweise noch in der ersten Auflage des *Wesen des Christentums* spürbar, die sich im Grunde genommen nur mit dem Katholizismus befasst. Die zweite Auflage verrät, dass Feuerbach schon in der Zwischenzeit intensiv Luther gelesen hat. Und in § 2 der *Grundsätze der Philosophie der Zukunft* findet sich dann der Satz: *„Der* Gott, welcher Mensch ist, der menschliche Gott, also Christus – dieser nur ist der Gott des Protestantismus." Dieser *menschliche* Gott erlaubt Aussagen über die Religion, die keine theoretischen Erklärungen mehr sind, sondern unmittelbare *Befunde.* Der Protestantismus wird dadurch für Feuerbach noch aufschlussreicher als der Katholizismus: „Luther erst hat das Geheimnis des christlichen Glaubens ausgeplaudert."[514]

Feuerbach braucht also nur passende Stellen aus den dreiundzwanzig Foliobänden aneinanderzureihen und sie – natürlich in seinem Sinne – zu kommentieren. Wenn Luther sagt: „Gott ist ewig, gerecht, heilig, wahrhaftig, und, in summa, Gott ist alles Gutes. Dagegen aber der Mensch ist sterblich, ungerecht, lügenhaftig, voll Untugend, Sünde und Laster. Bei Gott ist alles Guts, bei den Menschen ist Tod, Teufel und höllisch Feuer", so sagt Feuerbach: „Was man Gott beilegt, wird dem Menschen abgesprochen, und umgekehrt, was man dem Menschen gibt, entzieht man Gott." Das hat die unmittelbare, *praktische* Konsequenz: „Willst du … Gott haben, so gib den Menschen auf; willst du den Menschen haben, so verzichte auf Gott – oder du hast *keinen* von beiden." Jede Bejahung in Gott setzt eine Verneinung im Menschen voraus. Andersherum macht die Bejahung des Menschen Gott überflüssig: „Ist der Mensch frei, wahr, gut, so ist Gott *umsonst* gut, wahr und frei … Ob er ist oder nicht ist – es ist einerlei; wir gewinnen nichts durch sein Sein und verlieren nichts durch sein Nichtsein." Wertneutral ist die Entscheidung für oder gegen Gott freilich nicht. Man muss es *„entweder mit Gott oder mit dem Menschen halten,* entweder an *Gott glauben* und *am Menschen verzweifeln* oder an *den Menschen glauben* und *an Gott verzweifeln.*"[515]

Die Entscheidung hat einen gesellschaftlich-moralischen Aspekt: Der Gott-Gläubige kümmert sich nicht um Humanität, weil Gott ja human ist und dadurch „den Menschen der *eignen* Humanität überhebt". Wird jedoch die „Humanität" Gottes in den Menschen zurückgenommen, so ist vor allem von Belang, dass Gott *gut* ist. Gut sein kann man nicht für sich selbst, sondern nur für andere: „*gut* und *menschlich* ist einerlei." Die Überlegung lässt Feuerbach sogar seine frühere (vor allem in der Leibniz-Monographie vertretene) Moralmaxime widerrufen, die lautete: „Tue das Gute um des Guten willen." Jetzt sagt er: „Tue das Gute *um des Menschen willen.*" – „Für den Menschen gibt es kein *andres Maß des Guten als den Menschen.*"[516]

Die Entscheidung für Gott hat aber auch einen psychologischen Aspekt: Wenn Gott den Menschen aus allen seinen Nöten erlöst und ihm Seligkeit verheißt, braucht dieser weiter nichts zu tun als auf die Seligkeit im Jenseits zu hoffen, alle seine Wünsche kann er Gottes Allmacht anheimstellen. Letzten Endes ist aber Gott dann „nichts andres als der *befriedigte Glückseligkeitstrieb,* die *befriedigte Selbstliebe* des christlichen Menschen". Der Glaube, „*nach seiner Endabsicht* betrachtet", ist dann „das *Wesen der Selbstliebe*" – was wiederum eine gesellschaftliche Seite hat, denn die Glückseligen *in spe* „bilden zwar auch einen Verein, aber es fehlt die Notwendigkeit, das Bedürfnis eines Vereins".[517]

Formal, vor allem auch sprachlich, markiert *Das Wesen des Glaubens im Sinne Luthers* einen ähnlichen Wendepunkt wie einst die Bayle-Monographie: Der Stil ist anspruchslos, der Text kommt ohne Fachvokabular aus, ein Handwerksbursche konnte ihn ohne weiteres lesen. Feuerbach hat sich an seinen in den *Grundsätzen* aufgestellten „kategorischen Imperativ" gehalten und den „Philosophen vollständig abgeschüttelt", ihn „im Menschen aufgehen lassen": von Hegel, Schelling und der ganzen Philosophie des deutschen Idealismus kein Wort mehr.[518]

Lange war er unschlüssig, ob er das schmale Bändchen veröffentlichen sollte, und vor allem wo. Für die „Deutsch-Französischen Jahrbücher" hielt er es nicht geeignet.[519] Von Theodor Cramer, der es gerne als „Introitus" für seine Verlagsneugründung gehabt hätte, hatte er ein Angebot,

doch Nürnberg, überhaupt Bayern, „konvenierte" ihm nicht mehr.[520] Eine
Zeitlang erwog er das Literarische Comptoir von Fröbel, doch schließlich
bot er, den „unüberwindlichen Abscheu vor der preußisch-sächsischen
Zensur und Barbarei" überwindend, seinen *Luther* Otto Wigand an, der
ihn, obwohl längst nicht zwanzig Bogen stark, erfolgreich durch die Ge-
dankenkontrolle schleuste und im Juli 1844 herausbrachte. Die Schrift
wurde, namentlich in Berlin, so „stark verlangt", dass Wigand schon an
eine zweite Auflage dachte.[521]

An Otto Wigand band sich Feuerbach jetzt definitiv: Der Leipziger Verleger wollte seine *Sämmtliche Werke* veranstalten. Vermutlich hatte Ruge bei
seinem Besuch in Bruckberg Wigands Wunsch überbracht, jedenfalls er-
munterte er Feuerbach in seinem ersten Brief danach: „Tun sie es ja."
Marx sei auch „sehr dafür". Er führte auch ökonomische Argumente ins
Feld: Die Werke ließen sich alle noch einmal an sämtliche Bibliotheken
verkaufen, „da man Sie nun doch nicht mehr ignorieren kann, so gern die
Theologen es auch täten".[522] Feuerbach brauchte eine ganze Weile, um sich
zu entschließen, er hatte wenig Lust, seine literarische Vergangenheit wieder hervorzuholen;[523] er war sich auch klar, dass er vor allem an die früheren Schriften kräftig Hand anlegen musste, um seine damalige Position
nicht zu stark mit der jetzigen kontrastieren zu lassen. Doch Wigand umwarb ihn und akzeptierte ohne jede Widerrede seine Bedingungen.

Ein Problem blieb zu lösen: Von den drei philosophiegeschichtlichen
Werken, die Brügel in Ansbach verlegt hatte, lagerten noch Restposten:
Vom *Leibniz* gut 100 Exemplare, von der *Geschichte der neuern Philosophie*
und vom *Bayle* gar die halbe Auflage.[524] Wigand kaufte alles auf (wobei
Feuerbach seine noch offenen Forderungen an den Ansbacher Verleger ab-
schrieb) – und warf die Bücher unter neuen Deckeln auf den Markt. Feuer-
bach erfuhr es aus einer Zeitung und reagierte mit „großer Befremdung".
Doch Wigand ließ sich nicht beeindrucken, die Restauflagen seien sein
Eigentum, außerdem mache er alles an dem Tag zur Makulatur, an dem
der erste Band der Gesamtausgabe erscheine.[525]

Diesem selbstverständlich geschäftstüchtigen, aber auch großartigen
Verleger gegenüber hielt sich Feuerbach lange bedeckt. Wigand war eine
der bedeutendsten Persönlichkeiten in der deutschen Verlagswelt des
19. Jahrhunderts. Er war 1795 in Göttingen geboren und hatte trotz ärmli-

cher Herkunft das Gymnasium absolvieren und eine Buchhändlerlehre beginnen können. Um nicht zum Militär eingezogen zu werden, war er nach Ungarn gewandert, wo er erst als ambulanter Buchhändler durch die Lande zog. Schon hierbei bewährte er sich als Geschäftsmann so gut, dass er in Budapest einen Verlag kaufen konnte. Er machte sich um die ungarische Literatur verdient, indem er das erste ungarische Konversationslexikon herausbrachte. Eine Anklage, die „Beförderung flüchtiger Insurgenten" begünstigt zu haben, zwang ihn, das Land zu verlassen.

In der Buchmesse-Stadt Leipzig gründete er ein neues Verlagsgeschäft. Es florierte schnell, denn Wigand verstand es, sich einerseits eine solide geschäftliche Basis zu schaffen – unter anderem durch Nachschlagewerke und medizinische und juristische Fachzeitschriften, die jahrzehntelang führend waren –, andererseits aber auch die Autoren anzuziehen, die von sich reden machten, indem sie an politische oder religiöse Tabus rührten. Im permanenten Gerangel mit dem Zensor kam ihm wohl sein vielfach gerühmtes Rednertalent zugute, vom dem sich einiges ahnen lässt in den Briefen an Feuerbach. Etwa wenn er diesen nach Leipzig lockt, um mit ihm die Gesamtausgabe zu besprechen: „Ein gutes Bett, gutes Glas Wein, feine Zigarre und ungarische Pfeife finden Sie bei / Ihrem getreuen / Otto Wigand."[526]

Feuerbach war nicht unempfänglich für die Verlockung, er hätte bei der Gelegenheit auch gerne die Eisenbahnfahrt nach Dresden gemacht (es wäre seine zweite gewesen: im Frühjahr 1836 war er auf der kurz zuvor eröffneten Linie Nürnberg–Fürth gefahren)[527], möglichst auch einen Abstecher in die Sächsische Schweiz. Wigand schlug ihm sogar einen Berlin-Besuch vor: Man würde „als Proletain" reisen, „damit uns niemand anheuchelt". Doch Feuerbach schob die Reise immer wieder auf, hauptsächlich wohl aus „pekuniären Gründen" – er hätte auch erst Kleider kaufen müssen.[528]

Wigand hatte übrigens Anfang des Jahres eine neue Zeitung gegründet: vier Nummern pro Jahr, jeweils über 20 Bogen stark und dadurch zensurfrei. Er wollte sie schlicht „Vierteljahrsschrift" nennen. Feuerbach wurde natürlich um Mitarbeit gebeten, und wie stets hatte er nichts Passendes – außer einem Titelvorschlag: „Warum setzen Sie Ihrem Jahrbuch nicht Ihren Namen vor?"[529] Das Journal hieß dann tatsächlich „Wigand's Vierteljahresschrift". Es erreichte acht Nummern, am 20. Dezember 1845

wurde es definitiv verboten. Getreu seinem Motto: „Man kann mich ver-
leumden, verbieten – Die gute Sache geht fürbaß", lancierte Wigand daraufhin „Die Epigonen", die mit fünf Bänden das Schicksalsjahr 1848 erreichten.

Sympathisant

Den „Deutsch-Französischen Jahrbüchern" erging es weit schlechter. Die
erste Nummer, eine Doppellieferung, war auch schon die letzte. Sie enthielt Beiträge von Ruge, Marx, Heine, Herwegh, Bakunin, Engels, Heß, Ja-
coby und anderen. Von Feuerbach nur einen Brief, an Ruge gerichtet und
von diesem vermutlich redigiert.[530] Das Projekt scheiterte finanziell und
organisatorisch, vor allem auch an Rivalitäten zwischen Ruge und seinem
jüngeren, viel radikaleren Mitarbeiter Marx, der Engels, Heine und Herwegh auf seiner Seite hatte. Auch die Kooperation mit französischen Intellektuellen war ein schöner Traum gewesen, der Wirklichkeit der heillos
zerstrittenen französischen Bewegungen hielt er nicht stand.[531] Das Scheitern der „Jahrbücher" war zugleich das Ende des Junghegelianismus. Ruge
war als Sprachrohr verloren, für längere Zeit verfolgte er keine Zeitungs-
pläne mehr. In Berlin bestand noch eine Weile die Gruppe der „Freien"
um die Brüder Bruno und Edgar Bauer, doch viel mehr als ein lärmiges
Spektakel brachte sie nicht zustande.

Im Februar 1844 hatte Ruge noch voller Optimismus den Inhalt des ersten Heftes der „Deutsch-Französischen Jahrbücher" angekündigt, im Mai
schickte er Feuerbach ein langes Lamento: wie viel Geld er verloren, wie ei-
gensinnig Marx oft sei und wie ungerecht mit seinen Vorwürfen und Geld-
forderungen, wie er sich mit ihm förmlich entzweit habe, weil er, Ruge,
sich über Herweghs aufwendigen Lebensstil und „Blasiertheit" ärgerte.
Doch das Zerwürfnis war bei weitem nicht nur persönlicher Art (ursprünglich hatten die drei Ehepaare Ruge, Marx und Herwegh sogar an eine
Wohngemeinschaft gedacht, doch Emma und Georg Herwegh leisteten
sich eine edel eingerichtete eigene Wohnung, und angeblich vertrugen sich
Frau Ruge und Frau Marx nicht). Es ging um das politische Bekenntnis:
Bourgeois oder Kommunist. Und Ruge war in den Augen der Radikalen
„ein Bourgeois". Er war in der Tat schockiert vom utopischen Charakter

der kommunistischen Bewegungen in Frankreich, und er sah nur dieses Utopische: „Weder die komplizierten Vorschläge der Fourieristen noch die Eigentumsaufhebung der Kommunisten sind klar zu formulieren. Beides läuft immer auf einen förmlichen Polizei- oder gar Sklavenstaat hinaus." Und vom Typ her war er alles andere als ein Revolutionär: „Die Kommunisten sind von der Humanität und vom wirklichen Kommunismus so weit entfernt, dass es weder intellektuellen noch geselligen Reiz hat, mit ihnen zu leben." Natürlich sah er die Notwendigkeit ein, „den Proletarier von der Not und von dem Druck der Not geistig und körperlich zu befreien", doch er hoffte darauf, dass eine „städtische Bildung der Ouvriers ... eine wirkliche Reform der Gesellschaft" herbeiführen würde.[532]

Feuerbachs spontane Sympathien galten der anderen Seite, den „Communisten". Er schätzte sie wegen „ihres richtigen Prinzips, ‚der Aufhebung der Sklaverei'".[533] Der Kommunismus hatte für ihn „großen Reiz der Wahrheit".[534] Er hatte sich in diesem Sommer 1844 erstmals näher mit ihm beschäftigt. Er las das zwar kritisch-distanzierte, aber informative Werk des jungen Staatsrechtlers Lorenz Stein, *Der Socialismus und Communismus des heutigen Frankreichs.*[535] Und er machte die Bekanntschaft eines kommunistischen Handwerkers. Der junge Mann war Mitglied der Pariser Gemeinde des Bundes der Kommunisten und hatte ihn zur Lektüre von Weitlings *Garantien der Harmonie und Freiheit* angeregt. Feuerbach war vor allem beeindruckt von „der Gesinnung und dem Geiste" dieses Schneidergesellen. Genauso wie ihn bei seinem jungen Bekannten „der Ernst, die Haltung, der Bildungstrieb" frappierten: „Was ist der Tross unsrer akademischen Burschen gegen so einen Burschen."[536]

Die Sympathien und Affinitäten waren gegenseitig, wie Feuerbach um dieselbe Zeit von Marx erfuhr. Dieser schickte ihm Probenummern des „Vorwärts" und einen seiner Aufsätze. Im Begleitbrief benützte er eine Höflichkeitsformel, die man bei ihm nicht so leicht erwartet hätte: „Es freut mich, eine Gelegenheit zu finden, Ihnen die ausgezeichnete Hochachtung und – erlauben Sie mir das Wort – Liebe, die ich für Sie besitze, versichern zu können." Marx teilte ihm sodann seine Einschätzung der *Grundsätze der Philosophie der Zukunft* und des *Wesens des Glaubens im Sinne Luthers* mit: Diese beiden Schriften seien „trotz ihres beschränkten Umfangs von mehr Gewicht, als die ganze jetzige deutsche Literatur zusammengeworfen". Und: „Sie haben – ich weiß nicht, ob absichtlich – in diesen Schriften dem Sozialismus eine philosophische Grundlage gegeben, und die Kommunisten haben diese Arbeiten auch sogleich in dieser Weise verstanden."[537]

In diesem Brief zeigt sich Marx, ganz ähnlich wie Feuerbach, zunächst einfach menschlich beeindruckt von den jungen kommunistischen Arbeitern. Man brauche, schreibt er, nur einer ihrer Versammlungen beizuwohnen, um „an die jungfräuliche Frische, an den Adel, der unter diesen abgearbeiteten Menschen hervorbricht, glauben zu können."[538] Dass er in ihnen den Motor der menschlichen Emanzipation zu sehen beginnt, wurzelt also nicht in theoretischen Überlegungen. Ebenso wenig wie bei Feuerbach, der dem jungen Friedrich Kapp schreibt, aus „der unkultivierten, aber bildungsdurstigen Menschenmasse" würden bald „neue Geschlechter, neue Geister" entstehen. Das „bald" meint Feuerbach freilich „im Sinne der Menschheit, nicht des Individuums"[539], im Unterschied zu Marx, der schon im nachfolgenden Frühjahr in der elften seiner berühmten „Thesen über Feuerbach" notieren wird, es komme jetzt darauf an, die Welt zu verändern, und sich mit ungeheurer Energie an das Verändern dieser Welt macht.

Ab diesem Zeitpunkt, so lautete lange Zeit die klassische Meinung, sei Marx über Feuerbach „hinausgegangen". Mit dem späten Engels urteilte man, Feuerbach habe weder die gesellschaftlich-ökonomische Vermitteltheit des Menschen gesehen noch die historische Dialektik verstanden. Es gibt differenziertere Analysen, auch aus marxistischer Perspektive, die Feuerbachs Beitrag zur Marxschen Theorie wesentlich höher einschätzen.[540] Und aus heutiger Sicht, in der nicht mehr durch Dogmen belasteten Debatte, beginnt man sich zu fragen, ob nicht genau das, was man Feuerbach als „Schwächen" anlastete, in Wirklichkeit geniale Klarsicht war: Ob er nicht Recht hatte mit seinem Misstrauen gegen die Dialektik, ob sie nicht ein Rückfall in die Spekulation mit ihrer – das Wort hat nach dem 20. Jahrhundert einen schauerlichen Klang – „grenzenlosen Willkür" war. Und wenn er die „Sinnlichkeit" nicht unter der Form menschlicher Tätigkeit fassen, sondern sie als Gegenüber, als Lehrmeisterin anhören wollte, so hat dies nach dem Offenbarwerden der Schäden, die der „tätige" Mensch an der Natur angerichtet hat, ganz neues Gewicht erhalten.[541]

Einstweilen war von diesen Gegensätzen wenig zu spüren. Für Feuerbach war die Entdeckung der sozialistischen und kommunistischen Bewegungen „die einzige erfreuliche Erscheinung" dieses Sommers 1844.[542] Er selbst wiederum – er wusste wahrscheinlich noch gar nicht, in welchem Maße – war durch seine Religionskritik und seinen humanistischen Materialismus zur philosophischen und weltanschaulichen Leitfigur der radikaldemokratischen und sozialistischen Bewegungen geworden: Die deutschen Radikalen, ob sie nun im Lande journalistisch tätig waren oder im schweizerischen oder französischen Exil agitierten, bezogen sich fast alle auf seine Philosophie: Hermann Kriege, Otto Lüning, Moses Heß, Karl Grün, Georg Weerth, Wilhelm Marr.

Feuerbach hat Marx auch geantwortet (der Brief ist nicht erhalten), und er sollte zeitlebens die Hochachtung für ihn bewahren; in den späten sechziger Jahren las er mit Bewunderung *Das Kapital*.[543] Der Kontakt brach zwar ab, das persönliche Verhältnis wurde aber auch nicht durch öffentliche Angriffe gestört, da die Texte, in denen sich Marx und Engels kritisch mit seiner Philosophie auseinandersetzten, nicht publik wurden: Die *Heilige Familie* war noch durchaus „feuerbachianisch", Marx' „Thesen über Feuerbach" waren ein unveröffentlichtes Notat, die *Deutsche Ideologie* konnte nicht gedruckt werden, und Engels' vielzitierter Aufsatz, *Feuerbach und der Ausgang der klassischen deutschen Philosophie*, erschien lange nach dem Tod des Philosophen.

Folge den Sinnen

Doch zurück zum Herbst 1844. Einige Wochen nach der erfreulichen Nachricht von Marx, in der zweiten Oktoberhälfte, trifft die Bruckberger Gemeinschaft von neuem ein furchtbarer Schlag, und er gilt jetzt Bertha und Ludwig Feuerbach: Die kleine Mathilde, eben erst zweieinhalb Jahre alt, wird aus heiterem Himmel von unerklärlichen Schmerzen und Krämpfen befallen. Für kurze Zeit stellt sich Besserung ein, dann schwindet das Bewusstsein, nach acht Tagen ist das Kind tot. In seinen Briefen, die zwei Wochen lang von nichts anderem handeln, sucht Ludwig geradezu linkisch nach Worten: „Sie war der einzige Gegenstand hier, der mir eine reine ästhetische Freude – ein anderes Wort finde ich jetzt nicht – gewährte." Die beiden Mädchen waren für ihn „zuletzt so ineinander gewachsen, dass mir das Lorchen nur als ein halbes Wesen noch erscheint und ich die Lebende nicht sehen kann, ohne an die Tote zu denken." Er sei „verarmt und verwundet", schreibt er seinem Verleger.[544]

„Nicht aus Tugend, sondern aus Not" – um sich abzulenken – stürzte er sich wieder in die Arbeit. Eben war ein Buch herausgekommen, das beträchtlichen Wirbel verursachte (und bis heute eine verschworene Anhängergemeinde hat). Es beginnt so: „Ich hab' mein' Sach' auf Nichts gestellt. – Was soll nicht alles meine Sache sein! Vor allem die gute Sache, dann die Sache Gottes, die Sache der Menschheit, der Wahrheit, der Freiheit, der Humanität, der Gerechtigkeit; ferner die Sache meines Volkes, meines Fürsten, meines Vaterlandes; endlich gar die Sache des Geistes und tausend andere Sachen. Nur meine Sache soll niemals meine Sache sein." Es war *Der Einzige und sein Eigentum* von Max Stirner.

Feuerbach erging es nicht anders als dem heutigen Leser, der die Schrift zum ersten Mal in die Hand nimmt: Er war geblendet und verblüfft. Geblendet vom Stil, verblüfft vom unverblümten Egoismus, den Stirner predigte. Seine erste Reaktion war: „Er ist der genialste und freieste Schriftsteller, den ich kennengelernt." Obwohl Stirner auch ihn angegriffen hat: Seine Religionskritik sei immer noch „fromm", es sei mit ihr nichts gewonnen, sie habe bloß „das Göttliche außer uns zur Abwechslung einmal in uns" verlegt, ansonsten habe sie die „Heiligkeiten" bestehen lassen. Feuerbach gab ihm „recht bis auf eines. Im *Wesen* trifft er *mich nicht*."[545]

In „Wigand's Vierteljahrsschrift" veröffentlichte er dann eine Entgegnung: Stirner gehöre selbst noch zu den „frommen Atheisten", weil er das Ego vergöttere. Er hingegen habe die Prädikate Gottes als „natürliche, menschliche Eigenschaften" identifiziert, und den christlichen Gott als das „sich selbst liebende, sich selbst bejahende und anerkennende menschliche Wesen". Doch er konnte Stirner allenfalls Missverstand nachweisen, widerlegen im eigentlichen Sinne konnte er ihn nicht, denn gegen den Egoismus gibt es kein logisches Argument, höchstens einen Rat: „Folge den Sinnen! Wo der Sinn anfängt, hört die Religion und hört die Philosophie auf, aber du hast dafür die schlichte, blanke Wahrheit."[546]

Diesen Rat, der von einem heutigen Psychotherapeuten stammen könnte, gab Feuerbach auch Hermann Kriege, der Anfang 1845 wieder einige Tage in Bruckberg war. Der junge Mann, der sich vorkam wie ein gehetztes Wild, konnte ihn kurze Zeit später wirklich gebrauchen. Vor etwas mehr als einem Jahr hatte er in Bielefeld, noch durchaus willig, als „Einjähriger" seinen Militärdienst angetreten. Weil er nicht kaserniert war, hatte er nebenbei fleißig an Otto Lünings oppositionellem „Weser-Dampfboot", und nach dessen Verbot am Nachfolgeorgan „Das Westphälische Dampfboot" mitgearbeitet. Etliche Male hatte er sich dabei exponiert, und auch sonst hatte er sich als Agitator hervorgetan. Er wurde observiert und schließlich – angeblich wegen nächtlicher Ruhestörung und „Verhöhnung des heiligen Abendmahls" – mehrere Monate inhaftiert.

Mit Ende der Dienstzeit kam er, knappe zwei Monate vor seinem Besuch in Bruckberg, zwar wieder frei, ein Verfahren wegen aufrührerischer Reden vor Arbeitern war allerdings noch anhängig. Von Bruckberg aus fuhr er weiter nach Leipzig. Kaum dort angekommen, zerrte ihn die Polizei in aller Frühe aus dem Bett. Man durchsuchte seine Sachen, erklärte seinen Pass für falsch und schickte ihn zwangsweise nach Bielefeld zurück. Dort bleiben konnte er auch nicht, denn im hängigen Strafverfahren stand das Urteil bevor (im Februar wurde es gefällt: sechs Monate Festungshaft), ein weiteres Verfahren wegen der Verbreitung aufrührerischer Schriften war im Gange.

Kriege ging nach (Wuppertal-)Barmen zu Friedrich Engels, der ihn nach Brüssel schickte, zu Marx. Mit ihm verstand er sich menschlich, doch die politischen Ansichten gingen auseinander. Außerdem fühlte er sich heftig abgestoßen von der blasierten Atmosphäre unter den Exildeutschen. Im nahen Blankenberge (Kriege schreibt „Blankenberg") an der Nordsee fand er ein wenig Ruhe. Doch auch in Belgien stellte ihm die Polizei nach, er floh weiter nach London. Hier trat er sofort in den von Weitling geleiteten Bund der Gerechten ein, aber bleiben wollte er nicht: sein Ziel war Amerika. Im September kam er in New York an.[547]

Von Blankenberge aus schrieb Kriege an Feuerbach: „Du hast recht, der Stimme der Natur in sich muss man lauschen, ehe man sein Leben losreißt von dem Boden, dran es sich großgesogen. Das war ein Wort zur guten Zeit." Als er am Morgen am Meer entlang gewandert sei und ihn der Sturmwind „in das Zittern der allösenden Natur" hineingezogen habe, da habe er sich endlich wieder in Harmonie mit der Natur und der Menschheit gefühlt. Das war nicht bloß jugendliche Naturromantik. Es löste ein Unbehagen und ließ ihn den Kontrast empfinden zu dem, was er in Brüssel erlebt hatte: zu dieser „echt theologischen Zerrissenheit in Wort und

Schrift, Leib und Seele, Bestie und Denker, Egoisten und Kommunisten".[548] Er war wohl ein leidenschaftlicher Agitator, taugte aber nicht zum Politiker – genauso wenig wie Feuerbach selbst.

Da die beiden Freunde in diesem Punkt vollkommen übereinstimmen, ist der Brief von Kriege für uns eine wichtige Information über das, was Feuerbach zu dieser Zeit selbst denkt: Er bekennt sich eindeutig zum Kommunismus. „Nur diesem hoffe ich noch meine Feder zu widmen, sowie ich mit der bisherigen Aufgabe fertig bin", hat er vor kurzem an seinen Verleger geschrieben.[549] Die Frage ist, wie er diesen Kommunismus sieht, welchen Kommunismus er meint, es konkurrieren ja noch die unterschiedlichsten Richtungen miteinander. Mit Kriege hat er sich darüber intensiv unterhalten, und dieser hat seine Ansichten mit denen von Marx und anderen Revolutionären in Brüssel konfrontiert. Wenn der Freund jetzt in seinem Brief zentrale Punkte nennt, in denen er Feuerbach ganz und gar zustimmt, so erlaubt uns das unmittelbare Rückschlüsse auf dessen eigene Gedanken.

Feuerbach kritisiert vor allem „die Mittel der Sozialisten zur Durchführung ihrer Idee": Er hält nichts von politischen Theorien, von „politischen Räsonnements über eine nahe bevorstehende Gesellschaftsrevolution". Er bleibt ganz bei seiner Ablehnung jeglicher Spekulation: Die meisten Sozialisten seien „echte Theologen". Er selber vertraut nur der „Sinnlichkeit", oder, wie es in Krieges Formulierung wiederkehrt: „Ich würde mich mindestens noch einmal umsehen, ob ich auch gute Erde unter den Füßen hätte." Feuerbach habe ihm, schreibt Kriege, „von der Schüchternheit des weltrevolutionierenden Genies" gesprochen. Den Gegensatz dazu hat er in Brüssel kennen gelernt, nämlich die „polternde Selbstgewissheit", die der „Renommist" zur Schau trägt: „Er weiß jeden Augenblick, was er zu tun hat." Im Gegensatz zum Genie: „Still, bang, bescheiden tritt es auf … es weiß keinen Augenblick genau, wohin es kommt, denn es wird so gut getragen, als es trägt, es reißt fort und wird fortgerissen."

In einem Punkt wird die Meinungsverschiedenheit zwischen Marx und Feuerbach schon ganz konkret: „Marx hebt alle religiösen Verhältnisse in wirkliche Verhältnisse auf", schreibt Kriege, „von der Übersetzung des Atheismus in den Humanismus" wolle er nichts wissen. Seine Parole sei: „Klärt die Leute über ihre leibliche Not und deren Gründe auf, und der religiöse Dreck fällt von selbst."[550]

Das war eine direkte Erwiderung. Feuerbach hatte Engels nämlich einen (bisher nicht aufgefundenen) Brief geschickt, und dieser hatte den Inhalt an Marx weitergegeben: „F. sagt, er müsse erst den religiösen Dreck gründlich vernichtet haben, eh' er sich so mit dem Kommunismus beschäftigen könne, dass er ihn schriftstellerisch vertrete." Engels war zuversichtlich, den Bruckberger Anachoreten bekehren zu können: „Wo möglich kommt er diesen Sommer an den Rhein, und dann soll er auch nach Brüssel, das wollen wir ihm schon beibringen."[551] Feuerbach hatte in der Tat konspirative Reisepläne, wir sind nur schlecht informiert darüber, denn nachdem er von der schikanösen Behandlung Krieges in Leipzig erfahren hatte und einen neuerlichen Polizeibesuch in Bruckberg befürchtete, verbrannte er kurzentschlossen einen „großen Teil" seiner Briefe, „selbst unverfängliche".[552]

Eine lange Reise

Darunter befand sich wohl auch ein Brief *von* Engels, denn dieser berichtete Marx in seiner gewohnt saloppen Art: „Wir hatten dem Kerl nämlich geschrieben." Gut möglich, dass Feuerbach ein Treffen erwog, denn am 25. Februar schrieb er in einem Brief an Verleger Wigand: „Ich soll partout an den Rhein dieses Jahr." Kriege war womöglich nicht nur aus persönlichem Antrieb nach Bruckberg gekommen, sondern auch als Botschafter von Engels (der ihn zu dieser Zeit noch als „famosen Agitator" schätzte; zwei Jahre später verbreiteten Marx und Engels das „Zirkular gegen Kriege").[553]

Die Rheinreise fand tatsächlich im Sommer dieses Jahres 1845 statt. Feuerbach konnte sie sich inzwischen leisten, er war zu Geld gekommen. Am Karfreitag hatte er sich in Hof mit Otto Wigand getroffen, um die Herausgabe seiner *Sämmtlichen Werke* abzusprechen. Wigand gewährte nicht nur 33 Gulden Honorar pro Bogen statt der von Feuerbach geforderten 22, sondern auch einen großzügigen Vorschuss von 1000 Gulden. Das war fast zu viel für Feuerbachs Bescheidenheit: „Sämtliche Schriften nochmals gedruckt und so viel Honorar! Wahrlich ein Glück und eine Ehre, die ich nicht verdiene! Denn was ist das alte, abgedroschne Zeug meiner sämtlichen Schriften?" Autor und Verleger wurden an jenem Karfreitag Freunde

fürs Leben, und nicht des Geldes wegen. In einem Brief an Freund Kapp
schildert der Autor die Begegnung: „O. W. ist ein durchaus offner, ebenso
mutig als menschlich gesinnter Mann. Alles Misstrauen, aller Zweifel und
Rückhalt gegen ihn verschwand mir gleich nach den ersten Händedrücken,
Blicken und Wörtern."[554]

Ende Mai ging die Reise los. Zunächst nach Heidelberg zu Kapps, Bertha
und das sechsjährige Lorchen mussten mit, darauf hatte vor allem Ehefrau
Emilie Kapp bestanden, mit der Feuerbach endlich das Du ausmachen wird.
Bertha und Lorchen sollten in Heidelberg bleiben, während er selbst in die
Schweiz weiterreisen würde. Wigand hatte ihn eingeladen, mit ihm zusam-
men nach Zürich zu Fröbel zu fahren, doch er hatte schon selbst beschlos-
sen, dass er die „Gletscherwelt" sehen wollte. Er fuhr auch tatsächlich ins
Berner Oberland, doch dort erreichte ihn die Nachricht, dass Wigand in
Zürich schon auf ihn warte. Er warf also nur einen „flüchtigen Blick" auf
das Traumziel und fuhr nach Luzern, von wo aus er wenigstens die Rigi besteigen konnte. In Zürich traf er sich dann mit Wigand und Fröbel. Auch
Ruge war da: Er war, zusammen mit Marx und zehn anderen deutschen
Dissidenten, Anfang des Jahres auf preußischen Druck aus Frankreich aus-
gewiesen worden und beteiligte sich jetzt am Literarischen Comptoir.

Zurück in Heidelberg, lernte Feuerbach endlich Herwegh persönlich
kennen. Die beiden waren sofort ein Herz und eine Seele. In Briefen an
Dritte drückten sie sich fast symmetrisch aus. Feuerbach: „In ihm fühle
ich eine verwandte Seele; er ist grundfrei, ernst, tief, wahrhaft." Herwegh:
„Bei aller Schärfe so viel Weiches, und die größte Entschiedenheit bei aller
Humanität. Ich glaube, ich könnte mit ihm zusammen leben." Auch politisch harmonieren die beiden perfekt. Feuerbach: „Er ist Kommunist von
Profession, kein orthodoxer, kein buchstäblicher, kein absolutistischer
Kommunist." Herwegh: „Er ist eine komplette Natur und über die Einsei-
tigkeiten und Geschmacklosigkeiten Ruge's und Marx's sehr im Klaren."
Nur in der Mode sind die Geschmäcker verschieden. Herwegh: „Er trägt
einen grünen Rock, eine Weste von ich weiß nicht wie vielen Couleurs
und eine feuerfarbene Halsbinde." Wie Feuerbach Herweghs Outfit fand,
wissen wir nicht, wir wissen nur, dass es vom Feinsten war: „feiner, brau-
ner, mit goldschimmernden Knöpfen besetzter Frack". Herwegh hatte ja
(noch) Geld, und seine Frau Emma war die Tochter eines erstklassigen
Berliner Modisten.[555]

Eigentlich hatte Feuerbach gerade weiterfahren wollen, als Herwegh ihm vorgestellt wurde. Seinetwegen verschob er die Abreise Tag um Tag. Doch schließlich machte er sich auf, nordwärts, „an den Rhein". Was er wirklich dort wollte und vorfand, bleibt im Dunkeln. Es beschatteten ihn auch tatsächlich Dunkelmänner, Spitzelberichte gingen selbst an die französische Geheimpolizei. Schon in Heidelberg waren einige Treffen möglicherweise geheime Zusammenkünfte führender Oppositioneller gewesen.[556]

Nur eine Begegnung in Düsseldorf ist publik: An der dortigen Kunstakademie hatte der sechzehnjährige Neffe Anselm eben sein Studium begonnen. „Onkel Ludewig" überraschte ihn im Atelier bei seinem „Debüt in der Malerei", das darin bestand, dass er zwei Reihen Orden auf das Bildnis eines Generals malen durfte. Mit der Beobachtungsgabe des Malers gibt uns Anselm Feuerbach zwei sprachliche Miniaturporträts seines Philosophen-Onkels. Das erste zeigt Ludwig in der Abendgesellschaft, zu der er sich bloß seinem Neffen zuliebe einladen ließ: „Er war zerstreut, sprach wenig und das wenige in hastig hervorgestoßener Weise, wie das so seine Art war, wenn er sich unbehaglich fühlte." Das zweite zeigt Ludwig auf Wanderschaft: „Andern Tages war er frisch und flink. Als er von mir ging, so eifrig und geschäftig, den linken Arm ein wenig hebend, wie ein Vogel, der auffliegen will, in der rechten Hand sorgsam sein Reisetäschchen tragend, da schaute ich ihm freudig und mit herzlicher Anhänglichkeit nach. Später fand ich in meiner Tasche einen Taler, der vorher nicht darinnen gewesen war."[557]

Über weitere Treffen und Begegnungen in Westfalen kann nur spekuliert werden: Eine Zusammenkunft mit Engels ist unwahrscheinlich. Sie hätte sicherlich einen Niederschlag im Briefwechsel zwischen Marx und Engels gefunden. Außerdem war der Dissens inzwischen zu deutlich: Aus Krieges Brief und den Gesprächen mit Herwegh wusste Feuerbach, dass seine Auffassungen inkompatibel waren mit denen von Marx und Engels (auch Marx hatte zu dieser Zeit schon seine „Thesen über Feuerbach" notiert). Andererseits hatte er in Westfalen, speziell im Raum Bielefeld, eine „fabelhafte Masse von Verehrern und Feinden", wie Friedrich Kapp, ein Neffe von Christian Kapp, seiner Heidelberger Cousine Johanna berichtete, und zwar *nach* Feuerbachs Rheinreise: Bei den Feinden sei „unverschämt wie Feuerbach selbst" zur Redensart geworden, und von einem Anhänger habe er gehört, dass er statt der letzten Tröstung aus Priesterhand ein Kapitel aus dem *Wesen des Christentums* vorgelesen haben wollte. Friedrich Kapp nennt auch die Namen von zwei Verehrerinnen, von denen die eine, eine einfache Bürgerstochter in Brackwede, sogar nur von „Ludwig" rede.[558]

Noch in Bruckberg, wenige Tage vor der Abreise, hatte Feuerbach eine Sendung erhalten, der „ein höchst liebenswürdiger" Brief von einer ihm unbekannten Dame beilag. Die Dame war, wie wir annehmen dürfen, eine Verehrerin aus dem Bielefelder Raum, denn die Sendung selbst – zehn Flaschen Johannisberger Wein, Jahrgang 1834 – stammte von einem jungen Mann namens Ottmar von Behr, der ebenfalls dort lebte.[559] Er war ein enger Freund von Hermann Kriege (mit dem er später nach Amerika auswanderte), und gehörte, wie Kriege selbst, zu einem Zirkel, den die Lokalhistoriker als „Holter Kreis" oder „Rhedaer Kreis" kennen: Auf Schloss Holte südlich von Bielefeld kam man zusammen. Hausherr war Ottmar von Behrs Schwager, Julius Meyer, der mit Otto Lüning zusammen das „Westphälische Dampfboot" herausgab. In seinem amtlicherseits als „Residenzschloss der Communisten" eingestuften Anwesen wurde diskutiert und gedichtet und von einer kommunistischen Zukunft geträumt, in den umliegenden Orten auch gelegentlich agitiert. Außerdem unterhielt man Kontakte zu radikalen Demokraten und Kommunisten in ganz Deutschland: Hoffmann von Fallersleben, Joseph Weydemeyer, Moritz Hartmann, Karl Marx, Friedrich Engels. Meyers Gattin Hermine, die an den Gesprächen regen Anteil nahm, führte ein Gästebuch, das erhalten ist. In ihm finden sich Namen wie Otto Lüning, Ferdinand Freiligrath, Levin Schücking, Hermann Schauenburg, Theodor Althaus, Moritz Hartmann – und Ludwig Feuerbach.[560]

Durch Hermann Kriege und Ottmar von Behr wusste Feuerbach mit Sicherheit von diesem Holter Kreis und von der Verehrung, die man ihm dort entgegenbrachte. Und man möchte eigentlich annehmen, dass er ihn auch aufsuchen wollte. Unmittelbar vor der Abreise schrieb er an Fritz, dem er seine Überraschung über die Weinkiste und den beiliegenden Brief schilderte: „Ich war selig vor Freude über diese trefflichen Menschen, die wahre Kommunisten sind. Du siehst, die Auspizien zur Reise sind gut." Doch die erhaltenen Briefe aus der Zeit unmittelbar nach der Reise lassen darauf schließen, dass er doch nicht auf Schloss Holte war. In einem Brief an Julius Meyer, den Hausherrn, schreibt er: „Ich war zwei Monate verreist", ohne zu verraten, wo er war. Und in einem Brief an Bruder Anselm in Freiburg heißt es, der Besuch beim Neffen in Düsseldorf sei „der einzige Glanzpunkt" der Rheinreise gewesen.[561] Das persönliche Briefchen, mit dem er in Hermine Meyers Gästebuch vertreten ist, stammt auch aus dem Jahre 1848 (als es den Kreis schon nicht mehr gab) und kam per Post aus Frankfurt. Es enthält lediglich einen kurzen Gruß.[562]

Hatte die Abendgesellschaft in Düsseldorf ihn so abgestoßen, dass er vor einem Besuch des Holter Kreises zurückschreckte? Über das Phänomen des Salonkommunismus war er inzwischen durch Kriege und Herwegh aufgeklärt, und es ist gut möglich, dass ihm die Düsseldorfer Abendgesellschaft eine erste Anschauung davon lieferte: Neffe Anselm schreibt, Feuerbach sei dort „mit Auszeichnung" aufgenommen worden. Ohnehin hatte er „eine Antipathie gegen alle literärischen Klubs und Salons"[563], und auf Schloss Holte hätten ihn, und das konnte er vollends nicht ausstehen, vielleicht regelrechte Huldigungen erwartet. Der Holter Kreis war eine sehr vornehme Gesellschaft: Julius Meyer und Ottmar von Behr residierten in ehemals gräflichen Herrschaftssitzen, die ihrem gemeinsamen Schwiegervater, dem sehr reichen Friedrich Ludwig Tenge gehörten, der im ganzen östlichen Westfalen Eisen- und Glashütten baute und betrieb. Vielleicht hat also Feuerbach schließlich – es wäre ganz seine Art gewesen – einen Bogen um Schloss Holte gemacht und, mit der Bitte inkognito zu bleiben, nur die beiden Verehrerinnen aufgesucht, von denen ihn eine beim Vornamen nannte und die andere in einen Briefwechsel hineinzog. Den „höchst liebenswürdigen" Brief von einer unbekannten Dame, der sich in der Weinkiste befand, könnte man – doch damit habe das Spekulieren ein Ende – vielleicht letzterer zuordnen.[564]

Fast eine Liebesgeschichte

Die auch aus erzählerischer Warte hier fällige Liebesgeschichte spielte sich allerdings nicht in Westfalen ab, sondern in Heidelberg. Und zunächst ohne dass Feuerbach es merkte. Johanna Kapp, inzwischen zwanzig geworden, hatte warten und schweigen können. Nur einmal hatte sie sich im Fieber vor der Mutter verplappert. Elise, Feuerbachs jüngste Schwester, die zufällig da war, hatte es mitbekommen, doch man hatte Stillschweigen vereinbart. Aber jetzt, als „Onkel Ludwig" zusammen mit ihrem Vater auf Schweizreise war und sie mit Bertha und der Mutter allein, forderte sie die Rivalin mit einem Geständnis heraus: Feuerbach liebe sie und sie liebe ihn, sie beanspruche ihn. Für Bertha muss die Spannung entsetzlich gewesen sein, als die beiden Männer aus der Schweiz zurückkamen: Im Hochgefühl ihres Triumphes war Johanna noch aufgekratzter als sonst, und der ahnungslose Angebetete ließ sich in naiver Unschuld bezirzen. Zum Glück musste Johanna bald mit ihrem Vater zur Badekur reisen.

Unschuldig an der Sache war Feuerbach nicht: Er hatte sich ja schon vier Jahre zuvor von der jungen Dame betören lassen. Die körperlichen Reize („schon mit sechzehn Jahren zur vollen Jungfrau von hoher üppiger Gestalt und starkem Gliederbau, doch ohne eigentliche Schönheit herangereift") brauchen keine Rolle gespielt zu haben, die übrigen Vorzüge übten genug „unwiderstehlichen Zauber" aus: Das Mädchen war außerordentlich aufgeweckt, künstlerisch sensibel und obendrein eine charmante Unterhalterin.[565] Vom Albumblatt, von der Tasse „mit stillen Wiesen und Wäldern" drauf und den „poetischen Sentiments" aus dem Fichtelgebirge haben wir erzählt. In der Zwischenzeit war alles dazu angetan, Johannas Liebe zum immer berühmter werdenden „Onkel" (ihre Mutter war mit Bertha Feuerbach weitläufig verwandt) weiter anzufachen. Beim Streit zwischen ihm und ihrem Vater hatte sie geholfen zu vermitteln, und Feuerbach hatte sich galant bedankt. Ein andermal, das war jetzt zwei Jahre her, hatte sie sich, als er sich auf den Kutschbock schwang, um seine Heidelberger Freunde auf der Heimreise ein Stück zu begleiten, neben ihn setzen dürfen. Der Kardinalfehler war aber wohl, dass er immer häufiger den Briefen an Freund Christian Kapp „Zeilen für Johanna" beischloss und sich jedesmal sehr artig für „Zeilen von Johanna" bedankte. Wie verliebt der Briefwechsel tatsächlich war, wissen wir nicht, er ist verlorengegangen.

Als der Philosoph nach achtwöchiger Reise wieder nach Bruckberg zurückkehrte, war seine Frau, wie er in einem Brief gleich nach der Ankunft schrieb, „höchst eheweiblich, gesprächig und aufmerksam".[566] Für Bertha war die Sache aber keineswegs ausgestanden. Biograph Bolin, auf den wir uns in der Sache so gut wie ausschließlich stützen müssen, deutet in umständlichster Formulierung an, die Lösung des Konfliktes sei verzögert worden durch „unbefugtes Eingreifen derer ... denen die Qualen der auf ihre Liebesrechte trotzenden Johanna mehr zu Herzen gingen als die wohlbegründeten Ansprüche der preiszugebenden Gattin". Dass sie älter sei als er (ganze acht Monate), musste sie hören, und dass ihre Fürsorge angesichts der heißen Glut von Johannas Liebe einfach nicht zähle. Feuerbach könne doch wahrhaftig den Auftrieb brauchen, den ihm das neue Verhältnis brächte. Bolin verrät nicht, wer diese bösen Zungen waren. Doch er deutet an, dass Feuerbach eine ganze Weile brauchte und „vor Aufregung nicht zu dem Gleichmut gelangte, der einer richtigen Einsicht und einem dementsprechenden Verhalten günstig gewesen wäre".[567]

Wer offensichtlich die bessere Einsicht hatte, das war Bertha. Sie drängte den Gatten nicht und bot ihm nach einem Jahr sogar die Trennung an, sie wolle seinem Glück nicht im Wege stehen. Das endlich, schreibt Bolin, habe den Mann zur Besinnung gebracht. Er habe sich mit seiner Frau ausgesprochen und sich dann aufgemacht, um mit Mutter und Tochter Kapp die „leidige Angelegenheit" zu bereinigen. Ein Brief, im Juli 1846 unterwegs geschrieben, ist erhalten:

„Liebe Bertha! Ob Du gleich, unsrer Verabredung gemäß, keinen Brief von mir erwartest, so weiß ich doch, dass Du gern erfahren möchtest, wie es mir bisher gegangen, oder vielmehr, wie es mir jetzt geht, denn das Vergangene ist ja immer gleichgültig, wenn die Gegenwart gut ist." Er treffe, schreibt er dann, demnächst Johanna und ihre Mutter, „aber nicht in *meinem*, sondern in ihrem Interesse", und werde anschließend „trotz... unsers unfreundlichen Abschieds herzlich gerne wieder bei Dir und meinem lieben Lorchen sein". Er schließt den Brief mit „Dein glücklicher Ludwig F."[568]

In einem nicht erhaltenen Brief an Bertha, von dem Bolin Kenntnis hatte, gestand Feuerbach, dass er Johanna geliebt habe und sie noch liebe. Dass er sich aber gegen sie entscheide: Sie sei jung, er alt, sie frei, er gebunden. Und vor allem wolle er sich nicht von Bertha und Lorchen trennen.[569] In der Sekundärliteratur dient diese Entscheidung gelegentlich als Beleg, wenn Feuerbach als Zauderer dargestellt werden soll, der dargebotene Chancen nicht zu ergreifen wusste. Man kann sie auch so verstehen, dass er nach der neuen moralischen Maxime handelte, die er in seinem *Luther* aufgestellt hatte.

Doch Fortsetzung folgt: Johanna gibt nicht auf, gibt nie auf.

8. Vormärz, März, nach März

Erklärter Materialismus

Vor der Abreise zu seiner Tour nach Heidelberg, in die Schweiz und nach Westfalen wollte Feuerbach noch unbedingt mit einer Schrift fertig werden und schaffte es dann doch nicht: „Das Wesen der Religion". Obwohl die Arbeit im Druck keine achtzig Seiten ausmacht, hat sie ihn über einen Zeitraum von mehr als zwei Jahren beschäftigt. Anfang 1844 hatte er mit den Recherchen begonnen: Er schrieb dem Bruder Fritz (mit dem er sich seit Eduards Tod zunehmend intensiver austauschte), dass er Bücher zu zwei Themenbereichen suche: erstens zum Thema Naturreligionen, zweitens zum Thema Gottesbeweise, speziell solche, die Gott „aus der Schöpfung, dem Baue des Körpers usw." ableiten. Aus weiteren Briefen ergibt sich, dass er Bücher über außereuropäische, also nicht-christliche Religionen studierte: islamische, altpersische, indische, aztekische Religionen.[570] Exzerpte im Nachlass schließlich belegen, dass er, immer auf der Suche nach Material zu den Naturreligionen und ihren Riten, zwei Jahrgänge von Cottas renommierter Tageszeitung „Das Ausland. Ein Tagblatt für Kunde des geistigen und sittlichen Lebens der Völker" durcharbeitete.[571]

Die Verbindung der beiden Themen ist auf den ersten Blick überraschend. Doch Feuerbach ging es um zwei Dinge: Erstens wollte er nachweisen, dass jede Form von Religion „zum Ausgangspunkt die Natur hat".[572] Und zweitens wollte er die Stellung skizzieren, die der Mensch innerhalb der Natur einnimmt, wenn man aus ihr den göttlichen Schöpfer und Erhalter weglässt.

Die Religion aus der Natur, dem „Wesen *hinter* und *vor* dem menschlichen Wesen"[573] explizit abzuleiten, war ihm schon deshalb ein Anliegen, weil er sich zunehmend Missverständnissen ausgesetzt sah. Da er seine Religionskritik bisher auf das Christentum beschränkt hatte, argwöhnten Kritiker – wie etwa Stirner – immer noch einen Rest spekulativer Philosophie in dem menschlichen Wesen, das er aus den religiösen Vorstellungen herausgeschält hatte. Feuerbach wusste selbst, dass seine bisherige Argumentation hier eine „Lücke" aufwies. Schon in der Schrift über Luther hatte er deshalb angemerkt, er werde dem Thema „Gott als das Wesen der Natur" noch eine eigene Abhandlung widmen.[574]

Was ist also das Wesen der Religion, wenn man sie als natürliche Erscheinung begreift? Um die Frage zu beantworten, hat Feuerbach das gesammelte Material zu außereuropäischen, nichtchristlichen und „primitiven" Religionen auf einen gemeinsamen Nenner hin untersucht. Er gelangt zum verallgemeinernden Ergebnis: „Das Abhängigkeitsgefühl des Menschen ist der Grund der Religion." Und das, „wovon der Mensch abhängig ist und abhängig sich fühlt, ist aber ursprünglich nichts andres als die Natur". Im Unterschied zum Tier wird sich der Mensch dieser Abhängigkeit bewusst. Er hat einerseits sein Schicksal selbst in die Hand genommen, indem er sich die Natur untertan machte. Andererseits weiß er, dass er ständig „der Unterstützung anderer Wesen" bedarf. Diese unterstützenden Wesen *verehrt* er. Die Verehrung ist jedoch Ausdruck der „Selbstverehrung des Menschen": Nur weil der Mensch unbewusst so großen Wert auf sein Leben legt, vergöttert er die „Spender der Lebensgaben" und umgibt sie mit einem Kult. Denn würde er sich selbst oder sein Leben verachten, wie könnte er dann „das lobpreisen, verehren, wovon dieses erbärmliche, verächtliche Leben abhängt?"[575]

Im Gefühl seiner Abhängigkeit von der Natur wurzelt das Bedürfnis des Menschen, den höheren Mächten zu opfern. Wenn er sich die Natur aneignet, so tut er es mit dem Gefühl einer „Rechtsverletzung". Deshalb bei den Naturreligionen die Bitten um Erlaubnis oder Verzeihung, wenn ein Baum geschlagen oder ein Tier getötet werden soll (Feuerbach zitiert dazu Bräuche der alten Germanen und nordamerikanischer Stämme). Man opfert, um zum Genuss schreiten zu können und dadurch die Abhängigkeit von der Natur faktisch aufzuheben. Die Göttlichkeit der Natur ist deshalb der Boden, auf dem jegliche Religion gründet; ihr „*Endzweck*" aber ist die Göttlichkeit des Menschen, der sich aus der Abhängigkeit von der Natur lösen will.[576]

Neben den Studien über nichtchristliche Religionen sichtete Feuerbach ein gutes Dutzend theologischer Traktate, die aus den Wundern der Natur die Existenz Gottes ableiten wollten. Sie interessierten ihn deshalb, weil er in der christlichen Vorstellung vom Schöpfer und Erhalter der Welt eine Parallele zum Dämonenglauben der Naturreligionen sah: Auch in der christlichen Religion werde die Natur gelenkt durch einen außer ihr existierenden Willen, der Mensch projiziere also ein ihm gleichgeartetes, mit Vernunft und Willen begabtes Wesen in die Natur hinein. Die Kritik dieser Vorstellung ist der zweite Schwerpunkt in „Das Wesen der Religion". Sie ist zunächst negativ: Alle diese Ableitungen der Natur aus einem göttlichen Schöpferwillen entstammten lediglich dem Unvermögen, die Schranken des Verstandes anzuerkennen: Der Gottesgläubige mache *„sein Unvermögen, das Leben sich aus der Natur zu erklären, zu einem Unvermögen der Natur, das Leben aus sich zu erzeugen, die Schranken seines Verstandes also zu Schranken der Natur".*[577]

Spannender als diese negative Kritik sind die daraus gezogenen positiven Konsequenzen: Feuerbach formuliert eine Haltung, die heute zur baren Selbstverständlichkeit geworden ist: „Wir sind mitten in die Natur hineingestellt, und doch sollte unser Anfang, unser Ursprung außer der Natur liegen? Wir leben in der Natur, mit der Natur, von der Natur, und gleichwohl sollten wir nicht aus ihr sein? Welch ein Widerspruch!" Wenn man sich (wie es zu seiner Zeit noch der Fall war) die Entstehung des organischen Lebens nicht erklären könne, so heiße das noch lange nicht, dass die Natur dieses Leben nicht aus eigener Kraft habe hervorbringen können. Man dürfe sich diese Entstehung nur nicht als „isolierten Akt" denken, man müsse sie als ein „Moment" sehen, eingebettet in die Entwicklung der Erde: „Wenn daher die Erde kraft ihrer eigenen Natur im Laufe der Zeit sich so entwickelt und kultiviert hat, dass sie einen mit der Existenz des Menschen verträglichen, dem menschlichen Wesen angemessenen ... Charakter annahm, so konnte sie auch aus eigner Kraft den Menschen hervorbringen." Feuerbach argumentiert hier nicht etwa als Naturwissenschaftler, sondern nur als Denker, dem es wie immer auf Redlichkeit ankommt: Wenn die Entstehung des Lebens nicht erklärbar erscheint, dann soll man sagen: „Ich kann nicht aus *diesen* mir bekannten natürlichen Erscheinungen und Ursachen oder aus ihnen, *wie* sie mir bis jetzt bekannt sind, das Leben erklären" – jedoch nicht: „Es ist schlechterdings, überhaupt nicht aus der Natur erklärbar."[578]

Feuerbachs nun vollends expliziter Materialismus unterscheidet sich allerdings in einem ersten wichtigen Punkt vom Materialismus des 18. Jahrhunderts: Er zwängt die Natur nicht in das Prokrustesbett reduktionistischer Erklärungen, sondern ist grundsätzlich offen für Zusammenhänge und Erklärungen, die zu seiner Zeit noch gar nicht absehbar sind. Der zweite Unterschied zum herkömmlichen Materialismus liegt darin, dass er anthropozentrisch oder „anthropologisch" ist. Es ist ein Unterschied der Perspektive: Der anthropologische Materialismus betrachtet die Natur und den Menschen nicht von einem quasi überirdischen, sondern vom *menschlichen* Standpunkt aus. Auf diesem Standpunkt ist die unbewusste, außermenschliche Natur nur *chronologisch* primär: sie ist das „erste Wesen … der *Zeit*, nicht dem *Rang* nach". Das „*moralisch erste* Wesen" – dem *Rang* nach primär – ist das „bewusste menschliche Wesen".[579]

Diese Umkehrung der Rangordnung hat Konsequenzen. Eine erste: Die seit Kant diskutierte Frage, ob Raum und Zeit lediglich Formen unserer Anschauung sind oder nicht, wird zur unerheblichen „philosophischen Vexierfrage".[580] In der anthropozentrischen Perspektive *darf* von Raum und Zeit nicht abstrahiert werden, denn sie sind geradezu „Grundbedingungen alles Seins und Wesens, alles Denkens und Handelns, alles Gedeihens und Gelingens". Und bis hinein in die Politik zeitigt es die „verderblichsten praktischen Folgen", wenn man diese Grundbedingungen nicht berücksichtigt. Das hatte Feuerbach schon in den „Vorläufigen Thesen" betont, wo er allerdings die Restauration und ihr Beharren auf dem Hergebrachten im Auge hatte. In den kommenden Jahren sollte er die revolutionären Bewegungen daran messen, ob sie diese Grundbedingungen berücksichtigten.[581]

Eine andere Konsequenz dieser Perspektive: Das Individuelle erhält seinen Wert zurück. Die „absolute" Perspektive sieht in allem Geschehen nur das „langweilige Einerlei" einer unendlichen Kausalreihe, in der „sich ohne Absatz und Unterschied ein Augenblick an den andern reiht". Die anthropozentrische Perspektive hingegen rückt „die *Individualität* der Dinge" in den Vordergrund, sie sieht die Dinge als „etwas Neues, Selbständiges, Einziges, Letztes, Absolutes".[582]

In der ersten Fassung des „Wesens der Religion" ist dieser Gedanke wenig ausgeführt. Der Zweitfassung (in Band I der *Sämmtliche Werke*) fügt Feuerbach jedoch „Ergänzungen und Erläuterungen" hinzu. In ihnen wird deutlicher, wohin die anthropozentrische Perspektive führt: zu einer materialistisch begründeten Psychologie und zu einer Ethik, die der Natur Rechnung trägt. Von einer Systematisierung ist Feuerbach jedoch in dieser Zeit weit entfernt. Er geht (fast möchte man sagen: stapft) seinen Weg und sammelt mit hellwacher Intuition Beobachtungen: *„Leben* ist *Egoismus.* Wer *keinen Egoismus* will, der will, dass *kein Leben sei.* Nur der *Tote* ist *ohne Egoismus.*" – „Vom politischen und sozialen Standpunkt aus betrachtet, gründet sich die Religion, gründet sich Gott nur auf die Schlechtigkeit der Menschen oder menschlichen Zustände und Verhältnisse." – „Ohne Gewissensbisse kommt nichts Neues in die Welt; denn die *Gewohnheit* ist das *Gewissen* der Gewohnheitsmenschen, deren Anzahl Legion."[583]

Das letzte Zitat klingt schon stark an das an, was Nietzsche dreißig Jahre später in den *Unzeitgemäßen Betrachtungen* über die Bequemlichkeit und Trägheit der meisten Menschen schreiben wird.[584] Überhaupt erinnert die Form des „Wesens der Religion" an Nietzsches aphoristisches Schreiben: Feuerbach sieht nicht mehr ein, warum er Bücher formgerecht ausarbeiten soll. In der als Vorwort fungierenden Fußnote auf der ersten Seite schreibt er lapidar: „Die mitgeteilten Gedanken sind nur Exzerpte aus meinen Manuskripten, die in ihrem ganzen Umfange für den Druck herzurichten mir zu langweilig ist." Freund Kapp gegenüber begründet er diese Unlust damit, er wolle sich „auch äußerlich schon von der Gelehrten- und Schreiberzunft" unterscheiden, denn er zähle sich nicht dazu. Öffentlich wird er 1848 die aphoristische Form damit begründen, dass ihn ein Gegenstand nur so lange interessiere, als er noch nicht mit ihm im reinen sei. Das Mitteilen sei ihm zwar wichtig, doch das Bedürfnis, andere zu belehren, dauere eben nur so lange, als er sich „in ihrer Belehrung zugleich ... selbst belehre."[585]

Sämmtliche Werke

Abgedruckt wurde das „Wesen der Religion" zuerst 1846 in Wigands Vierteljahrsschrift, die verbotshalber inzwischen umbenannt worden war und nun „Die Epigonen" hieß. Dieser Abdruck war eine ideale Werbung für die *Sämmtlichen Werke,* deren erster Band kurze Zeit später erschien und die gesammelten kleineren Schriften zur Religionskritik enthielt, auch noch einmal das nur wenig überarbeitete, um die „Ergänzungen und Erläuterungen" vermehrte „Wesen der Religion".

Seiner Werkausgabe stellte Feuerbach ein angenehm bescheidenes Vorwort voran, mit dem er dem Leser eine auch heute noch wertvolle Hilfe zum Verständnis seines philosophischen Entwicklungsgangs an die Hand gibt: Er zeichnet diesen Entwicklungsgang anhand seiner Schriften nach und sagt, sie enthielten „nichts als die Geschichte, die unwillkürliche Entstehung und Entwicklung, folglich Rechtfertigung" des Standpunktes, auf dem er zur Zeit stehe. Selbstkritisch fragt er sich, ob sein Standpunkt nicht auch schon „ein antiquierter" sei: Was den Teil der Gegenwart betreffe, „der auf die Konservation oder gar Restauration des Alten versessen ist", habe er keine Bedenken. Doch der andere Teil der Gegenwart wolle auch gehört werden: „Was will dieser? Politische und soziale Reformen; aber um religiöse, geschweige um philosophische Dinge kümmert er sich nicht im geringsten."

Ganz unumwunden gibt Feuerbach diesem zweiten Teil seiner Gegenwart Recht und gesteht ein, dass sein Werk an den wirklich drängenden Problemen vorbeigehe, denn diese Probleme seien nicht religiöser, geschweige denn philosophischer, sondern sehr materieller Natur: Not, Elend, Hunger. Daran sei nicht zu rütteln: „Das Übel sitzt ... nicht im Kopf oder Herzen, sondern im Magen der Menschheit." Und was „nicht unmittelbar auf die Erkenntnis und Hebung dieses Grundübels" eingehe, sei „nutzloser Kram" – eine vernichtende Kritik des eigenen Werks. Sich Asche aufs Haupt zu streuen, sieht er gleichwohl keinen Grund: Ja, es gehe darum, „dass wir Menschen, und zwar an Leib und Seel" gesunde, freie, tat- und lebenskräftige Menschen, sind oder werden. Concedo, meine Herren! Das eben will ich auch. Wer von mir nichts weiter sagt und weiß als: Ich bin Atheist, der sagt und weiß soviel von mir als wie *nichts* ... Ich negiere Gott, das heißt bei mir: Ich negiere die Negation des Menschen ... Die Frage nach dem Sein oder Nichtsein Gottes ist eben bei mir nur die Frage nach dem Sein oder Nichtsein des Menschen." Außerdem gebe es „viele Übel, selbst Magenübel", die ihre Ursache „im Kopfe" hätten, und er habe sich nun einmal „die Ergründung und Heilung der Kopf-, auch Herzkrankheiten der Menschheit zur Aufgabe gemacht".[586]

Der zweite Band der *Sämmtlichen Werke* versammelte die philosophischen Kritiken und Grundsatzschriften. Für beide Bände stellte sich das Problem, dass das vorliegende Material nicht die zensurfreien zwanzig Bogen füllte. Im ersten Band schob Feuerbach deshalb die erwähnten „Ergänzungen und Erläuterungen" zum „Wesen der Religion" nach, für den zweiten Band schrieb er im Winter 1845/46 den Aufsatz „Wider den Dualismus von Leib und Seele, Fleisch und Geist". Er verband darin die Fragestellungen der *Grundsätze der Philosophie der Zukunft* mit den materialistischen Positionen, die er im „Wesen der Religion" erarbeitet hatte und wagte sich auf ein heikles Gebiet vor: Er versuchte die Frage des Nexus' zwischen psychischer und physischer Wirklichkeit wenn nicht zu klären, so doch zumindest einzukreisen. Eindeutige Resultate konnte es für ihn nicht geben, lediglich eine Reihe von denkwürdigen Beobachtungen und die Feststellung: „Wahrheit ist weder der Materialismus noch der Idealismus, weder die Physiologie noch die Psychologie. Wahrheit ist nur die *Anthropologie.*" Er vermied die naturwissenschaftlich-physiologische „Falle", indem er einmal mehr als Kriterium der Wahrheitserkenntnis setzte: Nur der „Standpunkt der Sinnlichkeit, der Anschauung ... gibt mir *Totalität* und *Individualität*". Jede eingenommene wissenschaftliche Position müsse sich deshalb der Tatsache bewusst sein, dass das „Leben eint, das Wissen trennt".[587] Doch insgesamt war er selbst nicht befriedigt von diesem Text, er fand ihn „missraten"[588] – die aufgeworfene Frage war zu seiner Zeit auch nicht lösbar.

Auch dieser zweite Band kam noch im selben Jahr 1846 heraus. Mit dem dritten ging es weniger zügig voran: Neben den Aphorismen, die in der Originalversion von 1834 *Abälard und Héloïse. Der Schriftsteller und der Mensch* hießen und jetzt nur noch *Der Schriftsteller und der Mensch*, musste der Band die immer noch brisante Erstlingsschrift *Gedanken über Tod und Unsterblichkeit* enthalten. Den Prosa-Teil nahm Feuerbach weniger ernst, er war für ihn „Nebensache, Kommentar, Anmerkung"; seine „Lieblingskinder" waren die Xenien, die satirischen Distichen im letzten Teil des Buches. Schon als er im Sommer 1845 von seiner großen Reise zurückkam, machte er sich, durch Herwegh beflügelt, gleich an ihre Überarbeitung. Freilich war ihm die Übung abhanden gekommen: Seit sechzehn Jahren hatte er sich nie mehr dichterisch versucht, und jetzt fand er über ein Jahr lang immer wieder einen Vers, der ihm „verbesserungsfähig" schien. Und als er dann die Korrekturbögen erhielt, war er entsetzt, dass Wigand die Xenien in kleinerer Type als den Prosatext gedruckt hatte: „wie Heringe, wie Negersklaven, wie arme deutsche Auswanderer und Flüchtlinge nach Amerika" sähen sie aus. Wigand rechtfertigte sich mit dem professionellen Argument, dass die Schriftgröße dem typographischen Standard entspreche. Außerdem: „Brauchen Ihre Verse denn einer solchen Prahlerei?" Der Inhalt sei riskant genug, da brauche man nicht auch noch mit Cicero-Schrift „dreinzuschlagen".[589]

Im gesamten Text der *Gedanken über Tod und Unsterblichkeit* hatte Feuerbach so „entsetzlich viel" gestrichen – insgesamt etwa ein Drittel –, dass schließlich auch der dritte Band den zensurfreien Umfang verfehlte. Also verfasste er einen Kommentar zu den *Gedanken* und zusätzlich einen neuen Text: „Die Unsterblichkeitsfrage vom Standpunkt der Anthropologie".[590] Es ist eine Art essayistische Summe seiner Religionskritik, in die noch einmal viel Material aus den ethnologischen Vorstudien zum „Wesen der Religion" einging. Der Text entstand „in einem Flusse" und – für Feuerbachsche Verhältnisse – „in sehr kurzer Zeit". Er ist vielleicht weniger tiefgründig als die Texte der Vorjahre, doch er lässt endlich wieder einmal den brillanten Polemiker zum Zuge kommen.[591]

Mit diesem neuen Text waren die zwanzig Bogen erreicht, der Band musste nicht zum Zensor. Dafür trat jetzt der Staatsanwalt auf den Plan. Schon dem ersten Band hatte Konfiskation gedroht, mit einer Klage gegen die Zensurbehörde hatte der Verleger das Unheil noch abwenden können. Doch jetzt hatte der Staatsanwalt in Berlin das Verbot der *Sämmtlichen Werke* insgesamt beantragt, und die preußischen Buchhändler hatten auch schon die beiden ersten Bände remittiert. Wigand riskierte weit mehr als nur einen finanziellen Verlust: Eben hatte er sich mit dem Buch eines weniger prominenten Autors drei Strafprozesse eingehandelt, die Anklagen lauteten auf „Atheismus" und „Verhöhnung der christlichen Religion". Er rechne mit zwei bis drei Monaten Gefängnis, schrieb er Feuerbach. Beim dritten Band nun, der die *Gedanken über Tod und Unsterblichkeit* mit den gotteslästerlichen Xenien enthielt, sah er schwarz: „Prüfe ich Ihre Verse, so – komme ich nicht mehr heraus, denn für jeden werde ich eingesperrt." Dennoch druckte er unverdrossen weiter. Im Mai 1847 meldete er schließlich mit seinem trockenen Humor: „Die sächsische Regierung hat dem Debit Ihrer Schriften freien Lauf gelassen. Was Sie jetzt machen, weiß ich nicht: Hoffentlich keine Kinder."[592]

Die Bände vier bis sechs stießen auf keine Hindernisse mehr. Sie enthielten die drei philosophiehistorischen Werke aus den dreißiger Jahren, alle stark überarbeitet, am stärksten die *Geschichte der neuern Philosophie*, und darin wiederum am stärksten – faktisch ins Gegenteil verkehrt – das Kapitel über Jakob Böhme. Nebenbei musste Feuerbach auf Geheiß des Verlegers für *Wigand's Conversations-Lexikon* einen Artikel über Paul Johann Anselm von Feuerbach und seine Söhne verfassen, also auch über sich selbst. Er kam sich vor, als hätte man ihn in einen Frack gesteckt – wo doch Bertha den seinen aus dem Jahre 1830, eine „ungebrauchte Antiquität", längst verschachert habe.[593] Immerhin war der Artikel die Gelegenheit, sich anonym selbst zu porträtieren, und Feuerbach tat es mit nicht zu zaghaften Strichen. Ein feineres, wenn auch fragmentarisches Selbstporträt hatte Band zwei der *Sämmtlichen Werke* unter der Überschrift „Fragmente zur Charakteristik meines philosophischen curriculum vitae" enthalten. Es sind kurze, tagebuchartige Notizen, manchmal zu Merksprüchen kondensiert und dadurch hervorragend geeignet für Zitatensammlungen: „Deine erste Pflicht ist, *dich selbst* glücklich zu machen. Bist du glücklich, so machst du auch andere glücklich. Der Glückliche kann nur Glückliche um sich sehen."[594]

Wahre und falsche Freunde

Anfang 1848 war das Gesamtwerk – freilich noch ohne *Das Wesen des Christentums* – so gut wie abgeschlossen. Feuerbach hatte sich so in die Arbeit vertieft, dass er sich das Reisen versagte: Im Frühsommer 1846 war er noch im Schwarzwald gewandert (zusammen mit Georg und Emma Herwegh, die die Gegend bald in ganz anderer Mission erleben sollten) und anschließend war er in den Taunus gereist, um, wie schon geschildert, die Affäre mit Johanna zu bereinigen. Ansonsten hatte er nur Besuche empfangen: Im Herbst 1846 war offenbar Wigand nach Bruckberg oder zumindest nach Nürnberg gekommen (Lorchen wollte, dass er bald wiederkomme, aber er sollte dann ein Kind mitbringen, das „nicht älter wie sie und schön und gern mit ihr spielen würde"[595]).

Ein anderer Besucher – Feuerbach fand ihn angenehm, weil er ihn nicht bei der Arbeit störte – blieb Ende 1847 etwa vier Wochen in Bruckberg. Es war Peter Alfred Michel, Sohn einer Bamberger Freundin von Bertha, seit seinem Philosophie-Studium ein glühender Feuerbach-Anhänger, mittlerweile Journalist und Mitglied des radikalen studentischen Neckarbundes. Er unterhielt vielfältige Beziehungen zu Oppositionellen; für seine radikalen Überzeugungen sollte er bald mit seinem Leben einstehen. Er hinterließ ein Gedicht:

Prophetisch rauscht *Dein* Wort zu mir hernieder
Wie eine Stimme aus den Himmelshöhn,
Bei Dir fand ich es, und am schönsten wieder
Was ich gehofft, der *Völker Auferstehn* [596]

Die Verse sind kennzeichnend: Obwohl Feuerbach nie die Revolution gepredigt hatte, übte er eine außerordentliche Anziehungskraft auf einen Großteil der radikalen Oppositionellen aus. Nicht immer war es ihm recht. So antwortete er dem „wahren Sozialisten" Karl Grün, der aus seiner Philosophie unmittelbar eine Anleitung zur Praxis ableiten wollte, er könne sich eine „unbedingte und uneingeschränkte Realisation der Theorie" nicht denken, denn es gebe „nicht nur einen zufälligen und unwahren, sondern auch notwendigen, naturbegründeten Bruch zwischen Theorie und Praxis".[597] Und vollends entsetzt war er über die „Tollhäuserrevolutionsschriften" eines Wilhelm Marr, der bis zu seiner Ausweisung im Jahre 1845 in der Westschweiz agitiert hatte und sich ständig auf ihn berief. Der Name Feuerbach wurde mittlerweile so notorisch mit dieser Art von Schriften in Verbindung gebracht, dass Ludwig schon für alle Feuerbachs mit Schwierigkeiten bei der Einreise nach Frankreich und in die Schweiz rechnete.[598]

Andererseits erschienen 1847 die ersten Bücher *über* Ludwig Feuerbach. Eines stammte vom Hallenser Professor Julius Schaller, der seinerzeit die „Hallischen Jahrbücher" mitbegründet, sich allerdings, als sie sich radikalisierten, von ihnen distanziert hatte. Es war eine Polemik: Schaller warf Feuerbach vor, seine Prinzipien führten zur Auflösung jeglicher Moral. Die Mühe einer Antwort nahm Feuerbach ein Rezensent in den „Epigonen" ab, der ihm höchstes Lob erteilte: Sein Stil sei „der unnachahm-

lichste, den es je gegeben ... Diese Gewalt, stets den abstractesten Gedanken in die allersinnlichste Form zu zwingen, das Fernste, Entlegenste,
Fremdeste mit Einem Schlage zum Allernächsten, Heimischesten, Intims-
ten zu machen, nota bene, ohne dem Gedanken im Mindesten Etwas von
seiner Tiefe und Fülle, Majestät und Kraft zu rauben, ohne ihn im Mindesten zu trivialisieren, ist beneidenswerth, einzig, imponirend."[599]

Ein anderes Buch stammte vom jungen Rudolf Haym, der kein Gegner,
aber auch kein Anhänger war. Feuerbach nahm es sehr ernst und erwi-
derte darauf ohne jede Polemik, nur geduldig erläuternd, stellenweise den
Verfasser lobend. Seine Antwort erschien in der letzten Nummer der „Epigonen", die Otto Wigand seinem inzwischen prominentesten Autor widmete. In der Widmung heißt es: „Wenn auch in diesem Augenblick nur
ein kleiner Theil des deutschen Volkes sich zu Ihrer Fahne bekennt; ja,
wenn auch das ganze und große Heer der Theologen Ihr ‚Wesen des Christenthums' kaum den Titel nach kennt, so ist sicher *die* Zeit nicht fern, wo
jeder Gebildete Ihre Schriften lesen und die großen Wahrheiten erkennen
wird, mit denen Sie schon jetzt so klar und siegend in die Herzen der
Freien einziehen."[600]

Die Revolution bricht aus

Zu Beginn des Jahres 1848 hätte Feuerbach, so könnte man meinen, halbwegs zufrieden sein können. Im Alter von dreiundvierzig Jahren war er *der*
berühmte deutsche Philosoph. Sein Werk, insgesamt sieben Bände, lag als
Gesamtwerk bei einem der renommiertesten deutschen Verlage vor. Und
zum ersten Mal in seinem Leben war das Geld nicht mehr so knapp:
Noch Anfang Februar 1848 konnte er dem Verleger schreiben, es eile nicht
mit dem Honorar.[601] Doch dann stürzte alles um. Privat und gesellschaftlich.

Privat: Die Bruckberger Porzellanfabrik hatte wegen Auftragsmangels
längere Zeit stillgestanden und dann auch noch durch den Ruin eines Für-
ther Geschäftspartners über 1800 Gulden eingebüßt. Jetzt war sie zahlungsunfähig. Bertha hatte ihr gesamtes Vermögen zur Verfügung gestellt
und verloren, nun erhielt sie nicht einmal mehr ihre regelmäßigen Anteils-
zahlungen, war also ohne Einkommen. Man rechnete mit dem Aller-

schlimmsten, nämlich dem Bankrott samt Verlust allen Privateigentums: Berthas „Wiese, Wäsche, Ringe u. dgl.", Ludwigs Bibliothek. Bruckberg schien endgültig verloren. Bertha zog mit Lorchen nach Nürnberg zu Ludwigs Mutter und Schwestern. Ludwig selbst stand vor dem Nichts. Mit seinen Honoraren, so respektabel sie im Verhältnis waren, konnte er die Familie nicht ernähren. Er war entschlossen, sich ohne Frau und Kind allein durchzuschlagen. Im ersten Impuls wollte er, wie er Otto Wigand anvertraute, nach Paris, „ohne Weib, ohne Kind, ohne Bücher", in ein „neues Leben"; den Brief überschrieb er mit *Vive la République!* Doch dann reiste er erst einmal – ohne zu wissen, „wann (und ob)" er wiederkommen würde – nach Leipzig, um mit Wigands Hilfe Geld aufzutreiben.[602]

Gesellschaftlich: In Leipzig war auch „gegen die sichersten Hypotheken" kein Geld zu bekommen. „Der Grund des Übels", so schrieb Feuerbach an seine Frau, „ist nicht wirklicher Mangel an Geld, sondern die Furcht, dass durch Krieg oder Arbeiterbewegungen die Wohlhabenden oder Habenden ruiniert werden, die alle Glieder lähmt, alle Geschäfte stocken macht, allen Kredit untergräbt."[603] Die Furcht der Habenden hatte einen sehr konkreten Anlass: Am 23. Februar war in Paris der „Bürgerkönig" Louis Philippe verjagt worden, am 24. Februar wurde in der Euphorie einer allgemeinen Feststimmung die Republik ausgerufen und am 25. Februar das Recht auf Arbeit als Grundrecht proklamiert. Als Mitglied der neuen Regierung hatte Louis Blanc unverzüglich mit dem Aufbau der sogenannten Nationalwerkstätten begonnen.

Die Nachrichten elektrisierten ganz Kontinentaleuropa. Der Funke sprang über und entfachte in den ersten Märzwochen einen Flächenbrand: Deutschland, Österreich, Ungarn, Böhmen und Italien waren in Aufruhr. Zündstoff war überall reichlich vorhanden: Große Teile der Bevölkerung waren durch die rapide fortschreitende Industrialisierung in drückendes Elend geraten, und in den letzten Jahren hatten Missernten, Preissteigerungen und eine gewerbliche Krise die Not noch erheblich verschärft. Bauernaufstände hatte man durch Zugeständnisse entschärfen können, doch auf Hungerrevolten wie die der schlesischen Weber reagierte man mit brutalen Militäreinsätzen. Die wirtschaftliche Depression von 1847/48 (die bei der Bruckberger Porzellanfabrik zum Produktionsstillstand geführt hatte) betraf nun auch weite Kreise der Mittelschichten, die Angst vor einer Dauerkrise ging um. Und schließlich hatte das „System Metternich", das Jahr für Jahr repressiver geworden war, mittlerweile so gut wie die gesamte Bevölkerung gegen sich.

Innerhalb weniger Wochen hatte die „Märzrevolution" dieses System (scheinbar) in sich zusammenbrechen lassen. In Wien, Berlin und anderen Hauptstädten hatten die Herrschenden nach blutigen Auseinandersetzungen nachgeben müssen, Metternich hatte sich nach England abgesetzt. In einer beispiellosen Politisierung breitester Bevölkerungsschichten wurden deutschlandweit die „Märzforderungen" erhoben: Pressefreiheit, Schwurgerichte, Volksbewaffnung, nationales Parlament *über* den deutschen Einzelstaaten, nationale Verfassung mit Grundrechtegarantie. Alle Dämme waren gebrochen, der Weg zu Demokratie und Rechtsstaat, so schien es, war frei.[604]

Die Bevölkerung war keineswegs unvorbereitet: Trotz aller Verbote hatte sich in Bürgergesellschaften, Handwerker- und Gesellenvereinen, Lesegesellschaften und nicht zuletzt in religiösen Dissidentenbewegungen (Lichtfreunde, Deutschkatholiken) ein politisches Bewusstsein herangebildet, das jetzt der Bewegung die Richtung vorgab. Besonders gut vorbereitet war man in Südwestdeutschland, wo seit Jahren eine bedeutende Gruppe liberaler und radikaler Demokraten (unter ihnen Feuerbachs Freunde Christian Kapp und Peter Alfred Michel) sehr aktiv gewesen war. Schon im Herbst 1847 und dann wieder am 5. März 1848 – also noch vor Ausbruch der Unruhen in Deutschland – hatten diese Vorkämpfer auf Versammlungen in Heppenheim und Heidelberg eine länderübergreifende Koordination der Opposition in den Ständekammern beschlossen und einen Fahrplan für die Konstituierung eines gesamtdeutschen Parlaments festgelegt.[605] So konnte bereits am 31. März in der Frankfurter Paulskirche ein „Vorparlament" von 574 Wortführern der Märzbewegung zusammentreten. Es beschloss allgemeine Wahlen zu einem Nationalparlament und bildete auch gleich einen Ausschuss, der (gemeinsam mit dem Bundestag, dem bisher vor allem als Repressionsapparat fungierenden höchsten Organ des Deutschen Bundes) diese Wahlen in erstaunlich kurzer Zeit vorbereitete und durchführte. Am 22. Mai trat das gewählte Parlament zusammen.

Nun wollte Feuerbach nicht mehr nach Paris, sondern nach Frankfurt, wenn möglich als Abgeordneter. In Leipzig scheint ihn schon Wigand zur

Kandidatur ermuntert zu haben, der ihm – es gab ja weder Diäten noch Reisekostenzuschüsse – sogar versprach, monatlich fünfzig Taler (etwa 75 Gulden) zu schicken. Bei seiner Rückkehr nach Bruckberg fand Feuerbach einen offenen Brief von Heidelberger Studenten vor, die ihn ebenfalls zur Kandidatur aufforderten: „Edler Denker, der Du in den Zeiten der geknechteten Lehre nie Vernunft und Wissenschaft dadurch entweihtest, dass Du den Bestand der Dinge zu rechtfertigen suchtest ... edler Geist! die Stunde Deiner Wirksamkeit hat geschlagen!" Der Ansbacher Volksausschuss schlug ihn tatsächlich vor – „zum Entsetzen aller dortigen Stadtphilister".[606]

Auch in Karlsruhe und in München ergingen Aufrufe an die Wahlmänner, Feuerbach zu wählen (die Abgeordneten wurden meist nicht direkt, sondern über Wahlmänner bestimmt). In Karlsruhe war es der dortige Demokratische Verein, der ihn (neben Christian Kapp, Julius Fröbel und dem Heidelberger Bürgermeister Winter) nominierte,[607] in München der studentisch bestimmte Verein für Volkswohl mit dem Namen Bauhof-Club. Der Münchner Aufruf erreichte Feuerbach zwar zu spät, doch er veranlasste ihn zu einem politischen Bekenntnis, das die Münchner „Neueste Nachrichten" auf der Titelseite abdruckten: „Ich bin zwar Republikaner dem Prinzipe nach, ich halte die Republik für die einzige, der Würde des menschlichen Wesens entsprechende Staatsform, aber ich betrachte die konstitutionelle Monarchie als eine zeitliche Notwendigkeit, als die notwendige Vorschule der Republik." Er halte es, schreibt Feuerbach weiter, für eine „Unredlichkeit", die Leute auf die starre Alternative Monarchie *oder* Republik festlegen zu wollen: „Ich will für jetzt und die nächste Zukunft nichts weiter als die vollständige Verwirklichung und Feststellung der von allen deutschen Völkern einstimmig in Anspruch genommenen Rechte und Freiheiten; ob dies in einer Monarchie oder Republik stattfindet, ist mir eins ... Mit Pressfreiheit usw. bin ich lieber Monarchist als Republikaner ohne Pressfreiheit usw."[608]

Feuerbach scheint die Kandidatur ernst genommen und sogar „Wahlkampf" betrieben zu haben: An Wigand schrieb er, seit der Rückkehr aus Leipzig habe seine Tätigkeit „im Reden, nicht im Schreiben" bestanden. So ganz wohl war ihm freilich nicht bei der Aussicht, tatsächlich gewählt zu werden: „Ich kann die konstitutionelle Monarchie nicht vertreten, wenn ich gleich auch für ihre Abschaffung in dem gegenwärtigen Zeitpunkt nicht sein kann." Doch der Konflikt wurde ihm erspart: Gewählt wurde

ein gemäßigt liberaler Advokat, der dann in ellenlangen, öffentlich verlese-
nen Briefen aus Frankfurt beispielsweise über eine (nie verhandelte) Justiz-
reform als Basis der deutschen Einheit dissertierte; wie Freund Heidenreich aus Ansbach berichtete, wusste man danach nicht zu sagen, was jetzt
eigentlich der Inhalt gewesen sei. Aber das war mehr oder weniger der
Normalfall, in ländlichen Gebieten wurden überwiegend Juristen und lokale Honoratioren gewählt. Wie Ludwig Feuerbach bald feststellen sollte,
saßen die „besten, die Zukunft Deutschlands entscheidenden Kräfte und
Köpfe" nicht im Parlament.[609]

Beobachter des Geschehens in Frankfurt

Er ging trotzdem nach Frankfurt, als „kryptopolitischer Privatier". Und
mangels Zukunftsaussichten: Er hatte die vage Hoffnung, im Zentrum des
politischen Geschehens würden sich irgendwelche neue Perspektiven auf-
tun. In Bruckberg verschlimmerte sich die Lage zusehends, und er konnte
„schlechterdings nicht mehr dort existieren". Auch Bertha wollte nicht
mehr zurück. Ludwigs regelmäßige, das politische Geschehen ausführlich
schildernde Briefe an sie belegen übrigens, dass das Paar nach der Geschichte mit Johanna Kapp wieder zueinander gefunden hat: Der Ton ist
liebevoll, und Ludwig macht Bertha das so ziemlich schönste Kompliment,
das ein Autor seiner Frau machen kann, nämlich dass seine Werke „von
Rechts wegen" ihr gehörten: „Nur Deiner Anspruchslosigkeit, mit der Du
mich ganz meinen Arbeiten und Gedanken überließest, verdanke ich es,
dass ich sie geschrieben. Dieser Gedanke erhebe und stärke Dich, wenn
Du verzagen willst." Er erkundigt sich häufig nach Lorchen, die in die
Schule gekommen ist; zu ihrem Geburtstag lässt er ein ziemlich teures
Kleidchen schneidern.[610]

Auf der Reise nach Frankfurt machte Feuerbach einen Umweg über
Freiburg, um seinen Bruder Anselm zu besuchen. Es ging ihm nicht gut,
sein Hang zur Schwermut hatte sich in den letzten Jahren so verschlim-
mert, dass eine Unterhaltung mit ihm kaum noch möglich war. Im Haus
muss es auch beengt gewesen sein, denn die Familie hatte unter Einquartierungen zu leiden, die Gegend war nach dem Heckerschen Putsch-
versuch noch voller Militär. Um so anregender waren auf ausgedehnten

Wanderungen ins gebirgige Umland die Gespräche mit Anselm Junior, dem Maler.

In Frankfurt fand Feuerbach eine kleine Wohnung im obersten Stock eines Gartenhauses, mit sehr schöner Aussicht – „das ganze Taunusgebürge breitet sich vor meinen Augen aus", schrieb er seiner Frau begeistert. In dieser Wohnung überarbeitete er, mehr oder weniger nebenher, ein letztes Mal *Das Wesen des Christentums*, wobei er auch alle fremdsprachigen Belegstellen übersetzte; das Werk sollte in dritter Auflage als siebter Band seiner *Sämmtliche Werke* erscheinen. Doch zur Hauptsache beobachtete er: Zum einen die Beratungen in der Paulskirche, die erste Zeit sogar von einem Journalistenplatz aus (für welche Zeitung er schreiben sollte, und ob er überhaupt etwas schrieb, ist nicht bekannt), zum anderen „die Menschen und Verhandlungen außer dem Parlament". Die Parlamentsdebatten lehrten ihn schon nach wenigen Tagen, dass es „bald zu einem entscheidenden Bruche zwischen den Halben und den Ganzen, den sogenannten Konstitutionellen und den Republikanern" kommen würde. Mit beeindruckender Klarsicht erkannte er das Dilemma: „Wo man nicht einmal über die ersten Prinzipien klar ist, wie kann man da die notwendigen Konsequenzen ziehen?... Auf diesem Standpunkt steht nun aber die Majorität. Was ist also da zu erwarten? Nichts als unheilvolle Halbheiten." Doch auch die linke Minorität erfüllte ihn nicht mit Hoffnung. Es fehle ihr, schrieb er Anfang Juni aus Frankfurt, „nicht an Geist und Mut, aber an Einigkeit und praktischem Takt". Regelrecht „traurig" fand er die „unbesonnenen und erfolglosen" Aktionen Heckers, der im April mit seinem nach wenigen Tagen gescheiterten badischen Aufstand die Republik im Handstreich hatte herbeiführen wollen.[611]

Im Juni kündigte sich schon die „Reaction" gegen die europaweite Freiheitsbewegung an: In Prag schoss Fürst Windisch-Graetz mit regulären Truppen und Artillerie den Aufstand buchstäblich zusammen; es waren 400 Tote zu beklagen. Ein entsetzliches Blutbad gab es wenig später, vom 22.–26. Juni, in Paris, wo nach der Auflösung der Nationalwerkstätten eine zweite, eine echte „Arbeiter-Revolution" ausgebrochen war, mit Zehntausenden von Bürgern auf den Barrikaden. Hier umzingelte der Algerien-Haudegen Cavaignac mit einer gewaltigen Streitmacht die Stadt und schoss Straße um Straße frei; die Toten gingen in die Tausende, Zehntausende wurden in Behelfsgefängnisse gepfercht, viele von ihnen ohne Gerichtsverfahren in die Kolonien deportiert.[612] An dem Abend, als diese Schreckensnachrichten in Frankfurt eintrafen, war Feuerbach mit dem jungen Friedrich Kapp und Ludwig Bamberger zusammen; letzterer berichtet in seinen Lebenserinnerungen: „Die Schwere dieses Ereignisses lag dumpf auf unserem Gemüte. Wir fühlten, dass dort eine Entscheidung fallen werde, die verhängnisvoll eingreifen müsse in die Geschicke der französischen Revolution und damit in die ganze europäische Lage. (...) Lange in die Nacht hinein wandelten wir auf und ab. Feuerbach sprach wenig. Der Ernst des großen Rätsels, welches in die Weltgeschichte mit diesem Aufstand eintrat, lag in seinen wenigen, in langen Pausen und kurzen Sätzen ausgesprochenen Worten."[613]

In der Paulskirche stand zu gleicher Zeit als erste wichtige Entscheidung das „Gesetz über die Zentralgewalt" an. Die Linke forderte eine vom Parlament gewählte und ihm verantwortliche Exekutive, die Rechte wollte sie von den Fürsten ernannt haben, ohne Rechenschaftspflicht dem Parlament gegenüber. Ein großer Kongress von fast neunzig Demokraten- und Arbeitervereinen versuchte, die Position der Linken zu stärken. (Feuerbach nahm an ihm teil, weil er in Frankfurt stattfand, die anschließende Werbereise in die bayerische Pfalz konnte er sich nicht leisten; „die Herren leben zu gut", schrieb er an Bertha.) Die Rechte setzte sich durch: Der am 29. Juni ernannten Reichsverweser Erzherzog Johann von Habsburg, ein Bruder des österreichischen Kaisers, stand einer Regierung vor, die von heutigen Historikern als „Kopf ohne Körper" qualifiziert wird: ohne wirkliche Regierungsgewalt, ohne Autorität den Fürsten gegenüber, ohne Befehlsgewalt über das Militär der Einzelstaaten. Das Parlament habe mit diesem Beschluss, so befand Feuerbach, „den Stab über sich selbst gebrochen. Es hat sich selbst zu einer Null gemacht, indem es die oberste Gewalt der Verpflichtung enthob, die Beschlüsse der Nationalversammlung auszuführen; es hat an die Spitze der neuen Zeit die alte Zeit, an die Stelle des Fortschritts den Rückschritt in die alte Kaiser- und Fürstenwelt gesetzt."[614]

Christian Kapp legte aus Protest sein Abgeordnetenmandat nieder. Sein Sendschreiben an die Wähler, mit dem er den Schritt rechtfertigte, bedurfte der Redaktion, Feuerbach besorgte sie zusammen mit Friedrich Kapp, der bisher als Jurist an einem Westfälischen Oberlandesgericht und nun in Frankfurt als Journalist tätig war und zu den besten Köpfen der hier versammelten Linken gehörte. Zu dieser republikanischen Linken,

nach ihrem Treffpunkt als „Donnersberg-Club" bezeichnet, stand Feuerbach in sehr engem Kontakt. Wie er Bertha schrieb (die ihn sogar in führender Position wähnte), war er „Freund und Bekannter von all den Leuten, die an der Spitze stehen". Nach der fatalen Entscheidung über die
Zentralgewalt setzte er noch vage Hoffnungen auf die außerparlamentari-
schen Bewegungen wie den Demokraten-Kongress, dessen Vorsitz Fröbel
und Bayrhoffer innehatten. Er war dessen eingeschriebenes Mitglied und
wohnte den Sitzungen oft bei, freilich in der „Rolle eines passiven, aber
nicht tätigen – höchstens nur in der Konversation mitratenden, lehrenden,
auch lernenden, warnenden Mitglieds".[615]

Das Geschehen in der Paulskirche selbst interessierte ihn immer weniger, wichtig wurden vor allem die persönlichen Begegnungen. Frankfurt
sei „gleichsam eine Blüten- oder Exzerptesammlung von ganz Deutschland", hatte er schon bald nach seiner Ankunft festgestellt.[616] Nach fünfzehn Jahren Einsamkeit im abgelegenen Bruckberg genoss er offensichtlich
die Anregung durch vielfältige Kontakte. Die Namen seiner wichtigsten Ge-
sprächspartner findet man heute noch in Nachschlagewerken: Außer
Christian und Friedrich Kapp und dem schon erwähnten Ludwig Bamberger (dem späteren Mitbegründer der Deutschen Bank) waren es Julius Fröbel (der Verleger aus Zürich), Otto Lüning (der spätere Mitbegründer des
„Nationalvereins"), Karl Vogt (der spätere berühmte Zoologe und Genfer
Universitätsrektor), Adolph Kolatschek (der spätere Herausgeber der
„Deutschen Monatsschrift für Politik, Wissenschaft, Kunst und Leben")[617],
Ferdinand Freiligrath (der Dichter), Johannes Ronge (der Gründer und
Führer der deutsch-katholischen Bewegung), Karl Theodor Bayrhoffer
(der Philosoph, den Feuerbach 1838/39 für die „Hallischen Jahrbücher"
hätte kritisieren sollen; weil der Mann ihm zu sympathisch war, schrieb er
stattdessen den Aufsatz „Zur Kritik der Hegelschen Philosophie"). Auch
eine Frau zählte zu seinen wichtigen Bekanntschaften: Louise Dittmar,
Dichterin, Philosophin und frühe Frauenrechtlerin. Er hielt viel von ihr,
sie habe, schrieb er Wigand (dem er sie als Autorin empfahl), „mehr Logik
im Kopfe und Mut im Leibe ... als die Majorität unserer Professoren und
Nationalvertreter".[618] Recht häufig besprach er sich mit seinem alten Studienfreund Karl Riedel, ehemals Pastor, seit einigen Jahren engagierter radikaler Journalist, der Gott und die Welt kannte (und Feuerbach im Namen des Münchner Bauhof-Klubs zur Kandidatur aufgefordert hatte).

Sporadische Kontakte gab es erstmals wieder zu Ruge. Einen Gesinnungsgenossen besonderer Art fand Feuerbach in dem aus Uelzen stammenden Maler Theodor Kaufmann, der, wie er selbst, „auch alles mitmachte, aber nur als Beobachter und Kritiker". Leider reiste der Mann schon Anfang Juli ab, weil das Schauspiel ihm „nichts mehr bot, weil es ihm zum Ekel wurde".[619]

Mitte Juni war zu Feuerbachs großer Überraschung auch Hermann Kriege in Frankfurt aufgetaucht: Er war aus Amerika herbeigeeilt und brachte aus Paris Grüße von Emma und Georg Herwegh mit. Von den beiden hatte Feuerbach keine Nachricht mehr seit ihrem Abenteuer im April, das deutschlandweit verspottet wurde: Die revolutionäre Regierung in Paris hatte im Februar angeordnet, Arbeitsplätze vorrangig an Franzosen zu vergeben. Die in die Tausende gehenden arbeitslosen deutschen Exilanten wurden ermuntert, in ihre Heimat zurückzukehren; man bot ihnen sogar ein Reisegeld an. Viele von diesen Leuten waren ohnehin „märzbewegt" und meinten, sie hätten in Deutschland nicht nur nichts mehr zu befürchten, sondern könnten dort auch die aufständischen „Brüder" unterstützen. Also bildete man eine „Deutsche Demokratische Legion" – und wählte Georg Herwegh zum Präsidenten (das militärische Kommando lag bei Offizieren). Man erreichte Straßburg im April, als Hecker mit seinem ersten „Badenzug" bereits in Schwierigkeiten war. Emma machte sich auf, ihn zu suchen. Sie fand ihn schließlich, musste sich aber abweisen lassen: Hecker wollte die Sympathien der Bevölkerung nicht dadurch verlieren, dass er sich von „fremden Eindringlingen" helfen ließ. Die Legion überschritt schließlich eigenmächtig den Rhein, konnte sich aber nicht mit den Heckerschen Mannschaften vereinigen. Nach tagelangem Umherirren im Schwarzwald wurde sie von regulären Truppen nach Süden abgedrängt und bei Dossenbach aufgerieben. Emma und Georg entkamen mit knapper Not in die Schweiz – als Tagelöhner verkleidet, mit geschulterter Mistgabel neben einem Bauernwagen hergehend. Ein Frankfurter Turnlehrer kreierte „spaßeshalber" jene Legende, die jahrzehntelang im Umlauf blieb: Emma habe einen Einspänner gelenkt, und Georg habe sich unter das Spritzleder, sprich unter ihre Röcke verkrochen.[620]

Studentischer Ruf

Im August wurde für Feuerbach die Ungewissheit immer drückender und deprimierender. Er sei „oft im Zustande grässlicher Verzweiflung und Trostlosigkeit", gestand er seiner Frau.[621] Die Hoffnung, dass sich in Frankfurt neue Perspektiven ergeben würden, hatte sich nicht erfüllt. Im Juni hatte man ihm noch eine Redakteursstelle in einer „neu zu gründenden republikanischen oder demokratischen Zeitung" in Aussicht gestellt, aber es war nichts daraus geworden.[622] Eine Weile lang dachte er auch an ein neues Buch von der Art „Briefe politischen und unpolitischen Inhalts", in dem er das in Frankfurt Erlebte verarbeiten wollte; er habe, schrieb er dem Verleger, „vieles gelernt aus der unmittelbaren Anschauung, dabei auch studiert, aber nur Politik". Allerdings fehle ihm „ein passender Raum", um das Buch in sich reifen zu lassen. Den August wollte er noch in Frankfurt verbringen, doch wohin er dann gehen sollte, wusste er nicht. Nach Wien und dort Vorträge „vor Krethi und Plethi" halten, wie ihm Österreicher vorgeschlagen hatten? Wigand riet ab, und Feuerbach wusste selbst genug über die dortigen Verhältnisse, um den Gedanken nicht weiter zu verfolgen.[623]

Mitte September vertrieb es ihn endgültig aus Frankfurt. Das Leben dort war ihm zu teuer und mittlerweile auch zu hektisch geworden, er wünschte sich wieder „Ruhe und Einsamkeit". Den konkreten Anlass gab freilich „die schlechte Politik der Deutschen, sowohl links als rechts":[624] Am 16. September hatte die Nationalversammlung ihre Ohnmacht eingestehen müssen, nachdem Preußen mit seinem eigenmächtigen, vom Großmachtkalkül diktierten Friedensschluss von Malmö demonstriert hatte, dass es nicht gewillt war, sich den Beschlüssen der Abgeordneten zu unterwerfen. Die Empörung machte sich in gewaltsamen Unruhen Luft, die auch auf die mittel- und südwestdeutschen Staaten übergriffen (in Baden rief Gustav von Struve die „deutsche soziale Republik" aus und marschierte mit Aufständischen in Richtung Freiburg). In den Straßen Frankfurts tobten Barrikadenkämpfe, die schließlich von einer gewaltigen Übermacht preußischer und österreichischer Truppen erstickt wurden; die Stadt wurde unter Kriegsrecht gestellt. Feuerbach entging dem Kugelhagel, weil er am Tag der Erstürmung zufällig nicht seinen gewohnten Weg genommen hatte.[625]

Einstweilen ging er in Darmstadt Otto Lüning besuchen. Dieser neue Freund war ihm namentlich durch Hermann Kriege schon bekannt gewesen, als er noch in Westfalen als Arzt sein Brot verdiente und das „Dampfboot" redigierte. Inzwischen hatte Lüning eine reiche Frau geheiratet, und zusammen mit einem Schwager leitete er die radikaldemokratische „Neue Deutsche Zeitung". Einer etwas widersprüchlichen Quelle zufolge soll sich Feuerbach vor dem Besuch in Darmstadt auch in der Freiburger Gegend aufgehalten haben und dort Gustav von Struve begegnet sein, der ihn zur Teilnahme an seinem Aufstand aufgefordert habe. Die Worte, mit denen Feuerbach angeblich sein Nein begründete, sind (ebenso wie die Begegnung selbst) wohl nicht authentisch: „Ich gehe jetzt nach Heidelberg und halte dort den jungen Studenten Vorlesungen über das Wesen der Religion, und wenn dann von dem Samen, den ich dort ausstreue, in hundert Jahren ein paar Körnchen aufgehen, so habe ich zum besten der Menschheit mehr ausgerichtet, als Ihr … mit Eurem Dreinschlagen."[626]

Sinngemäß treffen sie aber zu: In Frankfurt hatten am 13. August zwei Abgeordnete der Heidelberger Studentenschaft Feuerbach aufgesucht und ihm ein Schreiben überreicht: „In einer allgemeinen Versammlung vom 8. August wurde einstimmig von uns beschlossen, an Sie den dringenden Ruf der Einladung ergehen zu lassen, dass Sie dem Wunsche von uns allen folgend den Lehrstuhl der Philosophie an der hiesigen Universität beziehen möchten." Die Studenten wollten ihrer Forderung mit der Drohung des Auszugs aus Heidelberg Nachdruck verleihen: „Wir und eine Menge anderer Studenten bleiben nur unter der Bedingung in Heidelberg, wenn Sie die Philosophie lehren". Aus der Zeitung erfuhr Feuerbach, dass auch die Breslauer Studenten seine Berufung an die dortige Universität gefordert hatten. Breslau wäre ihm lieber gewesen, doch da die Heidelberger Studenten als erste kamen, sagte er ihnen zu.[627]

Feuerbach wusste natürlich, dass ein studentischer Ruf noch lange keine Berufung war, mochte die Studentenschaft politisch auch noch so aktiv sein (amtlicherseits beklagte man, die jungen Leute kämen „schon von unsern Mittelschulen als fertige Atheisten, Kommunisten, Feuerbachianer" an die Universität). In Heidelberg war tatsächlich seit Anfang des Jahres eine Professorenstelle neu zu besetzen, auch die Mittel waren da. Doch erst hatte es ein Gezerre zwischen den Fakultäten gegeben, und dann hatte man beschlossen, lieber gar niemanden zu berufen als „die Verschreibung eines privatisierenden Philosophen durch die Studenten" zu riskieren. Der amtierende Philosophieprofessor Reichlin-Meldegg wollte diese Verhinderung auf eine einigermaßen kuriose Weise erreichen. Er verfasste ein Gutachten, in dem er darlegte, dass eigentlich nur zwei Gelehrte für den Posten qualifiziert wären: erstens Schelling, doch der habe sich zu sehr kompromittiert und stehe zudem „im hohen Greisenalter", zweitens – „was Kenntnisse und Talent betrifft, kann man wohl schwerlich einen Tüchtigeren vorschlagen" – Feuerbach! Nun gehöre dieser freilich „der absolut negativen Richtung an, welche den Atheismus und den Nichtunsterblichkeitsglauben, speziell die Negation des Christentums und der Religion selbst in populärer Form als Aufgabe der Wissenschaft hinstellt". Und das war natürlich untragbar. Der Professor hatte Erfolg, die Stelle blieb unbesetzt, bis die Reaktion wieder fest im Sattel saß.[628]

Ob Feuerbach eine Berufung zum ordentlichen Professor überhaupt akzeptiert hätte, ist eine andere Frage. Wahrscheinlich nicht, aber immerhin sträubte er sich nicht mehr so vehement gegen die Eventualität wie 1841/42, als er seine große Zeit noch vor sich sah. Anfang Oktober meldete er sich aus Heidelberg bei Bertha: Er habe sich zunächst für einen Monat eingemietet (Kapps hatten Einquartierungen, außerdem wollte er sein eigener Herr sein); ob er länger bleiben und Vorlesungen halten werde, könne er noch nicht sagen. Doch dann ging es relativ schnell: Am 26. Oktober 1848 sagte er einer studentischen Abordnung zu, als Privatmann vor gemischtem – also nicht nur studentischem – Publikum Vorlesungen über Religionsphilosophie zu halten. Er tat es mit größtem Widerstreben: So gerne hätte er den Winter wieder dazu genutzt, ein Buch „reifen" zu lassen. Doch Geldnot zwang ihn zur Zusage.

Er wollte über das „Wesen der Religion" lesen und den drei Jahre zuvor geschriebenen Aufsatz mit demselben Titel als Grundlage nehmen. Die umfangreichen Unterlagen dafür musste er selbst in Bruckberg aussuchen, also führte er aus, was er ohnehin für die nächste Zeit vorhatte: Er reiste nach Bayern. Nach einem halben Jahr Abwesenheit sah er in Nürnberg Frau und Tochter wieder. Ein von dort aus geschriebener Brief an Wigand verrät zeigt eine Spur Humor: Er habe sich „kraft der sinnlichen Anschauung" nach dem Befinden der Seinigen erkundigen müssen. Das Gespräch mit Bertha wird sich notgedrungen häufig ums Geld gedreht haben, sie hatte nur Ludwigs kleine Rente, die noch Max Joseph den Kindern des Strafrechtlers zugestanden hatte, und irgendein übereifriger Beamter wollte auch diese noch streichen, weil Ludwig im Ausland (was Heidelberg damals war) Vorlesungen hielt. Obwohl diese Vorlesungen noch nichts eingebracht hatten, wies Feuerbach seinen Verleger an, das rückständige Honorar, zumindest die monatlichen 50 Taler, nicht ihm, sondern seiner Frau zu schicken. Wigand war übrigens ganz erheblich im Rückstand: Einschließlich des *Das Wesen des Christentums* enthaltenden siebten Bandes schuldete er seinem Autor runde 2000 Gulden. Seine monatlichen Zuwendungen waren also keine Großzügigkeit gewesen, Feuerbachs Briefe an ihn wurden auch mehr als ungeduldig.[629]

Die wenigen Tage, die er in Bruckberg verbrachte, soll Feuerbach Besuch von einem Dr. Schwarz erhalten haben. Der Herr lebte zu dieser Zeit unter falschem Namen im Sächsischen, richtig hieß er Michail Bakunin. Der Revolutionär und Anarchist war ein enger Freund von Georg Herwegh und dadurch Feuerbach zumindest namentlich wohl bekannt. Über die Gespräche ist nichts überliefert, doch man kann annehmen, dass über Allgemeinheiten hinaus kein Konsens zustande kam, die grundsätzlichen Ansichten lagen zu weit auseinander.[630]

Für lange Unterhaltungen war ohnehin keine Zeit, Feuerbach musste dringend zurück, um seine Vorlesungen auszuarbeiten. Die Themen, die er behandeln wollte, beschäftigten ihn „Tag und Nacht", obwohl er sie „längst geistig und schriftlich abgemacht, erschöpft" hatte. Wieder in Heidelberg, hatte er „die grässlichste Sehnsucht" nach Bertha und Lorchen, nach Bruckberg, nach seinem „alten stillen, einfachen und doch so gehaltvollen Leben". Zu guter Letzt befiel ihn auch noch „das furchtbarste Ohrensausen": Fußbäder, Schweißmittel und Zugpflaster halfen nichts, Bertha sollte ihm schnellstmöglich seine Elektrizitätsableiter schicken. Trotz allem begann er am 1. Dezember 1848 zu lesen: Mittwoch und Freitag von 19–20 Uhr, Samstag von 18–19 Uhr.[631]

Vorlesungen fürs Volk

Die rührige Studentengruppe hatte sich um das Organisatorische gekümmert. Sie hatte erst die Aula der Universität beantragt, die ihnen natürlich
verweigert wurde, da „dieselbe ausschließend für feierliche akademische
Akte zu verwenden sei".[632] Doch Bürgermeister Winter, von der Bevölkerung „Vater Winter" genannt, war ein radikaler Demokrat, und so kam es,
dass Feuerbach ein berühmtes Stück Heidelberger Stadtgeschichte schrieb,
indem er einen Winter lang im Rathaussaal Vorlesungen hielt. Rathaus statt
Alma Mater – es war ihm durchaus recht: „So ist schon durch den Ort, wo
ich lese, mein Standpunkt sinnvoll richtig bezeichnet – mein ungewöhn-
licher, in keiner Abhängigkeit von der Regierung, in keinem Zusammenhang mit dem gelehrten Zunft- und Kastenwesen stehender Standpunkt."
Auch ein Stück Philosophiegeschichte schrieb er mit diesen Vorlesungen,
indem er sie vor einem „sozusagen kommunistischen" Publikum hielt: Vor
gemischtem Publikum hatten zwar auch Fichte und Schelling gelesen, doch
dass diese Mischung zur Hälfte oder mehr aus Handwerkern und Arbeitern
bestand, das hatte es in der neueren Philosophiegeschichte noch nicht gegeben.[633]

Arbeiter und Handwerker durften unentgeltlich von der Tribüne aus
horchen, Bürger und Studenten hingegen hatten sich bei Buchhändler
Hoffmeister in eine Liste einzutragen und eine Eintrittskarte zu erwerben,
denn Feuerbach wollte zumindest seinen Aufenthalt in Heidelberg finan-
ziert haben. Das Interesse war erstaunlich groß, etwa 100 Personen hatten
sich eingeschrieben, hundert bis hundertfünfzig weitere saßen auf den Tri-
bünen. Nach einem Zeitzeugnis „erhob sich die ganze Zuhörerschaft", als
Feuerbach den Rathaussaal betrat (immerhin galt er bei seinen Hörern als
der „Spinoza Deutschlands"), er hätte also durchaus selbstbewusst das Katheder besteigen können – doch ihm war zumute „wie einem armen Sün-
der, der aufs Schafott muss".[634] Und nach übereinstimmenden Zeugnissen
las er auch nicht gut. Der junge Gottfried Keller, der zu dieser Zeit in Heidelberg studierte und unter Feuerbachs Zuhörern war, urteilte, er habe
„einen mühseligen schlechten Vortrag".[635] Der Vortragende war selbst
nicht überzeugt von sich, er warnte auch seine Hörer gleich am Anfang,
er habe „die Gabe der Rede, des mündlichen Vortrags verloren oder doch
auszubilden verabsäumt", und er sei auch kein guter Lehrer: „Der Lehrer

ermüdet nicht und darf nicht ermüden, etwas tausendmal zu sagen, mir
aber genügt es, etwas nur einmal gesagt zu haben, wenn ich wenigstens
das Bewusstsein habe, es recht gesagt zu haben. Mich interessiert und fes-
selt ein Gegenstand nur so lange, als er mir noch Schwierigkeiten macht,
als ich noch nicht mit ihm im reinen bin, als ich mit ihm gleichsam noch
zu kämpfen habe; habe ich ihn aber überwunden, so eile ich zu einem andern, einem neuen Gegenstand."[636]

Auch der Text der schriftlich ausgearbeiteten Vorlesungen hat nicht den
gewohnten stilistischen Glanz, man merkt ihm den Zwang an, den sich
Feuerbach beim Formulieren antun musste. Die in den vergangenen Jahren zunehmend gepflegte aphoristische Schreibweise musste er sich ja jetzt
versagen, er musste alles ordentlich ausformulieren, samt der „selbstverständlichen Zwischen- und Folgesätze", die er sonst großzügig „dem eigenen Verstande des Lesers" überlassen hatte.[637] Da er bei seinem Heidelberger Publikum keine Vorkenntnisse erwarten durfte, musste er die einzelnen
Themen auch sehr viel ausführlicher erläutern. Der Anschaulichkeit halber
vervielfachte er zudem die Beispiele, namentlich zur Naturverehrung und
zu den Opferriten in den nichtchristlichen Religionen. Der Textumfang
der Vorlesungen beträgt dadurch das Vierfache des Aufsatzes über das „Wesen der Religion". (Wobei eine gehaltene Vorlesung in der gedruckten Ausgabe fehlt, Feuerbach hat sie dort gestrichen, weil sie ihm als „bloße Wie-
derkäuung erschien".[638])

Viel Neues enthalten die Vorlesungen nicht. Etliches ist aber schärfer
herausgearbeitet, so etwa das Verhältnis des Einzelnen zum Allgemeinen
und zur Gattung, oder die Frage der prinzipiellen Erklärbarkeit aller Na-
turerscheinungen (wobei erstmals Liebig zitiert wird).[639] Die ersten drei
Vorlesungen bieten einen Überblick über Feuerbachs frühere Werke, sie
sind dadurch eine wertvolle Interpretationshilfe für den heutigen Leser.
Wichtig ist der Hinweis, dass diese Schriften „ihre Entstehung dem Gegensatz gegen eine Zeit verdanken, in der man gewaltsam die Menschheit in
die Finsternis vergangener Jahrhunderte zurückscheuchen wollte".[640]

Trotz mangelnder Rednergabe hatte Feuerbach mit seinen Vorlesungen
nachhaltigen Erfolg. Der anfängliche Widerwille verminderte sich mit der
Zeit, und am Ende erntete er den „größten Beifallssturm", wie er seiner
Frau schrieb. Es gibt mehrere Zeugnisse von Hörern. Am bekanntesten ist

das von Gottfried Keller, der sich von Feuerbachs Vorlesungen regelrecht bekehren ließ: „Ich ließ mir Schritt für Schritt das Terrain abgewinnen. Ich übte am Anfange sogar eine Kritik aus über Feuerbachs Vorlesungen. Obgleich ich den Scharfsinn seiner Gedanken zugab, führte ich doch stets eine Parallelreihe eigener Gedanken mit, ich glaubte im Anfange nur kleine Stifte und Federn anders drücken zu können, um seine ganze Maschine für mich selber zu gebrauchen. Das hörte aber mit der fünften od. sechsten Stunde allmälig auf und endlich fing ich an, selbst für ihn zu arbeiten. Einwürfe, die ich hegte, wurden richtig von ihm selbst aufs Tapet gebracht und oft auf eine Weise beseitigt, wie ich es vorausahnend schon selbst halb und halb gethan hatte. Ich habe aber auch noch keinen Menschen gesehen, der so frei von allem Schulstaub, von allem Schriftdünkel wäre, wie dieser Feuerbach. Er hat nichts als die Natur und wieder die Natur, er ergreift sie mit allen seinen Fibern in ihrer ganzen Tiefe und lässt sich weder von Gott noch Teufel aus ihr herausreißen."[641]

Die Vorlesungen beeinflussten nicht nur Kellers Weltanschauung, sondern auch sein dichterisches Schaffen: „Für die poetische Tätigkeit aber glaube ich neue Aussichten und Grundlagen gewonnen zu haben, denn erst jetzt fange ich an, Natur und Mensch so recht zu packen und zu fühlen."[642] Bekanntlich kommt Feuerbach auch im *Grünen Heinrich* vor, an dessen erster Version Keller damals schrieb: „Da ist Ludwig Feuerbach, der bestrickende Vogel, der auf einem grünen Aste in der Wildnis sitzt und mit seinem monotonen, tiefen und klassischen Gesang den Gott aus der Menschenbrust wegsingt![643]

Auch von einem anderen Hörer wissen wir, dass Feuerbachs Vorlesungen ihn bekehrten: Eduard Brockhaus, promovierter Juniorchef des Verlagshauses, bislang „gläubig und fromm", außerdem „unbedingter Anhänger der Hegelschen und Nachhegelschen Spekulation". Er ging aus reiner Neugier in die Vorlesung, um auch einmal eine philosophische Extremposition kennenzulernen. Doch dann fiel es ihm „plötzlich wie Schuppen von den Augen", und fortan zählte er, wie er dem Philosophen später selbst schreiben sollte, zu seinen „aufrichtigsten Anhängern und Schülern". Er wäre nur zu gern sein Verleger geworden.[644]

Und gewiss rührend ist das Schreiben, mit dem sich der Heidelberger Arbeiterbildungsverein bei Feuerbach „für den unendlichen Dienst" bedankt, den er den Arbeitern durch den Zutritt zu seinen Vorlesungen erwiesen habe: „Ja, wahrlich, dieser Dienst ist der größte, der uns hätte geleistet werden können; wir Arbeiter waren bisher verdammt, abhängig zu sein in jeder Beziehung; man hat uns aufwachsen lassen ohne eigentliche Erziehung, ohne Kenntnisse ...“[645]

Auf der anderen Seite des gesellschaftlichen Grabens wurde eine regelrechte Pressekampagne gegen die Veranstaltung entfesselt. Das „Frankfurter Journal" zielte auf Feuerbachs Unbeholfenheit: „Da Hr. F. in keineswegs ansprechender Weise das von ihm Niedergeschriebene zum Vortrag bringt, so müssen wir bezweifeln, dass es ihm gelingen werde, sein Publikum auf längere Zeit zu fesseln." Die „Deutsche Zeitung" geiferte gegen „eine gelegentliche Weisheit in der gelegenen Stunde der offenen Konkurrenz um des Vortheils und der Popularität willen vor einer ohnehin aufgeregten Jugend gelehrt" und prophezeite „eine Brut von Verwilderung im Gedanken-Systeme des nachwachsenden Geschlechts".[646] Feuerbach focht dies alles, wie es scheint, nicht sehr an. Auch die Reaktionen von universitärer Seite gegen sein unakademisches Gebaren konnten ihn nicht überraschen: „Das Professorenvolk ist aber natürlich eben wegen dieser sozusagen kommunistischen, auf alle Stände sich erstreckenden Lehrweise sehr über mich aufgebracht. Aber das ist mir zum Lachen. Ich besuche keinen einzigen."[647]

Heidelberg privat und das Ende der Hoffnungen

Kontakte mit Professoren, Privatdozenten und Studenten hatte er in Heidelberg gleichwohl, sogar reichlich: Nach den Vorlesungen kam man im Kaffeehaus zusammen (Gottfried Keller war regelmäßig dabei, Feuerbach wurde ihm „täglich lieber, vielleicht auch ein wenig darum, weil er ein Glas Rothen nicht verachten tut"[648]). Und besonders anregend müssen die Gesprächsrunden im gastlichen Hause Kapp gewesen sein, wo neue Freundschaften entstanden. Unter anderem mit dem um achtzehn Jahre jüngeren Physiologen und Arzt Jakob Moleschott und dem heute noch geschätzten Literaturhistoriker Hermann Hettner. Auch ein jüngerer Maler zählte zur Runde: Bernhard Fries, der Feuerbach porträtierte. Ein anderer Kontakt, seit längerem freundschaftlich trotz weltanschaulicher Unterschiede, zerbrach jetzt am politischen Gegensatz: Weil ihn dessen Fach zunehmend interessierte, besuchte Feuerbach den damals in Heidelberg lehrenden bedeutenden Anatomen Jakob Henle, den er seit 1845 kannte. Als der Mann erfuhr, dass der Philosoph „bei einem Republikaner wohne und selbst einer sei", sah er vom Gegenbesuch ab – er war, wie Gottfried Keller wusste, „leidenschaftlicher Monarchist".[649]

Ludwigs ältester Bruder Anselm und seine Frau Henriette hielten sich diesen Winter ebenfalls in Heidelberg auf. Henriette fand das Zusammensein mit Ludwig „sehr unerquicklich", er sei „in hohem Grade verschlossen". Sie war auch von seinem veränderten Äußeren irritiert: „ein roter struppiger Republikanerbart zerstört den Adel und die Feinheit seiner Züge". Tatsächlich hatte sich Feuerbach erst jetzt jenen Rauschebart wachsen lassen, mit dem man ihn heute überall abgebildet sieht (im Badischen hatte man dafür das Wort „Hecker": Vollbart und Hut des Freiheitshelden waren längst redensartlich). Dem Verleger gegenüber behauptete Feuerbach, er habe es „keineswegs aus politischen oder ästhetischen, sondern nur aus ökonomischen Gründen" getan. Freilich war ihm Freund Kapp mit dem Beispiel vorangegangen, und der neue Freund Hettner sah den Bart auch ganz anders als Henriette: nicht „rot und struppig", sondern „bräunlich ... voll und naturwüchsig".[650]

Überhaupt war Feuerbach gut umsorgt in Heidelberg: „Base" Emilie Kapp kochte ihm seine Lieblingsgerichte und verschönte ihm das Zimmer mit Blumen, Christian Kapp stellte ihm seine Bibliothek zur Verfügung – und Johanna schrieb seine Vorlesungen ins Reine. Die junge Dame hoffte immer noch standhaft. Obwohl im Herbst 1847 Hoffmann von Fallersleben um ihre Hand angehalten hatte und jetzt Gottfried Keller sie umwarb. Auch ihn wird sie Ende 1849 ablehnen, in Versform:

> Mir ist als sei ein Zauber
> Wohl über mich gesprochen,
> Und wer ihn lösen wollte,
> Des Herz sei bald gebrochen.[651]

Es gibt nicht das geringste Anzeichen dafür, dass Ludwig Feuerbach sich erneut auf ihr Werben eingelassen hätte. In einem Brief an Bertha weist er einen entsprechenden Verdacht in ungewohnt harschem Ton zurück: *„Ich sage Dir, obgleich Dein Argwohn meinem Hiersein und Hierhergehen ganz* *andere Motive untergeschoben hat, als in Wahrheit zugrunde liegen...*" Dass Bertha mit Ängsten kämpfte, kann wirklich nicht verwundern: Ihr Mann war nun schon fast ein Jahr lang weg, und es war völlig ungewiss, wann und ob überhaupt er wiederkommen würde. Jetzt arbeitete er auch noch täglich mit Johanna zusammen. Sie selbst hatte nichts mehr, nicht einmal eine Wohnung für sich und ihr Kind; seit einem Jahr lebte sie im Provisorium bei den Schwägerinnen, ohne jede Aussicht auf bessere Tage: was Wunder, wenn sie Ludwig – und das war ihr Hauptvorwurf – „Tatlosigkeit" vorwarf. Die Tatsache, dass die Ehe diese Belastung aushielt und Ludwig der Verlockung (die ja auch eine materielle gewesen wäre: Kapps waren nicht unvermögend) nicht nachgab, lässt redlicherweise keinen Interpretationsspielraum.[652]

Am 4. März 1849 schrieb Ludwig an Bertha („weil ich weiß, dass ich mit dieser Nachricht Euch Freude mache"), er sei mit den Vorlesungen fertig und komme bald nach Hause. Der „pekuniäre Ertrag" seiner Vorlesungen sei „nicht nach Erwarten ausgefallen" (einige Studenten, obwohl von „vornehmer Abkunft", hatten sich ums Zahlen gedrückt), aber insgesamt zufriedenstellend: immerhin „ein paar 100 Gulden". Erst hatte er einen Umweg über Darmstadt und Frankfurt machen wollen, doch dann reiste er direkt nach Hause – erst nach Nürnberg zu Bertha und Lorchen, wo er keinen Winkel sein eigen nennen konnte, dann nach Bruckberg, das eine „Einöde und Ruine", aber kein Zuhause mehr war.[653]

Von der „Ruine" Bruckberg aus erlebte er den endgültigen Zusammenbruch der Revolution. Nach den blutig unterdrückten Aufständen in Frankfurt und in Baden im September 1848 hatte es in Wien eine zweite Revolution gegeben, die Anfang November von Fürst Windisch-Graetz niedergeschlagen wurde (die Linke im Paulskirchenparlament hatte die Abgeordneten Robert Blum und Julius Fröbel mit einer Sympathieadresse nach Wien entsandt. Beide nahmen an den Kämpfen teil, Blum wurde standrechtlich erschossen, Fröbel kam „sehr gealtert" zurück, wie Feuerbach feststellte, als er ihn in Heidelberg bei einem Arbeiterkongress wieder traf)[654]. In Berlin war Mitte November General Wrangel mit seinen Truppen eingerückt. Als Ende März 1849 die vom Paulskirchenparlament ausgearbeitete Verfassung in Kraft gesetzt und von den kleineren deutschen Staaten anerkannt, von den großen jedoch blockiert wurde, kam es zu einer letzten großen Mobilisierung der Demokraten in ganz Deutschland

(„Reichsverfassungskampagne"), auf die im Mai eine letzte Revolutionswelle folgte: In Dresden regierten eine Weile die Aufständischen, gegen die anrückenden preußischen Truppen hielten sie sechs Tage lang stand (Bakunin führte das Kommando, unter den Barrikadenkämpfern befanden sich Richard Wagner und Gottfried Semper). Etwas länger konnte sich der Aufstand in Baden und in der Pfalz halten. Hier hatten sich nicht nur weit größere Teile der Bevölkerung angeschlossen, sondern auch der Großteil der einheimischen Soldaten. Preußische Truppen unter „Kartätschenprinz" Wilhelm (dem späteren Kaiser Wilhelm I.) schlugen in fast zweimonatigem, mit großer Grausamkeit geführtem Krieg auch diesen Aufstand nieder (Peter Alfred Michel, der Feuerbach im Dezember 1847 in Bruckberg besucht hatte, fiel dabei als Hauptmann eines Volkswehrbataillons). In der Festung Rastatt ergaben sich die letzten Wackeren. Das preußische Militär wandte die römische Legionsstrafe an: Jeder Zehnte wurde erschossen. Noch heute kennt man im Badischen jenes Wiegenlied von Ludwig Pfau:

> Schlaf', mein Kind, schlaf leis',
> dort draußen geht der Preuß',
> Der Preuß' hat eine blut'ge Hand,
> die streckt er über's badische Land,
> Wir alle müssen stille sein
> als wie dein Vater unterm Stein.

Die Revolution war gescheitert, die „Ordnung" triumphierte. Die alten Gewalten hatten sich nur „weggeduckt"[655], ihre Machtmittel waren, das hatten die Demokraten und Republikaner in ihrem Barrikadentaumel übersehen, intakt geblieben. „Die Reaktion wirkt in der Tiefe Deutschlands, die Reformation oder Revolution ... nur auf der Oberfläche" – diesen prophetischen Satz hatte Feuerbach schon im Juni 1848 geschrieben. 1851 wird er ein sehr hartes Urteil fällen: „Die Republikaner glaubten, dass man eine Republik nur zu *wollen* brauche, um sie auch schon ins Leben zu rufen."[656] Man möchte dieses Urteil als das eines weltfernen Gelehrten werten, hätte die Geschichte es nicht so grausam bestätigt.

9. Glut unterm Eis

Der Finsternis trotzen

Die zehn Jahre der „Ära der Reaktion", die auf die Revolution folgten, gelten auch für heutige Historiker noch als die „dunklen fünfziger Jahre"; sie sind so finster, dass ihre Geschichte „weitgehend ein Forschungsdesiderat geblieben ist" (Rüdiger Hachtmann).[657] Die Brutalität der Repression erstickte gründlich jeden revolutionären Funken. Alle auch nur entfernt mit Politik befassten Vereinigungen wurden verboten, die Köpfe der demokratischen Opposition mussten ins Ausland fliehen (von den Männern, mit denen Feuerbach in Frankfurt engeren Umgang hatte, war kein einziger mehr im Land, gegen viele von ihnen lag ein Todesurteil vor). Und nicht nur die Köpfe: Unzählige biedere Handwerker, Bürger, selbst Bauern wanderten aus, zumeist in die USA (wobei sich wirtschaftliche und politische Motive vielfach überlagerten). Richter wurden strafversetzt, Landräte, sogar Regierungspräsidenten abgesetzt, Lehrer einer Gesinnungsprüfung unterzogen. In allen deutschen Staaten wurde das 1848/49 Erkämpfte rückgängig gemacht: Das Paulskirchenparlament, das zuletzt noch als „Rumpfparlament" in Stuttgart tagte, wurde mit militärischer Gewalt auseinandergetrieben. Gewährte Freiheiten und Grundrechte wurden zurückgenommen, Landesparlamente aufgelöst oder durch massive Beeinflussung der ohnehin höchst ungleichen Wahlen so gefügig gemacht, dass sie „fast wie eine nachgeordnete Behörde" (Nipperdey) erschienen.[658]

Sofern man sich überhaupt noch um Legalität bemühte, verschärfte man drastisch die Gesetze, namentlich die Pressegesetze. „Wenn ... unsere Pressgesetze durchgehen", schrieb Feuerbach im März 1850 an einen Zeitschriftenherausgeber, „so kommt es in Deutschland bald dahin, dass wir auch nicht einmal mehr die Hand zum Schreiben bewegen können".[659] Wo man die 1848 gewährte Zensurfreiheit noch nicht widerrufen hatte, setzte man auf schiere Einschüchterung und Schikane durch einen allgegenwärtigen Polizei- und Überwachungsapparat. „Jetzt bei Preßfreiheit sind wir viel schlimmer dran als früher unter der Censur", klagte im selben Jahr ein preußischer Verleger.[660] Dem sächsischen Verleger Wigand wurden 1851 innerhalb von acht Tagen fünf Werke konfisziert (ein Schaden von 16 000 Reichstalern), und 1852 erhielt er für das Verlegen einer missliebigen „Geschichte des deutschen Volks" vier Monate Gefängnis.[661]

Feuerbach wollte den Verhältnissen „Trotz und Verstand entgegensetzen". Unablässig lesend beschäftigte er sich mit Geschichte und Politik, auch mit den *Politika* von Aristoteles. Überhaupt fand er im klassischen Altertum „wieder Lebenskraft" und „Trost gegen die erbärmliche Gegenwart". Er war wütend über die „Hurenwirtschaft der deutschen, ja europäischen Politik", doch nicht so deprimiert, dass es ihn gelähmt hätte. Zu seinem Glück renkten sich auch die Verhältnisse in Bruckberg im Laufe des Sommers 1849 wieder ein, Bertha und Lorchen kamen zurück, für Lorchen und die beiden Kinder des verstorbenen Bruders Eduard engagierte man sogar einen Hauslehrer. Und im September 1850 genehmigte sich Ludwig eine Reise. Ursprünglich hatte er nur einen Aufenthalt in München geplant, wo ihn der Maler Bernhard Fries erwartete, mit dem er in Heidelberg Freundschaft geschlossen hatte. Die beiden verstanden sich offenbar so gut, dass sie zusammen in die Alpen aufbrachen, immer weiter südwärts, bis nach Meran und Venedig. Von München aus schrieb Feuerbach seinem elf Jahre alt gewordenen Töchterchen, dass er auch die Passionsspiele in Oberammergau besuchen wolle; ob er es tat, ist nicht bekannt. Trotz des Zorns über die politischen Zustände war also Feuerbach recht guter Dinge. Noch im Frühjahr 1851 schrieb er an Friedrich Kapp, der in die USA emigriert war, die Reaktion habe auf ihn „sehr wohltätig gewirkt: meinen Fleiß verdoppelt, meinen Geist konzentriert, meine Gallenabsonderung befördert".[662]

In „gallicht-humoristischer Laune" hatte er Anfang 1850 in einem Ansbacher Lokalblatt eine bitterböse Satire auf den sehr prominenten bayerischen Abgeordneten Ignaz Döllinger erscheinen lassen. Dessen Behauptung anlässlich der Debatte um das neue Pressegesetz, Wigand habe „nur unsittliche, schlüpfrige und Umsturzschriften verlegt", spießte er auf – um Werbung für einige Bücher in Wigands Verlag zu machen, zum Beispiel eine dort erschienene vergleichende Anatomie, oder *Linnés sämtliche bota-*

nische Werke. Döllinger, die „reaktivierte Reaktion in Person", habe schon Recht: Anatomie sei wirklich eine „schamlose, unsittliche Wissenschaft" und gehöre in keinen sittlichen, geschweige denn christlichen Staat, denn sie habe „längst die Juden emanzipiert und auf gleichen Fuß mit den Christen gestellt; aber der ‚christliche' Staat beweist seine christliche Menschenliebe nur im Hasse gegen die Juden". Und Linné bespreche gar *rote* Lilien und Rosen, wo doch jede rote Blüte „eine revolutionäre Demonstration", eine „augenfällige Aufforderung zur roten Republik sei".[663]

Eine noch wesentlich schärfere, ungemein brillante Polemik (vielleicht seine brillanteste überhaupt) schrieb Feuerbach kurz danach. Ein Satz daraus blieb bis heute hängen, man findet ihn immer noch in Kurzcharakteristiken der Feuerbachschen Philosophie: „Der Mensch ist, was er isst." Der Text ist eine Rezension. Der Autor des besprochenen Buches, der Physiologe Jacob Moleschott, war ein neuer Freund aus der Zeit der Heidelberger Vorlesungen, er selbst hatte Feuerbach um die Besprechung gebeten, und dieser akzeptierte mit Freuden. Moleschott war nicht nur ein bedeutender Forscher, sondern auch ein begnadeter Autor, der im besten Sinne populärwissenschaftlich zu schreiben verstand. 1850 hatte er eine aufsehenerregende *Lehre der Nahrungsmittel für das Volk* veröffentlicht. Ausgehend von Liebigs Erkenntnissen und eigenen Forschungen hatte er erstmals den Stoffwechsel im menschlichen Körper einer breiten Öffentlichkeit vermittelt. Und er ging dabei von Feuerbach aus, von dessen neuem Materialismus, der keinerlei Ein- oder Mitwirkung eines Schöpfers, sondern ausschließlich die Natur als wirkendes Prinzip zuließ. „Ich habe die Hoffnung", schrieb er Feuerbach, „dass Sie meine Schrift als eine von den Blüten werden gelten lassen, in denen sich die . . . schwellende Knospe Ihres Prinzips entfaltet."[664]

Im zweiten Teil seiner Rezension referiert Feuerbach ausführlich die positiven Aussagen von Moleschotts Nahrungsmittellehre und empfiehlt das Buch „jedem Künstler, jedem Handwerker, jedem Lehrer, jedem Vater, jeder Hausfrau". Den berühmt-berüchtigten Satz „der Mensch ist, was er isst" versteht er durchaus wörtlich, freilich nicht in philosophischem, sondern im politischen Sinne: „Wollt ihr das Volk bessern, so gebt ihm statt Deklamationen gegen die Sünde bessere Speisen" – von mangelhafter Ernährung könne man keine vollverantwortlichen Menschen erwarten. Doch im ersten Teil benützt er den Anlass zu einer politischen Satire, die bei einem Herwegh nicht hätte sarkastischer ausfallen können. Moleschotts Buch, schreibt er, sei „eine sowohl in philosophischer als ethischer und selbst politischer Beziehung höchst wichtige, ja, revolutionäre Schrift", und wenn die Regierungen dies nicht merkten, dann lieferten sie den Beweis für „einen sehr beschränkten Regierungsverstand" (das Wort vom beschränkten Untertanenverstand war während der Revolutionsjahre ein vielfach verwendeter Bumerang auf die Äußerung eines preußischen Ministers gewesen): „Die Regierung steckt ihre Nase in alles, sie durchstöbert jeden Winkel in unserm Schreibtisch, jeden Wisch in unserm Papierkorb, um selbst noch in den *ad pium usum* [zu Hygienezwecken] bestimmten Papieren Spuren von Hochverrat auszuwittern" – doch die Brisanz der Naturwissenschaften entgehe ihr völlig. Der Naturforscher habe es nämlich mit hochgefährlichen Prozessen zu tun, er sehe ständig, wie „das Alte abstirbt, und zwar nur dazu, um den Dünger für eine bessere Zukunft abzugeben". Die „reaktionären Wundermacher" glaubten aber nach wie vor, „inhaltsvolle Jahre aus der Geschichte streichen, die Menschen auf einen verlassenen Standpunkt zurückversetzen, Männer zu Kindern wieder machen zu können".[665]

Die ersten sechs Seiten sind so gepfeffert mit politischen Deftigkeiten, dass die Rezension noch fast größeres Aufsehen erregte als das besprochene Buch selbst.[666] Das erklärt wohl auch, wie das im Grunde harmlose, sich völlig zwanglos aus dem Kontext des zweiten Teils ergebende Wortspiel „ist–isst" diese Berühmtheit erlangen konnte (es steht mitten im Fließtext und ist nicht einmal hervorgehoben). Feuerbachs Polemik gegen die politische Reaktion ist so wütend, dass man sich wundert, wie der Artikel überhaupt erscheinen konnte. Doch für ein „normales" polizeiliches Verbot waren wohl die bei Brockhaus werktäglich erscheinenden „Blätter für literarische Unterhaltung", in denen er abgedruckt wurde, einfach zu prominent. Und man fand andere Wege der Bestrafung: Einige Wochen nach der Veröffentlichung fuhr Feuerbach, von Wigand eingeladen, nach Leipzig. Nach vierzehn Tagen wurde er plötzlich ausgewiesen, angeblich weil der Gastgeber die polizeiliche Meldung versäumt hatte. Doch die Schikane war gar nicht von der örtlichen Polizei ausgegangen, „der Befehl kam höhern Orts", wie Wigand erfuhr, der eine Geldbuße und eine Gefängnisstrafe erhielt.[667]

Aber auch im bayerischen Franken wurde man höhern Orts gegen Feuerbach aktiv. Die Polizei beehrte das kleine Bruckberg (damals 490 Einwohner) etliche Jahre lang mit einer Präsenz, die, wie Feuerbach meinte,

eines hauptstädtischen Revolutionsherdes würdig gewesen wäre. Das ist
natürlich überspitzt, aber am 1. Juni 1853 wurde tatsächlich in Bruckberg
– wegen der „Ungenügendheit des Patrolierens von Heilsbronn" aus – eine
Polizeistation mit einem Kommandanten und zwei Mann Besatzung eingerichtet. An die Regierung von Unterfranken war Bericht erstattet worden, die Bruckberger Porzellanfabrik sei nach wie vor ein „fataler Herd
der Demokratie und Irreligiosität" und es komme „immer Besuch von
Nürnberger und fremden Demokraten und auch Teutschkatholiken." Der
Hauptschuldige wird namentlich genannt: „Dr. Feuerbach, der Urheber
alles dieses Unheils durch seine Afternphilosophie". Als Gegenmaßnahme
schlägt der Berichterstatter einen strengeren Geistlichen für die Kirchge-
meinde vor – und eben die Errichtung einer „Gendarmeriestation". Schon
vorher hatte die mittelfränkische Regierung das Landgericht Ansbach angewiesen, streng den Anzeigen gegen verdächtige Personen nachzugehen
und diese „sofort in ihre Heimat zu verweisen". Womit sich das Landgericht freilich überfordert fühlte: Es kämen fast täglich Fremde nach Bruckberg, manche mit „schwarzen Haaren und schwarzem Bart". Nicht alle
waren den „schädlichen Demokraten" zuzurechnen, es gab ja auch Ge-
schäftsbesucher: Armenier, Türken, Griechen. Und Feuerbach hatte natürlich auch Besucher, die „Gelehrte vom Fach waren", darunter sogar „Er-
lauchte und Excellenzen". Das Tückische für die Polizei war, dass sie
keinen Zutritt zur Porzellanfabrik hatte, da diese ein Privatbetrieb war, außerdem veranstalteten Feuerbach und sein Schwager Stadler mit ihren
Gästen Landpartien in die Umgegend, und das waren, wie der Polizeibe-
richt beklagte, „lauter Dinge, die nicht verboten sind". Aber man hatte
noch andere Waffen: Als Stadler, der die Fabrik leitete, 1854 einen staatlichen Überbrückungskredit beantragte, hieß es: nein, der Antragssteller
sei dessen nicht würdig. Die Polizeistation wurde 1860 wieder aufgelöst,
nachdem Feuerbach weggezogen war.[668]

Dem Vater zum Gedenken

Nach Leipzig war Feuerbach gefahren, um den Druck seiner *Vorlesungen
über das Wesen der Religion* zu überwachen, zu deren Herausgabe – als ach-
ter Band der *Sämmtlichen Werke* – er sich nach längerem Zögern ent-

schlossen hatte. Im Vorwort des Buches fuhr er eine Retourkutsche gegen den damals in Deutschland sehr bekannten (heute auch in Frankreich vergessenen) Saint-René Taillandier, der von hoher professoraler Warte herab das literarische und philosophische Geschehen in Deutschland zu kommentieren pflegte und 1850 in der *Revue des Deux Mondes* eine aktive Teilnahme Feuerbachs an der Revolution vermisst hatte. Feuerbach antwortete ihm: „Herr Taillandier, wenn wieder eine Revolution ausbricht und ich an ihr tätigen Anteil nehme, dann können Sie zum Entsetzen Ihrer gottesgläubigen Seele gewiss sein, dass diese Revolution eine siegreiche, dass der jüngste Tag der Monarchie und Hierarchie gekommen ist. Leider werde ich diese Revolution nicht erleben."[669]

Die Fahrt nach Leipzig hatte aber auch noch einen anderen Zweck gehabt, und Feuerbach selbst brachte seine Ausweisung damit in Verbindung: Er war auf der Suche nach Briefen seines Vaters, der mit mehreren Juristenfreunden in Sachsen korrespondiert hatte, und das war möglicherweise gewissen Kreisen nicht genehm. Nach seiner Reise in die Alpen und nach Norditalien hatte er nämlich eine Aufgabe angepackt, die eigentlich dem 1843 verstorbenen Bruder Eduard, dem Juristen, zugedacht gewesen war: die Herausgabe der Nachlassschriften seines Vaters, des großen Strafrechtlers. Der Sinn stand ihm durchaus nach dieser Arbeit, hatte er doch einen Vorkämpfer für bürgerliche Freiheit und Menschenrechte zu würdigen. Er brachte fast ein Jahr damit zu, sich durch einen Berg von Kabinettsvorträgen, Buchkonzepten und Briefen durchzuarbeiten und daraus mit wörtlichen Auszügen eine, wie er es nannte, „indirekte Autobiographie" zu gestalten – einen biographischen Überblick versagte er dem Leser, der sich diese Informationen aus einem beliebigen Nachschlagewerk holen könne, ebenso wie Kommentare und Erläuterungen. Sich selbst versagte er im Vorwort ein paar scharfe politische Seitenhiebe nicht.[670]

Die Aufgabe war gewiss nicht leicht. Abgesehen davon, dass sich Feuerbach das nötige fachliche Verständnis selbst erarbeiten musste, waren ihm auch in mehrfacher Hinsicht enge Grenzen gesetzt: Von den vielen Briefen, die sein Vater an in- und ausländische Gelehrte und Politiker geschrieben hatte, war kaum einer aufzutreiben – es war nicht mehr opportun, zur Bekanntschaft oder gar Freundschaft mit dem Strafrechtler zu stehen.[671] Außerdem hatte er auf seine Familie Rücksicht zu nehmen: Dass seine Mutter noch lebte (sie starb Ende 1852), war einerseits von Vorteil, denn er konnte sie befragen – aber es durfte auch nicht die leiseste Erinnerung an die Eskapaden ihres Mannes anklingen. So bestand schließlich das Buch, wie später Wigand bitter (und etwas ungerecht) kritisieren sollte, zu zwei Dritteln aus „Briefen an Recke und Tiedge".[672]

Feuerbach war so überzeugt davon, dass das Werk einen „glänzenden Abgang" haben müsse, dass er einen Honorarpoker riskierte. Er nahm sogar den Abschied von seinem inzwischen liebgewordenen Verlegerfreund Wigand in Kauf und bot das Manuskript dem Brockhaus Verlag an. Doch Juniorverleger Heinrich Brockhaus war skeptisch, und die Honorarforderung war ihm eindeutig zu hoch. Reumütig kehrte Feuerbach zu Wigand zurück, der sich mit einem anderen Leipziger Verleger zusammentat und ein etwas geringeres, doch immerhin respektables Honorar zusagte und auch sonst keine Kosten scheute: Er ließ eigens einen Stahlstich nach einem Porträt des Strafrechtlers herstellen und druckte in hunderttausend Exemplaren einen Werbeprospekt. Das Buch selbst war „auf das splendideste ausgestattet".[673]

Dennoch war das Opus – es bestand aus zwei Bänden – ein katastrophaler Misserfolg: Zur Ostermesse 1852 kam es heraus, ein Dreivierteljahr später waren ganze 123 Exemplare abgesetzt. Eine zweite, etwas billigere und um zwei Anhänge vermehrte Ausgabe verkaufte sich nicht besser. Diese Reminiszenz an die Zeit der Reformen und der Nationalbegeisterung nach den „Freiheitskriegen" von 1813/14 interessierte die Bürger (und nur sie konnten das teure Buch kaufen) nicht mehr. Der „Anti-Chaos-Reflex" hatte sie ohnehin größtenteils ins Lager der Reaktion getrieben, Worte wie „Freiheit" und „Rechtsstaat" waren anrüchig geworden, Anpassung und Untertanengeist hingegen wurden politisch und gesellschaftlich honoriert. Die „Revolution von oben" hatte auch in den Köpfen gesiegt.[674]

Exilpläne

Es stand in den Zeitungen, und sogar in einer Fußnote der Moleschott-Rezension:[675] Feuerbach will nach Amerika. Eine ganze Reihe von Freunden und Bekannten sind schon dort, und jetzt will auch Wigand hin, zumindest probeweise, und er lädt Feuerbach ein, mit ihm zu reisen. Dem „taumelt das Herz vor Freude wie ein besoffner Bauer am Kirchweihfest" – doch er weiß, dass sein Geld nicht reicht: „Ich kann wohl hinüber, aber nicht mehr herüber." Ein Ansbacher Jugendfreund, der im Urwald von Indiana eine Farm gekauft hat und jetzt „glücklich und zufrieden im Tempel der amerikanischen Waldnatur" lebt (später aber viel Pech hat und schließlich zurückkommt), macht ihm ein großzügiges Angebot: Feuerbach könne auf seinem Grund ein Haus bauen und Gartenland bewirtschaften.

Außerdem sitzt in New York der junge Friedrich Kapp, der inzwischen amerikanischer Staatsbürger ist, als Anwalt rasch Wohlstand und hohes Ansehen erlangt hat und sich tatkräftig um deutsche Einwanderer kümmert. Feuerbach meint, er könne sich durchaus als Farmer vorstellen, er sei „ja hier schon ein halber Bauer". Aber so ganz glaubt er selbst nicht daran. Friedrich Kapp, scharfsichtiger Beobachter amerikanischer Verhältnisse, warnt ihn auch: „Ein deutscher Bauer, der Farmer wird, kann keine glücklichere Wahl treffen; ein wissenschaftlich gebildeter Mann dagegen verkümmert geistig ... Dein Ruf als Schriftsteller schadet Dir eher als er nützt, und für eine andere Tätigkeit bist Du zu exklusiv gebildet, zu alt und für hier zu unpraktisch." Feuerbach lässt sich lange nicht definitiv abschrecken (er macht sich sogar ans Englischlernen), doch als Wigand im August 1852 aufgefordert wird, eine Gefängnisstrafe anzutreten und seine USA-Reise „somit im Brunnen" ist, gibt auch Feuerbach den Traum auf.[676]

Schwere Göttergeburt

Im Frühjahr 1851, ein halbes Jahr nach dem Ausflug mit dem Maler Bernhard Fries in die Alpen und nach Venedig, hatte Feuerbach noch gemeint, das Reisen sei ihm „in den Leib gefahren" – drei Jahre später musste Freund Herder alle Überzeugungskraft aufbieten, um ihn bloß ins vierzig Kilometer entfernte Erlangen zu locken. Mitunter scheint es dort feuchtfröhlich zugegangen zu sein. Die Abwechslung bekam ihm, wie er selbst zugeben musste, „vortrefflich", und er gewann neue Freunde: Erlanger Ärzte „der neuen materialistischen Schule", darunter einen besonderen „Liebling": den noch längst nicht öffentlich geehrten, von Feuerbach aber „innig verehrten" jüdischen Arzt Dr. Jakob Herz. Auch in Bruckberg selbst bot das Leben um diese Zeit allerhand Anregung und Abwechslung: Der Jugendfreund Karl Bayer, dessen Buch Feuerbach 1838 in einer Rezension begeistert gelobt hatte, zog Ende 1853 mit seiner Familie für zweieinhalb Jahre im Schloss ein; während der Ferien kamen dessen studierende Brüder hinzu, außerdem „auch weniger gelehrte Herren, lustige Studenten und Künstler aus Ansbach und Nürnberg", denn, so schreibt eine Zeugin, „der große Planet Ludwig Feuerbach zog auch viele kleine Planeten mächtig an". Im Musiksaal des Schlosses, sommers im Park, gab es Hauskonzerte, mit Elise Feuerbach, Sopran, Leonore Feuerbach, Alt, und Schwager Stadler, Tenor. Dazu kamen die Landpartien mit Gästen, denen die Polizei so hilflos gegenüberstand.[677]

Doch Feuerbach empfand jede Abwechslung zunächst als Störung, er musste sich jedesmal einen gehörigen Ruck geben, um das Schneckenhaus der Studierstube zu verlassen. Immer verbissener vergrub er sich in seine Studien der griechischen und römischen Literatur. Ende 1853 schrieb er Freund Moleschott, er sei so „verrömert und vergriecht", dass er „kaum mehr Zeit und Wort zu einem deutschen Briefe finde". Er hatte „grässlich viel Geld" für Bücher ausgegeben, und seine Lektüren waren so „zum Selbstzweck" geworden, dass er „alles sonstige Schreiben und Treiben darüber aus den Augen verlor". Jetzt hatte er ernsthaft vor, der „unersättlichen und infiniten Studiersucht endlich Halt zu bieten", schon aus Geldgründen.[678]

Seit Jahren hatte er eine Unmenge von Belegstellen zu seiner Religionskritik gesammelt, aber was sollte aus dem angehäuften Material entstehen? Wigand und Herder gegenüber hatte er geäußert, er wolle sein „geistiges Testament" schreiben. Doch Ende 1851 hatte er feststellen müssen, dass das „schriftstellerische Feuer" in ihm nur noch gering war, Ende 1853 war es „unter Null herunter". Die „Galle" war versiegt und animierte ihn nicht mehr zu Polemiken, außerdem war seine „Verachtung gegen die Gegenwart und ihre Literatur" so groß, dass ihm „das Schriftstellerhandwerk oft als das nichtsnutzigste und nichtswürdigste, ehr- und trostloseste Handwerk unter der Sonne" erschien. Die politische Reaktion hatte seiner Schriftstellerei die Raison d'être entzogen: Für Religionskritik gab es kein Publikum mehr. Während der Zeit der Restauration hatte diese Kritik ihre gesellschaftliche Dynamik entwickeln können, der politische Nihilismus der Reaktionszeit ließ sie jetzt ins Leere laufen. Resigniert schrieb Feuerbach einem der übrig gebliebenen Anhänger: „Aber lohnt es sich der Mühe, jetzt wenigstens, auch nur noch ein vernünftiges Wort zu sprechen?" Trotzdem begann er im Sommer 1854 wieder zu schreiben.[679]

Er hatte einen „geistlosen" Arbeitstitel gewählt: „Belegstellen zum ‚Wesen der Religion'". Ursprünglich wollte er nur einzelne Aussagen, die er dort gemacht hatte, „an einigen kultur- und religionsgeschichtlichen Hauptgestalten" historisch nachweisen. Doch inzwischen hatten ihn seine Studien vieles nuancierter, zum Teil auch anders oder ganz neu sehen lassen. So hatte er in Homers *Ilias* und *Odyssee* wahre „Urstätten der Anthropologie" entdeckt: In den ersten vier Kapiteln, die sich ausschließlich um die beiden Epen drehen, preist er Homer „als den Vater der Anthropologie". Sie zeigen für ihn, „dass die Götter die Stellvertreter der menschlichen Selbstliebe sind, dass sie nur in den Momenten notwendig erscheinen, wo der Mensch sich selbst vergisst und verliert". Als fünftes Kapitel kann er dank seiner soliden Kenntnis des Griechischen und Hebräischen eine Abhandlung „Sprachliche Bemerkungen" anfügen, in der er seine Interpretation auch philologisch-etymologisch abstützt. Dann handelt er den ganzen Katalog der Themen seiner Religionskritik ab: Religion und Wunsch, Furcht, Kunst, Schicksal, Schöpfung, Kultus, Symbol, Seligkeit, Selbstliebe. Die um diese Themen gruppierten Belege stammen hauptsächlich aus Homer, Hesiod und den bekannten Autoren der griechischen und römischen Klassik, aber auch von einer ganzen Reihe wenig bekannter Autoren, außerdem aus den Psalmen, überhaupt aus dem Alten und Neuen Testament, auch aus Schriften außereuropäischer Religionen.[680]

Feuerbach hatte nicht den Anspruch, Neues zu sagen, er wollte nur Beweise liefern, „ausführliche, historische und philosophisch erörterte Beweise des längst in Jugendfrische Gesagten". Neu ist gleichwohl etliches. Schon die Nuanciertheit seiner Analysen, die sich wohltuend vom manchmal plakativen Ton früherer religionskritischer Schriften abhebt. Dann die stark gewandelte Sicht der jüdischen Religion: Hatte er in *Wesen des Christentums* noch den latenten Antijudaismus der späten Aufklärung unbefragt übernommen (einige Stellen ließen sich sogar antisemitisch auslegen), so stellt er jetzt die Bücher des Alten Testaments gleichberechtigt neben die Mythen der Antike. Bemerkenswert ist seine Bewertung der biblischen *Genesis* als Dichtung: „Dass die Genesis nicht mit der Tür ins Haus hineinfällt, dass sie einen gewissen, naturgemäßen Stufengang beobachtet, beweist gerade ihren naturpoetischen Ursprung." Und schließlich korrigiert seine Deutung des Schicksals-Mythos anhand der Homer-Epen die zu seiner Zeit noch allgemein akzeptierte „theologische", fatalistische Auffassung, wonach der Götterwille das einzig Ausschlaggebende sei. Er hingegen arbeitet die „Doppelmotivierung" bei Homer heraus: die Helden wollen, was die Götter beschlossen haben und umgekehrt, und belegt damit, dass die Götter „die Stellvertreter der menschlichen Selbstliebe sind, dass sie nur in den Momenten notwendig erscheinen, wo der Mensch sich selbst vergisst und verliert, dass sie nur tun, was der Mensch selbst tut oder wenigstens wünscht, getan zu haben."[681]

Bewundernswert sind immer wieder meisterhaft dichte, an Lichtenberg gemahnende Formulierungen: „Die Theologie erschafft mit Gott aus einem Nichts, das nichts weiter als eben nichts ist, die Welt; die Anthropologie erschafft mit Natur aus dem empfindlichen Nichts in der menschlichen Brust die Götter." Oder zum Thema Ethik: „Ich will, was ich kann – der Satz: der Mensch kann, was er will, ist nur wahr und vernünftig, wenn er eben will, was er kann, wozu er das Organ, das Vermögen hat – ich wünsche, was ich nicht kann." – „Die Sittlichkeit ist nichts andres als der mit Weisheit gepaarte Glückseligkeitstrieb, die weise, die verständige, die gesunde, die normale, die gerechte Selbstliebe." Oder zum Thema Justiz, bei dem er zu einer scharfen Polemik gegen die – „selbst heute noch existierende" – Todesstrafe ausholt: „Ob der Verbrecher als Opfer der Volksjustiz oder des peinlichen Prozesses, ob durch die Hand des beleidigten Blutsverwandten oder des Scharfrichters fällt – dieser Unterschied betrifft nur die Art und Weise der Vollstreckung, nicht das Wesen der Todesstrafe."[682]

Der endgültige Titel des Buches lautete: *Theogonie nach den Quellen des klassischen, hebräischen und christlichen Altertums.* Feuerbach schrieb bis im Januar 1857 daran, also volle zweieinhalb Jahre. Wigand nahm es zum geforderten Honorar sofort in Verlag und brachte es Mitte 1857 als Band 9 der *Sämmtlichen Werke* heraus. Feuerbach hielt es für seine „einfachste, vollendetste, reifste Schrift", „geschrieben im Triumph der Gewissheit von der Wahrheit meiner bereits in andren Schriften ausgesprochnen Gedanken und Grundsätzen"; zu seinem *Wesen des Christentums* verhalte es sich „wie der Mann zum Jüngling, der Meister zum Schüler". Doch der Verleger meldete einen „tragischen Erfolg", will heißen: totalen Misserfolg. In Österreich und Russland wurden zudem sämtliche Exemplare konfisziert. Und das Werk wurde kaum rezensiert. Einer der wenigen, die es besprachen, war Arnold Ruge. Er schrieb, die *Theogonie* gebe nur Variationen zu bereits Gesagtem, freilich „sehr schöne Variationen" – was Feuerbach tief verletzte. Ein deutsch-amerikanischer Journalist, der 1857 in Bruckberg war, berichtete in einer amerikanischen Zeitung, Feuerbach „habe mit diesem Werk abgeschlossen, es sei diese Zugabe vielleicht schon überflüssig". Der Journalist sprach von „Schwanengesang".[683]

Neue Anhänger

Dass man sich in den USA für Feuerbach zu interessieren begann, war möglicherweise einer hervorragenden Übersetzung zu verdanken: Mary Ann Evans (bekannter unter ihrem Pseudonym George Eliot) hatte *Das Wesen des Christentums* ins Englische übersetzt. Ihre Übersetzung war 1854 in England und 1855 in New York erschienen und entwickelte sich in Amerika, obwohl sie unter dem Ladentisch gehandelt werden musste, zum Verkaufserfolg. Der Verleger habe „gut damit ‚gemacht'", berichtete Friedrich Kapp von drüben (er musste dem Autor ein Exemplar schicken, man kannte noch keine Übersetzungslizenzen, geschweige denn Tantiemen für den Autor).[684] In Deutschland hingegen wurde Feuerbach Ende Oktober 1856, kurz vor dem Abschluss der *Theogonie*, in Zeitungsmeldungen totgesagt. Der dafür verantwortliche Journalist Heinrich Benecke war im Jahr zuvor in Bruckberg gewesen. Er hatte eine redaktionelle Notiz falsch verstanden und schon ein Beileidschreiben an die Angehörigen und Blumen für das Grab geschickt, dadurch wurde der Irrtum aufgeklärt. Benecke entschuldigte sich, und Feuerbach schrieb ihm gutgelaunt zurück, er wünsche „auch andern Toten, dass sie so noch nach ihrem Tode lebten".[685] Die Freundschaft mit dem noch nicht dreißigjährigen Zeitungsmann wurde um so herzlicher und dauerhafter. Benecke versorgte Feuerbach immer wieder mit Nachrichten aus dem literarischen Leben Deutschlands, an dem dieser sonst kaum noch Anteil nahm.

Auch andere junge Menschen suchten den Kontakt mit dem einsam gewordenen Philosophen. Einer der ersten war Julius Duboc, der spätere Redakteur, Schriftsteller und Philosoph. Als Student hatte er sich für Feuerbachs Philosophie begeistert und wollte 1853 bloß ein Autogramm; drei Jahre später besuchte er den Meister und befragte ihn dann wiederholt brieflich zu schwierigen philosophischen Fragen, die dieser aufs Geduldigste beantwortete. Ferdinand Kampe, Prediger einer deutsch-katholischen Gemeinde und früher Anhänger Feuerbachs, meldete sich aus Breslau; er schlug sich mit den kläglichen Resten der drangsalierten (weil politisch verdächtigen) freireligiösen Bewegung herum und schrieb jahrelang an ihrer Geschichte. Mitte der fünfziger Jahre bat der später als „Arbeiterphilosoph" bekannt gewordene Joseph Dietzgen, Feuerbach möge eine kleine Schrift von ihm beurteilen. Ein Joseph Schibich, philosophisch interessierter Ökonom auf großen Adelsgütern, wollte auch über den Menschen Feuerbach mehr wissen. Feuerbach lieferte ihm bereitwillig ein kleines schriftliches Selbstporträt, das zum Glück bis auf uns gekommen ist. Es ist das einzige Mal, dass Feuerbach ausführlicher von seinen Lebensgewohnheiten spricht: „Meine Lebensweise ist höchst einfach, regelmäßig und naturgemäß – alle meine Werke sind Früchte des Tags, nicht der Nacht, des natürlichen, nicht des künstlichen Lichts, der gesunden Nüchternheit, nicht der Aufregung." Ab und zu haue er freilich „tüchtig über die Schnur, sowohl aus Instinkt als Grundsatz . . . um in das System der Ruhe und Ordnung zeitweise eine wohltätige Revolution hineinzubringen."[686]

Höchste Bedeutung für alle Feuerbach-Biographen bis heute hat der Finne Wilhelm Bolin, der als Neunzehnjähriger in seiner Heimat auf Feuerbachs Hauptschriften aufmerksam geworden war. Drei Jahre später suchte er in Leipzig eigens Wigand auf, um Näheres über den ihn fesselnden Philosophen zu erfahren. Im Frühherbst 1857 machte er seine erste Aufwartung in Bruckberg. Dieser Bolin war ein intellektuell äußerst reger junger Mann, der in Helsinki die Studien bis zur Habilitation durchlief, außer in seiner Muttersprache Finnisch auch in Deutsch und Schwedisch schrieb und regelmäßig Deutschland und Frankreich bereiste. Er berichtete Feuerbach ausführlich über seine eigenen literarischen und wissenschaftlichen Arbeiten, aber auch über Schriften, Tendenzen und Personen der deutschen Universitätsphilosophie (von der Feuerbach nichts mehr wissen wollte). Ihm gelang, was Julius Duboc vergeblich versucht hatte: Dass Feuerbach endlich Schopenhauer zur Kenntnis nahm, dessen Philosophie im geistigen Vakuum der fünfziger Jahre einen ungeheuren Erfolg hatte. Bolin wurde für Ludwig Feuerbach zu einer Art wissenschaftlicher Assistent. Und für die Familie Feuerbach zu einem sehr treuen Freund, weit über den Tod des Philosophen hinaus. Seine 1904 erschienene Feuerbach-Biographie speist sich aus intimer Vertrautheit mit den Personen.

Dramatische Verluste

Als Bolin zum ersten Mal nach Bruckberg kam, war es um den Philosophen einsamer geworden: Karl Bayer war im Vorjahr mit seiner Familie
nach Norddeutschland gezogen. Wenige Monate vor seinem Wegzug war
– Feuerbach befand sich gerade auf dem Weg zu ihm – Freund Herder in
Erlangen gestorben. Und jetzt wollte auch noch Lorchen weg, sogar nach
Amerika! Mit ihren knapp 18 Jahren hatte sie sich verlobt. Der Auserko-
rene war der jüngste Bruder des in den USA lebenden Friedrich Kapp.
Und er wollte nach der Hochzeit auch „hinüber". Man hatte schon eine Vi-
sitenkarte drucken lassen, auf der unter den beiden Namen und dem fett-
gedruckten Vermerk „Verlobte" die Ortsnamen Bruckberg und New York
zu lesen waren.[687]

Schon Anfang 1853 hatte es Feuerbach „recht ahnd" nach seiner Tochter getan, als er seine Abendspaziergänge ohne sie machen musste, weil sie
längere Zeit mit ihrer Mutter in Nürnberg war, um neben Englisch- und
Klavierstunden auch Konfirmationsunterricht zu erhalten („horribile
dictu!", schrieb Feuerbach einem Freund). Wie hart ihn jetzt die Aussicht
ankam, sie ganz zu verlieren, wissen wir nicht, in den erhaltenen Briefen
und Tagebuchaufzeichnungen finden sich keine Andeutungen. „Du bist
zwar noch jung, aber doch reif genug, um zu wissen, was Dir notwendig
und wohltätig ist. Es ist Dein Wille: er geschehe!", schrieb er ihr jetzt, als
sie in Westfalen und auf Norderney war, um eine Krankheit auszukurieren
und möglichst auch gutbürgerliche Manieren zu erwerben. Letzteres
wollte offenbar nicht gelingen: Die Verlobung scheiterte, weil Lorchen bewusst dazu stand, die „nicht nur leibliche, sondern auch geistige" Tochter
„eines von der Welt verstoßnen, aber seinerseits auch die Welt mit Füßen
tretenden Freidenkers" zu sein – während der junge Herr „an ihr die Ban-
kiers-, die Geheimratstochter" vermisste, wie Feuerbach im Tagebuch notierte.[688]

Ende desselben Jahres 1857 verlor Feuerbach durch den Tod des Ansbacher
Arztes Wilhelm Heidenreich seinen engsten Freund und Gesinnungsgenossen im Umland. Ein Jahr später starb die „nicht nur persönliche, sondern
auch geistige" Bamberger Freundin Katharina Michel, die Mutter jenes
beim Badener Aufstand gefallenen Peter Alfred Michel. Diese Freundschaft

hatte Bertha in die Ehe gebracht, die wiederholt länger in Bamberg zu Besuch war, und Ludwig hatte sie öfter begleitet.[689] Und kurze Zeit danach, Anfang 1859, war die Bruckberger Porzellanfabrik „tot" – der „Musensitz" ging verloren.

Diese Porzellanfabrik hatte von Anfang an wirtschaftlich auf unsolider Basis gestanden: Die Rohstoffe mussten aus zu großer Entfernung herangeschafft werden, gegenüber Standorten wie Böhmen wirkte sich das um so gravierender aus, als Bruckberg weitab von den großen Verkehrswegen lag. Dazu waren die Holzpreise in den fünfziger Jahren um ein Drittel gestiegen, was bei einem Verbrauch von achtzehntausend Kubikmetern pro Jahr gewaltig zu Buche schlug. Die Erzeugnisse – in der letzten Zeit ausschließlich kleine henkellose Tassen, sogenannte „Türkenbecher" – waren so wenig konkurrenzfähig, dass sie nur noch im Nahen Osten Absatz fanden. Der gesamte Export lief außerdem über das österreichische Triest, und die anhaltenden Schwankungen der österreichischen Währung hatte immer wieder Verluste gebracht. Und nun war durch den oberitalienischen Krieg (in dem Sardinien-Piemont mit Unterstützung Napoleons III. Österreich besiegte) auch noch dieser einzige Exportweg blockiert. Reserven waren längst keine mehr da, hingegen lebte noch immer der „pekuniäre Vampir" namens Späth, der Vater Löw im Jahre 1807 das Geld zum Kauf vorgeschossen und sich eine Leibrente ausbedungen hatte – der Greis forderte rücksichtslos seine zwölfhundert Gulden im Jahr. Als man sie ihm nicht mehr bezahlen konnte, betrachtete er sich als Eigentümer und schickte einen eigenen Verwalter hin. Dieser soll ein „Mensch von sehr zweifelhaftem Charakter" gewesen sein, was „zu endlosen Auftritten unangenehmster Art führte".[690]

Ludwig Feuerbach selbst hatte – man fragt sich, wie er es bei seinen geringen Einnahmen schaffte – der Fabrik „bedeutende Summen" vorgestreckt. Sie waren verloren. Mehr noch: Bertha und er hafteten für geschuldete Gelder, der Musensitz war zum „Schuldturm" geworden. Feuerbach, von dem Bolin gewiss nicht grundlos schreibt, er habe nur immer geben, aber nicht bitten können, ging nach Nürnberg zu einem mittlerweile sehr reichen Freund. Er kam zurück mit der freudigen Nachricht: „Herr von Cramer-Klett übernimmt die Bauernschulden." Bei den „kostbaren Geschenken" von der „verehrungswürdigen Frau Gemahlin", die er zudem mitbrachte, handelte es sich wohl um teuren Wein.[691] Wenig später erhielt er sündteure Zigarren, Franz Liszt hatte sie als Zeichen seiner Anteilnahme durch Emma Herwegh übersenden lassen. Emma hatte sich ganz überraschend zu Anfang dieses schlimmen Jahres 1859 angemeldet und war dann nach Bruckberg gekommen. Mehr als Mitgefühl konnte sie allerdings nicht beisteuern, Georg und sie waren mittlerweile selbst in argen Geldnöten. Sie wollte allerdings ihre Beziehungen spielen lassen und einen reichen Schlossherrn, dessen Frau eine begeisterte Feuerbach-Anhängerin war, zum Kauf von Bruckberg veranlassen, damit die Familie Feuerbach dort wohnen bleiben konnte. Der Vorschlag erwies sich als nicht durchführbar, dafür wurden die Freundschaftsbande mit Herweghs neu gefestigt, Emma wurde zu Berthas engster Freundin.[692]

10. Späte Treue

Dramatisch veränderte Umstände

Die Suche nach einer neuen Bleibe erwies sich als schwierig. Nahe bei Bruckberg gab es einen einsam im Wald gelegenen Fronhof, Ludwig wäre gern dahin gezogen, Bertha und Lorchen verständlicherweise nicht. Man musste also weiter entfernt suchen – aber woher sollte das Geld für einen solchen Umzug kommen? Die beiden Frauen nahmen schließlich die Sache in die Hand und alarmierten den alten Freundeskreis in Westfalen. Feuerbach war 1857 wieder dort gewesen, als es um Lorchens Verlobung ging. Er hatte dabei nicht nur im Vater der Brüder Kapp einen neuen Freund gewonnen, sondern auch seinen alten Freund Otto Lüning besucht, der nach dem Zwischenspiel in Darmstadt wieder in Rheda wohnte. Nun erschien also Lüning wie zufällig in Bruckberg und brachte Geld mit. Es waren Spenden, die er bei politischen Freunden gesammelt hatte, zusammen mit jenem Julius Meyer, von dem anlässlich der Westfalen-Reise von 1846 die Rede war. Lüning war noch nicht abgereist, als von Otto Kapp (Lorchens ehemaligem Verlobten) ein Wechsel eintraf. In der Woche darauf kam ein Brief aus Genf, Absender war der inzwischen hochberühmte Zoologe Karl Vogt, der 1848 in Frankfurt als Vertreter der radikalen Linken zu Feuerbachs engerem Bekanntenkreis gehört hatte und inzwischen als Professor in Genf auch politisch eine bedeutende Rolle spielte. Vogt lud ihn zur Mitarbeit an einer Zeitschrift ein und legte gleich einen Wechsel als Honorar bei. Feuerbach versilberte ihn, weil er das Geld brauchte, doch als er es zurückzahlen wollte, antwortete Vogt, es sei gar kein Honorar gewesen und er könne es „nicht in seine Kanäle zurückleiten".[693]

Nach eineinhalb Jahren der Ungewissheit in Provisorien hatte man schließlich ein Haus gefunden, das als Kompromiss zwischen Stadt und Land gelten konnte und sich hübsch ausnahm: ein Sommerhaus der Patrizierfamilie von Behaim von Schwarzbach. Es lag in Rechenberg, der Ort war damals noch kein Stadtviertel von Nürnberg, sondern ein Weiler mit wenigen Häusern, eineinhalb Kilometer vom Laufertor entfernt. Vom ersten Stock aus, den man gemietet hatte, ging ein hübscher Blick auf die Stadt, hinter dem Haus führte ein Weg auf den baumbestandenen Hügel. Die Wohnung war hell, ein Saal bot Raum für Bibliothek und Philosophenporträts. Ende September 1860 zog die Familie ein. Die böse Überraschung kam, als Feuerbach sich wieder ans Schreiben machen wollte. Der Saal erwies sich als nicht heizbar, und er saß in einer „akustischen Kloake": Durch den einfachen Bretterboden hindurch war jedes Geräusch aus der darunterliegenden Küche zu hören, auf der vorbeiführenden Landstraße rasselten fortwährend Wagen vorbei, und der Pächter im Erdgeschoss hatte mehrere Hunde, an denen Feuerbach als ausgesprochener Tierfreund zwar seinen Spaß hatte, doch ihr Gebell stand im Gegensatz zu seinem Ruhebedürfnis. „Ich suche noch immer mich selbst", notierte er im Tagebuch, „mit der Ruhe des Landlebens habe ich auch die Gemütsruhe verloren". In einem Brief ist die Formulierung härter: „Es ist mir, als wäre mir die Haut vom Leibe gezogen, der Hirnschädel vom Hirn abgelöst." Eine ruhigere Dachkammer bot schließlich einen Ausweg, zumindest in der warmen Jahreszeit, denn heizen ließ sie ebenfalls nicht, bis Feuerbach zwei Jahre später auf eigene Kosten einen Ofen setzen ließ.[694]

Zumindest äußerlich normalisierte sich die Lage allmählich. 1861 traf Bolin den verehrten Meister in überraschend „günstiger Stimmung", und im darauffolgenden Frühjahr schrieb Otto Lüning: „Ich höre mit Satisfaktion, dass Du etwas mehr unter die Leute kommst." Bertha freilich schildert ihren Mann als „verstimmter und noch unzugänglicher, als er es früher schon war".[695] Immerhin fand er im ostfriesischen Dichter Enno Hektor, der am germanischen Museum als Sekretär arbeitete, einen neuen Freund, der auch für Bertha und Lorchen ein stets willkommener Gast war; ein anderer Dichterfreund, Julius Hammer, zog leider schon bald von Nürnberg weg. Aber man konnte Feuerbach jetzt leichter besuchen als in Bruckberg, und so gab es 1861 nach langer Zeit ein Wiedersehen mit Georg Herwegh. Im Jahr darauf kamen der österreichische Dichter Alfred Meißner und der Publizist Karl Blind, beide alte Bekannte aus Revolutionstagen (Blind war mit Hecker und Struve führend im badischen Aufstand gewesen). „Weihestunden inniger Vertraulichkeit" brachten die Tage des Zusammenseins mit Friedrich Kapp, der nach fast eineinhalb Jahrzehnten in den USA in diesem Jahr erstmals wieder Europa besuchte.[696]

Im Juni 1862 kam auch Otto Wigand nach Rechenberg. Er war maßgeblich daran beteiligt, dass die Familie Feuerbach nun bald von den drängenden Geldsorgen befreit wurde: Julius Hammer und Karl Gutzkow, die beide im Verwaltungsrat der 1855 gegründeten Schillerstiftung saßen (Hammer hatte sie initiiert, Gutzkow war ihr erster Sekretär), wollten erreichen, dass Feuerbach eine Unterstützung aus dem eben erst zur Verfügung stehenden Fonds erhielt. Es gab Widerstände, die Mehrheit des Verwaltungsrats war „reserviert", doch Wigand half kräftig mit, sie zu überwinden. Im Oktober 1862 erhielt Feuerbach die offizielle Mitteilung, man habe ihm eine „Ehrengabe" von 900 Reichstalern für den Zeitraum von drei Jahren zugesprochen. Die Unterstützung wurde danach periodisch verlängert. 900 Taler waren etwas mehr als die jährliche Rente, die den „unversorgten" Kindern des Staatsrechtlers zustand (oder etwas mehr als das Honorar für die *Theogonie*). 1863 kam noch eine Leibrente hinzu, die der stets diskrete Theodor von Cramer-Klett über einen Unbekannten anwies. Feuerbach ließ schließlich Otto Lüning durch Bertha bitten, er möge die Spenden der Freunde „bis auf weiteres ablehnen". Der in Frankreich als Bankier wohlhabend gewordene Ludwig Bamberger wollte sich freilich nicht daran halten und schickte weiterhin jährlich seinen Wechsel.[697]

Das Schwerste war, unter den neuen Umständen wieder zu konzentrierter Arbeit zu finden. Feuerbach wurde jetzt zusätzlich von der Politik abgelenkt: Ende 1858 hatte in Preußen Kronprinz Wilhelm anstelle des geisteskranken Friedrich Wilhelm IV. die Regentschaft übernommen und die „Neue Ära" eingeleitet. Die Kamarilla wurde kaltgestellt, die Hochkonservativen aus ihrer Allmachtposition gedrängt, in Preußen wie in Süddeutschland gelangten wieder Liberale auf Ministersessel. Die Reaktion hörte auf. Es begann zwar nicht das Reich der Freiheit, aber man stellte das willkürliche Verfolgen und Schikanieren ein. So konnte zum Beispiel Feuerbachs Freund Benecke jetzt im Geheimen Kabinett des liberalen Ministers Auerswald arbeiten, und niemand kümmerte sich darum, dass er im deutschlandweit verbreiteten „Schwarzen Buch" der Polizei aufgeführt war.[698] Politische Aktivität war wieder erlaubt. Über die Grenzen der deutschen Länder hinweg gründeten 1859 liberale und gemäßigte Demokraten den „Deutschen Nationalverein"; 1861 entstand, ebenfalls länderübergreifend, die „Fortschrittspartei". Gespannt blickte man nach Italien, wo die nationale Einigung erkämpft wurde, Garibaldi war auch in Deutschland der große Freiheitsheld.

Freund Otto Lüning hatte sich sofort in die Politik gestürzt. Er war Mitbegründer und Mitglied des leitenden Ausschusses des Nationalvereins (wo er für Feuerbach sammelte). Außerdem schrieb er fleißig Zeitungsartikel, auch für deutsch-amerikanische Blätter, die, weil völlig unzensiert, für Feuerbach besonders spannend waren. 1862 ließ sich Lüning in den preußischen Landtag wählen, von Berlin aus berichtete er Feuerbach über das politische Geschehen. Auch über die Entwicklungen in Italien erhielt Feuerbach Informationen aus erster Hand: Emma und Georg Herwegh waren mit zwei hohen Offizieren Garibaldis befreundet, und diese besuchten ihn in Rechenberg. Feuerbach blieb ein glühender Verehrer des italienischen Freiheitshelden, noch 1870 reaktivierte er sein jahrzehntelang nicht mehr gebrauchtes Italienisch, um Garibaldis Roman zu lesen.[699]

Nicht ganz so begeistert war er von Ferdinand Lassalle, der ihm im Oktober 1863 (also ein halbes Jahr nach seiner Gründung des Allgemeinen Deutschen Arbeitervereins) auf Bitten der gemeinsamen Freundin Emma Herwegh elf seiner Schriften zusandte, mit der Maßgabe, sie in genau bezeichneter Reihenfolge zu lesen. Feuerbach wollte erst eine Arbeit abschließen, doch dann packte ihn die Neugier. Er war mit Lassalle in vielen Dingen einverstanden – im Prinzip. In der Praxis kritisierte er die mangelnde Rücksicht auf Machbarkeit: „Die Idee des Arbeiterstandes wird realisiert werden, aber zunächst auf Umwegen." Gleichwohl schloss er den Brief mit „freudigster Anerkennung, ja Bewunderung Ihrer großen Geistesgaben und Kenntnisse". Eine weitere politische Stellungnahme aus dieser Zeit findet sich in einem Brief an Jakob von Khanikoff, einem befreundeten russischen Emigranten. Feuerbach schreibt dort, dass er „dem *Sozialismus*, wenigstens dem französischen, die Anlage zum Fanatismus und Despotismus *nicht* absprechen möchte. Jede Meinung, jede Überzeugung überhaupt, die nicht das Recht der Individualität, folglich auch das Recht derselben auf das Gegenteil dieser Überzeugung anerkennt, scheint mir in Fanatismus und Despotismus überzugehen."[700]

Materialisten auf Feuerbachs Schultern

Trotz aller Ablenkungen und Unterbrechungen gelang es Feuerbach schließlich wieder, zu schreiben. Seit dem Abschluss der *Theogonie* im Jahre 1857 hatte sich der Schwerpunkt seines Interesses verlagert: Mindestens eineinhalb Jahre lang beschäftigte er sich „nur mit Mathematik und Naturwissenschaft, namentlich Physik und dem Teil der Physiologie, der von den Sinnen handelt." Das entsprach einerseits einem alten Bedürfnis. Schon 1850 hatte er die Zeit herbeigesehnt, wo er seiner „Geliebten, der Naturwissenschaft, nicht mehr nur verstohlene Blicke zuwerfen" dürfe.[701] Im Gegensatz zu den dilettantenhaften Naturstudien, die er in den dreißiger Jahren getrieben hatte, versuchte er sich jetzt gezielt in den Themenkomplex um die Entstehung des Lebens und um die physiologischen Grundlagen psychischer Phänomene einzuarbeiten. Das war keineswegs zufällig, es ergab sich direkt aus seiner Religionskritik und seinem „Sensualismus": Wenn er nur *eine* Wirklichkeit, die „sinnliche" anerkannte, dann mussten ihn vorrangig jene naturwissenschaftlichen Entdeckungen interessieren, die aufzeigten, wie die Natur durch endogene, also chemisch-physikalische Prozesse gelenkt wird. Besonders interessieren mussten ihn physiologisch-medizinische Forschungen, die sich mit den Wechselwirkungen zwischen Körper und Psyche beschäftigten, denn eine immaterielle Seele als außerhalb der Naturgesetze stehendes „Lebensprinzip" widersprach diametral seinem Postulat der Einheit alles Wirklichen.

Schon im Aufsatz „Das Wesen der Religion" hatte er geschrieben, dass, wenn die Natur die Bedingungen für das Leben auf der Erde schaffen konnte, sie genausogut auch den Menschen habe hervorbringen können. Und in den Heidelberger Vorlesungen hatte er präzisiert: „Wir sind noch lange nicht auf dem Standpunkt der Naturwissenschaft, wo wir diese Frage lösen können. Nur soviel wissen wir oder können wir wenigstens bestimmt wissen, dass wir ebensogut, als wir jetzt auf natürlichem Wege entstehen und erhalten werden, auch einst auf natürlichem Wege entsprungen sind."[702] Das entsprach exakt der philosophischen Ausgangsposition der jüngeren Generation der Zoologen, Biologen und Physiologen. Längst nicht alle bekannten sich offen dazu, aber im Grunde standen sie alle „auf den Schultern von Ludwig Feuerbach", wie Ernst Haeckel es 1899 im Hinblick auf Albrecht Rau ausdrücken sollte.[703]

1854 war auf einer Versammlung der Gesellschaft der Naturforscher und Ärzte in Göttingen der Konflikt zwischen den von einem Schöpfer und einer immateriellen Seele ausgehenden Wissenschaftlern und den neuen Materialisten, die alle Wirklichkeit für prinzipiell natürlich erklärbar hielten, offen ausgebrochen. Der Prinzipienstreit wurde auch in der Öffentlichkeit ausgetragen und fand dort ein sehr starkes Echo. So hatte Liebig öffentlich Moleschott angegriffen, nachdem dieser in seiner *Lehre der Nahrungsmittel* geschrieben hatte, dass „ohne Phosphor kein Gedanke" existieren könne. In einer Gegenschrift hatte Moleschott daraufhin Liebig vorgeworfen, Glaubensinhalte und Naturwissenschaft zu vermengen. Großen Wirbel verursachte Karl Vogt 1855 mit seinem Buch *Köhlerglaube und Wissenschaft*, in dem er einen der konservativen Wortführer der Göttinger Versammlung angriff. Und im selben Jahr erschien *Kraft und Stoff* vom jungen Arzt Ludwig Büchner (einem jüngeren Bruder des Dichters). Das Buch war ebenfalls eine Reaktion auf die Göttinger Versammlung und fasste in leicht verständlicher Form die Position des naturwissenschaftlichen Materialismus zusammen. Es war ein gewaltiger Bestseller: am Erscheinungstag ausverkauft, einundzwanzig mal neu aufgelegt und in fünfzehn Sprachen übersetzt. 1859 folgte dann Darwin mit seinem Jahrhundertwerk *Die Entstehung der Arten*; es bewies schlüssig die natürliche Herausbildung der Arten, die Moleschott, Vogt und Büchner schon vertreten hatten, ohne sie freilich nachweisen zu können.

Unbeschadet mancher heute kurios anmutender Details hat sich die grundsätzliche Position dieser Wissenschaftler durch die Forschungen der neuesten Zeit bestätigt. Damals wurde sie aufs Heftigste bekämpft, und zwar, wie heute klar erkennbar ist, nicht aus besserer wissenschaftlicher Einsicht, sondern weil sie, wie Darwins Evolutionslehre, Grundpfeiler eines gesellschaftlichen Konsenses, sprich religiöse Dogmen erschütterten. Typischerweise reagierte man mit Ächtung und Verächtlichmachung: Vogt wurde zum „Affenvogt", weil er öffentlich für Darwin Partei ergriff; Büchner zum „Kraftstoffel", in Verballhornung des Titels seines Bestsellers, in dem er den Begriff einer „Lebenskraft" verworfen und „Kraft als eine bloße Eigenschaft des Stoffs" dargestellt hatte. Und den dreien – sie werden meist in einem Zuge genannt – verpasste man das Etikett „Vulgärmaterialismus", das ihnen seltsamerweise heute noch anhaftet.[704] „Vulgär" war ihr Materialismus höchstens insofern, als sie ihn in allgemeinverständlichen Büchern vulgarisierten und aufklärerisch im Sinne einer geistigen Emanzipation verfochten: Diese Leute waren bekennende „Freidenker", also Atheisten (Büchner gründete 1881 den ersten Freidenkerbund in Deutschland). Und sie waren – keineswegs zufällig – auch entschiedene Demokraten und Gegner der Reaktion. Sie hatten es alle mehr oder weniger schwer zu büßen: Vogt musste 1849 fliehen, Moleschott wurde 1854 so scharf verwarnt, dass er seine Lehrtätigkeit in Heidelberg einstellte, Büchner verlor auf sein Buch hin die Lehrerlaubnis und damit jede Forschungsmöglichkeit (Vogt und Moleschott stiegen im Ausland zu höchsten Würden auf: Vogt als Rektor der Universität Genf, Moleschott als Professor an der Sapienza und Senator in Rom).

Und alle drei waren bekennende Feuerbach-Anhänger und persönliche Feuerbach-Freunde (von Büchner ist nur bekannt, dass er Feuerbach 1865 in Rechenberg besuchte und sich mehrere Tage lang mit ihm unterhielt, die beiden dürften sich aber schon 1848 in Frankfurt im Umkreis von Vogt begegnet sein). Feuerbach wiederum hat ihre wichtigen Schriften gelesen, außer vielleicht die Büchners, die für ihn kaum Neues brachten, da sie auf die Erkenntnisse Vogts und Moleschott rekurrierten – und auf Feuerbachs Grundsätze.[705] Dennoch sind die Positionen nicht identisch, auch philosophisch nicht: Für die Wissenschaftler, die alle drei einer jüngeren Generation angehörten, war das Thema Religion schlicht abgetan. Büchner wunderte sich, „wie ein so klarer und so scharfsinniger Kopf wie Ludwig Feuerbach so viele Dialektik aufzuwenden für nötig hielt, um die christlichen Wunder zu widerlegen."[706] Für sie galt, was Friedrich Albert Lange von der ganzen Zeitströmung sagte: „Die Natur des Menschen ist für den Materialisten nur ein Spezialfall der allgemeinen Physiologie, wie das Denken nur ein Spezialfall in der Kette physischer Lebensprozesse."[707] Eine solche Weltsicht schloss religiöse Anschauungen von vornherein aus.

Feuerbachs „Optik" war grundlegend anders, er blickte gewissermaßen von der entgegengesetzten Seite her auf denselben Gegenstand. Auf den Unterschied zu Moleschott, Vogt und Büchner angesprochen, gab er zur Antwort: „Der Mensch ist mir wie ihnen ein Naturwesen, entsprungen aus der Natur, aber mein Hauptgegenstand sind die aus dem Menschen entsprungenen Gedanken und Phantasiewesen, die in der Meinung und Überlieferung der Menschen für wirkliche Wesen gelten." Diese Optik war immer das Spezifische seines Materialismus gewesen: Er anerkannte die rein naturwissenschaftliche Weltsicht vorbehaltlos, doch die Ergebnisse der Naturwissenschaften waren für ihn nur *„chronologisch* primär" – *„dem Rang nach"* primär blieb für ihn immer das „bewusste menschliche Wesen", samt dessen Vorstellungen und Anschauungen.[708]

So auch jetzt wieder, wo er sich im Materialismusstreit zu Wort melden wollte. Durch Darwins *Entstehung der Arten* war 1859 dieser Streit wieder besonders heftig aufgeflammt, gleichzeitig trat an den deutschen Universitäten der Neukantianismus seinen Siegeszug an. Schopenhauer (der 1860 starb) fand mehr denn je begeisterte Leser. Feuerbachs junge Freunde, Bolin vor allem, aber auch Duboc und andere, baten ihn immer eindringlicher, in die Diskussion einzugreifen und seine philosophische Position, wie er sie vor allem in den *Grundsätzen der Philosophie der Zukunft* ausgesprochen hatte, möglichst umfassend darzustellen.[709]

Feuerbach kam zwar dem Wunsch nach einer Gesamtdarstellung nicht nach, aber er wandte sich nach langen Jahren der Abstinenz wieder der Fachphilosophie zu. Es war ihm klar, dass die Gegner des naturwissenschaftlichen Materialismus bewusst oder unbewusst nicht nur mit religiösen, sondern auch – für ihn lief es auf dasselbe hinaus – mit idealistischen Vorstellungen argumentierten. Nachdem er sich jahrelang fast nur mit antiker Mythologie, Physiologie, Pathologie und Medizin befasst hatte, nahm er sich also wieder Kant, Fichte und Hegel vor – und nun auch Schopenhauer: Bolin hatte ihm dessen *Grundprobleme der Ethik* geschickt. Mit derselben Unvoreingenommenheit, mit der er Bruno Bauers *Posaune* oder Stirners *Einzigem* Beifall gezollt hatte, anerkannte er jetzt die Qualitäten Schopenhauers: „Das Paket öffnen und lesen, von Anfang bis zu Ende lesen, war ein Akt." Er stimmte Schopenhauer auch in wesentlichen Punkten zu, vor allem darin, dass er, anders als die Philosophen des deutschen Idealismus, die Moral nicht aus abstrakten Prinzipien ableite, sondern ausschließlich aus der Beziehung zu einem *anderen,* dessen „Wohl und Wehe" allein den Unterschied zwischen Gut und Böse begründe. Auch gab er Schopenhauer – zunächst, später wird er differenzieren – Recht, wenn dieser die Unveränderlichkeit des Charakters behaupte. Was Schopenhauer zu der Frage der Willensfreiheit zu sagen hatte, befriedigte ihn allerdings nicht, es war für ihn „nichts Neues, nichts, was nicht schon andere … ebensogut, wo nicht besser gesagt" hätten (zum Beispiel der Strafrechtler Paul Johann Anselm Feuerbach).[710]

Wir wollen, was wir sind

Gerade auf die Frage der Willensfreiheit sprachen ihn seine Briefpartner besonders häufig an. Er selbst hatte sie als Fallbeispiel ausgewählt, an dem er seine Idealismuskritik ausführen wollte. Sie war auch ganz neu gestellt worden, und zwar nicht nur von Schopenhauer, sondern vor allem von den naturwissenschaftlichen Materialisten, die einen radikalen Determinismus vertraten: „Ein freier Wille, eine Willenstat, die unabhängig wäre von der Summe der Einflüsse ... besteht nicht" hatte Moleschott geschrieben, und Büchner hatte sich in *Kraft und Stoff* auf diesen Satz berufen.[711]

So machte Feuerbach die Frage zum Hauptthema der letzten größeren Schrift, die er zu Lebzeiten veröffentlichte: „Über Spiritualismus und Materialismus, besonders in Beziehung auf die Willensfreiheit." Er ging sie auf dieselbe Weise an, wie er die Frage der Existenz Gottes angegangen war, ihn interessierte nicht das Ob, sondern das Warum: Was führt die Menschen zur Annahme, ihre Willensentscheidungen seien frei? In seinem Text entkräftet er zuerst den Hauptbeweis, der theologischer- und idealistischerseits für den freien Willen angeführt wurde, nämlich die Fähigkeit des Menschen, sich selbst das Leben zu nehmen. Der Selbstmord, so Feuerbach, beweise vielmehr das Gegenteil des freien Willens: „Ich kann nur dann den Tod wollen, wenn er für mich eine Notwendigkeit ist."[712]

Dann geht er eine Reihe von Faktoren durch, die unser Wollen lenken und begrenzen. Erstens Raum und Zeit: „Ein Wille, der im voraus, ohne vorhergegangene Leiden, ohne Not, ohne Grund, ohne Zeit und Raum sich jeder Tat für fähig hält, ist ein Windbeutel." Zweitens der Glückseligkeitstrieb: Unser Wollen spielt sich „nicht jenseits, sondern diesseits" der natürlichen Bedürfnisse und Triebe ab. Der „Trieb der Triebe" ist aber der Glückseligkeitstrieb, und „wo kein Glückseligkeitstrieb, ist auch kein Wille, höchstens nur ein Schopenhauerischer, d. h. ein Wille, der *nichts* will". Wille ist wesentlich Etwas-Wollen, und dieses Etwas kann nur „Wohlsein", „Bienêtre" sein. An diesem Punkt berührt das Wollen die Ethik, denn auch der andere hat das Recht auf Wohlsein: „Ich will, sagt mein eigner, Du sollst, der Glückseligkeitstrieb des andern." Gutsein ist deshalb Wohltun, und Bösesein ist Übeltun – mehr nicht. In der Frage der Verantwortlichkeit, die sich in diesem Zusammenhang stellt, findet Feuerbach eine erste Erklärung für die Annahme einer Willensfreiheit: Das Strafrecht ist auf sie angewiesen, anders kann es keine Zurechnungsfähigkeit voraussetzen. Zu dieser bis heute ungeklärten Frage zitiert Feuerbach zwar seinen Vater, im übrigen beschränkt er sich aber darauf, die Unterscheidung zu kritisieren, mit der Kant das Problem lösen wollte. Kant hatte gesagt, der Mensch sei zwar faktisch, seinem „zur Sinnenwelt" gehörenden Wesen nach, in seinem Handeln durch äußere Faktoren bestimmt, doch als „zur intelligiblen Welt gehöriges Wesen" sei er frei. Für Feuerbach ist dieses Konstrukt „eine leere Tautologie des Dinges an sich".[713]

Eine zweite Erklärung für die Annahme eines freien Willens ist so modern, dass ihr jeder heutige Psychotherapeut Beifall zollen würde: Feuerbach trifft die sehr materialistische Feststellung: „Mein Wesen ist nicht Folge meines Willens, sondern umgekehrt mein Wille Folge meines Wesens."[714] Ich will also, was meinem Wesen, meiner „individuellen Organisation" entspricht: Bin ich der arbeitsame Typ, will ich arbeiten, bin ich der Genießertyp, will ich genießen. Der Wille ist „das bewusste, nach außen tätige Wesen" des Individuums. Das Tückische daran ist: Weil „der Mensch von dem Wesen hinter seinem Bewusstsein nichts weiß, als was eben mit dem Willen vor sein Bewusstsein tritt, so setzt er den Willen selbst *vor* sein Wesen, macht ihn zum Apriori desselben, sein individuelles Wesen andern zum Gesetz, sein Sein zum Sein-Sollen für sie." Das Konstrukt des freien Willens wird so zum Herrschaftsinstrument: „Was ich aus Naturnotwendigkeit bin, das sollst du durch deinen Willen sein." Jedem Erziehungs- oder Eheberater ist das Phänomen geläufig.[715]

Nur die ersten sieben der insgesamt fünfzehn Abschnitte des Textes sind direkt dem Thema Willensfreiheit gewidmet. Die anderen Abschnitte sind eigenständige Aufsätze. In einem von ihnen (Nummer 9) grenzt sich Feuerbach vom physiologischen Materialismus ab. Es sei schon richtig, wenn im Materialismusstreit der Kopf, also das Gehirn, im Vordergrund stehe. Doch die Anatomie zeige uns „nur die tote und ebendeswegen nicht die ganze, volle Wahrheit." Die anatomische Wahrheit brauche als Ergänzung „den Standpunkt des Lebens", denn „Leben, Empfinden, Denken ist etwas absolut Originales und Geniales, Unkopierbares, Unersetzliches, Unveräußerliches." Dieser Standpunkt des Lebens sei das wahre Absolute.[716]

In einem anderen Aufsatz (Nummer 13) widmet sich Feuerbach nach langer Zeit wieder einmal Hegel, insbesondere seiner Behandlung des

Leib-Seele-Problems. Seine Kritik ist milde polemisch, in einigen Punkten entschuldigt er Hegel auch durch Zeitumstände. Am Schluss will er „der Gerechtigkeit gemäß nicht verschweigen, dass in Hegels Anmerkungen zu seiner Psychologie … aus der Tiefe gesunder Anschauung und Beobachtung hervorgeholte Perlen sich finden."[717]

„Ludwig arbeitet zwar fleißig, aber das Werk, an dem er arbeitet, geht langsam seiner Vollendung zu, Ludwig ist darüber verstimmt, fast fortwährend in einem gereizten Zustand", schrieb seine Frau Bertha Mitte 1862 an Emma Herwegh. Ein halbes Jahr später schrieb Ludwig selber an Emma, er sei zum ersten Mal in seinem Leben so krank gewesen, dass er zwei Wochen lang „zwar nicht an das Bett, doch an die Stube gefesselt" gewesen sei. Immer öfter klagte er über die Mühen des Schreibens. „Was könnte mich mehr beglücken, als wenn er mit gestärktem Mut und freudiger Tätigkeit das lang begonnene Werk zur Vollendung brächte … dann wünschte ich, dass er die Feder niederlegen möchte, um auszuruhen, und den Seinigen dadurch noch einige Jahre erhalten bliebe!" schrieb wiederum Bertha, diesmal an den Vertrauten Wilhelm Bolin.[718]

Besserung hatte sie sich von einer vierwöchigen Berlin-Reise erhofft, zu der Ludwig nach seinem sechzigsten Geburtstag von Berliner Freunden eingeladen wurde und die er im September 1864 mit Lorchen antrat. Ludwig war in der Tat begeistert, seine Freunde – Heinrich Benecke und das Ehepaar Khanikoff (der Mann übersetzte Feuerbach ins Russische, in die Frau hätte sich Feuerbach beinahe verliebt) – hatten sich rührend um ihn gekümmert. Benecke hatte ihm sogar ein pikantes Erlebnis verschafft: Er ging mit ihm in eine Vorlesung des evangelischen Theologen August Twesten, der zum Schluss auch auf gegnerische Ansichten einging, sie „gründlich und tiefsinnig" nannte, aber „in ihrer blendenden Dialektik gefährlich". Die Zitierten waren Strauß und Feuerbach. Nach Benecke musste dieser „seine ganze Kraft zusammennehmen", um nicht in schallendes Gelächter auszubrechen. Nach der Vorlesung stellte Benecke ihn dem Professor vor, der ihn höchst liebenswürdig begrüßte und zum Essen einlud. Feuerbach habe nachher, so Benecke, gemeint, er müsse mit dem Hospitieren aufhören, weil er bei der Zahl seiner Gegner „aus dem Dinieren nicht herauskommen würde."[719]

Eine Weile überlegte er sich, ob er nicht versuchen sollte, ohne die Familie nach Berlin zu ziehen. Die Museen, Parks und Prachtstraßen Berlins hatten ihn die „Öde, die Sinn- und Zwecklosigkeit" seiner Existenz im zwar hübschen, aber kulturell reizlosen Nürnberg nur um so härter empfinden lassen. Nach der Reise verbesserte sich seine Stimmung nicht, Berthas Hoffnung hatte sich nicht erfüllt: „Seine übergroße Reizbarkeit der Nerven und die damit verbundene Heftigkeit, seine Bitterkeit gegen die Welt und die Menschen, dem allen muss doch wohl ein körperliches Unwohlsein zugrunde liegen", schrieb sie beunruhigt an Bolin.[720]

Ludwig war damit beschäftigt, die in den letzten Jahren geschriebenen, zum Teil noch in Bruckberg begonnenen Aufsätze – darunter die besprochene Aufsatzsammlung „Über Spiritualismus und Materialismus" – zu einem zehnten Band seiner *Sämmtlichen Werke* zusammenzustellen. Anfang 1866 schickte er Wigand die Manuskripte, etwas später lieferte er einen Epilog nach, in dem er seine Religionskritik rekapitulierte. In diesem Epilog findet sich die fast mathematisch knappe Formel: „Der Glaube ist die Vorstellung des Nichtseienden, aber Sein-Sollenden als Seienden." Im März war der Band fertig zur Auslieferung. Er verkaufe sich nicht schlecht, berichtete Hugo Wigand, der inzwischen den Verlag von seinem Vater übernommen hatte. Auch die *Theogonie*, die inzwischen den deutschen Titel *Ursprung der Götter* erhalten hatte, werde inzwischen „hübsch verlangt", allerdings fast mehr im Ausland, namentlich in Russland.[721]

Die Erstveröffentlichung dieses Werks lag nun fast ein Jahrzehnt zurück. Seither hatte Feuerbach nur zwei Texte veröffentlicht: einen Nachruf auf seinen Freund Heidenreich und eine ziemlich kurze Rezension, in der er erstmals zum Materialismusstreit Stellung bezogen hatte. Jetzt blieb ihm noch eine Freundschaftspflicht zu erfüllen: Friedrich Kapp, der an einer Geschichte der deutschen Einwanderung in die USA arbeitete, hatte ihn um eine Studie über die Herrenhuter-Bewegung gebeten. Bei den regelmäßigen Wechseln, die er von Kapp erhielt, durfte er die Bitte nicht abschlagen. Im Juli schickte er dem Freund den Text, der ihn „sauer zu stehen" kam.[722]

Krieg und Freunde

Danach wäre Feuerbach gern länger verreist, möglichst in den Süden. Er hatte auch eine Einladung nach Goisern im Salzkammergut: Konrad Deubler, ein freidenkerischer Gastwirt und Bäcker (der in der Reaktionszeit schwer für seine Überzeugung hatte büßen müssen), bettelte ihn immer wieder, zu kommen. Er war im Herbst 1862 „in der malerischen Gebirgstracht der Älpler" unangemeldet in Rechenberg erschienen, hatte dabei zwar Ludwig verfehlt, doch Bertha und Lorchen hatten ihn gleich ins Herz geschlossen. Drei Jahre später kam er dann angemeldet, zwar nur für ein paar Stunden, doch es genügte, um die inzwischen brieflich angeknüpfte Freundschaft zur Brüderschaft werden zu lassen. Deubler war sehr belesen: Außer Feuerbachs Hauptwerken standen Luther, Voltaire, Rousseau, Helvétius, J. G. A. Forster, Jean Paul, Moleschott, Büchner, Vogt, Wislicenus, Struve, Renan und andere in seinem selbst gezimmerten Bücherschrank.[723]

Doch im Frühsommer 1866 hatte Preußen Krieg gegen Österreich geführt, und Feuerbach schrieb seinem Freund: „Wer kann jetzt an eine Vergnügungsreise denken, vollends an eine Reise in das unglückliche, von einer so schrecklichen Niederlage betroffene Österreich?" Die Kämpfe hatten nur wenige Wochen gedauert, und die beiderseitigen Verluste beim entscheidenden Zusammenstoß der Armeen bei Königgrätz waren weniger hoch, als viele befürchtet hatten. Dennoch war Feuerbach schockiert, er fühlte sich „um ein ganzes Jahrhundert zurückversetzt, in die Zeit des Siebenjährigen Krieges, in die Zeit der Barbarei eines Bürger- oder Bruderkrieges". Er war keineswegs entschiedener „Großdeutscher", wie man die Verfechter einer deutschen Einigung einschließlich Österreichs nannte, noch weniger ein Anhänger der antiquierten deutschen Kleinstaaterei, aber ihn entsetzte die Barbarei der Bismarckschen Einigung „von oben". Er hielt auch nichts von ihr: „Ich gebe … keinen Schuß Pulver für die Einheit, wenn sie sich nicht auf die Freiheit gründet, nicht diese zum Zweck hat." Doch typisch Ludwig Feuerbach: So sehr er sich über Bismarck und die preußische Blut- und Eisenpolitik empörte – als in der Wohnung erst pommersche Landwehr-Grenadiere und dann ein Offizier mit Bedienstetem einquartiert wurden (Preußen hatte auch die süddeutschen Staaten besetzt), bewirtete er sie „aufs beste, wie sich von selbst versteht". Er lief sogar trotz Unwohlsein nach Nürnberg, um ihnen Zigarren zu besorgen. Auch Bertha war durchaus einverstanden, dass man den Leuten eine angenehme Pause verschaffte, denn „alle hatten sie mächtige Sehnsucht nach der Heimat".[724]

Da sich Feuerbach nicht zur Reise nach Goisern entschließen konnte, kam Deubler im Herbst 1866 nach Rechenberg. Er war eben wieder abgereist, als das Ehepaar Herwegh zu Besuch kam. Georg war mit Tochter Ada

schon im Frühjahr über einen Monat lang in Nürnberg gewesen, weil
Emma die beiden nicht in Zürich haben wollte, während sie dort die Wohnung auflöste und den Umzug ins Badische vorbereitete. Ein weiterer Besucher dieses Herbstes war Ludwig Pfau, der Dichter des „Badischen Wie-
genliedes". Er hatte bis zur Generalamnestie von 1862 im französischen
Exil gelebt, wo er sich als Kunstkritiker einen Namen machte und unter
anderen mit Proudhon befreundete. Seit 1864 war er in Augsburg und
schrieb für die „Augsburger Allgemeine"; er kannte den Besitzer und die
Redakteure des renommierten Blattes und bot Feuerbach an, Artikel zu
platzieren. Feuerbach lehnte ab, er wollte sich „auf nichts weiteres mehr
einlassen als auf weitere Entwicklungen, Ausführungen, Bestätigungen bereits ... ausgesprochener Gedanken, und zwar in der bisheriger Weise".
Doch er war begeistert von Pfaus kunstkritischen Schriften. Er hatte sie
eben erhalten, als der Maler-Neffe Anselm in Rechenberg auftauchte. Seit
den gemeinsamen Schwarzwaldwanderungen im Jahre 1849 hatte er ihn
nicht mehr gesehen. Pfau berichtete ihm dann im Sommer 1867 aus Paris
von Anselms Erfolg auf der Weltausstellung.[725]

Zwei anderen Freunden Proudhons hatte Feuerbach nach dessen Tod im
Vorjahr brieflich sein Beileid ausgedrückt. Es waren Edouard Vaillant und
Joseph Roy. Roy übersetzte *Das Wesen des Christentums* neu ins Französische, nachdem die 1850 erschienene Übertragung von Hermann Ewer-
beck niemanden befriedigt hatte (auch Proudhon nicht, der jedoch kurz
vor seinem Tod, als er das Werk in Roys Übersetzung las, hoch erfreut
war, in Feuerbach nicht nur einen großen Philosophen zu entdecken, sondern auch „einen Schriftsteller, denn er kann lachen und ausgezeichnet
unterhalten, was man nur selten bei den Deutschen findet").[726] Roys
Freund Edouard Vaillant las Feuerbach auf Deutsch. Nachdem er in Frankreich ein Ingenieurdiplom erworben und anschließend an der Sorbonne
promoviert hatte, begann er, weil ihm nicht nach einer Karriere in der In-
dustrie war, in Heidelberg ein Medizinstudium. Er war ein geradezu glühender Feuerbach-Anhänger. Im Frühjahr 1864 war er auf der Suche
nach dem Meister in Bruckberg herumgeirrt (wo schon niemand mehr
einen Herrn Feuerbach kennen wollte), im Sommer fand er ihn schließlich
in Rechenberg. Er wurde sofort zum Liebling der Familie, was nicht weiter
verwunderlich ist: Nach seinen Briefen zu urteilen, war er der Typ des aus-

gesucht höflichen jungen Franzosen. Er korrespondierte dann fleißig mit seinem „Meister". Für Lorchen, die so gerne Gesangsstunden genommen hätte, aber nicht konnte, besorgte er eine Gesangsschule nach neuester französischer Methode, dem Papa erfüllte er jeden Bücherwunsch – Auslagen durfte man ihm nicht erstatten.

Feuerbachs Briefe an ihn – aus Vaillants Briefen ergibt sich, dass er regelmäßig geantwortet hat – sind nicht erhalten. Was sehr bedauerlich ist, denn sie würden uns wahrscheinlich ein sehr viel detaillierteres Bild über Feuerbachs politische Auffassungen liefern. Vaillant war nämlich ein überzeugter Revolutionär und sehnte, wie er in seinen Briefen immer wieder schrieb, den Tag herbei, an dem sich die Volksmassen erheben würden. Als dies 1870/71 in Paris tatsächlich geschah, beteiligte er sich an vorderster Front an der „Kommune". Als deren „Erziehungsminister" führte er unverzüglich die kostenlose und laizistische Schulbildung ein und ordnete die Trennung von Kirche und Staat an. Bei der Niederschlagung konnte er den Versailler Truppen mit knappster Not entkommen, zu Fuß gelangte er nach Spanien und Portugal und fand schließlich in England Exil (in Frankreich wurde er in Abwesenheit zum Tode verurteilt). In England, wo er erst mit Marx, dann mit den Blanquisten zusammenarbeitete, saß er im Generalrat der Ersten Internationale. Nach der Amnestie von 1880 kehrte er sofort nach Frankreich zurück, wo er als Stadtrat von Paris und schließlich als Abgeordneter in der Nationalversammlung mit fabelhaftem Fleiß für die Interessen der Arbeiterschaft eintrat. Mehr oder weniger alle linken Parteien und Gewerkschaften Frankreichs beanspruchen ihn als ihren „Großvater", und wohl zurecht, denn seiner Beharrlichkeit, mit der er eine ungewöhnliche Fähigkeit zum Ausgleich verband, war es zu verdanken, dass die französische sozialistische Bewegung Ende des 19. und Anfang des 20. Jahrhunderts nicht von inneren Konflikten aufgerieben wurde. Er bemühte sich auch auf der internationalen Ebene, die sozialistischen Bewegungen der europäischen Länder angesichts des drohenden Ersten Weltkriegs zu einen. Noch 1911 schrieb er in einem Brief an Lorchen, zu der er ein herzliches Verhältnis bewahrte, über ihren Vater: „Ich denke stets an ihn mit dankbarer Anhänglichkeit."[727]

Letztes Aufflammen der Schaffenslust

Im Winter 1867, Anfang Februar, wurde Feuerbach ernsthaft krank. Jetzt war er sogar ans Bett gefesselt – es war ein „gelinder Schlaganfall", der allerdings keine gravierenden Folgen hatte. Im Frühjahr kam Karl Vogt vorbei und drängte ihn, endlich der Einladung Deublers zu folgen; er kannte den Mann selbst. Am 11. August trat Feuerbach zusammen mit Lorchen die viertägige Reise nach Goisern an. Die Gegend, die er vorfand, verkörperte seine „innigsten Wünsche und Vorstellungen von Natur und Landleben". Für ein paar Tage kam Wilhelm Bolin hinzu, der in seiner Biographie berichtet, Feuerbach sei „von einer überraschenden Rüstigkeit" gewesen und habe mit Deubler „unbehindert achtbare Höhen ersteigen" können. Auch mit den Dorfbewohnern habe er sich ausgezeichnet verstanden, mit Deubler ohnehin, der mächtig stolz war, den „kühnsten und größten Denker der gegenwärtigen Zeit" zu beherbergen. Den nächsten Sommer wollte Feuerbach ganz in Goisern verbringen, Bertha wäre mitgekommen, in Deublers Sommerhäuschen stand eine vollständig eingerichtete Wohnung zur Verfügung. Deubler schrieb, er habe „nichts weggeräumt; es bleibt alles, wie es liegt und steht, bis Ihr im Frühjahre wiederkommt!"[728]

Doch der nächste Frühling war auch in Bayern wunderschön, und Feuerbach fühlte seine geistigen Kräfte ganz neu erwachen. Von Goisern war keine Rede mehr, er wollte nur noch schreiben. „Ich bin wieder Schriftsteller geworden, und zwar Schriftsteller wie in meinen besten Jahren, Schriftsteller, der mit Lust und Liebe arbeitet", meldete er Bolin begeistert. Bis fast Ende Juli schrieb er in einem Zuge. Der Text, von dem etwa sechzig Seiten ausgearbeitet sind, war auf ein ganzes Buch ausgelegt. Er knüpft unmittelbar an die Problematik des Aufsatzes über „Spiritualismus und Materialismus" an, wo Feuerbach festgestellt hatte: „Der Materialismus ist die einzige solide Grundlage der Moral."[729]

Die in jenem Aufsatz entwickelten Gedanken sind, wie Bolin berichtet, „auch von wohlmeinender Seite unzulänglich verstanden" worden.[730] Feuerbach will sie jetzt ausführen. Er trifft die grundlegende Feststellung: Die *materielle* Grundlage des menschlichen Verhaltens ist der Glückseligkeitstrieb, der dem lebenden und empfindenden Wesen eingeboren ist. Von dieser Feststellung aus werden die gängigen Begründungen der Moralität kritisiert: Die theologische und idealistische Annahme eines prinzipiell freien Willens, das Selbstmordargument, der Schopenhauersche Buddhismus, die Kantsche Pflicht. Gegen Schopenhauer führt Feuerbach auch psychologische Beobachtungen ins Feld: „Je gleichgültiger, je unempfindlicher ein Mensch gegen eigne Schmerzen ist, um so unempfindlicher wird er auch gegen die Schmerzen anderer sein." – „Das O-weh!-Geschrei des Elends ist nicht weniger selbstsüchtig und eitel, als der Ausruf der Lust und Freude."

Überraschend mag einen heutigen Leser, der von der damals als Nationaltugend gepriesenen preußischen Zucht keine Vorstellung mehr hat, die Schärfe der Polemik gegen die Kantsche Pflicht anmuten: Die „sogenannten Pflichten gegen sich selbst" sind für Feuerbach Ausdruck schlimmster Heuchelei, und diese Heuchelei ist das „herrschende Laster im Staat und in der Kirche, auf der Hochschule und in der Dorfschule, im Kloster und in der Kaserne" – da „faseln mit Jubel deutsche Toren von Deutschlands Wiedergenesung – einer Genesung durch den Dr. Eisenbart ..." (sprich Bismarck). Er selbst anerkennt nur ein Gebot gegen sich selbst: „Pflicht ist nur, was gesund ist."731

Ganz und gar heutigem Erkenntnisstand entspricht der vorletzte vollendete Abschnitt. Feuerbach macht dort zwei Aussagen, an die eine heutige Moraldiskussion unmittelbar anknüpfen kann. Erstens: „Es ist eine grundverderbliche, gemeinschädliche Vorstellung, dass die Moral nur vom Willen abhänge." Moralisches Verhalten benötigt den erforderlichen Spielraum, der zum Beispiel in Elendsquartieren eindeutig fehlt. Nur die „nach getaner Arbeit verbundene Glückseligkeit" ist es, „welche im großen und ganzen die Menschen vom Laster abhält". Und zweitens: Die Frage, wie „der Mensch von seinem egoistischen Glückseligkeitstrieb aus zur Anerkennung der Pflichten gegen andere Menschen" gelangt, hat „schon längst die Natur selbst entschieden und gelöst". Sie hat nämlich „nicht nur einen einseitigen und ausschließlichen, sondern auch zwei- und gegenseitigen Glückseligkeitstrieb hervorgebracht". Mit der Muttermilch saugt der Mensch auch die Elemente der Moral ein, „als da sind Gefühl der Zusammengehörigkeit, Verträglichkeit, Gemeinschaftlichkeit, Beschränkung der unumschränkten Alleinherrschaft des eignen Glückseligkeitstriebs." Vom „Standpunkt der Natur aus", heißt es in einer Notiz, die nicht in den Text einging, ist der „arrogante kategorische Imperativ ... nur ein sehr bescheidener frommer Wunsch".732

Auf den schönen, schöpferischen Frühling folgte ein lähmend heißer Sommer und damit „eine Zeit der Tatlosigkeit, der tiefsten Verstimmung, der Melancholie". Ausflüge in die Umgegend, auch einmal nach Regensburg, und Besuche von Vaillant und Deubler brachten wohl Abwechslung. Doch als die immer fein beobachtende Henriette Feuerbach im Herbst nach Rechenberg kam, war sie entsetzt. Ihr Schwager sei „im Ganzen sehr verändert", aus vielen Anzeichen könne man „zweifellos schließen, dass der letzte Schlaganfall sein Werk im Stillen fortsetzt." Der erste Augenblick des Wiedersehens sei „fast schauerlich" gewesen.[733]

Dem Freund in Goisern berichtete Feuerbach, er sei „ein sehr fleißiger Sammler und Einhamsterer", „immerfort tätig", allerdings „nur nach innen, nicht nach außen". Zeitweise versuchte er, an der Schrift über Willensfreiheit und Moral zu arbeiten, aber er „brachte doch nichts Gescheites zustande", wie er leicht resigniert Ende 1868 an Moleschott schrieb. Im Herbst 1869 traf Bolin ihn noch einmal in „arbeitsfroher Stimmung", doch im darauffolgenden Frühjahr schrieb er dem finnischen Freund, er habe im vergangenen Winter „mit Ausnahme von ein paar unabweislichen Briefchen keinen Federzug getan". Er könne „keine der Aufgaben, die jetzt die Menschheit bewegen, zum Objekt mitschaffender Tätigkeit machen", er könne nur noch seinen „Sinn offen und frei für sie erhalten" und sie sich „durch teilnehmende Lektüre und Anerkennung" aneignen.[734]

Nach dem Schock des Krieges Preußen gegen Österreich hatte er sich intensiv mit neuerer Geschichte und Politik beschäftigt. Neben amerikanischen, französischen und italienischen Zeitungen hatte er unter anderem auch *Das Kapital* von Marx „gelesen und studiert", dessen erster Band eben erst erschienen war (in der unvollendeten Schrift „Über Moralphilosophie" verweist er bei der Feststellung, dass Moral in Elendsquartieren nicht den erforderlichen Spielraum habe, explizit auf das Werk). Und neben der „großen Arbeiter- und Kapitalistenfrage" hatte ihm seit Herbst 1869 eine deutsch-amerikanische Zeitung auch die Frauenemanzipation „zu einer Geist und Gemüt bewegenden Angelegenheit" gemacht. Er war so begeistert von der Sache, dass er von sich aus Abonnenten für das Blatt werben wollte (er fand nur zwei, sich eingeschlossen). Die Frauenemanzipation war für ihn „eine Sache und Frage der *allgemeinen* Gerechtigkeit und Gleichheit". „Mann und Weib sind nicht nur leiblich, sondern auch geistig unterschieden", schrieb er an Bolin, „aber folgt aus diesem Unterschied Unterordnung, Ausschließung des Weibes von geistigen und allgemeinen, nicht nur häuslichen Beschäftigungen? Lassen wir die Frauen nur auch politisieren! Sie werden gewiss ebensogut wie wir Männer Politiker sein, nur Politiker anderer Art, vielleicht selbst besserer Art wie wir."[735]

Verspätete Feiern

Mitte Juni 1870 wurde Feuerbach das erste und einzige Mal in seinem Leben von einer Menge gefeiert. Im Vorjahr war eine neue Freundschaft entstanden: Carl Scholl, Sprecher der freireligiösen Gemeinde in Nürnberg, wurde zum Hausfreund und engen Vertrauten. Die während der Reaktionszeit unterdrückten und schikanierten freireligiösen Gemeinden erlebten eine Renaissance, und in Nürnberg tagte am 27. und 28. Juni deren südwestdeutsche Synode. Der Andrang zur Eröffnungsveranstaltung war „ungeheuer", wie eine Zeitung meldete. Feuerbach, auf den sich die Bewegung inzwischen ausdrücklich berief, war eingeladen. Obwohl nicht Mitglied, folgte er den Beratungen und nahm danach am festlichen Essen teil. Hier wurden Toaste ausgebracht, auf das Vaterland, auf dessen Einigung – und auf Ludwig Feuerbach: „Wir freien Gemeinden müssen auf die Ehre verzichten, dass Könige mit Szepter und Kronen zu unseren Kreisen herniedersteigen, aber heute haben wir doch einen König in unserer Mitte, einen König des Gedankens! Ihm zu Ehren erhebe ich mein Glas ... und stimmen Sie ein, wenn ich rufe: Ludwig Feuerbach, der König des Gedankens, der Bürger kommender Jahrhunderte, er lebe hoch!"[736]

Am 19. Juli brach der Deutsch-Französische Krieg aus. Am Tag danach (als die Meldung wohl Nürnberg erreichte) erlitt Feuerbach einen zweiten Schlaganfall. Diesmal mit gravierenden Folgen: weitgehender Gedächtnisverlust, fast totale Apathie. Ein Zusammenhang zwischen den beiden Ereignissen muss für immer Spekulation bleiben, medizinisch ist er nicht ausgeschlossen, wenn man an Feuerbachs Bestürzung über die Opfer des Krieges von 1866 denkt.[737] Für Bertha und Lorchen begannen zwei sehr schwere Jahre. „Unser Leben ist so monoton, dass wir fast buchstäblich an geistigem Hunger totsterben", klagte Bertha in einem Brief an Emma Herwegh. Und Lorchen, die gewohnt war, Ausflüge mit ihrem Vater zu machen, ihn nach Nürnberg zu begleiten, mit ihm Freunde zu besuchen, verlor dies alles auf einen Schlag: „Er geht, außer seinen Spaziergang auf den Berg, gar nicht mehr aus, flieht alle Menschen." Eine Unterhaltung mit ihm war kaum mehr möglich. Er selbst war sich des Zustandes bewusst: „Ich bin nicht mehr, ich bin tot", antwortete er Enno Hektor, der ihn nach dem Befinden fragte.[738]

Hie und da las er ein wenig Zeitung, doch ob er noch etwas aufnahm, konnte selbst Bertha nicht beurteilen. Lorchen übernahm die Korrespondenz und trug ihm die eingehenden Briefe vor. Es waren interessante darunter. So schrieb aus Amerika die Journalistin Ottilie Assing, sie habe mit dem *Wesen des Christentums* ihren Freund bekehrt – dieser Freund war Frederick Douglass, der ehemalige Sklave und mittlerweile berühmte Bürgerrechtler. Lichte Momente hatte Feuerbach, wenn es um Freunde ging oder sie ihn gar besuchten. Die rührendste Szene berichtet Deubler: Im Frühjahr 1872 kam er nach Rechenberg. Bertha und Lorchen machten ihm wenig Hoffnung, dass Feuerbach ihn noch erkennen würde. „Da – auf einmal – ging langsam die Thüre des Krankenzimmers auf; mein Alter erscheint, völlig angekleidet, und mit den Worten: Mein Deubler, mein guter alter Freund! fällt er mir um den Hals. Er weinte vor Freuden und Aufregung, auch ich. Es wurde eine Flasche Portwein gebracht und wir tranken ein Glas um das andere. Die alte Frau Feuerbach musste öfter hinausgehen, um sich ungesehen vor Freuden ausweinen zu können."[739]

Um Weihnachten 1871 setzte ein Zeitungsartikel die Familie und die Freunde – am meisten die Nürnberger Tanten – in Aufregung: Ludwig Feuerbach sei am Verhungern, stand da zu lesen. Die Sache war etwas unglücklich gelaufen: Feuerbach hatte schon vor Jahren dem Freund Enno Hektor seine Sorge um Berthas und Lorchens finanzielle Zukunftsperspektiven anvertraut, und Hektor hatte einen etwas unbeholfenen Vorstoß unternommen. Jedenfalls brachte jetzt ein Würzburger Blatt einen Aufruf, für den verarmten Philosophen zu sammeln. Nach Bolin (der in seiner Biographie Feuerbachs Affinität zum Sozialismus stets mit spitzen Fingern anrührt) war dieser Aufruf „eine mit starkem Farbenauftrag versehene Schilderung von der ‚Nothlage des kühnen Denkers', dem Parteiinteresse durch etliche Übertreibungen und Entstellungen Rechnung tragend." Das Blatt war eine Zeitung der erst zwei Jahre zuvor von Bebel und Liebknecht gegründeten Sozialdemokratischen Arbeiterpartei – und Feuerbach war seit 1869 zahlendes Mitglied der Nürnberger Sektion. Der Sammelaufruf

wurde von fast allen sozialistisch eingestellten Blättern Deutschlands übernommen.[740] Die Spenden flossen reichlich, auch aus Österreich, Belgien,
England und Amerika. Es war übrigens nicht der einzige Aufruf. Die in
sehr hoher Auflage erscheinende Familienzeitschrift „Die Gartenlaube"
brachte Anfang 1872 einen zweieinhalbseitigen Artikel mit Bild über Ludwig Feuerbach, der am Schluss die Leser aufforderte, zu einem „National-
dank" für Ludwig Feuerbach beizusteuern. Das Ergebnis der Sammlungen
reichte aus, um Bertha und Lorchen eine wenn auch bescheidene, so doch
sorgenfreie Zukunft zu sichern.[741]

Anfang September 1872 zog sich Feuerbach eine leichte Erkältung zu, die
zur Lungenentzündung ausartete. Am 12. September schlief er ruhig ein,
Bertha und Lorchen wachten bei ihm. Am 13. September, morgens um
halb sechs, starb er. Der Tod war sehr sanft. „Ich glaube nicht, dass je ein
Mensch so sanft dahingeschlummert ist als er", schrieb Bertha an Emma
Herwegh.[742]

Die Beerdigung – der Todestag war ein Freitag – wurde auf Sonntag
Nachmittag vier Uhr auf dem berühmten Nürnberger Johannisfriedhof
angesetzt. Der Termin sorgte dafür, dass nicht nur die Angehörigen und
Freunde anwesend waren, sondern eine unübersehbare Menschenmenge,
die Schätzungen schwanken zwischen sechs- und zwanzigtausend Teilnehmern. Das Gedränge war so groß, dass es für die Vertreter des Stadtmagist-
rats kein Durchkommen zum Grab gab. Viele Vereine hatten zur Teilnahme am Begräbnis aufgerufen – Feuerbach war in mehreren von ihnen
Mitglied gewesen, im Bürgerverein sogar Ehrenmitglied –, und vor allem
hatte die Sozialdemokratische Partei ein Plakat drucken lassen: „Arbeiter!
Genossen! Der große Kämpfer für die Befreiung des Volkes aus den Ban-
den geistiger Sclaverei, der berühmte Denker, Gelehrte und Philosoph
Ludwig Feuerbach ist dem Tode verfallen [...] Arbeiter von Nürnberg,
Fürth und Umgegend! Vereinigt Euch mit uns, um am Sarge L. Feuerbach's nochmals ihm und seinen Lehren die gebührende Huldigung darzu-
bringen. Weder der politische noch der sociale Standpunkt, zu dem er sich
mit uns bekannte, wird Euch hindern, uns die Hand zu reichen zu einer
Massendemonstration gegen das Pfaffenthum!"[743] Der Aufruf wurde be-
folgt. Die Nürnberger Stadtchronik verzeichnet: „Sie sammelten sich in
Masse auf dem Egidienplatz, zogen mit Musik und rothen Fahnen auf den

Gottesacker, schlossen sich beim Zug unmittelbar an die Verwandten an
und entfalteten rothe Fahnen."[744]

Festliche Trauerzüge, möglichst am Sonntag, waren bei den Arbeiter-
organisationen in Deutschland und Frankreich eine jahrzehntealte Tradition. Sie boten die Gelegenheit, im Sonntagsstaat (mochte er auch die
Woche über im Leihhaus hängen), hinter Musikkapelle und Fahnen dem
grauen Einerlei des Fabrikalltags zu entkommen. Die Arbeiter durften ja
nicht demonstrieren, ihren Organisationen blieb nur der Trauerzug als
Möglichkeit der Kundgebung auf offener Straße.[745] Feuerbach wurde also,
wenn man ganz streng sein will, bei seiner Beerdigung „missbraucht". Im
Gegensatz zu anderen Missbräuchen, die man mit ihm getrieben hat, darf
man aber sicher sein, dass *dieser* ihn innigst gefreut hätte. Eher gewundert
hätte ihn – vielleicht, vielleicht auch nicht – das Grabmal, wäre der Stifter
nicht ein Freund gewesen: Theodor Freiherr von Cramer-Klett, einer der
mächtigsten, aber auch aufgeklärtesten „Kapitalisten" Deutschlands, ließ
es errichten: Auf einem Podest erhob sich ein die umliegenden Gräber
überragender Obelisk mit Feuerbachs Porträt in Bronzerelief. Eine nach-
folgende Generation fand es wohl zu überragend und ersetzte es durch
eine liegende Platte.

Drei Jahre nach dem Tod des Philosophen benannte die Stadt eine
Straße nach ihm. Als 1928 auf dem Rechenberg ein Feuerbach-Denkmal
errichtet werden sollte, gab es heftige Widerstände. Private Spenden ermöglichten es schließlich. Die Nationalsozialisten entfernten es, kaum
waren sie an der Macht. Nach dem Krieg wurde es unter Bombenschutt
wiedergefunden und restauriert. Der eingemeißelte Satz „Der Mensch
schuf Gott nach seinem Bilde" sorgte noch jahrelang für Proteste. Fast
hundertzwanzig Jahre, nachdem er geschrieben wurde, beschäftigte er sogar das bayerische Verfassungsgericht – keine geringe Ehre für einen Philosophen.[746]

Anmerkungen

Folgende Abkürzungen werden verwendet:

GW plus Bandnummer: Ludwig Feuerbach, *Gesammelte Werke*. Herausgegeben von Werner Schuffenhauer, Berlin, Akademie Verlag 1966 ff.

Bw Bolin: Wilhelm Bolin, „Biographische Einleitung" in: *Ausgewählte Briefe von und an Ludwig Feuerbach*. Band 1. Neu herausgegeben und erweitert von II.-M. Sass als Band 12 von: Ludwig Feuerbach, *Sämtliche Werke*, hrsg. von Wilhelm Bolin und Friedrich Jodl, Frommann Verlag Günther Holzboog, Stuttgart 1964 (der Biographie-Teil ist in beiden Ausgaben identisch, auch in der Paginierung).

ADB: *Allgemeine Deutsche Biographie*. Neudruck, Duncker & Humblot, Berlin 1967–1971.

NDB: *Neue Deutsche Biographie*. Hrsg. von der Historischen Kommission bei der Bayerischen Akademie der Wissenschaften, Duncker & Humblot, Berlin 1953 ff.

MEW: *Karl Marx – Friedrich Engels, Werke*, Dietz-Verlag, Berlin 1972 ff.

Die Aufklärung und ihre Kinder

1 Siehe dazu vor allem Thomas Nipperdey, *Deutsche Geschichte 1800–1866. Bürgerwelt und starker Staat*. München, C. H. Beck 1983, S. 11 ff. Nipperdey beginnt seine Analyse mit dem Satz: „Am Anfang war Napoleon."

2 Benno Hubensteiner, *Bayerische Geschichte*. München, Süddeutscher Verlag 1980, S. 236.

3 Ausführliche Darstellungen von E. Weis in: Max Spindler (Hrsg.), *Handbuch der bayerischen Geschichte*, Band 4/1, München, C. H. Beck

1970, S. 3 ff., Friedrich Prinz, *Geschichte Bayerns*, München, Serie Piper 2001, S. 299 ff. und Nipperdey, *Deutsche Geschichte 1800–1866*, S. 69 ff.

4   Vgl. Prinz, *Geschichte Bayerns*, S. 308.

5   So Paul Johann Anselm Feuerbach selbst in einem Brief an seinen Vater, GW 12, S. 104 f.

6   Über Paul Johann Anselm Feuerbach sind wir sehr gut informiert. Ludwig Feuerbach selbst hat zwei Lexikon-Artikel über ihn verfasst (GW 10, S. 324 ff. und GW 11, S. 3 ff.) und 1852 in einem umfangreichen Werk wichtige Teile seines Nachlasses veröffentlicht (GW 12). Das Referenzwerk ist jedoch die großartige, auch literarisch bemerkenswerte Biographie von Gustav Radbruch: *Paul Johann Anselm Feuerbach – Ein Juristenleben* (im folgenden abgekürzt: Radbruch, *Feuerbach*). Radbruch, selbst ein bedeutender Rechtsgelehrter (1878–1949, Sozialdemokrat, zeitweise Justizminister, 1933 als erster deutscher Professor amtsenthoben) recherchierte jahrzehntelang für dieses Werk, das 1934 in Wien erschien. Als fotomechanischer Nachdruck wurde es 1957 und 1969 in Göttingen neu aufgelegt. Mittlerweile wurden die Biographie und andere Aufsätze und Reden über Paul Johann Anselm Feuerbach im von Gerhard Haney herausgegebenen Band 6 der *Gustav Radbruch-Gesamtausgabe* vereinigt (hrsg. von Arthur Kaufmann, C. F. Müller Verlag, Heidelberg 1997). Diese neue Version ist den älteren Auflagen vorzuziehen, da ihr ein umfangreicher editorischer Bericht beigegeben ist, der zahlreiche Zusammenhänge erläutert und Fehler berichtigt, die Radbruch unterlaufen waren. Die nachfolgenden Ausführungen zu Paul Johann Anselm Feuerbach stützen sich, soweit nichts anderes vermerkt, auf Radbruch. Die Seitenangaben beziehen sich auf Band 6 der Radbruch-Gesamtausgabe, in eckigen Klammern folgen die Seitenzahlen der originalen früheren Auflagen. – Neuere Arbeiten über P. J. Anselm Feuerbach: Eberhard Kipper, *Johann Paul Anselm Feuerbach. Sein Leben als Denker, Gesetzgeber und Richter*, Köln, 1969; Alfred Kröner, *Die Familie Feuerbach in Franken*, Sonderheft 6 von „Aufklärung und Kritik", Nürnberg 2002, sowie ders., *Paul Johann Anselm und Ludwig Andreas Feuerbach als Exponenten des Bürgertums im 19. Jahrhundert. Leben und Wirkungen*, Sonderheft 12 von „Aufklärung und Kritik", Nürnberg 2007.

7 Vgl. Radbruch, *Feuerbach*, S. 58 f. [26].

8 Ebenda, S. 77 [44].

9 Vgl. GW 12, 94 und 95.

10 Vgl. GW 12, S. 108.

11 Paul Johann Anselm Feuerbach gibt in einem Brief eine detaillierte Schilderung des Vorfalls. Siehe GW 12, S. 119 f.

12 Vgl. Kipper, *Johann Paul Anselm Feuerbach*, S. 16 und 58. Nach Kipper dürfte die Stellung heute der des Ministerialdirigenten entsprechen. – Montgelas wird dafür gerühmt, dass es ihm gelungen sei, „für alle Ministerien einen Kreis von hervorragenden Fachleitern … zu gewinnen. Vgl. *Handbuch der bayerischen Geschichte*, (1. Auflage) Band 4/1, S. 57 f.

13 Radbruch, *Feuerbach*, S. 104 [67].

14 GW 12, S. 127.

15 Ebenda, S. 108.

16 1808 wurde der Geheime Rat nach dem Vorbild des französischen Conseil d'état reorganisiert. Einem Freund gegenüber lobt Paul Johann Anselm Feuerbach am 7. 1. 1811 dieses Kollegium, „das zu den schönsten Einrichtungen unseres Staats gehört. Hier werden alle großen Angelegenheiten des Staats, insbesondere alles, was zur Gesetzgebung gehört, unmittelbar unter den Augen des Königs selbst verhandelt. Wir haben in der Regel zwar nur berathende Stimme, aber es herrscht eine Freymüthigkeit unter uns, wie sie eines solchen Königs würdig ist. In contentiösen Administrativ-Gegenständen, bey Entscheidungen eines Jurisdictionsconflicts zwischen den Justiz- und Administrativstellen und dergleichen haben wir entscheidende Stimme, und des Königs Majestät hat blos die Function eines Präsidenten oder Direktors, nämlich die Stimmen zu colligieren und im Falle einer Stimmengleichheit zu entscheiden." Gustav Radbruch, *Gesamtausgabe*, Band 6, Ed. Ber., S. 426.

17 GW 12, S. 135, 136 und 138. In einem undatierten Fragment, das Ludwig Feuerbach im Werk über seinen Vater veröffentlichte, listet der Strafrechtler die zahllosen Grausamkeiten des seit 1751 geltenden Kreitmayrschen Strafrechts auf, das in der zweiten Hälfte des 18. Jahrhunderts noch mehrfach verschärft wurde (ebenda, S. 129–137). Über die Alltäglichkeit der Tortur berichtet Paul Johann Anselm

Feuerbach: „Vor kurzem sollen, wie gesagt wird, in einer einzigen Stadt innerhalb eines Zeitraums von 14 Tagen nicht weniger als 5 bis 7 Personen die Folter erlitten haben. Auch ist es nicht selten, in Bayern zu hören oder zu lesen: Dieser ist nach dreifach ausgestandener Tortur frei entlassen worden, oder auch: Dieser und jener wurde nach dreifach ausgestandener Tortur auf 40 oder 60 Jahre oder auf Lebenszeit in das Zuchthaus gebracht." (S. 136). Glühende Heimatliebe verbot offenbar älteren bayerischen Historikern, dem „Nordlicht" Feuerbach das Verdienst für die Abschaffung der Folter zuzuerkennen. Benno Hubensteiner meint, es sei ein „billiges Ammenmärchen", dass die Folter erst auf Feuerbachs Initiative abgeschafft wurde, in Wirklichkeit sei es bloß darum gegangen, „einen längst gegenstandslos gewordenen Paragraphen auch formell aufzuheben" (*Bayerische Geschichte*, S. 245). Auch in der ersten Auflage des *Handbuchs der Bayerischen Geschichte* (München 1970) heißt es noch, es sei „gesetzlich die schon länger nicht mehr angewandte Tortur beseitigt worden" (Band IV/I, S. 49). Die zweite, völlig neu bearbeitete Auflage des Referenzwerkes (München 2003) enthält diese Behauptung nicht mehr, doch sie schreibt die Abschaffung der Folter ohne Namensnennung der Regierung zu, Feuerbach (dessen Verdienste ansonsten ausführlicher gewürdigt werden) darf in diesem Punkt immer noch nicht zu Ehren kommen (Band IV/I S. 69). – Zu den näheren Umständen von Feuerbachs Bemühungen siehe Alfred Kröner, *Paul Johann Anselm und Ludwig Andreas Feuerbach als Exponenten des Bürgertums im 19. Jahrhundert*, a. a. O., S. 59.

18   Vgl. den Brief an den Vater vom 10. 4. 1808, GW 12, S. 149 f., und Radbruch, *Feuerbach*, S. 115 [78] und 114. [77]. Feuerbach entwickelte seine Gedanken in mehreren Vorträgen vor dem Geheimen Rat. Einer von ihnen ist auszugsweise abgedruckt in GW 12, S. 158 ff. – Die Charte von 1808 schrieb im Wesentlichen die bisher durchgeführten Reformen fest; im Gegensatz zur Verfassung von 1818 war sie ansonsten folgenlos, Wahlen zur vorgesehenen Ständeversammlung fanden nie statt: Dass sie „gerade in ihren wesentlichen Theilen ein Wort ohne That, ein Versprechen ohne Erfüllung" war, kritisierte auch Paul Johann Anselm Feuerbach in seiner Flugschrift von 1814 „Über teutsche Freiheit und Vertretung teutscher Völker durch Land-

 stände" (*Kleine Schriften vermischten Inhalts*, S. 97). Vgl. auch *Handbuch der bayerischen Geschichte*, 1. Auflage Band 4/1, S. 51 f., und Prinz, *Geschichte Bayerns*, S. 317. – Zu Feuerbachs Anteil an der Ausarbeitung der Charte von 1808 und am Bürgerlichen Gesetzbuch siehe auch Kröner, *Paul Johann Anselm und Ludwig Andreas Feuerbach*, a. a. O., S. 60–70.

19 Vgl. Radbruch, *Gesamtausgabe*, Band 6, Einleitung, S. 7 f. Gerhard Haney gibt in dieser Einleitung auch Zahlen zur Rezeptionsgeschichte: Bis zum Ende des 19. Jahrhunderts nimmt das Interesse an Paul Johann Anselm Feuerbach stetig ab, doch nach der Jahrhundertwende steigt es wieder an, bis 1933. Unter der Naziherrschaft ist Feuerbach tabu (Radbruch darf einen Festvortrag nicht halten). In der zweiten Hälfte des 20. Jahrhunderts erreichte die Zahl der Publikationen fast das Vierfache des Standes von 1850 (ebenda S. 9.) – Neuere Detailerkenntnisse zur Ausarbeitung des Strafgesetzbuches bei Kröner, *Paul Johann Anselm und Ludwig Andreas Feuerbach*, a. a. O., S. 71–75.

20 Radbruch, *Feuerbach*, S. 123 [86].

21 Ebenda S. 202 f. [162 f.] Zur Einführung in Argentinien siehe Kipper, *Johann Paul Anselm Feuerbach*, S. 69.

22 Paul Johann Anselm Feuerbach schildert den Vorfall selbst ausführlich, siehe GW 12, S. 185 ff. (Zitat S. 190). Vgl. auch Radbruch, *Feuerbach*, S. 135 ff. [97 ff.]

23 Jacobi war von Anfang an ein väterlicher Freund und Förderer des Strafrechtlers. Vgl. den Briefwechsel in GW 12, S. 112–121, 124–126 und 127, sowie Radbruch, *Feuerbach*, S. 107 [71].

24 Vgl. *Fr. Thiersch's Leben*, herausgegeben von Heinrich W. J. Thiersch. 2 Bände, Leipzig / Heidelberg 1866, sowie ADB, Band 38, S. 7–22.

25 Anselm Feuerbach, *Ein Vermächtnis*. Herausgegeben von Henriette Feuerbach. Berlin, Verlag von Th. Knaur Nachf. o. J., S. 64 (Kapitel „München").

26 GW 12, S. 248 f.

27 Von der Schrift „Über die Unterdrückung und Wiederbefreiung Europens" vermerkt Feuerbach, sie werde „selbst von den niederen Klassen, wenngleich nicht immer verstanden, doch gelesen" (GW 12,

S. 252). – Die drei wichtigsten Flugschriften sind enthalten in *Anselms von Feuerbach kleine Schriften vermischten Inhalts*, einer Sammlung, die Feuerbach 1833 bei T. H. Otto in Nürnberg herausgab. Das Buch ist als fotomechanischer Nachdruck wieder verfügbar: Goldbach, Keip Verlag 1999 (Bibliothek des deutschen Strafrechts: Meister der Moderne; Nr. 101).

28 Ebenda S. 13, 20, 14, und 25 (Rechtschreibung original).

29 GW 12, S. 252, Fußnote.

30 Ebenda, S. 251. Vgl. auch Radbruch, *Feuerbach*, S. 143 f. [104 f.].

31 GW 12, S. 253.

32 Ebenda, S. 261.

33 Domstraße 5. Vgl. Alfred Kröner, *Die Familie Feuerbach in Franken"*, a. a. O., S. 25.

34 Radbruch, *Feuerbach*, S. 160 [121]. Zu Elisa von der Recke vgl. ebenda, S. 161 f. [121 f.].

35 GW 12, S. 291.

36 Ebenda, S. 318.

37 Zit. nach Benno Hubensteiner, *Bayerische Geschichte*, S. 240.

38 Radbruch, *Feuerbach*, S. 168 [129].

39 „Über die Notwendigkeit eines zu errichtenden deutschen Fürstenbundes", abgedruckt in GW 12, S. 337–346.

40 Zit. nach: Radbruch, *Feuerbach*, S. 170 [130]. Den Orden erhielt Feuerbach später dennoch. Am 11. Juli 1819 schreibt er an Elisa von der Recke und an Tiedge: „Der Großherzog von Sachsen-Weimar hat mir vor einem Monat die unerwartete Freude gemacht, mich zum Kommandeur seines Hausordens der Wachsamkeit oder des Weißen Falken zu ernennen." (GW 12, S. 398)

41 Karolinenstraße 21, vgl. Alfred Kröner, *Die Familie Feuerbach in Franken*, S. 27, Abbildung S. 102.

42 Vgl. GW 12, S. 367.

43 Abgedruckt in: *Kleine Schriften vermischten Inhalts*, S. 123–132. Radbruch bedenkt diese Rede mit höchstem Lob: „Nie ist Geist und Unabhängigkeit der Rechtspflege im Geiste einer liberalen Staatsauffassung mit ergreifenderen Worten gefeiert worden" (*Feuerbach*, S. 175 [135]). Dieses Lob muss auch vor dem Hintergrund der Zeit gesehen werden, in der es geschrieben wurde: nach Hitlers Machtergreifung.

Im Zentrum von Feuerbachs Rede steht nämlich die Unabhängigkeit der Justiz: „Der Ungehorsam ist dem Richter eine heilige Pflicht, wo der Gehorsam Treubruch sein würde gegen die Gerechtigkeit." (*Kleine Schriften*, S. 128.)

44 Der Titel der Satire lautet: „Untertänige Vorstellung und Bitte der gefangenen Gerechtigkeit. An eine hohe Ständeversammlung zu Y.", abgedruckt in GW 12, S. 381–388, Zitat S. 387. – Feuerbach übersandte gleichzeitig einen Bericht über die unnötigen bürokratischen Verfahrensverzögerungen. Eine Reform der Prozessordnung wurde daraufhin in Angriff genommen. (Ebenda, S. 388). – Nach Radbruch hatte Feuerbach „der Versuchung widerstanden, sich zum Abgeordneten wählen zu lassen ... Aber aus dem Hintergrund übte er seinen Einfluss" (*Feuerbach*, S. 181 [141]). – Zur gesellschaftspolitischen Würdigung der Verfassung von 1808 vgl. Nipperdey, *Deutsche Geschichte 1800–1866*, 344 ff.

45 Brief an Tiedge: GW 12, S. 368–371. – Feuerbach nahm für sich in Anspruch, dass er es war, „der das bayerische Konkordat mit dem Papst zerrissen, der das Religions-Edikt, das protestantische Oberkonsistorium, die nun bestehenden, von den Regierungen unabhängigen Provinzialkonsistorien geschaffen, die protestantische Universität Erlangen gerettet hat" (GW 12, S. 391). Das stimmt allerdings so nicht: Die Regierung hatte von vornherein beabsichtigt, das Konkordat gleichzeitig mit einem die Rechte der Protestanten absichernden Religionsedikt zu veröffentlichen; vgl. Radbruch, *Feuerbach*, S. 178 f. [138 f.]. Zu den Artikeln im „Neuen Rheinischen Mercur" siehe Radbruch, *Gesamtausgabe*, Band 6, Ed.-Anm. S. 469.

46 GW 12, S. 446. Gegen die Presbyterialverfassung wandte sich Feuerbach auch in einer Flugschrift: „Worte des Dr. Martin Luther über christliche Freiheit, sittliche Zucht und Werkheiligkeit". Sie ist abgedruckt in: *Kleine Schriften vermischten Inhalts*, S. 331–348.

47 Zit. nach Radbruch, *Feuerbach*, S. 245 [199].

48 GW 12, S. 567–578. – Feuerbach hatte diese These anfänglich als eine „jedes juristisch tatsächlichen Anhaltspunktes ermangelnde romantische Sage" verworfen (Radbruch, *Feuerbach*, S. 246 [199]).

49 In der zweiten Auflage des seinem Vater gewidmeten Buches teilt Ludwig Feuerbach ein Fragment daraus mit (GW 12, S. 617 ff.) – Vgl.

dazu den Aufsatz Radbruchs, „Anselm v. Feuerbach und die vergleichende Rechtswissenschaft", in: Radbruch, *Gesamtausgabe*, Band 6,
S. 315–328.

50 Ein Neffe Ludwig Feuerbachs, der Arzt Anselm Johann Ludwig Feuerbach, schrieb 1906–08 eine kriminologisch-medizinische Untersuchung, die den Tod sowohl des Strafrechtlers als auch den seiner
Söhne Eduard und Anselm in Zusammenhang mit dem Fall „Kaspar
Hauser" bringt. Vgl. Werner Schuffenhauer: „Ein bisher unbekannter
Brief Ludwig Feuerbachs", in: *Ludwig Feuerbach und die Fortsetzung
der Aufklärung*, hrsg. von H.-J. Braun, Zürich 2004, S. 125 f. – Vgl.
auch Radbruch, *Feuerbach*, S. 254 f. [208 f.] Radbruch, der etliche
Nachkommen persönlich kannte, teilt auch mit, dass die „Familien-
überlieferung" von einem Zettel rede, auf den der sterbende Strafrechtler geschrieben habe: „Man hat mir etwas gegeben." Er selbst
hält den gewaltsamen Tod für unwahrscheinlich (ebenda, S. 255
[209]).

51 Vgl. Radbruch, *Feuerbach*, S. 151 [112]. Zitate: GW 12, S. 366 und 10.

52 Zur Familie des Strafrechtlers siehe Alfred Kröner in den beiden bereits erwähnten Sonderheften 6/2002 und 12/2007 der Zeitschrift
Aufklärung und Kritik. – Sehr schöne, detailreiche Charakterisierun-
gen finden sich in: Gustav Radbruch, *Feuerbach*, hauptsächlich
S. 184 ff. [144 ff.], sowie in: „Die Feuerbachs. Eine geistige Dynastie",
in Radbruch *Gesamtausgabe*, Band 6, S. 328–355, mit umfangreichen
Anmerkungen des Bearbeiters aus dem Jahre 1997. – Zu den wert-
vollsten Zeugnissen gehört die nur 15 Druckseiten lange Schrift von
Julie Stadler, *Erinnerungen an die Familie Feuerbach*. Als Manuskript
für Freunde gedruckt. München, Kgl. Hofbuchdruckerei Kastner &
Callwey 1909. Julie Stadler war eine Nichte von Feuerbachs Frau Bertha; sie lebte mehrere Jahrzehnte lang in Bruckberg in der Hausge-
meinschaft der Familien Stadler und Feuerbach, also in nächster
Nähe des Philosophen, und kannte auch dessen Familie sehr gut. Frühere Feuerbach-Biographen, vor allem Kohut, zitieren aus der handschriftlichen Vorlage der „Erinnerungen", von der die Druckschrift
oftmals abweicht. Die Handschrift ist verschollen, auch die Druckfassung galt lange als nicht auffindbar, in Zusammenarbeit mit Werner
Schuffenhauer konnte der Verfasser jedoch ein Exemplar ermitteln,

dessen Besitzer stellten ihm freundlicherweise Kopien zur Verfügung; die Zitate stammen also aus der gedruckten Fassung. – Außerordentlich ergiebig, was die biographischen Details betrifft, doch in den wertenden Aussagen zu relativieren, weil auf fragwürdigen wissenschaftlichen Prämissen aufbauend: Theodor Spoerri, *Genie und Krankheit. Eine psychopathologische Studie der Familie Feuerbach*, Basel 1952.

53   „Gehen Sie nun getröstet! Ich werde der Vater Ihrer Kinder sein. Sobald einer Ihrer Söhne studiert, gehört er mein!", soll der König zu Feuerbach gesagt haben (GW 12, S. 504). Vgl. auch Radbruch, *Feuerbach*, S. 147 [108 f.].

54   GW 12, S. 145.

55   Ebenda.

56   Zit. nach Radbruch, *Feuerbach*, S. 159 [120].

57   In seinem frühesten erhaltenen Brief schreibt Ludwig Feuerbach: „Wir wohnen sehr weit von der Stadt an der Nymphenburger Straße" (GW 17, S. 3).

58   In einem Brief an seine Mutter beschreibt Ludwig Feuerbach die häuslichen Umstände der drei Brüder: „Das Hauswesen in Ansbach bei uns führt indes eine gewisse Madam Gerwisch, die aber uns gar nichts angeht, sondern bloß wegen der Kinder der Brunner und der Mägde wegen da ist" (GW 17, S. 11). – Radbruch geht davon aus, dass beide Söhne Nanettes von Paul Johann Anselm Feuerbach stammten, nach neueren Recherchen war jedoch nur der Jüngere sein leiblicher Sohn, vgl. Radbruch, *Gesamtausgabe*, Band 6, S. 466, sowie Kröner, *Paul Johann Anselm und Ludwig Andreas Feuerbach*, a. a. O, S. 43.

59   Radbruch, *Feuerbach*, S. 215 f. [174] und GW 17, S. 25.

60   Anselm Feuerbach, *Ein Vermächtnis*, S. 27 und 26 (Kapitel „Erinnerungen aus der Kindheit"), sowie Friedrich Wilhelm Kantzenbach, „Dr. Karl Krafft, Freund von Anselm und Ludwig Feuerbach", in: *Verhandlungen des Historischen Vereins für Oberpfalz und Regensburg*, Heft 110/1970, S. 266.

61   Die Episode wird ausführlich geschildert von Radbruch, *Feuerbach*, S. 186 ff. [146 ff.]

62   Vgl. Werner Schuffenhauer, in: GW 19, S. 513.

63   GW 10, S. 330.

64 Anselm Feuerbach, *Ein Vermächtnis*, S. 18 (Kapitel „Erinnerungen aus der Kindheit").

65 Radbruch, *Gesamtausgabe*, Band 6, S. 472.

66 GW 17, S. 4 (wo Ludwig Feuerbach am 7. 8. 1818, also nach dem absolvierten zweiten Semester der beiden, von 400 Fl. „in diesem Jahre" spricht). Vgl. auch Radbruch, *Feuerbach*, S. 184 [144].

67 Vgl. die detaillierte Schilderung von Radbruch, in *Feuerbach*, S. 209–212 [168–171]. Auch der Vater schildert die Ereignisse sehr ausführlich in Briefen an Elisa von der Recke (GW 12, S. 492–501). Die Verhörprotokolle sind noch erhalten im Bayerischen Hauptstaatsarchiv: MJnn Nr. 44211 und 44212.

68 GW 9, S. 344–352. Zitat S. 345.

69 Vgl. GW 10, S. 331 f., Alfred Kröner, *Familie Feuerbach*, S. 80, und Werner Schuffenhauer: „Ludwig Feuerbach stellt des Bruders Schrift ‚Gedanken und Thatsachen', 1862, vor" (zur Zeit: www.ludwig-feuerbach.de, vorgesehen in GW 22), sowie Julie Stadler, *Erinnerungen*, S. 11.

70 Zu Helene von Dobeneck vgl. GW 20, S. 464, sowie Julie Stadler, *Erinnerungen*, S. 6 f., Radbruch, *Feuerbach*, S. 230 [186 f.] mit Ed.-Ber. S. 575, und „Die Feuerbachs", a. a. O., S. 347. Zahlreiche biographische Details wurden von Spoerri recherchiert, der auch Krankenakten einsehen konnte (*Genie und Wahnsinn*, S. 76–79).

71 Vgl. Julie Stadler, *Erinnerungen*, S. 7, und Anselm Feuerbach, *Ein Vermächtnis*, S. 60 (Kapitel „München").

72 Gemeint ist Spoerri, *Genie und Wahnsinn*.

73 GW 18, S. 258.

74 Vgl. Julie Stadler, *Erinnerungen*, S. 11.

75 GW 17, S. 9.

76 GW 12, S. 282; Radbruch, *Feuerbach*, S. 188 [148]; GW 17, S. 8.

77 Vgl. Radbruch, *Feuerbach*, S. 145 f. [106 f.] und Paul Johann Anselm Feuerbach, *Kleine Schriften vermischten Inhalts*, S. 80 f. – Ein Dokument der Gesinnung ist die Rede, die Paul Johann Anselm Feuerbach am 27. Mai 1818 im Plenarsaal des Appellationsgerichts in Ansbach zur Beeidigung der Verfassung hielt. Siehe Alfred Kröner, „Eine unbekannte Rede Paul Johann Anselm Feuerbachs", in: „Aufklärung und Kritik" 1/2004 S. 158.

78   Vgl. Nipperdey, *Deutsche Geschichte 1800–1866*, S. 83.

79   Zur Burschenschaftsbewegung vgl. die maßgeblichen Arbeiten von Wolfgang Hardtwig, insbesondere: *Vormärz. Der monarchische Staat und das Bürgertum*, dtv München 1998, sowie „Protestformen und Organisationsstrukturen der deutschen Burschenschaft 1815–1833", in: *Demokratische und soziale Protestbewegungen in Mitteleuropa 1815–1848/48*, hrsg. von Helmut Reinalter, Frankfurt/M, suhrkamp taschenbuch wissenschaft 1986 (beide Arbeiten mit ausführlicher Bibliographie). Außerdem Nipperdey, *Deutsche Geschichte 1800–1866*, S. 278–285 (ausgezeichnete, sehr konzentrierte Darstellung) und Hans-Ulrich Wehler, *Deutsche Gesellschaftsgeschichte*, Band 2, München, C.H. Beck 1987, S. 333–340. Immer noch lesenswert und von der neueren Forschung nicht dementiert ist das Kapitel „Deutsche Politik" in Hans Mayers Monographie *Georg Büchner und seine Zeit*, Frankfurt/M, suhrkamp taschenbuch 1972, S. 109–143.

80   Vgl. Radbruch, *Gesamtausgabe*, Band 6, Ed.-Ber. S. 472, und Kröner, *Die Familie Feuerbach in Franken*, S. 36 und 43.

81   Vgl. GW 12, S. 251.

82   Vgl. Helge Dvorak, *Biographisches Lexikon der Deutschen Burschenschaft*. Im Auftr. der Gesellschaft für burschenschaftliche Geschichtsforschung e.V. hrsg. von Christian Hünemörder, Band 1: Politiker. Teilband 2. Heidelberg, F-H. Verlag Winter 1999, Artikel „Feuerbach, Anselm Joseph von" und „Feuerbach, Eduard August". Außerdem Kröner, *Die Familie Feuerbach in Franken*, S. 36, 43, 78 und 98.

83   Quellen zum Jünglingsbund: Ilse, Leopold Friedrich, *Geschichte der politischen Untersuchungen, welche durch die neben der Bundesversammlung errichteten Commissionen, der Central-Untersuchungs-Commission zu Mainz und der Bundes-Central-Behörde zu Frankfurt in den Jahren 1819 bis 1827 und 1833 bis 1842 geführt sind*. Frankfurt/M 1860 (Nachdruck: Hildesheim, Gerstenberg 1975), 1. Buch, insbesondere S. 41–45 und 147–171 (Zitate S. 42); sowie Arnold Ruge, *Aus früherer Zeit*. Berlin, Duncker 1862, Band 2 (Mikrofiche-Ausgabe: München [u. a.] Saur, 1990–1994), S. 173–222 und 364–368 (Zitate S. 217 und 205). Eine Aufarbeitung von Archivquellen findet sich auch bei Erich Thies, *Ludwig Feuerbach zwischen Universität und Rathaus*. Schriftenreihe des Stadtarchivs Heidelberg, Heft 2. Heidelberg,

Verlag Brigitte Guderjahn 1990, S. 13 ff. – Zu Karl Follen siehe den Aufsatz von Walter Grab in *Radikale Lebensläufe*. Berlin 1980, S. 105–123.

84 *Aus früherer Zeit*. Band 2, S. 200.

85 Ilse, *Politische Untersuchungen*, S. 148. Die Angabe, (Karl) Feuerbach sei in Tübingen aufgenommen worden, ist wohl auf irrige Berichterstattung zurückzuführen; Karl studierte zu dieser Zeit, ebenso wie Schwörer, in Freiburg.

86 Ruge, *Aus früherer Zeit*. Band 2, S. 197.

87 Ebenda, S. 199.

88 Radbruch, *Feuerbach*, S. 212 [171] und Ilse, *Geschichte der politischen Untersuchungen*. Anhang S. V, VII und IX. – Karl hatte allerdings seine „Verpflegungskosten" zu bezahlen.

89 Anselm Feuerbach, *Ein Vermächtnis*, S. 19 (Kapitel „Erinnerungen aus der Kindheit").

90 Johannes Ebert, *Arnold Ruge. Aspekte eines Politischen Lebens*. Erlangen-Nürnberg, Magisterarbeit 1988, S. 11.

91 So Paul Johann Anselm Feuerbach (GW 12, S. 501). Wie weit es tatsächlich zutraf, ist nicht ermittelt. Bei Johann Gottfried Eisenmann, Karl Feuerbachs Mitgefangenem, scheint die Haft den Oppositionswillen nicht gebrochen zu haben.

Hegel statt Biedermeier

92 GW 10, S. 330.

93 Vgl. Radbruch, *Feuerbach*, S. 39 [8].

94 GW 17, S. 212.

95 Zumindest hatte Feuerbach diese Wohnung 1809, als er bei der österreichischen Offensive Einquartierungen befürchtete, vgl. GW 12, S. 176.

96 So Benno Hubensteiner, vielleicht etwas idealisierend (*Bayerische Geschichte*, S. 275).

97 Christian Müller, zit. nach: Prinz, *Die Geschichte Bayerns*, S. 316.

98 Hubensteiner, *Bayerische Geschichte*, S. 259.

99 Vgl. bes. GW 1, S. 131 und 145; GW 2, S. 111, 385 und 419; GW 3, S. 122; GW 8, S. 16 f.

100 Julie Stadler, *Erinnerungen*, S. 5. – Zu Feuerbachs Mutter vgl. auch Wilhelm Bolin in seiner biographischen Einleitung zu *Ausgewählte Briefe von und an Ludwig Feuerbach*. Leipzig 1904, S. 138–140 (im folgenden abgekürzt mit: Bw Bolin), sowie Radbruch, *Feuerbach*, S. 60 [27].

101 Anselm Feuerbach, *Ein Vermächtnis*, S. 60 (Kapitel „München").

102 Vgl. GW 17, S. 22, und Radbruch, *Feuerbach*, S. 344 [145].

103 Vgl. *Handbuch der bayerischen Geschichte*, 1. Auflage, Band 4/2, S. 952.

104 An den Vater schrieb er in der Begeisterung der ersten Landshuter Monate: „Gerade die wärmsten Katholiken, die hier angestellten Geistlichen (die allermeisten Professoren sind Clerici) sind meine innigsten Freunde." (GW 12, S. 104). Von der wenig konfessionell ausgerichteten Gläubigkeit Paul Johann Anselm Feuerbachs zeugt auch der Brief an seinen Sohn Anselm vom 17. April 1819 (GW 12, S. 394 ff.)

105 Vgl. Bw Bolin, S. 140.

106 Zit. nach Bw Bolin, S. 6. Siehe dazu auch Alfred Kröner, *Paul Johann Anselm und Ludwig Andreas Feuerbach*, S. 84 f.

107 GW 17, S. 3.

108 Ebenda, S. 7.

109 GW 19, S. 68.

110 Den Rabbiner Wassermann erwähnt Paul Johann Anselm Feuerbach höchst lobend in einem Brief an Elisa von der Recke (GW 12, S. 475). Zur Episode siehe auch Kohut, *Ludwig Feuerbach*, S. 31. Kohut hatte seine Informationen wohl oftmals aus erster Hand, jedenfalls legen dies Recherchen von Dominique Bourel nahe, vgl. „Ludwig Feuerbach: Die jüdische Lektüre", in: Ursula Reitemeyer et al. (Hrsg.), *Feuerbach und der Judaismus*, Münster, Waxmann 2009, S. 125–134.

111 Zum „freien Christentum" der Spätaufklärung siehe den Aufsatz von Friedrich Wilhelm Graf „Protestantische Theologie und die Formierung der bürgerlichen Gesellschaft", in: *Profile des neuzeitlichen Protestantismus*, hrsg. von Friedrich Wilhelm Graf. Gütersloh 1990, Band 1, vor allem S. 15–17. – Dass Zschokkes *Stunden der Andacht* „in tausend und tausend Exemplaren" unter Katholiken verbreitet waren, stellt auch Paul Johann Anselm Feuerbach fest (GW 12, S. 422 f.) Ein Beispiel für die Rezeption gibt der Landwirt und „Frei-

denker" Konrad Haag in einem Brief an Ludwig Feuerbach: „Selbst Leute, welche Zschokkes ‚Stunden der Andacht' lesen, fürchten sich, über dieselben hinaus und zu Feuerbach in die Schule zu gehen. Freilich ist noch ein gewaltiger Schritt zwischen Zschokke und Feuerbach." (GW 20, S. 367.) Die Zschokke-Begeisterung des jungen Feuerbach ist also alles andere als befremdlich.

112 Zitiert nach Werner Schuffenhauer, „Vorwort zu den Gesammelten Werken Ludwig Feuerbachs", in: GW 1, Zweite, durchgesehene Auflage, Berlin 2000, S. X (dieses mit römischen Ziffern paginierte Vorwort wird im folgenden stets nach der zweiten Auflage von GW 1 zitiert).

113 GW 10, S. 151.

114 Zit. nach Kröner, *Die Familie Feuerbach in Franken*, S. 49. – Wie dieser „Mystizismus" zu verstehen ist, ist erläutert in: Uwe Schott, *Die Jugendentwicklung Ludwig Feuerbachs bis zum Fakultätswechsel 1825.* Göttingen, Vandenhoeck & Rupprecht 1973, S. 33–35.

115 Vgl. GW 19, S. 68 und 69. Vgl. auch Hans-Martin Sass, *Ludwig Feuerbach.* Reinbek, rororo-bildmonographien 1978, S. 22. – Zu Feuerbachs Religiosität in der Jugend siehe die detailliertem Darstellungen bei Uwe Schott, *Die Jugendentwicklung Ludwig Feuerbachs*, Göttingen, Vandenhoeck & Ruprecht 1973, sowie bei Herbert Förster, *Die ‚neue Philosophie' Ludwig Feuerbachs unter besonderer Berücksichtigung des Konzepts der Ich-Du-Begegnung in der Liebe*, Bremen, Univ., Diss. 2001 (Elektronische Ressource, im Internet verfügbar).

116 Zit. nach Sass, *Ludwig Feuerbach*, S. 23.

117 GW 17, S. 33.

118 Ebenda, S. 35. – Zu H. E. G. Paulus und Carl Daub siehe: Friedrich Wilhelm Graf, *Profile des neuzeitlichen Protestantismus*, Band 1: Aufklärung, Idealismus Vormärz. Gütersloh 1990, S. 128–172. – Zu Feuerbachs Rezeption der beiden Heidelberger Lehrer siehe Uwe Schott, *Die Jugendentwicklung Ludwig Feuerbachs*, S. 71–112. – Zu Daubs Hegelrezeption vgl. Erich Thies, in: Ludwig Feuerbach, *Vorlesungen über die Geschichte der neueren Philosophie.* Bearbeitet von Carlo Ascheri und Erich Thies, Darmstadt 1974, S. XVI–XX.

119 GW 17, S. 26–32. Zum Rückweg siehe die editorischen Erläuterungen von Werner Schuffenhauer zu diesem Brief, ebenda, S. 398f.

120 Ebenda, S. 41.

121 Ebenda, S. 48, sowie „Leonore Feuerbach an Arnold Dodel-Port, 11. Januar 1852", demnächst in GW 22.1. (In den zur Zeit in Vorbereitung befindlichen Briefwechselband GW 22.1 hat mir Werner Schuffenhauer dankenswerterweise Einsicht gewährt. Da die Paginierung noch nicht feststeht, werden die Briefe in der vorstehenden Weise bezeichnet.)

122 Zitat: GW 17, S. 44. – Zu den Vorfällen siehe Werner Schuffenhauer, in: GW 17, S. IX und 448 f., sowie Ilse, *Geschichte der politischen Untersuchungen,* wo berichtet wird, „dass sich auch in Jena Mehrere dahin verständigt hätten, man müsse den [Jünglings-]Bund darauf beschränken ... auf der Universität die Tüchtigen zu vereinen" (S. 193).

123 GW 17, S. 449.

124 Vgl. Ruge, *Aus früherer Zeit.* Band 2, S. 364. – Zu Feuerbachs Freunden in Heidelberg siehe auch Erich Thies, *Ludwig Feuerbach zwischen Universität und Rathaus,* S. 13–17.

125 Zum geradezu rührenden Beginn dieser Freundschaft siehe Radbruch, *Feuerbach,* S. 200 [160].

126 Horst Grimm / Leo Besser-Walzel, *Die Corporationen: Handbuch zu Geschichte, Daten, Fakten, Personen.* Frankfurt/M, Umschau Verlag, 1986, S. 274. Die dort angegebene Jahreszahl 1822 ist freilich irrig, sie kann nur 1823 lauten.– Zur Zeit werden die Archive der Burschenschaften neu aufgearbeitet und publiziert in: Helge Dvorak, *Biographisches Lexikon der Burschenschaften.* Dieses Lexikon, dessen Publikation freilich noch längst nicht abgeschlossen ist, führt alle Brüder Ludwigs auf, ihn selbst jedoch noch (2004) nicht. Auf Anfrage teilte Helge Dvorak mit, nach seinen Unterlagen und bisherigen Recherchen sei tatsächlich von einer Mitgliedschaft Ludwig Feuerbachs in der Heidelberger Burschenschaft auszugehen.

127 Vgl. Werner Schuffenhauer in GW 17, S. 449. – Erich Thies formuliert es so (allerdings auf den Jünglingsbund bezogen): „Es gibt eigentlich keinen vernünftigen Grund anzunehmen, er sei *nicht* Mitglied gewesen." (a. a. O., S. 17).

128 Ruge, *Aus früherer Zeit.* Band 2, S. 373.

129 Am 4. April 1839 schreibt Ruge an Feuerbach: „Ich kenne alle Ihre Brüder, war mit dem ältesten zusammen in jenen spaßhaften und

doch ernsthaften politischen Ketzereien, namentlich an dem Tage, den das junge römische Reich in Würzburg auf dem Stein hielt, und möchte doch gern meine Bekanntschaft mit alle[n] den Feuerbächen vervollständigen" (GW 17, S. 359). Mit dem „Tage" spielt Ruge auf die bereits erwähnte Vertreterversammlung des Jünglingsbundes auf dem Stein bei Würzburg an. Dort war freilich Karl, nicht Anselm, anwesend. Ruge hielt ihn wohl für den Ältesten, weil er größer und kräftiger gebaut war als Anselm. Von Friedrich, dem Jüngsten, wusste er offenbar nichts; er kann ihn kaum gekannt haben, da Friedrich erst 1827, als Ruge bereits in Haft war, mit dem Studium begann. Wo er mit Anselm und mit Eduard Bekanntschaft machte, ist bisher nicht bekannt.

130 GW 17, S. 48.

131 Ebenda.

132 Die Gründung erfolgte am 26. Oktober 1824.

133 GW 17, S. 47.

134 Zit. nach Werner Schuffenhauer, „Vorwort zu den Gesammelten Werken Ludwig Feuerbachs", in: GW 1, S. XIV. – Die Passage stammt aus dem Nachlassfragment „Verhältnis zu Hegel", das für GW 16 vorgesehen ist.

135 Vgl. Bw Bolin, S. 176. – Zu Feuerbachs Haltung Schleiermacher gegenüber siehe Uwe Schott, *Die Jugendentwicklung Ludwig Feuerbachs*, S. 129 ff.

136 GW 19, S. 69. – In einer Bewerbung gibt Feuerbach an, Vorlesungen von Marheineke und Schleiermacher gehört zu haben (GW 18, S. 430). Den Besuch einer Schleiermacher-Vorlesung brach er allerdings ab, vgl. Werner Schuffenhauer in: GW 17, S. 401. – Detaillierte Darstellung bei Uwe Schott, *Die Jugendentwicklung Ludwig Feuerbachs*, S. 115 ff.

137 GW 17, 58 ff. – Der Brief ist in Hegelscher Diktion abgefasst, was einer gewissen unfreiwilligen Komik nicht entbehrt.

138 GW 17, S. 81 und 83.

139 Ebenda, S. 49 und 89. – Zu Karls Besoldung siehe Kröner, *Die Familie Feuerbach in Franken*, S. 40. – Feuerbachs erster Biograph Karl Grün vermutet: „Gewiß hat Ludwig geheime Ausgaben gehabt, die er schamvoll verschwieg". Allerdings denkt er nicht an das Übliche: „Ge-

wiß übte er schon damals das Laster des *Wohlthuns* und *Mittheilens*, der Unterstützung von Hülfsbedürftigen." (Karl Grün, *Ludwig Feuerbach in seinem Briefwechsel und Nachlaß sowie seiner philosophischen Charakterentwicklung.* 2 Bände, Leipzig / Heidelberg 1874, S. 162).

140 Zit. nach GW 1, S. XII. – Die Ästhetik-Vorlesung hielt Hegel in dieser Zeit nicht.

141 Siehe dazu GW 12, S. 503–506. Wie und wann Paul Johann Anselm Feuerbach erreichte, dass seine Söhne die Stipendien weiterhin erhielten, ist nicht bekannt.

142 GW 17, S. 88 und GW 1, S. XIV.

143 Zitiert nach Kohut, *Feuerbach*, S. 48.

144 GW 17, S. 101, und GW 1, S. XV. – Dass an bayerischen Universitäten damals „weder für Philosophie noch für Philologie noch für Geschichte etwas zu lernen" war, stellte auch Paul Johann Anselm Feuerbach fest (GW 17, S. 83).

145 GW 19, S. 69. – Zu den in Berlin besuchten Vorlesungen vgl. GW 17, S. 101. Laut Werner Schuffenhauer war freilich dort der Besuch der Mathematik- und Astrognosie-Vorlesungen „sporadisch" (ebenda, S. 406).

146 Vgl. GW 17, S. 99.

147 Zum Ausmaß der Umarbeitung siehe Werner Schuffenhauer, in: GW 1, S. XCIII f. – Von Werner Schuffenhauer stammt auch die in GW 1 veröffentlichte Übersetzung von Feuerbachs Habilitationsschrift, die erstmals große Textnähe und hervorragende Lesbarkeit vereint. Sie ist den früheren Übersetzungen unbedingt vorzuziehen. Zur Übersetzungsproblematik und zum gelegentlich in der Sekundärliteratur kritisierten Latein Feuerbachs siehe ebenda, S. XCV ff. – Zu Feuerbachs Promotion und Habilitation siehe auch Alfred Kröner, *Paul Johann Anselm und Ludwig Andreas Feuerbach*, S. 89 f.

148 GW 17, S. 113.

149 Ebenda, S. 296. – Zur „Erlanger Theologie" und speziell Adolf von Harleß siehe Wilhelm Kantzenbach, *Die Erlanger Theologie*. München 1960, insbes. S. 155 ff., außerdem Henning Kössler (Hrsg.), *250 Jahre Friedrich-Alexander-Universität Erlangen-Nürnberg. Festschrift.* Erlangen 1993, 205 ff., sowie *Handbuch der bayerischen Geschichte*, 1. Auflage, Band 4/2, S. 889 ff. und 913. – Harleß leitete von 1852 bis 1879

als Oberkonsistorialpräsident (die Stellung entspricht dem heutigen Landesbischof) die bayerische Landeskirche.

150 Zit. nach Kohut, *Ludwig Feuerbach*, S. 61.

151 GW 1, S. 5 und 65.

152 Ebenda, S. 9, 17 f. und 94 f. Hervorhebungen im Original, wie stets in dieser Arbeit, sofern nicht ausdrücklich etwas anderes angegeben ist.

153 Ebenda, S. 65.

154 Ebenda, S. 151. Der von Feuerbach zitierte Text stammt allerdings nicht von Bruno selbst, es ist eine Zusammenfassung des Jacobi-Anhängers G. G. Fülleborn, vgl. Nicola Badaloni, „Ludwig Feuerbach als Interpret von Giordano Bruno und Tommaso Campanella", in: Hans-Jürg Braun u. a. (Hrsg.), *Feuerbach und die Philosophie der Zukunft*. Berlin, Akademie Verlag 1998, S. 186. – Zu Feuerbachs eigener Kritik an seiner damaligen Position vgl. GW 10, S. 157, Fußnote. – Dass Feuerbach zur Zeit der *Dissertation* den Hegelschen Panlogismus auf die Spitze trieb und „beinahe ein konsequenterer Hegelianer als Hegel selbst" war, meint auch Simon Rawidowicz (*Ludwig Feuerbachs Philosophie. Ursprung und Schicksal*. Berlin 1931, S. 20).

155 GW 17, S. 105 und 106.

156 GW 1, S. 123, 69, 51 und 19.

157 Ebenda, S. 147.

158 GW 10, S. 158. – Zur Habilitationsschrift siehe auch Simon Rawidowicz, *Ludwig Feuerbachs Philosophie. Ursprung und Schicksal*, S. 15–20, und Hans-Martin Sass, *Ludwig Feuerbach*, S. 33–38.

159 GW 17, S. 100 f., 117 und 118.

160 Vgl. Manfred Riedel, „Die Philosophie des deutschen Idealismus an der Friedrich-Alexander-Universität", in: Henning Kössler (Hrsg.), *250 Jahre Friedrich-Alexander-Universität*. S. 433 f.

161 GW 10, S. 159. – Feuerbachs Vorlesungen in Erlangen in der Zeit zwischen Januar 1829 und März 1832 sind einzeln und mit Stundenzahlen nachgewiesen in GW 13, Vorbemerkung S. XIII f.

162 GW 14, S. 27 f. – Die erhaltenen Skripte zu den Vorlesungen zwischen 1829 und 1832 wurden in den Bänden 13 und 14 der *Gesammelten Werke* auf das Sorgfältigste und mit detaillierten Referenzen zu der von Feuerbach verwendeten Literatur editiert. In seiner Vorbemerkung zu GW 14 weist Werner Schuffenhauer auch die Parallelen

zu Hegels Logik in Struktur und kategorialer Begrifflichkeit nach (S. VIII f.)

163 GW 14, S. 27 f. und GW 17, S. 104 f. – Zu Aufbau und Methode der Erlanger Vorlesungen 1829/32 siehe Erich Thies, in: Ludwig Feuerbach, *Vorlesungen über die Geschichte der neueren Philosophie*. Bearbeitet von Carlo Ascheri und Erich Thies, Darmstadt 1974, S. XLV ff. Thies vergleicht auch Feuerbachs Vorlesungen über Logik und Metaphysik mit denen eines anderen Hegel-Schülers, nämlich David Friedrich Strauß, der etwa zur gleichen Zeit in Tübingen las.

164 Vgl. GW 13, S. XIV, sowie Manuela Köppe, „Ein unbekannter Brief Ludwig Feuerbachs aus dem Jahre 1834", in: *Philosophisches Jahrbuch*. Im Auftrag der Görres-Gesellschaft hrsg., Jg. 2001, 2. Halbbd., S. 319–331. – Zur Stellung Schellings innerhalb der 1826 von Landshut nach München verlegten Ludwig-Maximilians-Universität siehe *Handbuch der bayerischen Geschichte*, 1. Auflage, Band 4/1 (1979), S. 123.

165 Vgl. dazu Nipperdey, *Deutsche Geschichte 1800–1866*, S. 366–377, und Hardtwig, in: Helmut Reinalter (Hrsg.), *Demokratische und soziale Protestbewegungen in Mitteleuropa 1815–1848/48*, S. 52–76.

166 Zu den Münchner Unruhen siehe Hardtwig, in: Reinalter (Hrsg.), *Demokratische und soziale Protestbewegungen*, S. 68. Zu Hambach und zur politischen Kehrtwende Ludwigs I. vgl. Prinz, *Geschichte Bayerns*, S. 349 f. Zu den Tumulten im übrigen Bayern und zum Kampf um Pressefreiheit 1830–32 siehe Eva Alexandra Mayring, *Bayern nach der französischen Julirevolution. Unruhen, Opposition und antirevolutionäre Regierungspolitik 1830–33*. München, Diss. LMU.

167 Zu den Repressionsmaßnahmen nach Hambach siehe Hardtwig, *Vormärz*. S. 46–50. Hardtwig betont freilich, die Repression sei nicht vergleichbar gewesen mit der „Perfektion späterer totalitärer Regime", einem geschlossenen polizeistaatlichen System sei der Pluralismus der Einzelstaaten entgegengestanden. Ähnlich urteilt Nipperdey (*Deutsche Geschichte 1800–1866*, S. 285). – Listen von Verdächtigen finden sich bei Ilse, *Geschichte der politischen Untersuchungen*, Anhang.

168 GW 1, S. 177–515. – Zur Vorgeschichte und den Begleitumständen der Veröffentlichung der *Gedanken über Tod und Unsterblichkeit* siehe Wer-

ner Schuffenhauer in: GW 1, S. XCVIII–CVIII. Schuffenhauer konnte auch mit an Sicherheit grenzender Wahrscheinlichkeit den Namen des Herausgebers eruieren, den Feuerbach selbst nie preisgegeben hat.

169 GW 13, S. 319. – In einer autobiographischen Skizze schreibt Harleß, Feuerbach habe ihn „mit den formidabeln Worten" angeredet: *tu ipse diabolus es*, „du selbst bist der Teufel" (vgl. Werner Schuffenhauer, in: GW 13, S. XXVIII, und Kantzenbach, *Die Erlanger Theologie*, S. 120f.) Im Redemanuskript steht der Satz nicht, doch es ist denkbar, dass sich Feuerbach spontan zu dieser Pointe verleiten ließ. Vgl. Werner Schuffenhauer, in: GW 13, S. XV ff. – Zu Verbot und Beschlagnahme der Schrift siehe Alfred Kröner, *Paul Johann Anselm und Ludwig Andreas Feuerbach*, S. 93.

170 Karl Grün, *Ludwig Feuerbach in seinem Briefwechsel und Nachlaß sowie seiner philosophischen Charakterentwicklung*, Band 1, S. 23.

171 GW 10, S. 330.

172 Diese Datierung nimmt mit guten Gründen Werner Schuffenhauer vor (GW 1, S. XCIX).

173 GW 1, S. 177, 184, 190 und 191.

174 Ebenda, S. 193f., 194 und 194f.

175 Ebenda, S. 196f.

176 Ebenda, S. 203, 204, 205 und 207.

177 Ebenda, S. 205, 207 und 206.

178 Ebenda, S. 209.

179 Ebenda, S. 216.

180 Ebenda, S. 228 und 229f.

181 Ebenda, S. 244.

182 Ebenda, S. 249 und 250.

183 Vgl. GW 10, S. 330. – Für die Neuausgabe der *Gedanken* in den *Sämmtlichen Werken* (1847) kürzte Feuerbach den Text um mehr als ein Drittel.

184 GW 1, S. 343 und 356.

185 Bw Bolin, S. 27.

186 GW 1, S. 408f.

187 GW 19, S. 69. Feuerbach zitiert den Vater in einem 1846 geschriebenen Lebenslauf für den Herausgeber der „Jahrbücher für spekulative Philosophie" Ludwig Noack.

188 GW 10, S. 330.
189 Zitate: GW 1, S. 411, 412, 425, 417, 427 und 510. – Marheineke wird
in den Xenien 185 und 187 kaum verhüllt mit „M***" bezeichnet. Die
Nummern 182 bis 188 (S. 460 f.) sind wahrscheinlich alle auf ihn bezogen.
190 GW 17, S. 150.

Jungfer Logik und die Mutter Natur

191 Vgl. GW 17, S. 123 und 127; GW 1, S. CV; GW 17, S. 147 und 139 f.
192 GW 17, S. 133 f.
193 Victor Cousin (1792–1867) war einer der führenden Köpfe der radikalen *Union libérale*. Wegen seiner politischen Ansichten verlor er
1815 seine Professur an der Sorbonne. In den zwanziger Jahren stand
er in Kontakt mit Follen, Witt und anderen radikalen deutschen Oppositionellen. Die Mainzer Zentraluntersuchungskommission ermit-
telte gegen ihn (sieh Ilse, *Geschichte der politischen Untersuchungen*,
S. 127 ff.). 1824 wurde er in Dresden verhaftet und in Berlin für sechs
Monate inhaftiert. – Heine verspottet Cousin in *Die romantische
Schule* (Anhang), und Marx wird ihn in einem Brief an Ludwig Feuerbach als schwachen Eklektiker bezeichnen (GW 18, S. 287).
194 GW 17, S. 152. Zu den Emigrationsplänen siehe vor allem ebenda
S. 133 ff. und S. 149 ff.
195 Zit. nach Kröner, *Die Familie Feuerbach in Franken*, S. 54 f.
196 GW 17, S. 123.
197 GW 2, S. 3.
198 GW 17, S. 172 f. – Eduard Gans (gest. 1839) gab 1833 Hegels *Grundlinien der Philosophie des Rechts oder Naturrecht und Staatswissenschaft*
heraus. Als Rechtsphilosoph war er der Hauptkontrahent von Carl v.
Savigny und dessen historischer Rechtsschule. Sein Hauptwerk, das
vierbändige *Erbrecht in weltgeschichtlicher Entwicklung*, fand auch bei
Paul Johann Anselm Feuerbach begeisterte Zustimmung (vgl. Radbruch, *Feuerbach*, S. 236 [192]). Politisch war Gans ein Gesinnungsgenosse der Feuerbachs, und im Gegensatz zu Hegel begrüßte er die
Pariser Julirevolution; seine Vorlesungen in Berlin hatten deswegen

gewaltigen Zulauf. Er gilt als der eigentliche Begründer des Junghegelianismus, zu seinen Schülern wird auch Marx gehören. – Dass Feuerbachs *Geschichte* vor allem in progressiven Kreisen Beachtung fand,
bezeugt auch Ludwig Bamberger, von dem noch die Rede sein wird.
In seinen *Erinnerungen* (hrsg. von Paul Nathan, Druck und Verlag
von Georg Reimer Berlin 1899) berichtet er über seine Studienzeit in
Gießen, wo er von 1842/43 Jura studierte und sich nebenbei im kleinen Freundeskreis mit Philosophie beschäftigte: „Wir stürzten uns in
die Lektüre, in die Systeme, nach allem, was gerade sich bot, greifend,
Hegel, Strauß, Feuerbach (namentlich dessen Geschichte der neueren
Philosophie)“ (S. 8). Feuerbachs Hauptwerk *Wesen des Christentums*,
das zu dieser Zeit bereits erschienen war, erwähnt er hingegen nicht.

199 GW 2, S. 32, 34, 21, 22 und 23 ff.

200 Ebenda, S. 439, Fußnote.

201 GW 10, S. 155 f. – Feuerbachs „Zweifel" sind mit dem Jahr 1828 datiert. Diese Schwachstelle in Hegels System hatte 1830 Schelling in
seinen Münchner Vorlesungen ironisieren lassen: „Man kann nun
zwar schlechterdings nicht begreifen, was die Idee bewegen sollte,
nachdem sie zum höchsten Subjekt erhoben, das Sein ganz aufgezehrt
hat, doch sich wieder subjektlos zu machen, zum bloßen Sein herab-
zusetzen, und sich in die schlechte Äußerlichkeit des Raums und der
Zeit zerfallen zu lassen." (*Zur Geschichte der neueren Philosophie.*
Münchener Vorlesungen. Stuttgart 1955, S. 133. – Feuerbach kann
diese Aussage nicht gekannt haben, da Schellings Vorlesungen erst
sehr viel später publiziert wurden.)

202 GW 2, S. 33, 51, 112 und 294.

203 Ebenda, S. 57.

204 Ebenda, S. 115. Das Zitat ist auf Hobbes bezogen, sinngemäß kehren
dieselben Argumente im Descartes-Kapitel wieder.

205 Ihr Kernstück sind die Paragraphen 82 und 83 (GW 2, S. 362–380).

206 Ebenda, S. 372.

207 Ebenda, S. 378.

208 „Zur Geschichte der Religion und Philosophie in Deutschland", in:
Heinrich Heine, Werke und Briefe in zehn Bänden, hrsg. von Hans
Kaufmann, 2. Auflage, Berlin / Weimar 1972, Band 5, S. 235.

209 GW 17, S. 179.

210 Zitiert nach Werner Schuffenhauer, in: GW 17, S. 416 und GW 13, S. XVI.

211 Vgl. GW 17, S. 213.

212 Zur Höhe der Pension vgl. GW 17, S. 231. – Am 16. 2. 1835 schrieb
     Feuerbach seiner Braut, dass ihm die *Geschichte* „nun bald hoffentlich
     etwas eintragen wird" (ebenda, S. 232). Offenbar spielte der Verkauf
     die Druckkosten nie ein, so dass Feuerbach weder für die *Geschichte*
     noch für die *Gedanken* „auch nur einen Kreuzer" Honorar erhielt
     (vgl. GW 19, S. 324).

213 GW 17, S. 212 ff. – Die Datierung des Entwurfs mit „Ende 1834" ist
     sicherlich ein Irrtum. Alle Indizien sprechen dafür, dass er im Dezem-
     ber 1833 geschrieben wurde. Dass Feuerbach den Monat, in dem er
     sein erneutes Gesuch an den König richtete, mit „November" statt
     „September" angab, war wohl einfach ein Versehen.

214 Ebenda, S. 185. – Mit dem „berühmten Namen" spielt Gans auf den
     Strafrechtler Paul Johann Anselm Feuerbach an, dessen Auffassungen
     er hoch schätzte.

215 Ebenda, S. 189, 188 und 190.

216 GW 1, S. 533–638.

217 Vgl. dazu GW 17, S. 152 f. und 180 ff., Zitat S. 174. – Der Bekannte in
     Nürnberg war derselbe Georg Wolfgang Karl Lochner, der vermutlich
     die *Gedanken über Tod und Unsterblichkeit* herausgegeben hatte (vgl.
     GW 1, S. CV).

218 Aus der Rezension von Immanuel Fichte zitiert Feuerbach in einem
     Brief an Bertha Löw (GW 17, S. 247). Die ablehnende Haltung in der
     Hegel-Schule schildert er im Brief an Chr. Kapp vom 13. Januar 1835
     (ebenda, S. 220). Zu den Neuauflagen zwischen 1844 und 1864 siehe
     Werner Schuffenhauer, in: GW 1, S. CXIV.

219 GW 17, S. 198.

220 Die Nähe zu Jean Paul wurde schon von Bolin festgestellt (Bw Bolin,
     S. 36 f.). Auch Schuffenhauer weist auf sie hin (GW 1, S. CXIII).

221 GW 1, S. 537.

222 Ebenda, S. 583–606.

223 Ebenda, S. 557.

224 Ebenda, S. 580 (Hervorhebungen im Original).

225 Angaben nach Julie Stadler, *Erinnerungen,* S. 3, und nach Bolin, Bw
     Bolin, S. 42 f. – Die Datierung der ersten Begegnung mit Stadler er-

gibt sich aus dem Brief an Kapp vom 10. Juni 1833 (GW 17, S. 159).
– Das seit 1735 bestehende Gasthaus „zur Windmühle" ist heute ein
Hotel.

226 Nach Ludwig Feuerbach, „Die Leidensgeschichte der Bruckberger
Porzellanfabrik", handschriftlicher Entwurf (Veröffentlichung in
GW 16 vorgesehen, z. Zt. im Internet: www.ludwig-feuerbach.de,
>Biographie). Feuerbach gibt, wohl irrigerweise, 1808 als Kaufda-
tum an, die Gemeinde Bruckberg nennt das Jahr 1807 (www.bruck
berg.de).

227 „Fee in Schloss und Umgegend . . .": Julie Stadler, *Erinnerungen*, S. 4. –
„edle Jungfrau von Bruckberg": GW 17, S. 196. – „das erste Tête-à-
tête": vgl. GW 17, S. 223 – „intimster Freund und Gevattersmann
. . .": Julie Stadler, a. a. O., S. 8. Zur Vermutung einer Verwandtschafts-
beziehung zwischen den Familien Löw-Stadler und Kapp siehe Werner Schuffenhauer in: GW 17, S. 467. – „an der Post": nach Bw Bolin,
S. 43. – „Leidenszeit": GW 17, S. 251. – Nach Kohut fand Anfang 1835
eine Verlobung statt (*Ludwig Feuerbach*, S. 128).

228 Kröner, *Die Familie Feuerbach in Franken*, S. 55.

229 Der Bewerbungsbrief ist abgedruckt in GW 21, S. 327 ff. Vgl. auch
GW 17, S. 197 und 201.

230 GW 8, S. 47.

231 Ebenda, S. 16 und 23.

232 Ebenda, S. 63.

233 GW 17, S. 198.

234 Die *Kritik des „Anti-Hegels"* erschien zusätzlich in Kommission bei
Herbig in Leipzig, siehe GW 8, S. IX.

235 Ebenda, S. 69 und 70. – „zweieinhalb Seiten rhetorische Frage": S. 69–
72.

236 Vgl. GW 17, S. 216 und 220, sowie GW 1, S. XCV. – Die *Kritik des
„Anti-Hegels"* war spätestens im November 1834 vollendet, vgl. GW
17, S. 211.

237 GW 17, S. 219. – Zu F. J. Stahl und Feuerbachs Polemiken gegen ihn
siehe den brillanten Aufsatz des Rechtsphilosophen Hermann Klenner, „Feuerbach contra Stahl", in: Hans-Jürg Braun u. a. (Hrsg.),
Feuerbach und die Philosophie der Zukunft. Akademie-Verlag Berlin
1990, S. 529–542. Klenner gibt auch eine aktuelle Bibliographie zu

Stahl (S. 530, Anm. 5). – Zu Stahls Stellung innerhalb der politischen Reaktion siehe Nipperdey, *Deutsche Geschichte 1800–1866*, speziell S. 397, sowie Wehler, *Deutsche Gesellschaftsgeschichte*, Band 2/III, S. 452 f.

238 GW 17, S. 185. Vgl. auch S. 226–228 und 236–238.

239 GW 8, S. 35 und 36.

240 Ebenda, S. 37, 38, 39 f., 40 und 42.

241 GW 17, S. 228, 227 und 225. – Hier wie im Folgenden wird der Terminus „Aufklärung" im gemeinsprachlichen Sinne und damit bewusst unscharf verwendet. Zum Thema Ludwig Feuerbach und die Aufklärung siehe Ursula Reitemeyer, „Feuerbach und die Aufklärung", in: *Ludwig Feuerbach und die Geschichte der Philosophie*, hrsg. von Walter Jaeschke und Francesco Tomasoni, S. 269–280, sowie den Tagungsband Hans-Jürg Braun (Hrsg.), *Ludwig Feuerbach und die Fortsetzung der Aufklärung*, Zürich, Pano-Verlag 2004, darin vor allem die Aufsätze von Endre Kiss und Francesco Tomasoni.

242 Ebenda, S. 225.

243 Ebenda, S. 232.

244 Hans-Martin Sass teilte die vordem unbekannte Tatsache 1989 in einem Referat mit (veröffentlicht in: Hans-Jürg Braun u. a. (Hrsg.), *Feuerbach und die Philosophie der Zukunft*, S. 24). Johan Karl Ludwig Boß, wie Feuerbachs Sohn hieß, wurde am 17. März 1835 geboren. – Der von Sass zitierte Urenkel macht in einem Brief vom 31. Oktober 1980 an das Feuerbach-Haus in Speyer (Abschrift in Privatbesitz) weitere Angaben: „Der Denkervater und Menschenfreund stand selbstverständlich seinem Sohne, wie dessen Mutter, stets hilfreich zur Seite, hieß ihn das Druckerhandwerk erlernen, und nachdem dieser einen Zeitungsvertrieb und -Verlag aufgebaut hatte, unterstützte er sein freidenkerisches Kampfblatt mit Leitartikeln und revolutionären Beiträgen." Er gibt allerdings den Vornamen seines Großvaters mit Philipp Boß an. – Alfred Kröner gelangte bei der Durchsicht der „Nürnberger Kreuzblätter", die offenbar mit dem „freidenkerischen Kampfblatt" gemeint sind, zum Ergebnis: „Die Zeitschrift lässt keinerlei – auch nicht auf persönlicher Grundlage bestehende – Verbindung mit Feuerbach erkennen." (*Paul Johann Anselm und Ludwig Andreas Feuerbach*, S. 155.) Nach seinen Recherchen ist auch die gelegentlich aufgetauchte

Vermutung, dass Feuerbach einen zweiten außerehelichen Sohn hatte, nicht zu bestätigen (persönliche Mitteilung).

245 GW 17, S. 232 und 244 f.

246 Ebenda, S. 233 und 234.

247 Ebenda, S. 246. Vgl. dazu auch S. 256 f.

248 Vgl. Erich Thies, in: Ludwig Feuerbach, *Vorlesungen über die Geschichte der neueren Philosophie.* Bearbeitet von Carlo Ascheri und Erich Thies, Darmstadt 1974, S. LXII, Anm. 78.

249 GW 17, S. 253.

250 Lt. Universitätsarchiv zählte die Erlanger Hochschule im Jahre 1830 insgesamt 416 Studenten. Davon studierten 247, also fast 60%, Theologie. – Zur Zahl der Hörer siehe GW 1, S. XIX.

251 Zitiert nach GW 13, S. XVII f. – Der Hörer war Johannes Heinrich August Ebrard (1818–1888), der als einer der bedeutendsten reformierten Theologen Deutschlands galt (vgl. *Biographisch-Bibliographisches Kirchenlexikon,* Nordhausen, Verlag Traugott Bautz, Band I (1990), Spalten 1449–1450).

252 Vgl. GW 2, S. 34.

253 *Vorlesungen über die Geschichte der neueren Philosophie.* Bearbeitet von Carlo Ascheri und Erich Thies, S. 16. – Die Vorlesungen sind für GW 15 vorgesehen.

254 Ebenda, S. 18, 19 und 24.

255 GW 17, S. 217. Vgl. auch ebenda, S. 258.

256 *Vorlesungen über die Geschichte der neueren Philosophie.* Bearbeitet von Carlo Ascheri und Erich Thies, S. 41.

257 GW 17, S. 268, 269 und 273.

258 GW 17, S. 270 und 241, GW 9, S. 6.

259 GW 3, S. 3 und 4. – Zu Feuerbachs Methode der „Entwicklung" siehe den Aufsatz von Adriana Veríssimo Serrão, „Hermeneutik in der Geschichtsschreibung. Feuerbach über das Problem der Interpretation", in: Walter Jaeschke und Francesco Tomasoni (Hrsg.), *Ludwig Feuerbach und die Geschichte der Philosophie.* Akademie Verlag, Berlin 1998, S. 16–32.

260 *Vorlesungen über die Geschichte der neueren Philosophie.* Bearbeitet von Carlo Ascheri und Erich Thies, S. 153.

261 GW 3, S. 162, 290 und 291.

262 Ebenda, S. 163.
263 GW 17, S. 273.
264 Leibniz, zitiert nach Feuerbach, GW 3, S. 85.
265 Ebenda, S. 45 und 332.
266 Ebenda, S. 332, 46, 47, 80, 81 und 48.
267 Ebenda, S. 50.
268 Ebenda, S. 161, 163 und 164. – Einen Versuch, dieses Missverstehen der Leibnizschen Theoriebildung näher aufzuzeigen, habe ich in einer früheren Arbeit unternommen: *Feuerbachs Weg zum Humanismus.* München 1979, S. 68–84.
269 GW 10, S. 185 und 187.
270 GW 3, S. 116, 118 und 176.

Ein Dorf als archimedischer Punkt

271 Ebenda, S. 294, 287 und 276. Vgl. auch S. 286 und 296. – Text des Gesuches an den König mit Begleitschreiben an den Senat S. 274 ff.
272 GW 17, S. 302. Brief an Prorektor Engelhardt ebenda S. 277 ff. Erster Vorentwurf GW 18, S. 442 ff.
273 Ebenda, S. 293.
274 GW 6, S. 9.
275 GW 17, S. 282.
276 Vgl. Kröner, *Die Familie Feuerbach in Franken*, S. 60 und 100.
277 Angaben nach Julie Stadler, *Erinnerungen*, S. 9, und Conrad Beyer, *Leben und Geist Ludwig Feuerbach's. Festrede*, gehalten am 11. November 1872 auf Veranlassung des Freien Deutschen Hochstiftes für Wissenschaften, Künste und allgemeine Bildung, S. 5 und 13. – Conrad Beyer ist, trotz unterschiedlicher Namensschreibung, ein Bruder jenes Karl Bayer, dessen Schriften Feuerbach 1838 und 1839 rezensierte und der von 1853 bis 1856 im Bruckberger Schloss wohnte. Vgl. dazu Werner Schuffenhauer, „Feuerbach und die freireligiöse Bewegung seiner Zeit", in: *Ludwig Feuerbach – Religionskritik und Geistesfreiheit,* hrsg. von Volker Müller. Neustadt a. Rhge., A. Lenz Verlag 2004 (Schuffenhauer korrigiert in diesem Artikel die in GW 20, S. 424 geäußerte Vermutung, dass es sich um zwei verschiedene Personen handeln müsse).

278 GW 10, S. 170. – Nach Descartes ist die Zirbeldrüse der Knotenpunkt des Impulstransfers zwischen Leib und Seele. Feuerbach spielt offenbar darauf an.

279 GW 17, S. 289, vgl. auch S. 285.

280 Die Beschreibungen stammen von Wilhelm Bolin (Bw Bolin, S. 43). – Bertha war auch geistig interessiert. Schon vor der Bekanntschaft mit Ludwig Feuerbach las sie Fénelon, Schleiermacher, Herder, Schiller, Goethe, Jean Paul. Nach ihrem Tode fand man 1829 und 1830 geschriebene Auszüge aus griechischen Philosophen. Vgl. Kohut, *Ludwig Feuerbach*, S. 376.

281 Angaben nach Bw Bolin, S. 51 ff., sowie Kröner, *Die Familie Feuerbach in Franken*, S. 59.

282 GW 17, S. 295.

283 Vgl. ebenda, S. 285 und S. 297.

284 Ruge gegenüber verrät Feuerbach den Grund: „weil mich die fast wörtliche Wiederholung dessen, was bereits Hegel im dritten Bande seiner *Geschichte* – nebst dem zweiten der dürftigste – gesagt, aufs widerlichste affiziert hat" (ebenda, S. 310).

285 Ebenda, S. 362, 305 und 310.

286 Ebenda, S. 300.

287 Schon älter, aber immer noch höchst instruktiv über Ruge und die „Hallischen Jahrbücher": Hans Rosenberg, *Politische Denkströmungen im Vormärz*. Göttingen, Vandenhoeck & Ruprecht 1972, S. 97–114.

288 GW 17, S. 301.

289 Ebenda, S. 298.

290 GW 8, S. 143; GW 3, S. 215; GW 8, S. 140 f.

291 Vgl. GW 17, S. 301, und GW 3, S. 3.

292 *Dichtung und Wahrheit*, in: Hamburger Ausgabe in 14 Bänden. 1959 f., Band 9, S. 239.

293 GW 4, S. 4. Als philosophiehistorisches Monument schätzt jedoch Feuerbach den *Dictionnaire* so hoch wie alle Schriften Bayles, vgl. S. 163.

294 Für die überarbeitete Ausgabe im Rahmen der Sämtlichen Werke von 1848 übersetzt er alle fremdsprachigen Stellen ins Deutsche. Die gesuchte Werk-Ausgabe hat Feuerbach tatsächlich beschaffen können, die französische Ausgabe des *Dictionnaire* besaß er vermutlich selbst,

vielleicht war sie ein väterliches Erbe. Schon in der Habilitationsschrift zitierte er aus ihr (GW 1, S. 166).

295 GW 4, S. 4 und 5. Mit der „spekulativen Superstition" ist die sich auf
den späten Schelling berufende „Positive Philosophie" gemeint.

296 Ebenda, S. 11 und 13.

297 Ebenda, S. 17, 20, 21, 23 und 22.

298 Vgl. besonders S. 28.

299 Ebenda, S. 21 und 27.

300 Ebenda, S. 35. Die Gängelung der Naturwissenschaften dokumentiert
Feuerbach in einer langen Anmerkung, die er in der Ausgabe von
1848 noch um ein Mehrfaches erweitert (S. 288–294).

301 Ebenda, S. 45, 46 und 48.

302 Ebenda, S. 48–57.

303 Ebenda, S. 57–86. Zitat S. 75.

304 Ebenda, S. 89–98. Der Bayle-Text findet sich in den *Œuvres diverses*
von 1727 in Band II, S. 355–496.

305 Ebenda, S. 98 und 106.

306 Ebenda, S. 119.

307 Ebenda, S. 124.

308 Ebenda, S. 142 f.

309 Ebenda. Feuerbach knüpft hier an eine Argumentation an, die er zwei
Jahre zuvor in einer Rezension für die Berliner Jahrbücher entwickelte (*Cartesius und seine Gegner* von C. F. Hock, GW 8, S. 128–136,
vor allem zweiter Teil, S. 134 ff.). Angedeutet ist dies mit dem Satz:
„Ein neuerer Katholik hat wohl den Cartesius als ein Muster eines katholisch gläubigen Philosophen aufgestellt . . ." (GW 4, S. 143).

310 GW 4, S. 143 f., 144 und 145.

311 Ebenda, S. 154 und 155.

312 GW 21, S. 346.

313 Vgl. Werner Schuffenhauer, in: GW 1, S. XXII (angegebene Quelle:
K. Rosenkranz, *Briefe 1827–1850*, hrsg. von J. Buthlaff, Berlin 1994,
S. 175 f.)

314 GW 4, S. 146 und 147.

315 Ebenda, S. S. 340 und 341.

316 GW 17, S. 358.

317 GW 10, S. 185.

318 GW 17, S. 314.

319 GW 8, S. 149.

320 Ebenda, S. 182 und 183.

321 Ebenda, S. 184.

322 Ebenda, S. 185, 186, 194 und 202.

323 Ebenda, S. 207.

324 Zur Bewegung der Linkshegelianer siehe *Die Hegelsche Linke. Dokumente zu Philosophie und Politik im deutschen Vormärz*, hrsg. von Heinz und Ingrid Pepperle. Leipzig, Reclam 1985. Die Einleitung der Herausgeber ist in mancher Hinsicht grundlegend für eine inzwischen weitgehend akzeptierte Neubewertung der Bewegung. Der Band bietet eine Textauswahl, die reichhaltiger und repräsentativer ist als die bekanntere, von Karl Löwith herausgegebene Textsammlung *Die Hegelsche Linke* (Stuttgart-Bad Cannstatt 1962 und 1988).

325 Zu den sogenannten „Kölner Bischofswirren" siehe Hardtwig, *Vormärz*. S. 166–171. – Zum „Leo-Hegelschen Streit" und zu Feuerbachs Position siehe Werner Schuffenhauer, in: GW 1, S. XXIV–XXVII, sowie (ausführlicher) in *Das Wesen des Christentums*. Ausgabe in zwei Bänden, herausgegeben von Werner Schuffenhauer. Berlin 1956, Band 1, S. XXXVIII–XLII. – Zur Position Ruges und der Junghegelianer in der Auseinandersetzung siehe Ryszard Panasiuk, „Ruges und Feuerbachs Stellung zum Katholizismus und Protestantismus im Kontext des Streites um die Mischehen", in: Walter Jaeschke und Francesco Tomasoni (Hrsg.), *Ludwig Feuerbach und die Geschichte der Philosophie*. Berlin, Akademie Verlag 1998. – Ruges Artikel „Zur Denunziation der hallischen Jahrbücher" ist abgedruckt in *Die Hegelsche Linke*, hrsg. von H. und I. Pepperle, S. 68–86. – Zu Erdmann und Leo gibt es sehr informative Seiten in Hans Rosenberg, *Politische Denkströmungen im deutschen Vormärz*, S. 63–68.

326 Vgl. GW 17, S. 351 ff., 354 ff. und 359 f.

327 GW 8, S. 224, 233, 236 und 242.

328 Ebenda, S. 220. Zur Entstehung der Vorrede vgl. GW 17, S. 371.

329 GW 8, S. 220 und 224.

330 Ebenda, S. 254 und 255; GW 9, S. 53.

331 GW 8, S. 311, 313, 320 und 333; GW 9, S. 142.

332 GW 17, S. 353.

333 Es ist die Stelle: „So hat unlängst ein Hegelianer – ein noch dazu sehr scharfsinniger, denkender, freier Kopf – förmlich …" (GW 9, S. 19).

334 Vgl. GW 9, S. 16, und GW 18, S. 8. – Feuerbach stellt dabei Überlegungen an, die Fragen der Sprachphilosophie des 20. Jahrhunderts vorwegnehmen. So etwa, wenn er schreibt: „Der Grund, dass wir die Mitteilungsformen, die Äußerungsweisen für Grundformen der Vernunft, des Denkens an und für sich selbst halten, kommt nur daher, dass wir unsere Grundgedanken, die unmittelbar aus dem Denkgenie entspringen, die uns kommen, wir wissen selbst nicht wie, die uns mit unserm *Wesen* gegeben sind, schon für uns, wie für einen andern, um sie zu deutlichem Bewusstsein zu bringen, gleichsam vorführen und darstellen, *uns selbst belehren*, dass wir überhaupt schon im Denken selbst unsere Gedanken äußern, sprechen." (GW 9, S. 31.) Die Nähe zu Wilhelm Humboldt (dessen sprachtheoretische Schriften zu dieser Zeit noch nicht veröffentlicht waren) ist unübersehbar.

335 GW 9, S. 32–33.

336 Ebenda, S. 36, 37 und 41.

337 Ebenda, S. 39, 40, 45 und 52.

338 Ebenda, S. 254.

339 GW 21, S. 95.

340 GW 9, S. 53, 29 und 61.

341 GW 4, S. 341.

342 Vgl. dazu GW 18, S. 18.

Die Entdeckung

343 GW 17, S. 371 f.

344 Handschriftlicher Nachlass, zit. nach Werner Schuffenhauer, Nachwort in: *Ludwig Feuerbach. Aussprüche aus seinen Werken, gesammelt von Leonore Feuerbach.* Schriftenreihe der Ludwig-Feuerbach-Gesellschaft Nürnberg e. V., Jahrgang 2004. – Der Taufname von Feuerbachs Tochter war Wilhelmine Marie Auguste Leonore, wobei letzteres der Rufname war. In späteren Jahren zeichnete sie meist mit „Eleonore".

345 Vgl. Bw Bolin, S. 193.

346 Die Schrift wird unter „Dubiosa" in Band 22 der GW erscheinen (vgl. GW 1, S. LXXXIII).

347 GW 9, S. 66, 67, 64 und 69.

348 Vgl. GW 18, S. 27 (mit Erläuterung S. 454) und 60 f.

349 GW 17, S. 379.

350 Ebenda, S. 383.

351 Ebenda, S. 383 f. – In: H.-M. Sass, *Ludwig Feuerbach*, irrtümlich: „Kritik der reinen Unvernunft" (S. 67 ff.)

352 GW 18, S. 18.

353 Vgl. Bw Bolin, S. 66, sowie GW 18, S. 12 ff. – Kapps Gutachten ist auszugsweise abgedruckt in: Kohut, *Ludwig Feuerbach*, S. 165–167.

354 GW 18, S. 18 und 14.

355 Ebenda, S. 74.

356 Der Brief an Otto Wigand, der sowohl im Entwurf wie in der abgesandten Version erhalten ist, stellt eine Interpretationshilfe ersten Ranges dar (GW 18, S. 44 ff.)

357 Vgl. GW 18, S. 58 und 61 sowie Werner Schuffenhauer, ebenda S. X. – Die in der Sekundärliteratur als „Gattungsschrift" bezeichnete Abhandlung ist vorgesehen für GW 16. Hans-Martin Sass zitiert Teile daraus in *Ludwig Feuerbach*, S. 61–63.

358 GW 18, S. 55, 78 und 79. – Der Titel *Das Wesen des Christentums* stammt also nicht, wie gelegentlich in älterer Sekundärliteratur zu lesen ist (so auch bei Sass S. 67), vom Verleger, sondern von Feuerbach selbst.

359 GW 5, S. 3.

360 GW 18, S. 64 f.

361 GW 5, S. 3 und 6.

362 Ebenda, S. 6 f., 8, 6 und 107 (Fußnote).

363 Ebenda, S. 118 und 221.

364 Vgl. ebenda, Vorbemerkung des Herausgebers, S. VI.

365 Ebenda, S. 127 und 9.

366 GW 9, S. 61.

367 GW 5, S. 43.

368 Ebenda, S. 28. Der Satz, mit dem Feuerbach das erste Kapitel eröffnet, lautet: „Die Religion beruht auf dem *wesentlichen Unterschiede* des Menschen vom Tiere – die Tiere haben *keine* Religion." Rawidowicz

weist darauf hin, dass Feuerbach mit diesem Satz direkt auf Hegel Bezug nimmt – um sich von ihm abzusetzen. (*Ludwig Feuerbachs Philosophie. Ursprung und Schicksal*, S. 90). In der Hegel-Schule wird man die Pointe verstanden haben, vgl. etwa Georg Wilhelm Friedrich Hegel, *Enzyklopädie der philosophischen Wissenschaften*, § 2.

369 GW 5, S. 29, 36, 29 und 31.

370 Ebenda, S. 46, 49 und 50.

371 In der ersten Auflage sind sie nicht nummeriert. Ab der zweiten Auflage wird das 3. Kapitel aufgeteilt, dadurch werden es 19 Kapitel.

372 GW 5, S. 247.

373 Carlo Ascheri hat diesem Aspekt besondere Aufmerksamkeit gewidmet. Für ihn ist *Das Wesen des Christentums* „eine einzige leidenschaftliche Verteidigung der Religion gegen die Reflexion über die Religion, eine großartige Vindizierung der Ehrlichkeit und Konsequenz der ersten Christen". (*Feuerbachs Bruch mit der Spekulation.* Frankfurt/M 1969, S. 99.)

374 GW 5, S. 23. Das Zitat stammt aus dem Vorwort zur zweiten Auflage.

375 Ebenda, S. 410.

376 Ebenda, S. 76 (Fußnote) und 152.

377 Ebenda, S. 99 und 274.

378 Ebenda, S. 177 und 178.

379 Ebenda, S. 165.

380 Ebenda, S. 166.

381 Ebenda, S. 316. – In der zweiten und dritten Auflage schiebt Feuerbach diese Passage an den Anfang des nächsten Kapitels (S. 334).

382 Ebenda, S. 333. – Feuerbach war sich bewusst, dass die Stärken seines Buches im ersten Teil lagen. In der zweiten Auflage hätte er deshalb die beiden Teile am liebsten umgestellt. In einem Brief an den Verleger Otto Wigand heißt es: „Eigentlich sollte ich den negativen Teil zum ersten, den positiven Teil zum letzten machen, dann würden die dummen Menschen einsehen, dass in dieser Schrift die Elemente zu einer allein positiven, lebensfrischen, evidenten, aber so theoretisch als praktisch wahren Philosophie liegen." (GW 18, S. 153.)

383 Insbesondere die Seiten 377 bis 388. Feuerbach hat sie für die zweite Auflage stark umgearbeitet und beträchtlich erweitert.

384 Ebenda, S. 342, 343 und 345.

385 Ebenda, S. 443, 445, 444 und 445.

386 Feuerbach-Zitate ebenda, S. 452, 450 und 454. – Eine ausführliche In-
haltsangabe des *Wesen des Christentums* findet sich bei Werner Schuffenhauer, in: GW 1, S. XXIX ff. – und bei Feuerbach selbst, nämlich
im Vorwort zur 2. Auflage, GW 5, S. 17 ff. – Zur geistesgeschichtlichen
Einordnung des Werks in die Epoche siehe Simon Rawidowicz, *Ludwig Feuerbachs Philosophie. Ursprung und Schicksal*, bes. S. 82–116.
Rawidowicz gibt auch, vor allem in den Fußnoten, eine Übersicht
über die wichtigsten zeitgenössischen Rezensionen des Werks. Die
Rezensionen unmittelbar nach dem Erscheinen nennt Werner Schuffenhauer in seiner Vorbemerkung zu GW 5, S. VI.

387 Vgl. Radbruch, *Feuerbach*, S. 132 [94] und 151 [112].

388 *Biographisch-Bibliographisches Kirchenlexikon*, Band VIII (1994), Art.
„Ringseis". Der Artikel gibt eine ausführliche Biographie. Das Datum
des Rektoratsantrittes wird allerdings fälschlich mit 1835 angegeben.

389 GW 9, S. 121, 130, 135 und 120.

390 Ebenda, S. 118, und GW 18, S. 112. – Auf einen der Angriffe antwortete Feuerbach mit einem kurzen, ebenfalls anonymen Text in Ruges
Zeitung, die inzwischen „Deutsche Jahrbücher" hieß (GW 9, S. 154f.)

391 GW 18, S. 92, 178 und 95. Vgl. auch Werner Schuffenhauer, in: GW 5,
S. VI.

392 GW 18, S. 96.

393 GW 18, S. 100, 101, 104 und 105.

394 Versehentlich schreibt Feuerbach erst „lateinische" statt „marianische
Kongregation", doch auf der nächsten Seite korrigiert er sich selbst
(GW 9, S. 159 und 160).

395 Feuerbachs Aufsatz leitete die Entzweiung mit dem Jugendfreund
Daumer ein. Im Begleitbrief zur Rezension schreibt er Ruge, Daumer
sei „befangen im Mystizismus der alten Mythologie und in den Illusionen eines *nur* poetischen Gemüts" (GW 18, S. 120). 1844 wird
sich Daumer in einem Artikel in beleidigender Weise über Feuerbach
äußern, der daraufhin den Kontakt abbricht (vgl. GW 18, S. 418 und
536, GW 19, S. 324f. und GW 20, S. 412f.). Bei Daumer machten sich
auch zunehmend antijüdische Ressentiments bemerkbar, die bei
Feuerbach keinen Anklang fanden. Siehe dazu Francesco Tomasoni,
„Heidentum und Judentum: Vom schärfsten Gegensatz zur Annähe-

rung. Eine Entwicklungslinie vom ‚Wesen des Christentums‘ bis zur ‚Theogonie‘“, in: Jaeschke / Tomasoni (Hrsg.), *Ludwig Feuerbach und die Geschichte der Philosophie*, S. 148–166.

396 GW 5, S. 137 (Fußnote) und 148.

397 GW 9, S. 159, 173 und 164.

398 Ebenda, S. 169 und 170.

399 ADB, Band 22, S. 640.

400 GW 9, S. 186.

401 Ebenda, S. 184 und 185. – Zur Besprechung des *Wesen des Christentums* von Julius Müller siehe Rudolf Lorenz, „Zum Ursprung der Religionstheorie Ludwig Feuerbachs“, in: Erich Thies (Hrsg.) *Ludwig Feuerbach*, S. 111–134. Lorenz stellt fest, dass sich „in der ausgezeichneten Besprechung“ Müllers wesentliche Argumente finden, die auch in der Folgezeit „von theologischer Seite immer wieder gegen Feuerbach vorgebracht worden sind“ (S. 113).

402 Ein Abdruck des Textes findet sich in *Die Hegelsche Linke*, hrsg. von H. und I. Pepperle, S. 235–372.

403 GW 18, S. 132 f. – Feuerbach war der Ansicht, die Posaune sei durch sein *Wesen des Christentums* „veranlasst“ (ebenda, S. 148). Das ist gut möglich, denn Bruno Bauer hatte seine Schrift nach eigenen Angaben in etwa 10 Tagen im August 1841 niedergeschrieben, also zwei Monate nach Erscheinen des Feuerbachschen Hauptwerks (vgl. *Die Hegelsche Linke*, hrsg. von H. und I. Pepperle, Anmerkungen, S. 900). So könnte die Polemik gegen das „Gespenst des Weltgeistes“ (Kapitel II) angeregt worden sein durch die eher beiläufig angestellten Überlegungen Feuerbachs im Kapitel über das „Geheimnis des Logos“, wo es heißt: „der *Begriff des Geistes* ist lediglich der *Begriff der Erkenntnis, der Vernunft,* jeder andre Geist ein Gespenst der Phantasie“ (GW 5, S. 152).

404 Vgl. GW 5, bes. S. 46 (Fußnote), 377 und 380 (Fußnote).

405 GW 9, S. 238 (Hervorhebungen ausnahmsweise von mir).

406 Ebenda, S. 231.

407 Ebenda, S. 233, 234 und 237.

408 Ebenda, S. 240 und 241.

409 GW 18, S. 155.

410 Ebenda, S. 160 und 174. Vgl. auch die Erläuterung S. 480.

411 Ebenda, S. 485.

412 Ebenda, S. 113 und 117.

413 Eine kurze Charakterisierung gibt Nipperdey, *Deutsche Geschichte 1800–1866*, S. 396–399.

414 GW 18, S. 178.

415 Von Paris aus schrieb Karl Marx am 3. Oktober 1843 an Ludwig Feuerbach: „Der Schelling ist, wie Sie wissen, 38tes Bundesmitglied. Die ganze deutsche Polizei steht zu seiner Disposition, wovon ich selbst einmal als Redakteur der ‚Rheinischen Zeitung‘ die Erfahrung gemacht habe. Es kam nämlich eine Zensurinstruktion, nichts gegen den heiligen Schelling passieren zu lassen." (GW 18, S. 286.)

416 GW 18, S. 140. – Zu den Vorgängen um die „Hallischen Jahrbücher" siehe auch Rosenberg, *Politische Denkströmungen im deutschen Vormärz*, S. 114.

417 Feuerbach-Zitate: GW 18, S. 147 und 153 und GW 5, S. 601–603. – Barth-Zitat: Karl Barth, „Ludwig Feuerbach. Fragment aus einer im Sommersemester 1926 zu Münster i. W. gehaltenen Vorlesung über ‚Geschichte der protestantischen Theologie seit Schleiermacher‘. Mit einem polemischen Nachwort", in: Erich Thies (Hrsg.), *Ludwig Feuerbach*. Darmstadt, Wissenschaftliche Buchgesellschaft 1976, S. 15 f.

418 Hier zitiert nach MEW, Band 1 (1972), S. 27, wo der Text noch Marx zugeschrieben wird. – Vgl. dazu den Brief an Ruge vom 13. Februar 1842, GW 18, S. 158. – Zu Feuerbachs Autorschaft siehe H.-M. Sass, „Feuerbach statt Marx", in: *International Review of Social History*, XII, 1965, I, S. 108–119, sowie I. Taubert / Werner Schuffenhauer, „Marx oder Feuerbach", in: *Beiträge zur Marx-Engels-Forschung*, Berlin/Glashütten i. T. 1975. Vgl. auch GW 1, S. LXXXIII, GW 5, S. VIII und GW 18, S. 502.

419 Hans-Martin Barth, „Glaube als Projektion. Zur Auseinandersetzung mit Ludwig Feuerbach", in: Erich Thies (Hrsg.), *Ludwig Feuerbach*, S. 203 und 202. – Vgl. auch die Aufsätze von H.-M. Sass und Henri Arvon im selben Sammelband (S. 230–259 und 395–404).

420 Karl Barth, „Ludwig Feuerbach. Fragment aus einer …", ebenda, S. 17. Dieser Text von Barth (bes. S. 3–13) ist eine in ihrer Gerafftheit ungemein treffende Charakterisierung von Feuerbachs Philosophie. – Vgl. dazu auch den wichtigen Aufsatz des amerikanischen, mit Barth

befreundeten Theologen John Glasse, „Barth zu Feuerbach", ebenda
S. 165–201.

421 GW 18, S. 235 und 236. – Zu Karl Krafft vgl. Friedrich Wilhelm Kantzenbach, „Dr. Karl Krafft, Freund von Anselm und Ludwig Feuerbach", in: *Verhandlungen des Historischen Vereins für Oberpfalz und
Regensburg*, Heft 110/1970, S. 263–275. In den fünfziger und sechziger Jahren kam Krafft durch seine Überzeugungen wiederholt in Konflikt mit der kirchlichen Obrigkeit, er hatte jedoch die Unterstützung
des liberalen Bürgertums (S. 271–273). – Kantzenbach würdigt Krafft
auch als Pionier der deutschen Judaistik (S. 264 f.)

422 „Ludwig Feuerbach und der Ausgang der klassischen deutschen Phi-
losophie". In einer Vielzahl von Ausgaben; das Zitat findet sich gegen
Ende des ersten Teils. – Zur nicht unproblematischen Beurteilung
Feuerbachs durch Engels siehe Wolfgang Lefèvre, „Das Feuerbach-
Bild Friedrich Engels'", in: *Ludwig Feuerbach und die Philosophie der
Zukunft*, hrsg. von Hans-Jürg Braun u. a., S. 713–728.

423 GW 18, S. 95.

424 Ebenda, S. 46, und Vorwort zur 2. Auflage, GW 5, S. 23 f.

425 Karl Grün, „Feuerbach und die Sozialisten", in: *Die Frühsozialisten.
1789–1848. II*, hrsg. von Michael Vester. Reinbek, Rowohlt Taschenbuch Verlag 1971, S. 143.

426 Wilhelm Marr, „Das junge Deutschland in der Schweiz", im selben
Sammelband, S. 108.

427 Zitiert nach Kohut, *Ludwig Feuerbach*, S. 193. – Malwida von Meysenbug (1816–1903) wurde vor allem durch ihre autobiographischen
Memoiren einer Idealistin bekannt (1869 bzw. 1879).

428 Die beiden Episoden werden von Bolin berichtet (Bw Bolin, S. 86 f.),
die erste wurde ihm vielleicht von Leonore, Feuerbachs Tochter, erzählt.

429 GW 18, S. 379.

Luther der Philosophie

430 GW 18, S. 173. Die Datierung des Briefes wird laut einer Mitteilung von Werner Schuffenhauer in GW 22.1 korrigiert werden: 8. April statt 25. März.

431 Bw Bolin, S. 93. Bolin gibt fälschlicherweise als Geburtsjahr 1841 an.

432 GW 18, S. 190, 188, 199 und 203.

433 Ebenda, S. 176, 184 f. und 186.

434 Vgl. die Briefe von und an Prutz, GW 18, S. 142 ff. und 148 f. – Robert Prutz gab 1851–1867 die Zeitschrift „Deutsches Museum" heraus.

435 GW 18, S. 149 f. mit den Erläuterungen S. 477, sowie S. 170–172.

436 Wiedergegeben nach Werner Schuffenhauer, in GW 18, S. 497 f. – Vgl. dazu die Briefe in GW 18, 214 f. und 227 f. – Ab 1848 wurde der „Grenzbote" von Gustav Freytag und Julian Schmidt herausgegeben. Kuranda spielte eine bedeutende Rolle im Frankfurter Parlament. Er entwickelte sich zu einem Exponenten der deutsch-nationalen Richtung des Liberalismus. Vgl. ADB, Band 51, S. 445–450.

437 Ebenda, S. 224. Vgl. auch ebenda, S. 210 f.

438 „Rheinweinlied", „Reiterlied", „Der Gang um Mitternacht" (alle für Männerchor) sowie „Ich möchte hingehen" (Lied).

439 GW 18, S. 224.

440 Schilderung nach Michail Krausnick, *Die eiserne Lerche. Die Lebensgeschichte des Georg Herwegh*. Weinheim und Basel, Beltz Verlag 1993, S. 61 ff. – Ulrich Enzensberger zweifelt in seiner (durchwegs ironisierenden) Biographie *Herwegh. Ein Heldenleben* (Eichborn 1999) diese Darstellung an, sie sei eine spätere Behauptung von Emma, die „ihren Gatten heroisierte, wo es nur ging" (S. 123). – Einen dokumentierten Überblick gibt die Herwegh-Spezialistin Ingrid Pepperle in ihrer Einleitung zu *Einundzwanzig Bogen aus der Schweiz. Herausgegeben von Georg Herwegh*. Leipzig, Reclam 1898. Herweghs Brief an den König: ebenda S. 466–468.

441 GW 18, S. 212.

442 Ebenda, S. 213. Als Herwegh das Zeitungsprojekt 1843 wieder aufnahm, rechnete er in der Tat mit den versprochenen Xenien. Vgl. seinen Brief an Ruge vom 11. Februar 1843, in: *Einundzwanzig Bogen aus der Schweiz.*, hrsg. von Georg Herwegh, 1. Teil. Neuausgabe. Mit zwei

ungedruckten Briefen Herweghs und einer Abbildung, hrsg. von Ingrid Pepperle, Leipzig 1989, S. 470–471. – Ingrid Pepperle weist auch
an mehreren anderen Xenien Herweghs nach, dass sie sich auf Feuerbachs *Gedanken über Tod und Unsterblichkeit* beziehen. Vgl. ihr Aufsatz „Philosophie und kritische Literatur im deutschen Vormärz.
Ludwig Feuerbach und Georg Herwegh", in: *Ludwig Feuerbach und
die Philosophie der Zukunft,* hrsg. von Hans-Jürg Braun u. a., Berlin
1990, S. 575–592, insbes. S. 577 f. – Vgl. dazu auch Simon Rawidowicz, *Ludwig Feuerbachs Philosophie. Ursprung und Schicksal,* S. 368 ff.

443 GW 18, S. 248. Vgl. auch ebenda, S. 126, wo Wigand in einem Brief
fragt: „Warum ist Strauß nicht gut auf Ihr Buch zu sprechen? Fürchtet
er von Ihnen verdrängt zu werden?" Zur selben Zeit, Ende November
1841, erschien in den „Deutschen Jahrbüchern" ein mit „Ein Berliner" unterzeichneter Artikel, in dem die Religionskritik von Strauß
als überholt bezeichnet wurde und in dem es unter anderem hieß,
Strauß habe „an dem Werke Feuerbachs über das Wesen des Christentums einen überlegenen Gegner" gefunden (*Die Hegelsche Linke,*
hrsg. von H. und I. Pepperle, S. 373). Feuerbachs Anfang 1842 geschriebener, mit „kein Berliner" unterzeichneter Text „Luther als
Schiedsrichter zwischen Strauß und Feuerbach" ist wohl eine Reaktion auf diesen Artikel. In einem Brief an Emma Herwegh bestätigt
Bertha Feuerbach, dass sich Feuerbach und Strauß persönlich ferne
standen („Bertha Feuerbach an Emma Herwegh, etwa 1873", GW
22.1).

444 Vgl. Alfred Wesselmann, *Burschenschafter, Revolutionär, Demokrat.
Hermann Kriege und die Freiheitsbewegung 1840–1850.* Der Andere
Verlag, Osnabrück 2001, S. 33, 35, 39 und 55, sowie Heinrich Schlü-
ter, Alfred Wesselmann (Hrsg.), *Hermann Kriege. Dokumentation
einer Wandlung vom Burschenschafter und Revolutionär zum Demokraten (1840–1850).* Band I, Briefe. Der Andere Verlag, Osnabrück
2002, S. 112 und 177 f.

445 GW 18, S. 495.

446 Vgl. Alfred Wesselmann, *Burschenschafter, Revolutionär, Demokrat,*
S. 43–49. Zitat ebenda S. 44.

447 Wohl um Feuerbach zu decken, adressierte Kriege seine Post an dessen Schwester Elise Feuerbach (vgl. GW 18, S. 249). Elises persönliche

Anteilnahme am Schicksal Krieges belegt ein sehr rührender Brief an sie aus dem Jahre 1845 (GW 19, S. 441 f.)

448 Bw Bolin, S. 94.

449 Vgl. die entsprechenden Briefe in GW 19, v. a. S. 90–92 und 379. – Herder-Zitat in: GW 12, S. 14. – Bolins Angaben zu E. G. von Herder sind teilweise irrig (Bw Bolin, S. 93 ff.)

450 GW 18, S. 366 ff.

451 Bw Bolin, S. 94 f.

452 Nach Michail Krausnick, *Die eiserne Lerche*, S. 38.

453 Zit. nach Johannes Biensfeldt, *Freiherr Dr. Th. von Cramer-Klett: erblicher Reichsrat der Krone Bayern; sein Leben und sein Werk, ein Beitrag zur bayrischen Wirtschaftsgeschichte des 19. Jahrhunderts.* Leipzig und Erlangen, Deichert, [1922], S. 7 f. – Nach Biensfeldt kam Cramer-Klett 1843 nach Nürnberg, doch ein Brief Ludwig Feuerbachs an seinen Bruder Friedrich lässt mit Sicherheit darauf schließen, dass er schon im November 1842 in Nürnberg seine Verlagspläne verfolgte (vgl GW 18, S. 221 und 249). Welches Werk von Louis Blanc Cramer übersetzt hat (Biensfeldt S. 12), konnte nicht ermittelt werden. Der Zusammenhang zwischen dem Literarischen Comptoir und der Verlagsgründung in Nürnberg muss einstweilen als Spekulation gelten. Das persönliche Archiv von Theodor von Cramer-Klett fiel während des Zweiten Weltkriegs größtenteils einem Bombenangriff zum Opfer.

454 Vgl. GW 18, S. 313 und 382, sowie Alfred Kröner, *Die Familie Feuerbach in Franken*, a. a. O., S. 79. – Die Angabe von Biensfeldt (a. a. O., S. 12) Cramer habe „auch einige Schriften seines Freundes Ludwig Feuerbach" verlegt, ist offenbar irrig.

455 Vgl. Ingrid Pepperle, „Philosophie und kritische Literatur im deutschen Vormärz – Ludwig Feuerbach und Georg Herwegh", in: *Ludwig Feuerbach und die Philosophie der Zukunft*, hrsg. von Hans-Jürg Braun u. a., S. 578.

456 Das ergibt sich aus der Erwähnung in Briefen, in denen Feuerbach meist einfach „Cramer" oder „der Cramer" schreibt. Vgl. auch Kröner, *Die Familie Feuerbach in Franken*, S. 60 f., wo erstmals auf die Beziehung zu Cramer-Klett näher eingegangen wird. Nach Kröners Recherchen waren der Philosoph und der junge Verleger „Duz-

Freunde". In einem kürzlich aufgefundenen Brief aus dem Jahre 1859 spricht Ludwig Feuerbach allerdings den inzwischen geadelten Industriellen mit „hochgeehrter Herr" und „Sie" an.

457 Angaben nach: NDB, Band 3, S. 394 und *Oldenbourg. Geschichte für Gymnasien*, hrsg. von Bernhard Heinloth, Karl-Heinz Ruffmann und Manfred Treml, München 1994.

458 Biensfeldt, *Freiherr Dr. Th. von Cramer-Klett*, S. 12.

459 Vgl. Bw Bolin, S. 174 f. und GW 21, S. 173. – Der junge Mann war jener Johann Schreitmüller, der später die Feuerbach-Büste schuf.

460 GW 18, S. 238.

461 Der Anklang an die Thesen Luthers war von Feuerbach gewollt, vgl. GW 18, S. 192. – Zur Entstehungsgeschichte des Werks siehe *Ludwig Feuerbach. Entwürfe zu einer Neuen Philosophie*, hrsg. von Walter Jaeschke und Werner Schuffenhauer. Hamburg, Felix Meiner Verlag 1996, S. XXVIII–XXXVI. – Diese Ausgabe der „Vorläufigen Thesen" ist für Studienzwecke besonders geeignet, da sie sehr ausführlich erläutert ist.

462 Vgl. GW 18, S. 183. – Strauß fühlte sich durch den erwähnten, mit „Ein Berliner" gezeichneten Artikel in den „Deutschen Jahrbüchern" brüskiert. Mit dem gemäßigteren Teil der Linkshegelianer gründete er eigene Jahrbücher in Stuttgart. Vor ihm hatten sich schon Echtermeyer und andere Mitbegründer der „Hallischen Jahrbücher" zurückgezogen, vgl. den Brief von Arnold Ruge an Adolph Stahr vom 8. 9. 1841, in: Die *Hegelsche Linke*, hrsg. von H. und I. Pepperle, S. 821 f. Vgl. auch Anmerkung 88 der Herausgeber, ebenda, S. 902.

463 GW 18, S. 168. Vgl. auch S. 164–166.

464 GW 5, S. 151 f. und 152. – Die Passage findet sich nur in der Erstauflage an dieser Stelle. In der zweiten und dritten Auflage steht sie im umfangreichen Zusatz zum dritten Kapitel (ebenda, S. 79).

465 GW 9, S. 36.

466 Es handelt sich um „Einige Bemerkungen über den ‚Anfang der Philosophie' von Dr. J. F. Reiff", GW 9, 143–153. Zitate S. 145, 146 und 147 f.

467 Ebenda, S. 244. Schon im unmittelbar davor geschriebenen Text „Zur Beurteilung der Schrift ‚Wesen des Christentums'" hatte er in einer Fußnote angemerkt: „Übrigens dürfen nur die Grundsätze dieser

Schrift auf die übrigen Teile der Philosophie *angewandt* werden, um eine *Reformation* der gesamten Philosophie zu bewerkstelligen." (Ebenda, S. 239). Vielleicht entstand der Impuls zu den „Vorläufigen Thesen" bei der Niederschrift dieses Textes.

468 Ebenda, S. 243 und 245.

469 Ebenda, S. 246 und 247.

470 Ebenda, S. 247 und 246.

471 Ebenda, S. 250 f.

472 Ebenda, S. 252.

473 Ebenda, S. 253 und 254.

474 Ebenda, S. 255 und 254.

475 „Zur Beurteilung der Schrift ‚Wesen des Christentums‘", GW 9, S. 240.

476 Vgl. Ernesto Grassi, *Humanismus und Marxismus. Zur Kritik der Verselbständigung von Wissenschaft*. Reinbek, Rowohlt Taschenbuch Verlag 1973, insbes. S. 74 ff.

477 GW 9, S. 256, 258 und 259. – Der Begriff „Anthropotheismus" taucht erstmals im *Wesen des Christentums* auf (GW 5, S. 199), doch in der 2. und 3. Auflage ist er getilgt. Feuerbach wird ihn nach 1842 nicht wieder verwenden. Möglicherweise wurde ihm die Zwiespältigkeit des Begriffs in der Diskussion mit Ruge deutlich, vgl. GW 18, S. 164 und 192.

478 Ebenda, S. 264 und 265. – Für Studienzwecke wird, wie schon bei den „Vorläufigen Thesen", die mit ausführlichen Erläuterungen der philosophischen Fachbegriffe versehene Ausgabe der *Grundsätze* in der Meiner-Ausgabe empfohlen: *Ludwig Feuerbach. Entwürfe zu einer Neuen Philosophie*, S. 25–99.

479 GW 9, S. 264.

480 Nachwort zu: *Ludwig Feuerbach. Kleine Schriften*. Frankfurt/M, Suhrkamp 1966, S. 249.

481 Zit. nach Löwith, ebenda, S. 237.

482 GW 9, S. 266, 267, 270 und 273.

483 Ebenda, S. 274, 275, 276 und 277.

484 Ebenda, S. 287, 286, 285 und 288.

485 Ebenda, S. 295 und 296.

486 Ebenda, S. 297.

487 Ebenda, S. 300 und 301.

488 Ebenda, S. 302, 304, 305 und 306.

489 Ebenda, S. 306 und 308.

490 Ebenda, S. 316. Vgl. auch S. 295.– Feuerbachs Zeitgenossen stießen sich an dem Wort, weil sie es mit (sinnlich-erotischer) „Begehrlichkeit" gleichsetzten. In den *Vorlesungen über das Wesen der Religion* bittet Feuerbach sie, „zu bedenken, dass nicht nur der Bauch, sondern auch der Kopf ein sinnliches Wesen ist" (GW 6, S. 19).

491 GW 9, S. 316, 317, 318, 318 f. und 319.

492 Ebenda, S. 321, 322, 324 und 325.

493 Ebenda, S. 330, 331 und 333.

494 Ebenda, S. 334, 335 und 337.

495 Ebenda, S. 338.

496 „Rascher Fortschritt des Kommunismus in Deutschland", in: MEW, Band 2, S. 515.

497 *Nachgelassene Fragmente*, zitiert nach Manuela Cabada-Castro, „Feuerbachs Kritik der Schopenhauerschen Konzeption der Verneinung des Lebens und der Einfluss seines Prinzips der Lebensbejahung auf das anthropologische Denken Wagners und Nietzsches", in: H.-J. Braun u. a. (Hrsg.), *Ludwig Feuerbach und die Philosophie der Zukunft*, S. 476. – Wagners Widmung ist abgedruckt in GW 19, S. 519 f. – Zu Feuerbach und Wagner vgl. Werner Schuffenhauer, „Feuerbach und Wagner", in: *Richard-Wagner-Tage der DDR. Festschrift.* Leipzig 1983, S. 50–53, sowie Helmut Walther, „Feuerbach, Wagner und das ‚Kunstwerk der Zukunft'". Zur Zeit verfügbar unter www.ludwigfeuerbach.de (ebenso wie Schuffenhauers Text).

498 Vgl. GW 18, S. 275 und 283.

499 Vgl. ebenda, S. 279 und 299.

500 Vgl. etwa Ingrid Pepperle in: *Einundzwanzig Bogen aus der Schweiz*, a. a. O., S. 12–21 sowie S. 45 ff. Außerdem GW 18, S. 507. – Zürichputsch: Aufgebracht durch die Berufung von David Friedrich Strauß an die Universität Zürich, waren Bauernhaufen aus umliegenden Dörfern unter der Führung eines Pfarrers in die Stadt marschiert. Sie lieferten sich mit Regierungstruppen blutige Gefechte und erreichten schließlich den Rücktritt der radikaldemokratischen Regierung. Strauß wurde gleich wieder pensioniert.

Der Communismus und die Sinnlichkeit

501 Vgl. Werner Schuffenhauer, *Feuerbach und der junge Marx.* 2., bearbeitete Auflage, Berlin 1972, S. 63 f.

502 Vgl. Julie Stadler, *Erinnerungen*, S. 11 f., und GW 18, S. 258–266. Zur Frage der Patenschaft ebenda S. 200–202. Der Nachruf auf Eduard ist abgedruckt in GW 9, S. 344–352. Zur Lebensgeschichte von Eduards Sohn Anselm Feuerbach siehe Werner Schuffenhauer, „Ein bisher unbekannter Brief Ludwig Feuerbachs", in: *Ludwig Feuerbach und die Fortsetzung der Aufklärung*, hrsg. von H.-J. Braun, Zürich, Pano Verlag 2004, S. 122–131.

503 GW 18, S. 264 f. – Einzelheiten dazu siehe Werner Schuffenhauer: *Feuerbach und der junge Marx.* S. 42–44.

504 Ruge-Brief zit. nach GW 18, S. XIII. Vgl. auch ebenda, S. 277–280. Die Übersetzung kam nicht zustande. Erst 1850 erschien eine erste französische Version des *Wesen des Christentums.* Vgl. ebenda S. 506 f., und GW 19, S. 503 f.

505 GW18, S. 272 und 273.

506 Ebenda, S. 286–288. – In einer Fußnote zum neuen Vorwort des *Wesen des Christentums* hatte Feuerbach von einer „demnächst erscheinenden kategorischen Schrift über Schelling" geschrieben (GW 5, S. 27). Marx hatte die Passage so verstanden, dass Feuerbach mit einer Arbeit über Schelling beschäftigt sei, doch Feuerbach hatte auf ein Werk seines Freundes Christian Kapp angespielt, das er noch nicht publik machen wollte.

507 Vgl. ebenda, S. 285.

508 Ebenda, S. 294.

509 Das Fragment ist abgedruckt in BW 18, S. 511–515. Die kritische Edition ist für GW 16 vorgesehen.

510 Ebenda, S. 291 und 292.

511 Vgl. Werner Schuffenhauer in GW 9, S. XVII (nur in den neueren Auflagen, in der ersten Auflage von GW 9 ist lediglich von sechs Folgen die Rede).

512 GW 9, S. 358.

513 Vgl. insbesondere *Gedanken über Tod und Unsterblichkeit*, GW 1, S. 189 ff., *Geschichte der neuern Philosophie*, GW 2, S. 26 ff., sowie *Pierre Bayle*, GW 4, S. 17 ff.

514 GW 9, S. 265 und 366.

515 Ebenda, S. 353 f., 354, 355 und 360.

516 Ebenda, S. 362 und 375.

517 Ebenda, S. 403, 412 und 411.

518 GW 10, S. 188.

519 Vgl. GW 18, S. 337.

520 Vgl. ebenda, S. 313 und 331.

521 Ebenda, S. 313 und 365.

522 Ebenda, S. 280.

523 Nach Conrad Beyer, der um diese Zeit wiederholt in Bruckberg war, soll sich Feuerbach „längere Zeit hindurch" dem Projekt widersetzt haben (*Leben und Geist Ludwig Feuerbach's*. Festrede, gehalten am 11. November 1872, S. 5). Vgl. auch den Brief an Chr. Kapp vom 26. 3. 1844, GW 18, S. 332, sowie das Vorwort zum ersten Band der *Sämmtlichen Werke*, wo Feuerbach schreibt, dass „diese Antiquitätensammlung nicht mir, sondern meinem Verleger ihre Entstehung verdankt" (GW 10, S. 181).

524 Vgl. GW 18, S. 311 und 336.

525 Ebenda, S. 381 und 382. – Der „Verlags-Kontrakt" trägt das Datum 21. September 1845, siehe GW 19, S. 43.

526 GW 18, S. 366.

527 GW 17, S. 266.

528 GW 18, S. 365 und 362.

529 Ebenda, S. 356.

530 Text des Feuerbach-Beitrages in GW 9, S. 342 f. und GW 18, S. 273 f. Erläuterung dazu S. 506. – Nachdrucke der „Deutsch-Französischen Jahrbücher": Wissenschaftliche Buchgesellschaft (1967, 1973), Reclam (1973), Röderberg (1982) u. a. – Die Beiträge von Marx und Engels finden sich in verschiedenen Marx-Engels-Ausgaben, u. a. in MEW Band 1.

531 Vgl. dazu die Schilderung Ruges im Brief an Ludwig Feuerbach vom 5. Februar 1842, GW 18, S. 320 ff.

532 GW 18, S. 346–352. – Ganz so undifferenziert, wie sie in diesem Brief an Feuerbach scheinen möchte, ist Ruges Haltung keineswegs. Man lese etwa seine Vorrede zur deutschen Übersetzung von Louis Blanc' *Geschichte der zehn Jahre* im Literarischen Comptoir (abgedruckt u. a. in *Die Hegelsche Linke*, hrsg. von Ingrid Pepperle, S. 712–747).

533 So Ruge in einem Brief an Robert Prutz, zitiert nach GW 18, S. 525.

534 Ebenda, S. 386.

535 Verlag Otto Wigand Leipzig, 1. Auflage 1842. – Lorenz (von) Stein, der später als Staatsrechtler und Nationalökonom Bedeutung erlangte, hatte sich längere Zeit in Paris aufgehalten und die Bewegungen ausgiebig studiert. Auch Marx kannte sein Buch. Feuerbach wurde vielleicht aufmerksam darauf durch die Rezension in den *Einundzwanzig Bogen aus der Schweiz*: „Socialismus und Communismus – Vom Verfasser der europäischen Triarchie" (d. i. Moses Heß).

536 GW 18, S. 398.

537 Ebenda, S. 376.

538 Ebenda, S. 377.

539 Ebenda, S. 398.

540 Wichtigste Arbeiten zum Thema: Werner Schuffenhauer, *Feuerbach und der junge Marx*, 2. Auflage, Berlin 1972 (umfassend), Alfred Schmidt, *Emanzipatorische Sinnlichkeit*, Reihe Hanser 1973 (vor allem Kapitel 1.); Francesco Tomasoni, *Ludwig Feuerbach und die nichtmenschliche Natur – das Wesen der Religion. Die Entstehungsgeschichte des Werks*, Stuttgart-Bad Cannstatt, 1990, insbes. S. 27–40. – Marx' „Thesen über Feuerbach": MEW, Band 3, S. 5–7 und in zahlreichen anderen Ausgaben.

541 Zum ersten Mal formuliert Feuerbach sein Unbehagen der Dialektik gegenüber in der „Kritik der Hegelschen Philosophie". Er hielt Hegels Geschichtsauffassung entgegen, bei ihr gelte „nur die exklusive Zeit, nicht zugleich auch der tolerante Raum" (GW 9, S. 17). Im 20. Jahrhundert wurde diese Kritik namentlich von Henri Bergson ausgeführt, der im Gegensatz zur rationalistischen Auffassung, die die Zeit als Abfolge von Momenten sieht, sie als wesentlich unteilbare Bewegung, als *durée* gefasst haben wollte (Bergson beruft sich allerdings nie auf Feuerbach, er scheint sich nicht mit ihm beschäftigt zu haben).

542 GW 18, S. 399.

543 Vgl. GW 21, S. 347. Der erste Band des *Kapitals* war 1867 erschienen.

544 GW 18, S. 407 und 412. – Das genaue Geburtsdatum Mathildes ist nicht bekannt. In den Akten ist, wie damals üblich, nur das Alter an-

gegeben: 2 Jahre, 6 Monate und 21 Tage (Mitteilung Werner Schuffenhauer), womit man auf den 7. April 1842 als Geburtsdatum käme.

545 GW 18, S. 417. – Stirner-Zitate: *Der Einzige und sein Eigentum*, Roth-
giesser & Possekiel, Berlin 1924, S. 22 und 46.

546 GW 9, S. 428, 429 und 433.

547 Nach Alfred Wesselmann, *Burschenschafter, Revolutionär, Demokrat*,
a. a. O., S. 64–96. – Weitling war erst im Oktober 1844 nach London
gekommen.

548 GW 19, S. 18.

549 Ebenda, S. 9.

550 Ebenda, S. 19 und 20.

551 Zitiert nach GW 19, S. 436.

552 GW 19, S. 13.

553 Ebenda, S. 435 und 9. – Zirkular gegen Kriege in MEW, Band 4, S. 3–17.

554 GW 19, S. 15 und 16.

555 Ebenda, S. 33 und 447, sowie Kohut, *Ludwig Feuerbach*, S. 288. Kohut
gibt die köstliche Schilderung eines Zeugen der Begegnung wieder
(S. 286–294). – Die persönliche Begegnung hatte, wie Werner Schuffenhauer meint, vermutlich auch politische Hintergründe: „Mit großer Wahrscheinlichkeit bildete ein zum Jahrestag der französischen
Julirevolution nach Heidelberg verabredetes geheimes Treffen mehre-
rer führender radikaler und links-liberaler Oppositioneller über die
Zukunft Deutschlands den unmittelbaren Anlass zu dieser Begegnung; auch ein Jahr später traf man sich wohl aus gleichem Grunde
wiederum in Heidelberg" (GW 19, S. VII).

556 Vgl. ebenda, S. 445. – Nach Werner Schuffenhauer lagen der Rheinreise „möglicherweise ebenfalls politische Motive zugrunde, zumindest aber das Interesse, Vertreter radikaler Zeitschriften aufzusuchen
und dabei (…) Ausschau zu halten nach einer seine Familie und philosophische Schriftstellerei dauerhaft absichernden Anstellung"
(ebenda, S. VII).

557 Anselm Feuerbach, *Ein Vermächtnis*, Kapitel „Düsseldorf".

558 Brief Friedrich Kapp an Johanna Kapp, Dezember 1845, zitiert nach
GW 19, S. 443.

559 Vgl. GW 19, S. 28. – Ottmar von Behr war auch mit Friedrich
(„Fritz") Feuerbach persönlich bekannt, und da dieser so gut wie nie

reiste, ist anzunehmen, dass Behr in Nürnberg war, vielleicht sogar in Bruckberg.

560 Vgl. dazu Manfred Beine, „Revolutionäre auf Schloss Holte. Sozialismus im Salon – das Gästebuch der Hermine Meyer", in: *Jahrbuch Westfalen 2000*, sowie ders. „Der Kreis Gütersloh im Lichte der Revolution von 1848", in: *Heimatjahrbuch Kreis Gütersloh 1999*, Gütersloh 1998.

561 GW 19, S. 28, 33 und 30.

562 Der vom Rietberger Stadtarchivar Manfred Beine mitgeteilte Text lautet: „Viele Grüße von Kapp / von L. Feuerbach. / Aber auch zugleich einen Rüffel über sein ungehöriges Fort[laufen (?)]." Das Briefchen ist an „Herrn Julius Meyer in Beckerode bei Osnabrück" adressiert (das Ehepaar Meyer hatte 1846 die Hütte Beckerode bei Osnabrück gekauft und wohnte seither dort. Vgl. Beine, „Der Kreis Gütersloh...", Anm. 37).

563 GW 19, S. 137.

564 Dieser Briefwechsel ist nicht erhalten, er wird lediglich in einem Brief von Hermann Kriege erwähnt, vgl. GW 19, S. 122, mit Erläuterungen S. 443 und 464.

565 Bw Bolin, S. 100 und 101. Bolins Darstellung (S. 100–107) erweckt den Eindruck, als habe ihm Bertha Feuerbach die Ereignisse geschildert, vielleicht nach dem Tod des Gatten. – Eine geraffte Darstellung, im wesentlichen auf Bolin gestützt, gibt Werner Schuffenhauer in GW 18, S. 467 ff.

566 GW 19, S. 31.

567 Bw Bolin, S. 104. – Hier ist zu berücksichtigen, dass Bolin vermutlich die Wahrnehmung von Bertha wiedergibt.

568 GW 19, S. 78 und 79.

569 Bw Bolin, S. 105.

Vormärz, März, nach März

570 GW 18, S. 324, 358 und 360 f.

571 Siehe dazu Francesco Tomasoni, *Ludwig Feuerbach und die nichtmenschliche Natur – das Wesen der Religion. Die Entstehungsgeschichte des Werks*, S. 127 ff. – „Das Ausland" war 1828 vom Goethe-Verleger Johann Friedrich Cotta gegründet worden. Es erschien bis 1894.

Feuerbach hatte sich 1832 bei dem Blatt erfolglos um eine Redakteursstelle beworben.

572 *Vorlesungen über das Wesen der Religion*, GW 6, S. 29.

573 GW 18, S. 370.

574 GW 9, S. 408, Fußnote. Vgl. auch *Vorlesungen über das Wesen der Religion*, GW 6, S. 27.

575 GW 10, S. 4, 6 und 7.

576 Vgl. ebenda, S. 32–34.

577 Ebenda, S. 18.

578 Ebenda, S. 19, 20 und 26. – Vgl. dazu auch die fünfzehnte Vorlesung über das Wesen der Religion, GW 6, S. 148 ff.

579 Diese genauere Formulierung findet sich erst in den *Vorlesungen über das Wesen der Revolution*, GW 6, S. 29.

580 GW 20, S. 243.

581 GW 6, S. 4; GW 9, S. 252; vgl. auch S. 326 ff.

582 GW 10, S. 8.

583 Ebenda, S. 82, 98 und 80.

584 Drittes Stück. Schopenhauer als Erzieher (die ersten beiden Seiten).

585 GW 10, S. 3; GW 19, S. 12; GW 6, S. 8.

586 GW 10, S. 188–190.

587 Ebenda, S. 135.

588 GW 19, S. 92.

589 Ebenda, S. 87, 96 und 97; vgl. auch S. 48.

590 GW 10, S. 192–324; Kommentar zu den *Gedanken über Tod und Unsterblichkeit*, ebenda, S. 284–308.

591 GW 19, S. 99 und 131 sowie GW 10, S. 305.

592 GW 19, S. 65 f., 98 und 126.

593 Ebenda, S. 112. Der Text des Lexikon-Artikels ist abgedruckt in GW 10, S. 324–332. Wilhelm Bolin hatte Friedrich Feuerbach für den Verfasser gehalten, vgl. Bw Bolin, S. 26.

594 GW 10, S. 180.

595 GW 19, S. 95.

596 Zit. nach GW 19, S. IX.

597 Ebenda, S. 88. – Feuerbach bezieht sich wohl auf Grüns Aufsatz „Feuerbach und die Sozialisten", der in dem von Hermann Puttmann herausgegebenen *Deutschen Bürgerbuch für 1845* erschienen war.

598 Vgl. ebenda, S. 129 und 463.

599 Zit. nach GW 19, S. 467.

600 Feuerbachs Entgegnung auf das Buch von Haym ist überschrieben: „Über das ‚Wesen der Religion‘ in Beziehung auf ‚Feuerbach und die Philosophie. Ein Beitrag zur Kritik beider‘, von Rudolf Haym. 1847. Ein Bruchstück." (GW 10, S. 333–346). – Wigands Widmung ist zitiert nach GW 19, S. 469.

601 GW 19, S. 145. Vgl. auch S. 136 und 140.

602 Ebenda, S. 145. Vgl. dazu „Ludwig Feuerbachs Skizze zur Leidensgeschichte der Bruckberger Porzellanfabrik [1859]" mit einer Einführung von Werner Schuffenhauer (zur Zeit auf www.ludwig-feuerbach.de, künftig in GW 16), außerdem Bw Bolin, S. 118, und GW 19, S. 199, 177, 186 und 472.

603 GW 19, S. 147.

604 Eine meisterhafte und sehr gut lesbare Darstellung der Revolutionsjahre gibt Nipperdey, *Deutsche Geschichte 1800–1866*, S. 595–673. Den aktuellen, durch das Jubiläumsjahr 1998 außerordentlich bereicherten Forschungsstand umreißt Rüdiger Hachtmann in *Epochenschwelle zur Moderne. Einführung in die Revolution von 1848/49*. Tübingen, edition diskord 2002.

605 Rüdiger Hachtmann, *Epochenschwelle zur Moderne*, S. 77.

606 GW 19, S. 154/155, 149 f. und 150. – Werner Schuffenhauer hat Feuerbachs Teilnahme an der Märzbewegung und insbesondere an den Geschehnissen in und um die Paulskirche umfassend dokumentiert. Siehe seinen Artikel „Ludwig Feuerbach im Revolutionsjahr 1848", in: *Philosophie – Wissenschaft – Politik*, Berlin 1982, S. 189–205. Die wesentlichen Ergebnisse seiner Recherchen finden sich auch in seiner „Vorbemerkung" zu GW 19 (S. XI–XVIII) und in den Erläuterungen zu den Briefen 575–603 (ebenda, S. 471–490). – Zu Feuerbachs zunächst erfolgreicher, dann aber verhinderter Kandidatur siehe Alfred Kröner, *Paul Johann Anselm und Ludwig Andreas Feuerbach*, S. 103 f.

607 Vgl. Erich Thies, *Ludwig Feuerbach zwischen Universität und Rathaus*, S. 36.

608 Offener Brief an die Münchner „Neueste Nachrichten": GW 19, S. 151 f. – Zum Wahlmodus vgl. Rüdiger Hachtmann, *Epochenschwelle zur Moderne*, S. 79.

609 GW 19, S. 153, 151 und 157. – Zur Zusammensetzung des Parlaments siehe Rüdiger Hachtmann, *Epochenschwelle zur Moderne*, S. 79 f., wo auf entsprechende Untersuchungen verwiesen wird.

610 GW 19, S. 154, 177, 156 f. und 181 f.

611 Ebenda, S. 157, 155 und 150. Vgl. auch S. 474. – Den Journalistenplatz verlor Feuerbach gleichzeitig mit anderen linken Journalisten am 7. Juni, siehe Werner Schuffenhauer in GW 19, S. XI.

612 Gustave Flaubert hat die Ereignisse in Paris mit seinem unerbittlichen Scharfblick beobachtet und im Roman *Die Erziehung der Gefühle* verarbeitet (neu übersetzt von Cornelia Hasting. Zürich, Haffmanns Verlag 2000).

613 Ludwig Bamberger, *Erinnerungen*, hrsg. von Paul Nathan, Druck und Verlag von Georg Reimer Berlin 1899, S. 108. – Ludwig Bamberger, seit seinem Studium in Heidelberg eng mit Friedrich Kapp befreundet, war einer der profiliertesten radikalen Republikaner unter den Abgeordneten. Er beteiligte sich am pfälzischen Aufstand 1849 (was ihm Gefängnisstrafen und sogar ein Todesurteil einbrachte), gehörte aber auch, mit seiner Schrift *Erlebnisse aus der Pfälzischen Erhebung*, zu den deutlichsten Kritikern der oftmals chaotischen Zustände in den Freischaren. Im englischen und französischen Exil brachte er es zum bedeutenden Bankier. Nach der Rückkehr nach Deutschland war er Berater, später scharfer Kritiker Bismarcks und schließlich Mitbegründer der Deutschen Bank. Vgl. Benedikt Koehler, *Ludwig Bamberger. Revolutionär und Bankier*, Stuttgart, Deutsche Verlagsanstalt 1999.

614 GW 19, S. 158 und 167.

615 Ebenda, S. 167. – Feuerbachs Mitgliedschaft wurde vom bayerischen Innenministerium (das den Kongress als „Vereinigung zum gewaltsamen Umsturz aller bestehenden Staats-Einrichtungen" einschätzte) registriert und an die Bundestags-Gesandtschaft in Frankfurt gemeldet; siehe Erich Thies, *Ludwig Feuerbach zwischen Universität und Rathaus*, S. 36. – Nach Ludwig Bamberger „verliehen Ludwig Feuerbach und Freiligrath dem Kongress den Glanz ihres Namens. Beide gehörten, trotz ihres schriftstellerischen Ruhmes, zur Rasse der Schweiger." (*Erinnerungen*, S. 110).

616 GW 19, S. 159.

617 Feuerbach kannte Kolatschek schon länger. Der junge Mann hatte ihn 1844, offenbar auf Empfehlung Christian Kapps, in Bruckberg besucht, und er war sofort sehr angetan von ihm, vgl. GW 18, S. 413f. – Kolatschek war auch mit Georg Herwegh und Alexander Herzen befreundet.

618 GW 19, S. 187. – Zu Louise Dittmar vgl. auch ebenda S. XV f., 178 und 485f. sowie ihre Briefe an Feuerbach ebenda, S. 180f. und 189f.

619 Ebenda, S. 168. – Ludwig Bamberger begegnete dem Maler wieder im Schweizer Exil, siehe seine *Erinnerungen*, a. a. O., S. 199 und passim.

620 Vgl. Michail Krausnick, *Die eiserne Lerche*, S. 118ff. und 105.

621 Vgl. GW 19, S. 176.

622 Vgl. ebenda, S. 165. Werner Schuffenhauer vermutet, dass Johann Georg August Wirth die aus der Zeit des Hambacher Festes berühmte „Deutsche Tribüne" neu beleben wollte. Wirths plötzlicher Tod im Juli würde erklären, dass vom Vorhaben später nicht mehr die Rede ist (ebenda S. 478).

623 Ebenda, S. 183, 177f. und 174.

624 Ebenda, S. 185.

625 Vgl. ebenda, S. 187. – Zum Frankfurter Septemberaufstand siehe Werner Schuffenhauer, ebenda S. XVII f. und 489f., sowie Rüdiger Hachtmann, *Epochenschwelle zur Moderne* S. 87f.

626 Zitiert nach GW 19, S. 488, wo Werner Schuffenhauer auch die Ungereimtheiten der von Konrad Deubler wiedergegebenen Episode darlegt.

627 Ebenda, S. 175 und 177. – Das Druckmittel des Auszugs hatten die Heidelberger Studenten bereits Mitte Juli angewandt, freilich ohne Erfolg. Vgl. Erich Thies, *Ludwig Feuerbach zwischen Universität und Rathaus*, S. 31 und 39f.

628 Zitate nach Erich Thies, a. a. O., S. 32, 43, 51 und 50. – Thies, selbst Heidelberger Hochschullehrer, bezeichnet den Vorgang als „ein Stück unrühmlich-kurioser Universitätsgeschichte" (ebenda, S. 49)

629 GW 19, S. 194. Vgl. auch S. 198f. und 209.

630 Vgl. ebenda, S. XX und 491, wo auf Quellen verwiesen wird.

631 GW 19, S. 197 und 195.

632 Zit. nach Thies, a. a. O., S. 47. – Thies weist allein für das Jahr 1848 drei Verwendungen der Aula für nicht-akademische Veranstaltungen nach.

633 GW 19, S. 197 und 206.

634 Ebenda, S. XXII und 197.

635 Brief an Wilhelm Baumgartner vom 28. 1. 1849, zit. nach www.keller briefe.ch.

636 GW 6, S. 9 und 8.

637 Ebenda, S. 11.

638 Ebenda, S. 3. – Die gestrichene Vorlesung entspricht vermutlich dem Nachlasstext „Notwendigkeit einer Veränderung", der von Karl Grün mit 1842/43 datiert wurde. Sprachduktus und Stil unterscheiden sich jedoch ganz erheblich von den in diesen beiden Jahren entstandenen Schriften, was die schon von Bolin ausgesprochene Vermutung erhärtet, dass es sich um die gestrichene Vorlesung handelt. Vgl. dazu *Entwürfe zu einer neuen Philosophie*, hrsg. von Walter Jaeschke und Werner Schuffenhauer, S. IL–LVIII.

639 Vgl. hauptsächlich den letzten Teil der 13. sowie die 14. und 15. Vorlesung.

640 GW 6, S. 16.

641 Brief an Wilhelm Baumgartner vom 28. 1. 1849. Zitiert nach www. gottfriedkeller.de.

642 Zit. nach Hans-Martin Sass, *Ludwig Feuerbach*, S. 79.

643 *Der grüne Heinrich* (erste Fassung), vierter Band. Zit. nach *Digitale Bibliothek* Band 1: *Deutsche Literatur von Lessing bis Kafka*. Berlin, Directmedia Publishing 1998. – Feuerbachs Einfluss auf Gottfried Keller wird von Rawidowicz sehr ausführlich behandelt (*Ludwig Feuerbachs Philosophie. Ursprung und Schicksal*, S. 372–384).

644 GW 19, S. 255.

645 Vollständiger Text in GW 19, S. 208.

646 Zit. nach GW 19, S. 492.

647 Ebenda, S. 206.

648 Brief an Wilhelm Baumgartner vom 21. 2. 1849. Zitiert nach www. gottfriedkeller.de.

649 Zu Feuerbachs Kontakten in Heidelberg vgl. auch GW 19, S. 25 sowie Erich Thies, *Ludwig Feuerbach zwischen Universität und Rathaus*, S. 64 f. – Jakob Henle, an den die bis heute verliehene „Henle-Medaille" erinnert, war u. a. der Entdecker der nach ihm benannten Henle-Schleife in der menschlichen Niere. Zur Bekanntschaft Feuer-

bachs mit ihm vgl. Kohut, *Ludwig Feuerbach*, S. 285 ff. – Hermann Hettner ist Literaturhistorikern noch geläufig durch seine bedeutende Geschichte der deutschen Literatur im 18. Jahrhundert.

650 Zitat Wigand-Brief: GW 19, S. 210. Übrige Zitate nach GW 19, S. XXV. – Das Porträt von Erich Correns aus dem Jahre 1844 zeigt Christian Kapp noch ohne Bart, das von Anselm Feuerbach aus dem Jahre 1848 mit langem Vollbart.

651 Zit. nach Hans-Martin Sass, *Ludwig Feuerbach*, S. 106. – Johanna studierte später in München Malerei, unter anderen bei Bernhard Fries. Sie blieb unverheiratet, 1857 kehrte sie ins Elternhaus zurück, um nach dem Tod ihrer Mutter den Haushalt des Vaters zu besorgen. Dass sie 1871 in geistiger Umnachtung starb, war wohl einer erblichen Veranlagung mütterlicherseits zuzuschreiben. Vgl. dazu Bw Bolin, S. 105 ff.

652 GW 19, S. 204.

653 Ebenda, S. 206 und 207.

654 Ebenda, S. 206. Vgl. dazu S. 495.

655 Rüdiger Hachtmann, *Epochenschwelle zur Moderne*, S. 51.

656 GW 19, S. 165 und GW 6, S. 5.

Glut unterm Eis

657 *Epochenschwelle zur Moderne*, S. 17.

658 Nipperdey, *Deutsche Geschichte 1800–1866*, S. 681. Nipperdey belegt die Wahlbeeinflussung mit Zahlen. So sei die Zahl der Konservativen in der Preußischen Kammer, als die Wahlen in der „Neuen Ära" nicht mehr „gelenkt" wurden, von 224 auf 16 geschmolzen (S. 699, vgl. auch S. 723). – Zahlreiche Fälle obrigkeitlicher Willkür sind auch im Feuerbach-Briefwechsel dokumentiert. So berichtet Ferdinand Kampe am 10. September 1852, die Polizei habe ihm verboten, Griechisch- und Lateinunterricht zu geben. Kampes „Vergehen" war, dass er sich in der freikirchlichen Bewegung engagiert hatte (GW 19, S. 405).

659 GW 19, S. 229.

660 Zit. nach Hachtmann: *Epochenschwelle zur Moderne*, S. 188. – Vgl. dazu auch Nipperdey, *Deutsche Geschichte 1800–1866*, bes. S. 682.

661 GW 19, S. 325 und 398. Die Gefängnisstrafe wurde später in eine
    Geldstrafe umgewandelt, vgl. GW 20, S. 6.
662 GW 19, S. 215, 228, 217 257 und 273. – Die Rückkehr von Bertha
    und Lorchen nach Bruckberg ergibt sich spätestens aus dem Brief
    an Lorchen vom 17. 9. 1849 (ebenda, S. 216). – Zum Hauslehrer, J.
    P. Scheuenstuhl siehe ebenda, S. 369 und 402. Scheuenstuhl war of-
    fenbar ein politischer Gesinnungsgenosse Feuerbachs, siehe dazu
    Alfred Kröner, *Paul Johann Anselm und Ludwig Andreas Feuerbach*,
    S. 111.
663 Der für GW 16 vorgesehene Text wurde von Werner Schuffenhauer
    vorab veröffentlicht in *Ludwig Feuerbachs Philosophie. Ursprung und
    Schicksal*, S. 777–780, mit Erläuterungen S. 738 ff. – Vgl. auch GW 19,
    S. 229. – Der in München sehr prominente Ignaz Döllinger war nach
    der Hinwendung von Ludwig I. zur katholischen Romantik an die
    Münchner Universität berufen worden und gehörte zu den wichtigs-
    ten Personen des Görres-Kreises. 1848/49 war er Abgeordneter des
    Paulskirchenparlaments und tat sich als Sprecher des politischen Ka-
    tholizismus hervor.
664 GW 19, S. 230. Vgl. dazu auch ebenda, S. 251.
665 GW 10, S. 368, 367, 356, 347 und 349.
666 Vgl. Bw Bolin, S. 130.
667 GW 19, S. 270. Vgl. auch ebenda, S. 267 f. und 508 f., sowie GW 12,
    S. 17, wo Feuerbach sich das Versäumnis selbst zuschreibt: „... im –
    freilich törichten – Vertrauen auf einen nagelneuen königlichbayeri-
    schen Pass es versäumt hatte, mich gleich anzumelden".
668 Siehe GW 19, S. 295–297 sowie Alfred Kröner: *Paul Johann Anselm
    und Ludwig Andreas Feuerbach*, S. 110–114 und 156 f.
669 GW 6, S. 4. – Saint-René Taillandier (eigentlich René-Gaspard Tail-
    landier, 1817–1879) war zu dieser Zeit Professor in Montpellier. Er
    wurde 1873 in die Académie Française gewählt, nachdem er 1870
    Émile Littré unterlegen war. Zu seinen Äußerungen über die Junghe-
    gelianer und Feuerbach siehe GW 19, S. 470 und GW 20, S. 443.
670 Das Werk, *Anselm Ritter von Feuerbach's weiland königl. bayerischen
    wirkl. Staatsraths und Appellationsgerichts-Präsidenten Leben und Wir-
    ken – aus seinen ungedruckten Briefen und Tagebüchern, Vorträgen und
    Denkschriften veröffentlicht von seinem Sohne Ludwig Feuerbach*, ist ab-

gedruckt in GW 12. Vgl. dazu auch die Vorbemerkung des Herausgebers Werner Schuffenhauer.

671 Vgl. GW 19, S. 277.

672 GW 20, S. 120.

673 Vgl. GW 19, S. 347 und 359, sowie GW 20, S. 4. – Der umfangreiche Briefwechsel zum Buch über Paul Johann Anselm Feuerbach erstreckt sich auf die Zeit zwischen 18. 10. 1850 (GW 19, S. 245f.) und 31. 1. 1853 (GW 20, S. 10f.).

674 Zu den von Feuerbach und Wigand geäußerten Gründen des Misserfolgs vgl. Werner Schuffenhauer in GW 12, S. VII, sowie GW 20, S. 10f. und 29f. – Eine Charakterisierung der politischen Stimmung gibt Rüdiger Hachtmann (*Epochenschwelle zur Moderne*, S. 189–192), der u. a. auf Dieter Hein verweist (*Die Revolution von 1848/49*, München 1998).

675 GW 10, S. 350.

676 GW 19, S. 345, 346, 280, 274, 266 und 398.

677 GW 19, S. 274, GW 20, S. 77f., und Julie Stadler, *Erinnerungen*, S. 7–9. – Ein vor wenigen Jahren aufgefundener Brief an Herz zeugt von der Hochachtung und „innigen Verehrung", die Feuerbach dem Arzt entgegenbrachte (GW 21, S. 381). – Jakob Herz (1816–1871) hatte als Jude trotz großer Erfolge lange Zeit einen schweren Stand an der Erlanger Universität. Erst 1869 erhielt er die ordentliche Professur, nachdem ihn die Stadt 1867 zum Ehrenbürger ernannt hatte. Die Bevölkerung verehrte ihn als „Fanatiker der Wohltätigkeit". Vgl. Werner Schuffenhauer, „Ein bisher unbekannter Brief Ludwig Feuerbachs", in: *Ludwig Feuerbach und die Fortsetzung der Aufklärung*, hrsg. von H.-J. Braun, S. 126ff. Die Stadt Erlangen errichtete Jakob Herz 1875 ein Denkmal, das von den Nationalsozialisten 1933 zerstört wurde; heute erinnern ein Gedenkstein in der Universitätsstraße und eine im Hugenottenplatz eingelassene Bronzeplatte an ihn.

678 GW 20, S. 62; GW 19, S. 409; GW 20, S. 96 und 61.

679 GW 19, S. 387 und 327; GW 20, S. 21. – Zum Beginn der Niederschrift vgl. GW 20, S. 81.

680 GW 20, S. 62 und 83; GW 7, S. 14. – Bolin und Jodl nahmen in ihrer Ausgabe der *Theogonie* (*Sämtliche Werke*, Band IX) entstellende Eingriffe vor, indem sie zahlreiche Belegstellen aus dem Haupttext in An-

merkungen auslagerten. Das Werk sollte deshalb in der Schuffenhauerschen Ausgabe gelesen werden, vgl. GW 7, editorische Vorbemerkung.

681 GW 20, S. 87; GW 7, S. 265 und S. 14. – Zur gewandelten Sicht der jüdischen Religion bei Feuerbach siehe Francesco Tomasoni: „Heiden-
tum und Judentum: Vom schärfsten Gegensatz zur Annäherung.
Eine Entwicklungslinie vom ‚Wesen des Christentums‘ bis zur ‚Theo-
gonie‘", in: *Ludwig Feuerbach und die Geschichte der Philosophie*, hrsg.
v. W. Jaeschke und F. Tomasoni. Berlin, Akademie Verlag 1998,
S. 148–166, sowie ders.: „Feuerbach und die Biblia Hebraica", in:
Feuerbach und der Judaismus, hrsg. von Ursula Reitemeyer et al.,
Münster, Waxmann 2009, S. 27–44. – Zu Feuerbachs Analyse des
Schicksalsmythos vgl. Monika Ritzer, „Das Mythos vom Schicksal",
in: *Ludwig Feuerbach und die Geschichte der Philosophie*, hrsg. von
Walter Jaeschke und Francesco Tomasoni, S. 134–147. Die Literatur-
wissenschaftlerin Ritzer meint, Feuerbachs Antwort auf die Frage
nach dem Schicksal „wäre als originärer Beitrag zur Bewusstseinsge-
schichte des 19. Jahrhunderts erst noch zu entdecken" (S. 139).

682 GW 7, S. 70, 49, 82, und 102.

683 GW 20, S. 292; GW 21, S. 186; GW 20, S. 263, 178, und 494. – Der informative, aber auch sachliche Fehler enthaltende Artikel von Karl
Lüdeking ist vollständig abgedruckt in GW 20, S. 470–475.

684 GW 20, S. 95 f., 122 und 435.

685 GW 20, S. 119. Vgl. dazu ebenda, S. 117 f. und 443 f.

686 Zu Duboc vgl. GW 20, S. 409 f. und NDB, Band 4, S. 145 f. – Zu Dietzgen vgl. GW 20, S. 436 f. – Zu Kampe vgl. GW 19, S. 532 f., sowie Werner Schuffenhauer, „Feuerbach und die freireligiöse Bewegung seiner
Zeit", in: *Ludwig Feuerbach – Religionskritik und Geistesfreiheit*, hrsg.
von Volker Müller, Neustadt a. Rhge., A. Lenz-Verlag, 2004. – „Selbstporträt" im Brief an Schibich: GW 19, S. 321–325 (Zitate S. 323).

687 Exemplar in Privatbesitz.

688 GW 20, S. 15, 5 und 38, sowie handschriftlicher Tagebuchtext, zit.
nach Werner Schuffenhauer, „Nachwort" in: *Ludwig Feuerbach. Aussprüche aus seinen Werken, gesammelt von Leonore Feuerbach*, S. 98 f.
(Abdruck in GW 16 vorgesehen). – Der Ausdruck „jdm. ahnd tun"
bedeutet „jdm. tut das Herz weh um jdm.".

689 Auf Heidenreich veröffentlichte Feuerbach einen (auch philosophisch bedeutenden) Nachruf in der Hamburger Zeitschrift „Das Jahrhundert" (GW 11, S. 17–25). – Zu Katharina Michel und den tragischen Begleitumständen ihres Todes vgl. GW 20, S. 205 und 476 f.

690 Vgl. „Leidensgeschichte der Bruckberger Porzellanfabrik" (Abdruck vorgesehen in GW 16), außerdem GW 19, S. 321, GW 20, S. 4, 404 und 471, sowie Bw Bolin, S. 158.

691 „An Theodor von Cramer-Klett, 18. März 1859" (GW 22.1) sowie Bw Bolin, S. 160. – Den „kostbaren" Wein erwähnt Feuerbach in einem Brief an Friedrich Kapp (GW 20, S. 258).

692 Vgl. GW 20, S. 484, 220–222 und 481. – Der Abdruck des umfangreichen Briefwechsels zwischen Bertha Feuerbach und Emma Herwegh ist für GW 22 vorgesehen.

Späte Treue

693 Vgl. Bw Bolin, S. 160 f., sowie GW 20 und S. 281 f., 289 f. – Einer Anspielung zufolge war Vogt auch in Heidelberg mit Feuerbach zusammen (vgl. S. 282).

694 GW 20, S. 350, Bw Bolin, S. 163, und GW 20, S. 336. – Zu Feuerbachs Tierliebe vgl. Bw Bolin, S. 186 f.– Eine Schilderung der Wohnung aus eigener Anschauung findet sich bei Conrad Beyer, *Leben und Geist Ludwig Feuerbach's*. Festrede, gehalten am 11. November 1872, S. 36 f.

695 GW 21, S. 12, und „Bertha Feuerbach an Emma Herwegh, 19. August 1861" (GW 22.1). Vgl. auch Bw Bolin, S. 166.

696 Vgl. Bw Bolin, S. 167 und 169. – Zu Enno Hektor, dessen Dichtungen in ostfriesischem Platt noch lokal Beachtung finden, vgl. ebenda, S. 167 f. – Die Bekanntschaft mit Julius Hammer ergibt sich aus *Die Akte Ludwig Feuerbach*, hrsg. von Wilhelm Dobbek. Aus dem Archiv der deutschen Schillerstiftung Weimar, Heft 2, S. 5.

697 Vgl. *Die Akte Ludwig Feuerbach*. – Zur Leibrente von Cramer-Klett siehe Biensfeldt, *Freiherr Dr. Th. von Cramer-Klett*, S. 12. – Zu Lüning und Bamberger siehe GW 21, S. 100 und 222, Zitat ebenda, S. 61.

698 Vgl. GW 20, S. 255. – Im „Allgemeinen-Polizei-Anzeiger", dem bayerischen Pendant zum Schwarzbuch der Polizei (siehe dazu Werner

Schuffenhauer in GW 20, S. 491 f.), wurde auch Ludwig Feuerbach aufgeführt. Der Text ist abgedruckt in: Alfred Kröner, *Paul Johann Anselm und Ludwig Andreas Feuerbach*, S. 166.

699 Vgl. „An Jakob von Khanikoff, 28. April 1870" (GW 22.1). – Zu Otto Lüning vgl. GW 20, S. 502. – Zu den Offizieren Garibaldis, W. Rüstow und L. Schweigert, vgl. ebenda, S. 520.

700 GW 21, S. 92 und 63.

701 GW 20, S. 191 und GW 19, S. 244.

702 GW 6, S. 148. Vgl. auch GW 10, S. 20.

703 *Die Welträtsel*, 11. Auflage, Leipzig 1919, S. 305.

704 Selbst Engels war beeinflusst vom gesellschaftlichen Verdikt: In offensichtlicher Unkenntnis der Materie sprach er von einer „verflachten, vulgarisierten Gestalt" des Materialismus, wie ihn „Büchner, Vogt und Moleschott gereisepredigt" hätten („Ludwig Feuerbach und der Ausgang der klassischen deutschen Philosophie", erstes Drittel des zweiten Abschnitts).

705 Büchners *Kraft und Stoff* las Feuerbach wohl erst 1867 in Goisern, wo es in Deublers Bibliothek stand, vgl. Werner Schuffenhauer, „Vorbemerkung" zu „Zur Moralphilosophie", in: *Solidarität oder Egoismus. Studien zu einer Ethik bei und nach Ludwig Feuerbach*, hrsg. von H.-J. Braun, Berlin, Akademie Verlag 1994, S. 359. – Zu Feuerbachs Beschäftigung mit den naturwissenschaftlichen Entwicklungen seiner Zeit vgl. GW 20, S. 404 f., sowie Manuela Köppe, „Zur Entstehung von Ludwig Feuerbachs Schrift ‚Über Spiritualismus und Materialismus, besonders in Beziehung auf die Willensfreiheit'", in: *Materialismus und Spiritualismus. Philosophie und Wissenschaften nach 1848*, hrsg. von Andreas Arndt und Walter Jaeschke, Felix Meiner Verlag, Hamburg 2000, S. 41 und 42.

706 Ludwig Büchner, *Kraft und Stoff*, Frankfurt/M 1885, S. 42 (Digitale Bibliothek Band 2: Philosophie, S. 50834).

707 *Geschichte des Materialismus*, Zweites Buch, Leipzig 1873/75, S. 774 (Digitale Bibliothek Band 2: Philosophie, S. 56373).

708 GW 21, S. 303, und GW 6, S. 29.

709 Vgl. etwa GW 20, S. 301 f., 305 und 310 f.

710 GW 20, S. 371 f. und GW 21, S. 9 f. – Zur Frage des Charakters vgl. etwa GW 11, S. 89, 92 und 99 f.

711 Büchner stellte den Satz als Motto dem Kapitel über die Freiheit des Willens voran (*Kraft und Stoff*, S. 246).

712 GW 11, S. 59.

713 Ebenda, S. 63, 68, 70, 71, 73, 74 und 99. – Kants Unterscheidung, auf die sich Feuerbach bezieht, findet sich in der *Grundlegung der Metaphysik der Sitten*, Dritter Abschnitt, „Von dem Interesse, welches den Ideen der Sittlichkeit anhängt" (*Werke in zwölf Bänden*, hrsg. von W. Weischedel, Frankfurt/M 1968, Band VII, S. 88).

714 Ebenda, S. 107 f.

715 Ebenda, S. 109 und 107.

716 Ebenda, S. 125 f.

717 Ebenda, S. 163

718 „Bertha Feuerbach an Emma Herwegh, 29. August 1863" (GW 22.1), GW 21, S. 60, und „Bertha Feuerbach an Wilhelm Bolin, 20./23. Oktober 1864" (GW 22.1).

719 Zur Berlin-Reise siehe vor allem den Brief „an Wilhelm Bolin, 25. September 1864" (GW 22.1), sowie GW 21, S. XII f. und Bw Bolin, S. 175–177. Bolin gibt auch wörtlich Beneckes „Erinnerungen an Ludwig Feuerbach" wieder, die dieser 1890 in einer Berliner Zeitung veröffentlichte (Zitate ebenda, S. 177). – Zu Jakob von Khanikoff und seinen Bemühungen, Feuerbach in Russland bekannt zu machen, vgl. Werner Schuffenhauer in GW 21, S. 403 f.

720 GW 21, S. 132, und „Bertha Feuerbach an Wilhelm Bolin, 20./23. Oktober 1864" (GW 22.1).

721 GW 11, S. 255, und „Von Hugo Wigand, 31. Januar 1867" (GW 22.1).

722 Vgl. GW 11, S. 17–25 und S. 11–16, sowie GW 21, S. 287; Zitat: GW 21, S. 54. Der Abdruck der Herrnhuter-Studie ist vorgesehen in GW 16.

723 Zu Deubler vgl. Bw Bolin, S. 169–172 (Zitate S. 169). Zu seinen Lektüren vgl. „Von Konrad Deubler, 15. Februar 1865" (GW 22.1) und Werner Schuffenhauer, in: *Solidarität oder Egoismus. Studien zu einer Ethik bei und nach Ludwig Feuerbach*, hrsg. von H.-J. Braun, S. 359.

724 GW 21, S. 256 und 275, sowie „Bertha Feuerbach an Wilhelm Bolin, 8./9. Februar 1867" (GW 22.1).

725 Vgl. GW 21, S. 280 und 304. – Zu Ludwig Pfau vgl. „Eigenhändiger Lebenslauf, um 1890", in: *Ludwig Pfau Blätter. Ausgabe 1. Heilbronn*

1993. Pfau und Feuerbach hatten sich möglicherweise schon in der Revolutionszeit kennengelernt. Der Ton des Briefwechsels, der auf den Besuch in Rechenberg folgte, erweckt den Eindruck alter Vertrautheit.

726 GW 21, S. 165. – Zur Ewerbeck-Übersetzung vgl. GW 19, S. 503 f. Zur Neuübersetzung vgl. den Brief des Übersetzers Joseph Roy, GW 21, S. 158 f.

727 Der Brief von 1911 ist in Privatbesitz. Die Briefe Feuerbachs an Vaillant sind wohl durch einen Archiv-Brand definitiv verloren, die Briefe von Vaillant an Feuerbach finden sich in Original und Übersetzung in GW 21. – Zu Edouard Vaillant vgl. Werner Schuffenhauer, in GW 1, S. LIV f. sowie *Dictionnaire biographique du mouvement ouvrier français*, hrsg. von Jean Maitron, Paris, Ed. Ouvrières 1977, Band 15, S. 266–272. Ein Artikel über ihn findet sich auch in der deutschen Wikipedia.

728 GW 21, S. 318; Bw Bolin, S. 190; GW 21, S. 325.

729 GW 21, S. 348, und GW 11, S. 111.

730 Bw Bolin, S. 197.

731 Der Text ist in einer kritisch revidierten Vorausedition mit einer Einleitung von Werner Schuffenhauer abgedruckt unter dem Titel „Zur Moralphilosophie" in: *Solidarität oder Egoismus. Studien zu einer Ethik bei und nach Ludwig Feuerbach*, hrsg. von H.-J. Braun, S. 353–430 (die endgültige Edition ist vorgesehen für GW 16). Zitate S. 417, 394 f. und 396.

732 Ebenda, S. 404, 406, 410 und 428.

733 GW 21, S. 361; *Die Akte Ludwig Feuerbach*, hrsg. von Wilhelm Dobbek, S. 24.

734 „An Konrad Deubler, 21. August 1869" (GW 22.1) und „An Wilhelm Bolin, 26. Mai/3. Juni 1870" (GW 22.1).

735 GW 21, S. 347; „An Wilhelm Bolin, 26. Mai/3. Juni 1870" (GW 22.1). Vgl. dazu „An Mathilde F. Wendt, 12. Januar 1870" (GW 22.1), „An Friedrich Kapp, 11. April 1868" (GW 21, S. 347) und „An Wilhelm Bolin, 26. Mai / 3. Juni 1870" (GW 22.1). Der Verweis auf *Das Kapital* findet sich in: „Zur Moralphilosophie", a. a. O, S. 405; eine Anspielung darauf ebenda, S. 376 f.

736 Zitiert nach: Werner Schuffenhauer, „Feuerbach und die freireligiöse Bewegung seiner Zeit", in: Volker Müller (Hrsg.), *Ludwig Feuerbach –*

Religionskritik und Geistesfreiheit. Neustadt a. R., Lenz 2004. – Zu Carl Scholl vgl. Bw Bolin, S. 193 ff.

737 Bei Bluthochdruck können heftige Erregungen einen Schlaganfall auslösen. Feuerbach waren, wie schon erwähnt, bereits die Grausamkeiten des Krieges von 1866 ungewöhnlich nahe gegangen, und sein Neffe Anselm Johann Ludwig Feuerbach (Sohn seines 1843 verstorbenen Bruders Eduard) hatte sie ihm wohl sehr anschaulich geschildert. Dieser Neffe war in einem Lazarett als Militärarzt eingesetzt gewesen, und das dort Gesehene hatte bei ihm selbst eine schwere Depression ausgelöst. Ludwig, der seit Eduards Tod mehr oder weniger sein Ersatzvater gewesen war, kümmerte sich um die ärztliche Betreuung des Erkrankten. Vgl. dazu Werner Schuffenhauer, „Ein bisher unbekannter Brief Ludwig Feuerbachs", in: *Ludwig Feuerbach und die Fortsetzung der Aufklärung*, hrsg. von H.-J. Braun, bes. S. 123 f., sowie GW 21, S. XIV f.

738 „Bertha Feuerbach an Emma Herwegh, 5. Juni 1871" (GW 22.1) und Conrad Beyer, *Leben und Geist Ludwig Feuerbach's*, S. 40.

739 Vgl. „Bertha Feuerbach an Emma Herwegh, 25. Februar / 3. März 1872" und „Von Ottilie Assing, 15. Mai 1871" (beide GW 22.1). Deubler-Zitat nach Bw Bolin, S. 203.

740 Bw Bolin, S. 200 f. Vgl. dazu Walter Lehnert, „Ludwig Feuerbach: Der Philosoph und die Arbeiter", in: *Industriekultur in Nürnberg. Eine deutsche Stadt im Maschinenzeitalter*, hrsg. von Hermann Glaser, Wolfgang Ruppert, Norbert Neudecker, München, Verlag C. H. Beck 1983. – Zur Frage der nicht mehr urkundlich nachweisbaren Mitgliedschaft Feuerbachs in der SPD siehe Werner Schuffenhauer, in: GW 1 (2. Auflage), S. LVII, sowie Alfred Kröner, *Die Familie Feuerbach in Franken*, S. 77. Bolin gibt an, Feuerbach sei erst auf den Spendenaufruf hin Mitglied geworden (Bw Bolin, S. 201).

741 Vgl. „Bertha Feuerbach an Emma Herwegh, 21. [Dezember 1875]" (GW 22.1). Der nicht gezeichnete Artikel in der „Gartenlaube", Jahrgang 1872, S. 17–19 war überschrieben mit: „Für einen deutschen Geisteskämpfer". Vgl. dazu Alfred Kröner, „Ludwig Feuerbach und die ‚Gartenlaube'", in: „Aufklärung und Kritik" 1/2010, S. 251–256.

742 „Bertha Feuerbach an Emma Herwegh, 28. September 1872" (GW 22.1). Der schon von Bolin und Kohut auszugsweise veröffentlichte

Brief enthält eine sehr schöne Schilderung der letzten Lebensmonate und des Ablebens von Ludwig Feuerbach.

743 Text des Plakates nach einem Foto des Originals (www.ludwig-feuer-bach.de). Zur Beerdigung siehe Alfred Kröner, „Ein Philosoph wird zu Grabe getragen", in: „Aufklärung und Kritik" 1/2004, S. 171 ff. – Die Zahl zwanzigtausend wird von Bolin genannt, der schreibt: „Es war die imposanteste socialdemokratische Demonstration, die Nürnberg jemals gesehen hat" (Bw Bolin, S. 205). Da es in Nürnberg eine ebenso zahlreiche wie aktive Arbeiterschaft gab – die Stadt wurde zur Hochburg der bayerischen Sozialdemokratie – ist die Angabe nicht völlig unglaubhaft.

744 Zit. nach: Walter Lehnert, „Ludwig Feuerbach: Der Philosoph und die Arbeiter", a. a. O, S. 350 f.

745 Vgl. Vincent Robert, „Der Arbeiter", in: Ute Frevert / Heinz-Gerhard Haupt (Hrsg.), *Der Mensch des 19. Jahrhunderts*, Frankfurt / New York, Campus Verlag 1999, S. 33 f.

746 Nach Alfred Kröner, „Ludwig Feuerbach und die Stadt Nürnberg", in: „Aufklärung und Kritik" 1/2004, S. 164 ff.

Zeittafel

1804   Am 28. Juli wird Ludwig Feuerbach in Landshut (Bayern) geboren, wo sein Vater, der Strafrechtler Paul Johann Anselm Feuerbach, Professor an der Universität ist.

1806   Die Familie zieht nach München. Der Vater wird Referent im Justizministerium und erhält den Auftrag, ein neues Strafgesetzbuch auszuarbeiten.

1814   Der inzwischen geadelte Vater wird zweiter Präsident des Appellationsgerichts Bamberg. Ludwig besucht dort die Oberprimärschule, dann das Gymnasium.

1817   Paul Johann Anselm Feuerbach wird erster Präsident des Appellationsgerichts Ansbach. Ludwig besucht in Ansbach das Gymnasium, 1822 macht er Abitur.

1823   Im April beginnt Ludwig in Heidelberg das Theologie-Studium. Im September unternimmt er eine Fußreise in die Bayerische Pfalz und am Rhein entlang bis nach Köln.

1824   Im Frühjahr Fortsetzung des Studiums in Berlin, schon nach kurzer Zeit wechselt er von der Theologie zur Philosophie. Zwei Jahre lang hört er sämtliche Vorlesungen, die Hegel während dieser Zeit hält. In den ersten Monaten wird er von der Demagogenpolizei verhört und beschattet, weil man ihn der Mitgliedschaft im „Jünglingsbund" verdächtigt.

1826   Rückkehr nach Ansbach. Beschäftigung mit Philologie, Literatur und Geschichte.

1827   Immatrikulation an der Universität Erlangen. Feuerbach hört Botanik, Anatomie und Physiologie. Hauptsächlich arbeitet er an der Dissertation mit dem Titel *De infinitate, unitate atque communitate rationis*.

1828   Am 25. Juni Promotion in Philosophie. Im November Habilitation mit der überarbeiteten und erweiterten Dissertationsschrift, die den Titel *De ratione, una, universali, infinita* erhält.

1829   Im Januar beginnt Feuerbach in Erlangen als Privatdozent die Vorlesungstätigkeit.

1830   Kurz nach dem Ausbruch der Pariser Julirevolution erscheint anonym Feuerbachs Erstlingsschrift *Gedanken über Tod und Unsterblichkeit*. Sie wird sofort verboten.

1832   Im Frühjahr plötzlicher Abbruch der Vorlesungen. Zwei Jahre lang abwechselnd in Frankfurt am Main und in Erlangen. Emigrationspläne (Paris, Schweiz).

1833   Im Mai Tod des Vaters. Kurz danach Bekanntschaft mit Bertha Löw, einer Miteigentümerin der im Schloss Bruckberg untergebrachten Porzellanfabrik.

Im Sommer erscheint die *Geschichte der neuern Philosophie von Bacon von Verulam bis Benedict Spinoza*. Daraufhin Einladung der hegelianischen „Societät für wissenschaftliche Kritik" zur Mitarbeit an ihren „Jahrbüchern", für die Feuerbach mehrere Rezensionen liefern wird.

1834   *Abälard und Héloïse oder Der Schriftsteller und der Mensch. Eine Reihe humoristisch-philosophischer Aphorismen* erscheint.

1835   Zwei Rezensionen Feuerbachs erregen Anstoß. Die eine ist gegen den konservativen Staatsrechtler Friedrich Julius Stahl gerichtet, die andere gegen den Kantianer Bachmann, der die Hegel-

Schule angegriffen hat. Weil die Bachmann-Rezension wegen ihrer Länge nur auszugsweise akzeptiert wird, veröffentlicht Feuerbach sie als eigenständige Schrift mit dem Titel *Kritik des „Anti-Hegels"*. *Eine Einleitung in das Studium der Philosophie.*

1835/36 Geburt eines unehelichen Sohnes. Feuerbach verpflichtet sich zur Zahlung von Alimenten. Im Wintersemester hält er in Erlangen noch einmal Vorlesungen über die Geschichte der neueren Philosophie.

1836 Im Frühjahr bezieht Feuerbach im Schloss Bruckberg das Turmzimmer.

1837 *Darstellung, Entwicklung und Kritik der Leibnizschen Philosophie* erscheint als zweiter Band der *Geschichte der neuern Philosophie*. Im Oktober bittet Arnold Ruge Feuerbach um Mitarbeit an den „Hallischen Jahrbüchern". November: Ludwig Feuerbach heiratet Bertha Löw. Er nimmt bewusst Abschied von der Universitätslaufbahn.

1838 Letzter Beitrag für die Berliner „Jahrbücher". Erste Rezensionen für die „Hallischen Jahrbücher", darunter „Zur Kritik der ,positiven Philosophie'" und „Der wahre Gesichtspunkt, aus welchem der ,Leo-Hegelsche Streit' beurteilt werden muss". Der Abdruck des zweiten Beitrags wird von der Zensur gestoppt.

1839 *Pierre Bayle. Ein Beitrag zur Geschichte der Philosophie und Menschheit* erscheint. Der von der Zensur im Vorjahr verbotene Aufsatz wird als eigenständige Schrift gedruckt mit dem Titel: *Über Philosophie und Christentum in Beziehung auf den der Hegelschen Philosophie gemachten Vorwurf der Unchristlichkeit*; Otto Wigand ist erstmals der Verleger. In den „Hallischen Jahrbüchern" veröffentlicht Feuerbach den Aufsatz „Zur Kritik der Hegelschen Philosophie". Am 6. September wird Feuerbachs Tochter Eleonore („Lorchen") geboren.

1840   Weil in Freiburg eine Professur in Aussicht ist, soll Feuerbach auf das Veröffentlichen religionskritischer Schriften verzichten.

1841   *Das Wesen des Christentums*, an dem Feuerbach seit 1838 gearbeitet hat, erscheint bei Otto Wigand in Leipzig; es macht ihn schlagartig berühmt. Ruge verlegt die „Hallischen Jahrbücher" nach Dresden, um sie der preußischen Zensur zu entziehen, und nennt sie „Deutsche Jahrbücher für Wissenschaft und Kunst". Feuerbach veröffentlicht eine Reihe von Beiträgen, zum Teil anonym. Im Sommer längerer Aufenthalt in Heidelberg, wo sich die sechzehnjährige Johanna Kapp in ihn verliebt.

1842   Anfang des Jahres schreibt Feuerbach die „Vorläufigen Thesen zur Reformation der Philosophie". Der Abdruck in den „Deutschen Jahrbüchern" wird von der Zensur verhindert. Feuerbach wehrt sich gegen Bemühungen von Freunden, ihm eine Professur in Heidelberg zu verschaffen. Auch Angebote zur Mitarbeit von mehreren Zeitungen, u. a. der von Karl Marx redigierten „Rheinischen Zeitung", lehnt er zumeist ab. Erster brieflicher Kontakt mit Georg Herwegh. Im Herbst kurze Begegnung mit David Friedrich Strauß. Danach erster Besuch von Hermann Kriege in Bruckberg. Bekanntschaft mit Theodor Cramer, dem späteren Industriellen Theodor von Cramer-Klett.

1843   Im Winter 1842/43 verfasst Feuerbach die *Grundsätze der Philosophie der Zukunft*, im Frühjahr ein umfangreiches neues Vorwort für die zweite Auflage des *Wesen des Christentums*. Im Juli kommt Arnold Ruge nach Bruckberg, um Feuerbach für die Mitarbeit an den „Deutsch-Französischen Jahrbüchern" zu gewinnen, die er gemeinsam mit Marx in Paris herausgeben will. Im Oktober wirbt Marx brieflich von Paris aus. Im Herbst erscheinen in der Schweiz die „Vorläufigen Thesen" als Teil eines Sammelbandes und die *Grundsätze* als eigenständige Schrift.

1844   *Das Wesen des Glaubens im Sinne Luthers* erscheint. Im Pariser „Vorwärts!" werden Auszüge daraus abgedruckt. Feuerbach lernt die kommunistische Bewegung kennen, für die er Sympathien entwickelt. Erneuter Briefwechsel mit Marx. Ende Oktober stirbt die erst zweieinhalbjährige zweite Tochter Mathilde.

1845   Feuerbach vereinbart mit Otto Wigand die Herausgabe seiner *Sämmtlichen Werke*. Im Sommer Reise nach Heidelberg, in die Schweiz und nach Westfalen. In Heidelberg erste Begegnung mit Georg Herwegh. Johanna Kapp offenbart ihre Liebe.

1846   „Das Wesen der Religion" erscheint, erst als Zeitschriftenbeitrag, dann in erweiterter Form als Teil des ersten Bandes der *Sämmtlichen Werke*. Im zweiten Band erscheint „Wider den Dualismus von Leib und Seele, Fleisch und Geist".

1847   Feuerbach überarbeitet alle seine Werke aus den dreißiger Jahren, um der inzwischen vollzogenen Abkehr von der Hegelschen Philosophie Rechnung zu tragen.

1848   Anfang des Jahres ist die Bruckberger Porzellanfabrik zahlungsunfähig. Bertha Feuerbach verliert ihr Einkommen. Ludwig will sich eine neue Existenz aufbauen. Als im März die Revolution ausbricht, geht er als Beobachter nach Frankfurt, wo er die Beratungen des Paulskirchenparlaments verfolgt und mit der radikaldemokratischen Linken in engem Kontakt steht. Im Herbst wird er von Studenten nach Heidelberg gerufen. Am 1. Dezember beginnt er im Rathaus vor gemischtem Publikum seine Vorlesungen über das Wesen der Religion.

1849   Im März kehrt Feuerbach nach Bruckberg zurück, von wo aus er die Zerschlagung der Revolution verfolgt.

1850   Feuerbach veröffentlicht zwei Pamphlete gegen die Reaktion. Das zweite, eine Rezension von Moleschotts *Nahrungslehre für das Volk*, erregt großes Aufsehen wegen eines beiläufigen Wortspiels: „Der Mensch ist, was er isst." In Frankreich erscheint eine erste Übersetzung des *Wesen des Christentums*.

1851   Bei einem Aufenthalt in Leipzig wird Feuerbach plötzlich ausge-
        wiesen. Einige Zeit später zeigt die Polizei in Bruckberg ostenta-
        tive Präsenz.

1852   Bei Otto Wigand erscheint das zweibändige Werk *Anselm Ritter
        von Feuerbachs … Leben und Wirken*, eine Sammlung von Brie-
        fen und Schriften aus dem Nachlass des Strafrechtlers Anselm
        von Feuerbach. Ludwig Feuerbach würde am liebsten in die
        USA auswandern.

1854   In England erscheint die Übersetzung des *Wesen des Christen-
        tums* von Mary Ann Evans (George Eliot).

1856   Der Journalist Heinrich Benecke besucht Feuerbach in Bruck-
        berg, nachdem er die Meldung verbreitet hatte, der Philosoph
        sei gestorben.

1857   Die *Theogonie nach den Quellen des klassischen, hebräischen und
        christlichen Altertums* erscheint. Sie ist das Ergebnis langjähriger
        Studien. Im Frühherbst erster Besuch von Wilhelm Bolin.

1858   In der Hamburger Zeitschrift „Das Jahrhundert" veröffentlicht
        Feuerbach einen Nachruf auf den Ansbacher Arzt und Freund
        Wilhelm Heidenreich und die Rezension „Spiritualismus und
        Sensualismus. System der Rechtsphilosophie. Von Knapp".

1859   Die Bruckberger Porzellanfabrik ist bankrott. Das Ehepaar
        Feuerbach verliert die investierten Ersparnisse und das unent-
        geltliche Wohnrecht im Schloss. Freunde bezahlen Wohnungs-
        suche und Umzug.

1860   Die Familie bezieht eine Wohnung in einem Landhaus im Wei-
        ler Rechenberg bei Nürnberg. Feuerbach hat keinen heizbaren
        Arbeitsraum. Spenden von Freunden in Deutschland, Frank-
        reich, in der Schweiz und in den USA ermöglichen das Über-
        leben.

1862/63 Feuerbach wird eine Ehrengabe der Schillerstiftung zugesprochen. Theodor von Cramer-Klett und Ludwig Bamberger helfen durch mehrjährige Leibrenten.

1864 Mehrwöchige Berlin-Reise auf Einladung von Freunden. Erster Besuch von Edouard Vaillant.

1865 Ludwig Büchner ist mehrere Tage in Rechenberg.

1866 Im zehnten Band seiner *Sämmtlichen Werke* versammelt Feuerbach eine Reihe von Aufsätzen, die er sich seit 1859 unter widrigen Umständen abgerungen hat, darunter die bedeutende Abhandlung „Über Spiritualismus und Materialismus, besonders in Beziehung auf die Willensfreiheit". Der Preußisch-Österreichische Krieg erschüttert ihn zutiefst.

1867 Im Februar leichter Schlaganfall. Im Frühjahr Besuch von Karl Vogt. Im September folgt Feuerbach der Einladung von Konrad Deubler ins Salzkammergut; er ist überwältigt von der Schönheit der Natur.

1868 Im Frühjahr beginnt Feuerbach eine neue Arbeit, die er aber nach einigen Monaten abbricht und nicht wieder aufnimmt (postumes Fragment „Zur Moralphilosophie").

1870 Am Tag nach dem Ausbruch des Deutsch-Französischen Krieges lähmt ein neuer Schlaganfall Feuerbachs geistiges Vermögen. Er ist nur noch beschränkt kontaktfähig.

1872 Am 13. September stirbt er an den Folgen einer Lungenentzündung. Auf der Beerdigung zwei Tage später gibt ihm eine unübersehbare Menschenmenge das letzte Geleit.

Bibliographische Hinweise

Der Intention dieses Buches entsprechend wird hier nur eine Auswahl aus der Sekundärliteratur gegeben. Sie ist als Hilfe für den Einstieg in die Beschäftigung mit Ludwig Feuerbach gedacht. Auf ältere Titel wurde weitgehend verzichtet. Hinweise auf umfassendere Bibliographien finden sich in: Christine Weckwerth, *Ludwig Feuerbach. Zur Einführung* (siehe unten). Eine kommentierte Auswahl der Veröffentlichungen seit 1990 bietet die Website der Ludwig-Feuerbach-Gesellschaft Nürnberg im Register „Werke", Unterpunkt „Bibliographie" (www.ludwig-feuerbach.de).

1. Werkausgaben

Gesammelte Werke. Hrsg. von Werner Schuffenhauer. 22 Bände. Akademie Verlag, Berlin 1967 ff. (Kürzel: GW plus Bandnummer). Diese Ausgabe ist die Referenz. Sie bringt erstmals alle Texte in philologisch verlässlicher Form auf der Grundlage der Erstdrucke bzw. Handschriften. Alle Varianten späterer Ausgaben sind vermerkt. Briefwechsel und Nachlass sind im Vergleich zu den älteren Werkausgaben um das Mehrfache erweitert.

Sämtliche Werke. Hrsg. von Wilhelm Bolin und Friedrich Jodl. Frommann Verlag Günther Holzboog, Stuttgart-Bad Cannstatt 1903–1911. Reprint 1959–60. Elektronische Ausgabe: *Feuerbach im Kontext, Werke und Briefwechsel auf CD-ROM,* www.infosoftware.de, 2004.

Diese Ausgabe beruht auf den von Feuerbach mehr oder minder stark bearbeiteten Zweit- oder Drittversionen seiner Werke. Für das Studium der früheren Schriften sollte man sie nicht verwenden.

Werke in sechs Bänden. Hrsg. von Erich Thies, Suhrkamp (Theorie-Werk-ausgabe), Frankfurt/M 1975 ff. Alle Texte dieser leider längst vergriffe-nen Ausgabe basieren auf Erstdrucken.

Folgende Teil-Ausgaben beruhen auf den Erstdrucken bzw. den Hand-schriften. Die Einführungstexte der Herausgeber gehören zu den wichti-gen Studien der Feuerbach-Sekundärliteratur:

Entwürfe zu einer neuen Philosophie. Hrsg. von Walter Jaeschke und Wer-ner Schuffenhauer. Felix Meiner Verlag, Hamburg 1996. Enthält die „Vorläufigen Thesen zur Reformation der Philosophie" und die „Grundsätze der Philosophie der Zukunft" sowie die Nachlass-Schrif-ten „Übergang von der Theologie zur Philosophie und Grundsätze der Philosophie" und „Notwendigkeit einer Veränderung". Ausgezeichnete Studienausgabe mit fundierter, den aktuellen Forschungsstand berück-sichtigender Einleitung und kurzer Biographie. Die Texte selbst sind ausführlich erläutert.

Vorlesungen über Logik und Metaphysik (Erlangen 1830/1831). Bearb. von Carlo Ascheri und Erich Thies. Wissenschaftliche Buchgesellschaft, Darmstadt 1976. Mit umfangreicher Einführung von Erich Thies.

Vorlesungen über die Geschichte der neuern Philosophie von G. Bruno bis G. W. F. Hegel (Erlangen 1833/1836). Bearb. von Carlo Ascheri und Erich Thies. Wissenschaftliche Buchgesellschaft, Darmstadt 1974. Mit um-fangreicher Einführung von Erich Thies.

Zur Moralphilosophie (1868). Vorausedition. Kritisch revidiert von Werner Schuffenhauer, in: *Solidarität oder Egoismus. Studien zu einer Ethik bei und nach Ludwig Feuerbach.* Hrsg. von H.-J. Braun. Akademie Verlag, Berlin 1994.

2. Zur Biographie

Werner Schuffenhauer: „Vorwort zu den Gesammelten Werken Ludwig Feuerbachs", in: Ludwig Feuerbach, *Gesammelte Werke*, Band 1. Zweite durchgesehene Auflage, Berlin, Akademie Verlag 2000, S. VII–LXVIII (Überblick über die gesamte Biographie). Zahlreiche weitere Angaben finden sich in den editorischen Vorbemerkungen zu den einzelnen Bänden der Schuffenhauerschen Werke-Ausgabe, insbesondere zu den Nachlassbänden (GW 13–16) sowie zu den Briefwechsel-Bänden (GW 17–21). Eine große Fülle von biographischen Details enthalten die „Untersuchungen und Erläuterungen" im Anhang der Briefwechsel-Bände. Schuffenhauers Arbeiten sind maßgeblich, da er die Biographie von Ludwig Feuerbach von Grund auf neu recherchiert hat. Über 700 neu entdeckte Briefe von und an Feuerbach und eine Reihe anderer im Nachlass aufgefundene Texte ermöglichten ein Gesamtbild vom Menschen Ludwig Feuerbach, das wesentlich differenzierter ist als das der früheren Biographien.

Wilhelm Bolin: „Biographische Einleitung", in: *Ausgewählte Briefe von und an Ludwig Feuerbach*, Verlag von Otto Wigand, Leipzig 1904. Neu hrsg. und erweitert von Hans-Martin Sass als Band 12 von: Ludwig Feuerbach, *Sämtliche Werke*. Hrsg. von Wilhelm Bolin und Friedrich Jodl. Frommann Verlag Günther Holzboog, Stuttgart-Bad Cannstatt 1964 (der Biographie-Teil ist in beiden Ausgaben identisch, auch in der Paginierung). Der finnische Philosoph Bolin war ein enger Vertrauter Feuerbachs. Auch nach dem Tod des Philosophen blieb er in engem Kontakt zu dessen Frau und Tochter. Viele biographische Details, die er mitteilt, stammen offenbar aus persönlichen Gesprächen. Seine biographischen Angaben wurden durch die neueren Forschungen fast durchwegs bestätigt.

Conrad Beyer: *Leben und Geist Ludwig Feuerbach's*. Festrede, gehalten am 11. November. Verlag des Freien Deutschen Hochstiftes, Frankfurt am Main 1873. Conrad Beyer teilt eine Reihe von biographischen Details mit. Er kannte Ludwig Feuerbach aus wiederholtem und längerem Umgang, sowohl in Bruckberg als auch in Rechenberg. Seine Darstellung von Feuerbachs Philosophie ist teilweise einseitig.

Adolph Kohut: *Ludwig Feuerbach. Sein Leben und seine Werke*, Fritz Eckardt Verlag, Leipzig 1909. Kohut entwirft ein detailliertes Bild vom Menschen Feuerbach und berücksichtigt auch das Umfeld. Er hatte Zugang zu heute verschollenen Dokumenten und war mit Personen aus Feuerbachs Umkreis bekannt. In den letzten Kapiteln interessante Berichte und Dokumente aus der Zeit unmittelbar nach Feuerbachs Tod.

Uwe Schott: *Die Jugendentwicklung Ludwig Feuerbachs bis zum Fakultäts-wechsel 1825. Zur Genese der feuerbachschen Religionskritik.* Mit einem bibliographischen Anhang zur Feuerbach-Literatur. Vandenhoeck & Ruprecht, Göttingen 1973. Uwe Schott hat auch den handschriftlichen Nachlass ausgewertet.

Erich Thies: *Ludwig Feuerbach zwischen Universität und Rathaus oder die Heidelberger Philosophen und die 48er Revolution,* Schriftenreihe des Stadtarchivs Heidelberg, Heft 2, Verlag Brigitte Guderjahn, Heidelberg 1990. Sehr gut dokumentierte Einzelstudie über die Umstände von Feuerbachs berühmten Heidelberger Vorlesungen.

Alfred Kröner: *Die Familie Feuerbach in Franken,* „Aufklärung und Kritik", Sonderheft 6/2002, Nürnberg 2002, sowie *Paul Johann Anselm und Ludwig Andreas Feuerbach als Exponenten des Bürgertums im 19. Jahrhundert,* „Aufklärung und Kritik", Sonderheft 12/2007, Nürnberg 2007. Kröner erforscht das Lebensumfeld der Familie Feuerbach in Franken.

3. Zu Feuerbachs Philosophie

Im Jahre 1971 begann eine Reihe von Kolloquien, die eine neue Diskussion über Ludwig Feuerbach einleiteten und zur Gründung der internationalen Gesellschaft der Feuerbach-Forscher *Societas ad studia de hominis conditione colenda* führten. Die Ergebnisse der Kolloquien und Kongresse werden in Sammelbänden publiziert, die eine große Bandbreite von Themen abdecken. Eine Beschäftigung mit einzelnen Aspekten von Feuerbachs Philosophie beginnt zweckmäßigerweise mit der Durchsicht dieser aktuellen Forschungsbeiträge, in denen sich in aller Regel Hinweise auf weiterführende Literatur finden. Inhaltsangaben zu den einzelnen Bänden finden sich auf der Website der Ludwig-Feuerbach-Gesellschaft Nürnberg: www.ludwig-feuerbach.de

Atheismus in der Diskussion. Kontroversen um Ludwig Feuerbach. Hrsg. von Hermann Lübbe und Hans-Martin Sass. Kaiser [u. a.], München 1975.

Ludwig Feuerbach. Hrsg. von Erich Thies. Wissenschaftliche Buchgesellschaft, Darmstadt 1976 (Wege der Forschung, Band CDXXXVIII). – Dieser Sammelband enthält wichtige Texte zu Feuerbach aus der ersten Hälfte des 20. Jahrhunderts: Karl Barth, Karl Löwith, Ernst Bloch u. a.

Ludwig Feuerbach und die Philosophie der Zukunft. Hrsg. von Hans-Jürg Braun, Hans-Martin Sass, Werner Schuffenhauer und Francesco Tomasoni. Akademie Verlag, Berlin 1990.

Sinnlichkeit und Rationalität. Der Umbruch in der Philosophie des 19. Jahrhunderts. Hrsg. von Walter Jaeschke. Akademie Verlag, Berlin 1992.

Solidarität oder Egoismus. Studien zur Ethik bei und nach Ludwig Feuerbach. Hrsg. von Hans-Jürg Braun. Akademie Verlag, Berlin 1994.

Ludwig Feuerbach und die Geschichte der Philosophie. Hrsg. von Walter Jaeschke und Francesco Tomasoni. Akademie Verlag, Berlin 1998.

O homem integral. Antropologia e utopia em Ludwig Feuerbach. Hrsg. von Adriana Verissimo Serrão, Lisboa, Centro de Filosofia da Universidade de Lisbona 2001. (Enthält auch Aufsätze in deutscher, französischer und italienischer Sprache.)

Materialismus und Spiritualismus. Philosophie und Wissenschaften nach 1848. Hrsg. von Andreas Arndt und Walter Jaeschke. Felix Meiner Verlag, Hamburg 2000.

Ludwig Feuerbach und die Fortsetzung der Aufklärung. Hrsg. von Hans-Jürg Braun. Pano Verlag, Zürich 2004.

Ludwig Feuerbach (1804–1872); Identität und Pluralismus in der globalen Gesellschaft. Hrsg. von Ursula Reitemeyer, Takayuki Shibata und Francesco Tomasoni. Waxmann Verlag, Münster 2006.

Feuerbach und der Judaismus. Hrsg. von Ursula Reitemeyer, Takayuki Shibata und Francesco Tomasoni. Waxmann Verlag, Münster 2009.

Andere Aufsatzsammlungen (Liste der Beiträge auf www.ludwig-feuer bach.de/biblio1.htm):

Aufklärung und Kritik, Sonderheft 3/1999, Schwerpunkt Ludwig Feuerbach.

Ludwig Feuerbach. Religionskritik und Geistesfreiheit, Hrsg. von Volker Müller. Neustadt am Rübenberge, Lenz Verlag 2004.

humanismus aktuell: Ludwig Feuerbach – Säkularisierung der Menschenbilder? Hrsg. von der Humanistischen Akademie e.V., Heft 16, Frühjahr 2005.

Héritages de Feuerbach, éd. par Philippe Sabot. Villeneuve d'Ascq, Presses Universitaires du Septentrion 2008.

Einzeldarstellungen, eine Auswahl

Henri Arvon: *Ludwig Feuerbach ou La transformation du sacré*. Presses Universitaires de France, Paris 1957.

Carlo Ascheri: *Feuerbachs Bruch mit der Spekulation. Kritische Einleitung zu Feuerbach: Die Notwendigkeit einer Veränderung (1842)*. Aus dem Italienischen von Heidi Ascheri. Europäische Verlagsanstalt, Frankfurt/M 1969. – Ascheris Text, der weit mehr als eine Einleitung ist, hat maßgeblich zu einer neuen Lektüre Feuerbachs beigetragen.

Georg Biedermann: *Der anthropologische Materialismus Ludwig Feuerbachs: Höhepunkt und Abschluss der klassischen deutschen Philosophie*. Angelika Lenz Verlag, Neustadt am Rübenberge 2004 (bis auf die Einleitung fast identisch mit: *Ludwig Andreas Feuerbach*, Urania-Verlag, Leipzig / Jena / Berlin 1986).

Hans-Jürg Braun: *Ludwig Feuerbachs Lehre vom Menschen*. Friedrich Frommann Verlag, Stuttgart-Bad Cannstatt 1971.

ders: *Die Religionsphilosophie Ludwig Feuerbachs*. Friedrich Frommann Verlag, Stuttgart-Bad Cannstatt 1972.

Jens Grandt: *Ludwig Feuerbach und die Welt des Glaubens*. Verlag Westfälisches Dampfboot, Münster 2006.

Eugen Kamenka: *The philosophy of Ludwig Feuerbach*. Routledge & Paul, London 1970.

Simon Rawidowicz: *Ludwig Feuerbachs Philosophie. Ursprung und Schicksal*. Verlag von Reuther & Reichard, Berlin 1931. Fotomechanischer Nachruck: Walter de Gruyter & Co, Berlin 1964. – Bis heute unverzichtbare Monographie und Referenzwerk. Auch Feuerbachs Stellung zu Hegel, Kant, Jacobi, Fichte, Schelling, Schopenhauer, Strauß u. a. und die „Ausstrahlungen" seiner Philosophie auf zeitgenössische und spätere Denker und Künstler werden mit außerordentlicher Gründlichkeit untersucht und belegt.

Ursula Reitemeyer: *Philosophie der Leiblichkeit. Ludwig Feuerbachs Entwurf einer Philosophie der Zukunft*. Suhrkamp, Frankfurt/M 1988.

Hans-Martin Sass: *Ludwig Feuerbach. Mit Selbstzeugnissen und Bilddokumenten*. Rowohlts Monographien, Reinbek 1978 und weitere Auflagen.

Alfred Schmidt: *Emanzipatorische Sinnlichkeit. Ludwig Feuerbachs anthropologischer Materialismus*. Hanser Verlag, München 1973.

Falko Schmieder, *Ludwig Feuerbach und der Eingang der klassischen Fotografie. Zum Verhältnis von anthropologischem und Historischem Materialismus.* Philo Verlag, Berlin 2004.

Werner Schuffenhauer: *Feuerbach und der junge Marx.* Verlag der Wissenschaften, Berlin 1965. Zweite, bearbeitete Auflage 1972. – Grundlegende Arbeit zum Thema.

Francesco Tomasoni: *Ludwig Feuerbach und die nicht-menschliche Natur – Das Wesen der Religion. Die Entstehungsgeschichte des Werks, rekonstruiert auf der Grundlage unveröffentlichter Manuskripte.* Frommann-Holzboog, Stuttgart-Bad Cannstatt 1990.

Marx W. Wartofsky: *Feuerbach.* Cambridge Univ. Pr., Cambridge 1977.

Christine Weckwerth: *Ludwig Feuerbach. Zur Einführung.* Junius, Hamburg 2002.

Personenregister

Bei Namen ohne nähere Angaben handelt es sich um Autoren von verwendeter Sekundärliteratur.

Altenstein, Karl Sigmund Franz Freiherr vom Stein (1770–1840, preußischer Politiker) 75, 84, 87
Althaus, Theodor (1822–1852, Theologe und Schriftsteller) 206
Ambrosius von Mailand (339–397, Kirchenvater) 137
Aretin, Johann Christoph von (1773–1824, Publizist und Jurist) 23
Aristoteles (384–322 v. Chr., Philosoph) 242
Arvon, Henri 314
Ascheri, Carlo 292, 311
Assing, Ottilie (1819–1884, Schriftstellerin) 276
Augustinus von Hippo (354–430, Kirchenvater) 48, 113, 156

Baader, Franz von (1765–1841, Philosoph) 64, 123, 124
Bachmann, Carl Friedrich (1785–1855, Philosoph) 85
Bacon, Francis (1561–1626, Philosoph) 77, 92
Badaloni, Nicola 296
Bakunin, Michail Alexandrowitsch (1814–1876, Revolutionär und Anarchist) 162, 196, 233, 240
Bamberger, Ludwig (1823–1899, Bankier und Nationalökonom) 227, 228, 259, 300, 329, 330, 336
Barth, Hans-Martin 314
Barth, Karl (1886–1968, Theologe) 157, 314
Bauer, Bruno (1809–1882, Philosoph) 152, 162, 167, 184, 196, 264, 313
Bayer, Karl (Studienfreund Ludwig Feuerbachs) 110, 121, 248, 254, 305
Bayle, Pierre (1647–1706, Philosoph) 111, 112, 114, 117, 119, 120, 122, 306
Bayrhoffer, Karl Theodor (1812–1888, Philosoph und Politiker) 130, 228
Behaim von Schwarzbach (Nürnberger Patrizierfamilie) 258

Moleschott, Jakob (1822–1893, Arzt und Physiologe) 237, 243, 249, 262, 263, 265, 274, 337

Montaigne, Michel Eyquem de (1533–1592, Politiker und Philosoph) 82

Montesquieu, Charles de Secondat, Baron de (1689–1755, Philosoph und Staatstheoretiker) 82

Montgelas, Maximilian von (1759–1838, Minister unter Maximilian I. Joseph) 16, 17, 23–26, 29

Müller, Julius (1801–1878, Theologe) 151

Neander, August Johann Wilhelm (1789–1850, Theologe) 50

Niethammer, Friedrich Philipp Immanuel (1766–1848, Philosoph und Theologe, bayerischer Zentralschulrat) 22, 44, 45

Nietzsche, Friedrich (1844–1900, Philosoph) 183, 215

Nipperdey, Thomas 241, 279, 280, 285, 289, 297, 303, 314, 328, 332

Noack, Ludwig (1819–1885, Theologe und Philosoph, Herausgeber der „Jahrbücher für spekulative Philosophie") 298

Novalis, eigentl. Georg Friedrich Philipp Freiherr von Hardenberg (1772–1801, Dichter) 59, 82

Opitz, Martin (1597–1639, Dichter) 48

Otto I. (1815–1867, Sohn Ludwigs I. von Bayern, König von Griechenland) 79

Paganini, Niccolò (1782–1840, Violinvirtuose und Komponist) 36

Panasiuk, Ryszard 308

Pascal, Blaise (1623–1662, Mathematiker und Philosoph) 113

Paulus, Heinrich Eberhard Gottlob (1761–1851, Theologe der Aufklärung) 49, 54, 187, 292

Pemble, Joseph (geb. 1717, Jesuit) 150

Pepperle, Heinz und Ingrid 308

Pepperle, Ingrid 316, 317, 321

Pestalozzi, Heinrich (1746–1827, Pädagoge und Philanthrop) 28

Petrarca, Francesco (1304–1374, Dichter) 113

Petrus Lombardus (um 1095/1100–1160, Theologe) 137

Pfau, Ludwig (1821–1894, Schriftsteller und Revolutionär) 240, 270, 338, 339